Bianca Baßler
(De-)Thematisierung von Macht und Ungleichheit

Bianca Baßler

(De-)Thematisierung von Macht und Ungleichheit

Eine ethnografische Untersuchung
in der Kinder- und Jugendhilfe

Die Autorin

Dr. 'in Bianca Baßler lehrte und forschte in der Abteilung Sozialpädagogik an der PH Freiburg. Ihre Schwerpunkte sind: Macht- und Ungleichheitsverhältnisse und Soziale Arbeit, Geschlechterforschung, Intersektionalität und Soziale Arbeit, Jugendhilfeforschung, Soziale Bewegungen und Soziale Arbeit, Ethnografie und Rekonstruktive Forschung.

Das Werk einschließlich aller seiner Teile ist urheberrechtlich geschützt. Jede Verwertung ist ohne Zustimmung des Verlags unzulässig. Das gilt insbesondere für Vervielfältigungen, Übersetzungen, Mikroverfilmungen und die Einspeicherung und Verarbeitung in elektronische Systeme.

Dieses Buch ist erhältlich als:
ISBN 978-3-7799-7300-3 Print
ISBN 978-3-7799-7301-0 E-Book (PDF)

1. Auflage 2024

© 2024 Beltz Juventa
in der Verlagsgruppe Beltz · Weinheim Basel
Werderstraße 10, 69469 Weinheim
Einige Rechte vorbehalten

Herstellung: Myriam Frericks
Satz: xerif, le-tex
Druck und Bindung: Beltz Grafische Betriebe, Bad Langensalza
Beltz Grafische Betriebe ist ein klimaneutrales Unternehmen (ID 15985–2104-100)
Printed in Germany

Weitere Informationen zu unseren Autor:innen und Titeln finden Sie unter: www.beltz.de

Inhalt

1 Einleitung — 9

2 Intersektionalität als theoretische und methodologische Perspektive — 16
2.1 Kleine Einführung zur Perspektive von Intersektionalität — 16
2.2 Intersektionalität im historischen Diskurs — 19

3 Zwischen Thematisierung und Dethematisierung von Differenz: Soziale Arbeit und Macht — 29
3.1 Macht in der Sozialen Arbeit aus poststrukturalistischer, postkolonialer und feministischer Perspektive — 34
3.2 Soziale Arbeit als Grenzbearbeitung — 41
3.3 Intersektionalität in der Sozialen Arbeit — 49
    3.3.1 Wegbereiter_innen des Intersektionalitätsansatzes in der Erziehungswissenschaft — 52
    3.3.2 Verselbstverständlichung des Ansatzes für die Soziale Arbeit — 57
    3.3.3 Der Umgang mit Verdeckungen – das Konzept von Dominanzkultur — 61
    3.3.4 Intersektionalität in der (sozial)pädagogischen Praxis — 64
    3.3.5 Eine intersektionale Analyse in acht Schritten — 70
    3.3.6 Intersektionalität und Soziale Arbeit – ein Entwurf von Christine Riegel — 72
3.4 Eine intersektional informierte Denkfigur der Grenzbearbeitung zur Bearbeitung von Macht in der Sozialen Arbeit — 78

4 Das Forschungsfeld: Kinder- und Jugendhilfe — 82
4.1 Jugendberufshilfe — 82
4.2 Offene Kinder- und Jugendarbeit — 91
4.3 Kontrastierung von Jugendberufshilfe und Offener Kinder- und Jugendarbeit — 101

5 Forschungsstand — 104

6 Ein ethnografisches Forschungsprojekt — 115
6.1 Machtreflexive Forschungsperspektiven — 116
    6.1.1 Intersektionalität: die Verwobenheit von Differenzkonstruktionen und gesellschaftlichen Ebenen erkennen — 118
    6.1.2 Diskursive Praktiken: mit Sprechen und Handeln einen Unterschied machen — 121
    6.1.3 Praktiken als Grenzziehungsprozesse wahrnehmen — 124
6.2 Ethnografie als Zugang zu Differenzkonstruktionen — 125
6.3 Analyseheuristiken — 131
    6.3.1 Analyse von Positionierungen — 133
    6.3.2 Analyse von Kontext — 135
    6.3.3 Historisierung — 139

7 Fallbezogene Ergebnisse — 142
7.1 „Probleme sind verkleidete Möglichkeiten" – *Die Figurine* — 144
    7.1.1 Perspektivenwechsel als Aneignung der Situation und als Zuschreibung — 145
    7.1.2 Die Herstellung eines Dialogs — 149
    7.1.3 „Weil ich ein Mädchen bin" – Subversion und Transformation in Adressatinnenkonstruktionen und Adressierungsprozessen — 151
    7.1.4 „Die sprachlichen Spiele machen ja dann leichter." – Sprache und Sprechen in der Einrichtung — 152
    7.1.5 „…gerade zum Herzeigen in der Familie um zu zeigen, was sie machen" – das Durchbrechen machtvoller Sichtweisen durch Sichtbarkeit — 153
    7.1.6 Hierarchisierungen in der Einrichtung und ihre Folgen — 154
    7.1.7 „Ich hätte gesagt, ich hätte gesagt, dass es schön ist, dass Du gut lernst." – Anerkennung und der Zusammenhang mit Situierung — 154
    7.1.8 Logik des Feldes — 159
7.2 „Ob man hier Bewerbung schreiben könne …" – *die Berufsvorbereitende Bildungsmaßnahme* — 162
    7.2.1 Handlungsmöglichkeiten der Professionellen und strukturelle Vorgaben — 165
    7.2.2 Handlungsmöglichkeiten der Adressat_innen in Abhängigkeit der Professionellen — 169
    7.2.3 Gruppeneinteilung: Gründe und Folgen — 170
    7.2.4 Ein Projekt diskriminierungskritischer Bildungsarbeit im Kontext der JBH – Widersprüche werden sichtbar — 172
    7.2.5 Logik des Feldes — 175

7.3 „Ein crazy Stadtteil" – der *Offene Kinder- und Jugendtreff* 178
    7.3.1 Umbruchstimmung – eine herausfordernde Situation 179
    7.3.2 Für Essen sorgen als Teil des Umgangs mit sozialer Herkunft im „Crazy Stadtteil" 187
    7.3.3 Adressat_innen als Teil eines „Crazy Stadtteils" 191
    7.3.4 Logik des Feldes 194
7.4 „Brauchst Du Hilfe?" – der *Internationale Mädchentreff* 198
    7.4.1 Der Standort der Einrichtung 202
    7.4.2 Die Adressierung „international" und ihre widersprüchlichen Folgen 204
    7.4.3 Widersprüche in der sozialpädagogischen und gesellschaftlichen Positionierung der Leitung und ihrem Handeln 210
    7.4.4 Logik des Feldes 214

8 Fallübergreifende Ergebnisse 218
8.1 Eine Verengung des Handlungsspielraums – die Zusammenarbeit mit der Schule 220
8.2 Erweiterte Responsibilisierung – das Übertragen der Verantwortung für gesellschaftliche Transformationsprozesse 227
8.3 Dethematisierung von Deprivilegierungen und Macht – fehlende Konfliktorientierung im Umgang mit Adressat_innen 235
8.4 Das Jenseits der Grenze bearbeiten – Positionierungspraktiken 241
8.5 Fehlende Aushandlungsprozesse – die Dethematisierung von Konflikten in Bezug auf Professionalität 246

9 Fazit 255
9.1 Methodologische Schlussreflexion und Forschungsperspektiven 255
9.2 Ausblicke für die sozialpädagogische Praxis 260

Literatur 270

Transkriptionszeichen 296

Dank 297

1 Einleitung

„Aus mir wäre nichts geworden ohne integrationsaffirmative Sozialarbeiter*innen – Machen wir uns nichts vor. Wenn ich in letzter Zeit immer häufiger sehe, wie viele Formen intellektueller Verwahrlosung damit legitimiert werden, man wolle keine Zwangsintegrationen forcieren, wird mir schlecht. Ich komme aus einer massiv desintegrierten Familie. Das war viel Arbeit. Soziale Arbeit. Das heißt aber nicht, dass die Kritik am Integrationsbegriff weniger wahr ist. Denn wenn ich sehe, dass gerade wir bildungserfolgreichen Menschen of Color nicht ausnahmsweise, sondern regelhaft so kaputtdisziplinirt und stromlinienförmig geworden sind, dass wir keinen Hauch an anstößiger Andersheit mehr in uns tragen, wird mir ebenso schlecht. Es gilt, die Ambivalenztoleranz in den Stand einer pädagogischen Kardinaltugend zu erheben." (Boger 2020, S. 198)

Im Eingangszitat verdeutlicht Mai-Anh Boger anhand eigener schmerzlicher Erfahrungen ein wesentliches Problem Sozialer Arbeit sowie Kinder- und Jugendhilfe (KJH): die Ambivalenz von Integration. Soziale Arbeit steht vor der Herausforderung, Handlungsmöglichkeiten von Adressat_innen zu erweitern. Gleichzeitig ist sie Teil einer Gesellschaftsordnung, die von Macht und Ungleichheit geprägt ist. Hieraus ergibt sich ein Spannungsfeld, in dem sich Soziale Arbeit befindet: Soziale Arbeit übernimmt eine „Normalisierungsfunktion" (Kessl 2009, S. 91) und wirkt damit als „Normalisierungsmacht" (Maurer 2001, S. 8), gleichzeitig hat sie die Macht, mit ihren Adressat_innen Handlungsmöglichkeiten zu erweitern. Das bedeutet, Soziale Arbeit reagiert auf Unterschiede, während sie selbst Unterscheidungen vornimmt. Einerseits ist sie auf Kategorisierungen angewiesen, um Angebote gestalten zu können. Andererseits schreiben diese Angebote bereits im Vorfeld Adressat_innen auf deprivilegierte Positionen fest. Als Orientierung dient dabei sowohl aufseiten der Adressat_innen als auch aufseiten der Sozialen Arbeit das Verständnis von Normalität, das dem hegemonialen Diskurs zugrunde liegt.

Gesellschaftliche Machtkonstellationen bestimmen mit, inwieweit und in welcher Form Handlungsmöglichkeiten eingeschränkt werden: So sind in einer patriarchal und rassistisch organisierten Gesellschaftsstruktur Räume für migrantisierte Mädchen_ und Frauen_ nicht selbstverständlich. Sie müssen erst durch beispielsweise sozialpädagogische Maßnahmen wie einen *Internationalen Mädchentreff* geschaffen werden. Die Anerkennung von Erfahrungen und Positionierungen in der Sozialen Arbeit, die mit Machtungleichheit und sozialer Ungleichheit in Zusammenhang stehen, sind widersprüchlich. Machtkonstellationen und der Umgang mit diesen regeln soziale Teilhabe, wer also Zugang hat und wer ausgeschlossen wird. Indem Soziale Arbeit bestimmte Subjekte adressiert, sie als potenzielle Nutzer_innen eines Angebots anerkennt, nimmt sie sie als deprivilegiert wahr und legt sie fest. Soziale Arbeit trifft Unterscheidungen, wobei sie gesellschaftliche Differenzierungen aufgreift, die mit Macht in Zusammenhang stehen. Umgekehrt beeinflussen ihre Unterscheidungen auch letztere. Beispiele für gesellschaftliche Differenzierungen sind Geschlecht im Zusammenhang mit Patriarchat, Rassismus oder Zuschreibungen vor dem Hintergrund klassistischer Selbstverständlichkeiten. Die Anerkennung der Adressat_innen beschreibt eine „ambivalente Gleichzeitigkeit von Unterwerfung und Subjektwerdung mit Blick auf die Eröffnung und Erweiterung von Handlungsoptionen als Subjektwerdungspotenziale" (Kessl/Maurer 2010, S. 160). Susanne Maurer interpretiert diesen Widerspruch als die Konfrontation der Sozialen Arbeit mit „der Sehnsucht der Individuen nach ‚Normalität' im Sinne von Zugehörigkeit, Selbstverständlichkeit, Beruhigung [...], aber auch mit der Sehnsucht nach Einzigartigkeit, Erkennbarkeit, Unverwechselbarkeit" (Maurer 2001, S. 125). Diese Sehnsucht kann als Sehnsucht nach Handlungsfähigkeit verstanden werden, die eng mit den jeweiligen Differenzkonstruktionen verknüpft ist.

In der vorliegenden Untersuchung stelle ich die Frage danach, inwiefern und wie Differenzkonstruktionen vor dem Hintergrund von Macht und Ungleichheit in Einrichtungen der KJH thematisiert und inwieweit sie dethematisiert werden. Durch diese Perspektivierung spreche ich weitere Widersprüchlichkeiten und Ambivalenzen an, die Soziale Arbeit kennzeichnen und mit denen Akteur_innen der Sozialen Arbeit in ihrer täglichen Arbeit umgehen müssen. Ich setze voraus, dass der Bedarf sozialpädagogischen Handelns in (kollektiven) Routinen ermittelt wird, was nicht immer reflexiv zugänglich geschieht (vgl. Schmidt 2012, S. 269), v.a., wenn es darum geht, handlungsfähig zu bleiben. Mithilfe einer Analyse der Umgangsweisen innerhalb der Sozialen Arbeit kann ich zeigen, wie abweichende Differenzkonstruktionen nicht wahrgenommen, unsichtbar gemacht und nicht bearbeitet werden. Zwischen den Formen der (De-)Thematisierung und Umgangsweisen – Dramatisierung und Verdeckung – vermute ich mehrere Spielarten, die ich in der vorliegenden Arbeit beleuchte.

Die KJH umfasst viele unterschiedliche Bereiche. Mein Vorgehen kann methodologisch als rekonstruktives bestimmt werden. Dabei habe ich ähnliche und unterschiedliche Formen der KJH einander gegenübergestellt: die Offene Kinder- und Jugendarbeit/die Jugendarbeit OKJA und die Jugendberufshilfe/die Jugendsozialarbeit (JBH). In den Gesetzestexten[1] zur Regelung der Bereiche lassen sich Unterschiede in der Adressierung erkennen: Bezieht sich demnach die OKJA auf alle Kinder und Jugendlichen und geht es um die „Förderung ihrer Entwicklung" (SGB VIII, §11), setzt der Text zur JBH einen anderen Schwerpunkt. Hier sollen

---

1 Die OKJA ist im SGB VIII, §11 geregelt und die JBH ist im SGB VIII, §13 und zudem im §§51 ff SGB III und im SGB II festgelegt. Beide werden im SGB VIII unter „Leistungen der Jugendhilfe" geführt und stehen hier ganz am Anfang, was ihre Relevanz erahnen lässt.

Adressat_innen „zum Ausgleich sozialer Benachteiligung oder zur Überwindung individueller Beeinträchtigungen[, da sie] in erhöhtem Maße auf Unterstützung angewiesen sind, [...] im Rahmen der Jugendhilfe sozialpädagogische Hilfen angeboten werden" (SGB VIII, § 13). Bereits hier zeichnet sich hinsichtlich der Adressierung, der Möglichkeiten zur Angebotsgestaltung wie auch der Aufgaben Folgendes ab: Auf der einen Seite stehen eine allgemeine Ausrichtung und Offenheit, auf der anderen eine konkrete Ausrichtung und Spezifizierung. Das hat jeweils Auswirkungen darauf, wie sehr Angebote reguliert werden. Allgemein wird in den Gesetzestexten deutlich, dass bei der angesprochenen Altersgruppe viel Wert auf formale und nonformale Bildung sowie auf die Entwicklung der Person gelegt wird. Daraus lässt sich schließen, dass dieser Gruppe ein besonderer Bedarf zugeschrieben wird. Außerdem scheint hier bereits die Unterscheidung zwischen der Gruppe von Kindern und Jugendlichen und der Gruppe der Nicht-Kinder und -Jugendlichen zugrunde zu liegen. Daran wird der Prozess des Different-Setzens historisch als konstituierendes Merkmal der Sozialen Arbeit deutlich (vgl. Mecheril/Melter 2010, S. 117).

Um der (De-)Thematisierung von Differenzkonstruktionen in der KJH auf die Spur zu kommen, wobei ich eine nicht-essentialisierende Perspektive einnehme, bedarf es einer analytischen Brille. Sie soll mir dabei helfen, die Vielfältigkeit des Different-Setzens zu berücksichtigen, ohne selbst Differenzen festzuschreiben. Hierzu eignet sich eine intersektionale Perspektive (vgl. Riegel 2016) wie auch die Denkfigur der der Sozialen Arbeit als Grenzbearbeitung (vgl. Maurer/Kessl 2010; Maurer 2018). Ferner beziehe ich diskursive Praktiken ein (vgl. Reckwitz 2008b). In diesen drei Ansätzen ist die Analyse der Verwobenheit unterschiedlicher gesellschaftlicher Ebenen angelegt, die einander beeinflussen und prägen.

Die Denkfigur der Grenzbearbeitung öffnet den Blick für die Widersprüche der Sozialen Arbeit, die damit als solche wahrgenommen werden können und sogar müssen (vgl. Kessl/Maurer 2010, S. 167). Grenzen sind als „Ausdruck sozialer Macht- und Herrschaftsverhältnisse" zu verstehen, die „erst in sozialer Aktion wirkmächtig werden" (Kessl/Maurer 2010, S. 158). Eine grenzanalytische Forschungsperspektive einzunehmen bedeutet, „den sozialpädagogischen Anteil an historisch-spezifischen Grenzziehungs- wie Grenzüberwindungsprozessen zu analysieren – Prozesse, die sich in den bestimmenden wie den weitgehenden unsichtbaren Rationalitäts- und Lebensführungsmustern widerspiegeln" (Kessl/Maurer 2010, S. 159). Fabian Kessl und Susanne Maurer nehmen dementsprechend eine differenzsensible Forschungsperspektive ein, die mit einem „kritisch-reflexiven Forschungsinteresse [...] Öffnungen und Erweiterungen des Bestehenden zur Verfügung stellen möchte" (ebd.). Wenn aber, wie Kessl feststellt, die „Arbeit am Sozialen [...] entlang höchst umstrittener Grenzen" verläuft, wer diktiert, „dass sie so verlaufen und nicht anders? Welche bestimmten also hegemonialen Kräfte sind hier wirksam? Wo werden entsprechende Grenzen für Fachkräfte wie Nutzer/innen auch als veränderbar erkennbar?" (Kessl 2009,

S. 94) Diese Fragen reflektieren das Ziel steter Veränderung in der Profession der Sozialen Arbeit.

Sowohl Susanne Maurer als auch Fabian Kessl plädieren in der Auseinandersetzung mit Macht in der Sozialen Arbeit dafür, Widersprüche als Widersprüche wahrzunehmen, ohne zu versuchen sie zu überwinden. Kessl fasst das doppelte Mandat von Hilfe und Kontrolle aus einer Perspektive der Gouvernementalität nach Michel Foucault als „relationales und damit unvermeidbares und unauflösbares Verhältnis" (ders. 2006, S. 69). Ich möchte diese Aussage ausweiten. Nach dem Tripelmandat ist Soziale Arbeit drei Instanzen gegenüber verpflichtet: dem Staat, den Adressat_innen sowie der eigenen Fachlichkeit (vgl. Lutz 2020, o. S.). Susanne Maurer und Susanne Weber nehmen ebenfalls Bezug auf Foucault, indem sie „Mündigkeit und Unmündigkeit, Autonomie und Heteronomie einander entgegensetzen, [...] Selbst- und Fremdbestimmung, [...] Freiheit und Macht als Engführung [kontrastieren]" (dies. 2006, S. 14 f.). Aus dieser Perspektive sehen sie Brüche als Möglichkeiten für Veränderung (vgl. ebd.). Der Fokus auf Brüche erlaubt es Selbstverständlichkeiten zu erkennen, die im Brechen erst sichtbar werden. Dadurch rücken Macht und Widersprüchlichkeiten in der Sozialen Arbeit und das Ideal in den Vordergrund, durch Forschung zu Veränderungen beizutragen.

Um zu verstehen, wie eng Ungleichheitsstrukturen, Formen der Repräsentation sowie Differenzkonstruktionen miteinander verwoben sind, ergänze ich die Denkfigur der Grenzbearbeitung um die Perspektive der Intersektionalität. Denn es scheint besonders relevant, einen Zugang zu wählen, der es ermöglicht, im Kontext der KJH auch epistemische Gewalt zu erforschen. Entscheidend ist die Frage, welches Wissen angerufen und welches verschwiegen wird. „So liegt die Stärke einer Intersektionalitätsperspektive v. a. in methodologischer und epistemologischer Hinsicht, als kritischer ‚Blick' bzw. Analyse-Strategie, mit der in dekonstruierende[r] Weise vorherrschende soziale Differenzierungen, Kategorisierungen, Grenzziehungen in ihrer Dynamik, in ihren widersprüchlichen und interdependenten Wirkweisen und machtvollen Effekten untersucht und sichtbar gemacht werden können." (Riegel 2013, S. 1077) Damit setzt Intersektionalität ebenfalls bei Selbstverständlichkeiten an, fragt nach Bedeutungen und versteht Praktiken als diskursive Praktiken, die auf bestimmte Repräsentationen verweisen (vgl. Reckwitz 2008a, S. 202 f.).

Dementsprechend kann hinterfragt werden, welche Selbstverständlichkeiten machtvolle Praktiken und Diskurse verfestigen. So ist davon auszugehen, dass Adressat_innen in der KJH auf deprivilegierende Weise wahrgenommen werden. Weniger populäre Formen von Deprivilegierung oder Deprivilegierung aufgrund der Überschneidung unterschiedlicher Differenzkonstruktionen finden dabei weniger Beachtung. Es kann angenommen werden, dass dominanzkulturelle Bezugnahmen eine große Rolle spielen. Im Konzept der Dominanzkultur beschreibt Birgit Rommelspacher mit u. a. Bezug auf Norbert Elias Dominanz wie folgt: In sich bündelt sie Macht, wonach Differenzziehungsprozesse nicht mehr hinterfragt werden und sich als selbstverständlich durchsetzen (vgl. Rommelspacher 1998, S. 24 ff.). Der wesentliche Unterschied zu Herrschaft besteht darin, dass diese Markierungen nicht *gegen* den Willen von Subjekten durchgesetzt, sondern *von allen getragen* werden (vgl. ebd.). Dominanzkultur führt zu Formen institutionalisierter Diskriminierung. Zwar sind sie rechtlich nicht intendiert, in Einrichtungen der KJH jedoch Alltag (Prasad 2020, S. 71). Diese Diskriminierungen bleiben teilweise unerkannt. Bestimmte Selbstverständlichkeiten begrenzen in ihrer Verwobenheit mit Diskursen und Praktiken damit den Zugang zu Macht- und Ungleichheitsverhältnissen. Nachdem ich die analytische Perspektive der vorliegenden Untersuchung dargelegt habe, lege ich im Folgenden meine methodologischen Überlegungen dar.

Für meine Untersuchung wähle ich eine ethnografische Herangehensweise, anhand derer ich im Feld der KJH Praktiken beobachten und notieren kann. Denn der Alltag wird zum Gegenstand der Betrachtung, wobei sich Selbstverständlichkeiten in ihrer Unausgesprochenheit erkennen und erklären lassen (vgl. Dellwing/Prus 2012, S. 13). Als forschende Person stehe ich vor der Herausforderung, Nähe und Distanz in meiner wissenschaftlichen Arbeit zu reflektieren und durch den Wechsel der Perspektiven, Bedeutungen des Feldes zu rekonstruieren, die sich als Selbstverständlichkeiten der Beschreibung entziehen (vgl. Geertz 1994, S. 15; Machold/Wienand 2018, S. 133). Entscheidend ist, dass ich in meiner Studie von situiertem Wissen ausgehe und nicht den objektiven Standpunkt der Forscherin einnehme (vgl. Haraway 1995, S. 87). Meine Forschungsfrage und deren Bearbeitung sind dadurch gekennzeichnet, wie ich positioniert bin: eine weiße cis Frau, die als Bildungsaufsteigerin beschrieben werden kann, die Mutter ist, geabled, aber familiäre Erfahrungen mit Disability hat. Wichtig ist es Vereindeutigungen durch diese Situiertheit von Wissen zu reflektieren, um nicht Machtverhältnisse zu untermauern (vgl. Abu-Lughod 1990). Daher habe ich in den gesamten Forschungsprozess Reflexionsschlaufen eingebaut, auf die ich in Kapitel 6 eingehe.

Aus der teilnehmenden Beobachtung habe ich eine Fülle an Daten generiert. Um systematisch damit umgehen zu können, habe ich einen Zugang über eine reflexive Form der Grounded Theory (vgl. Charmaz 2006; Charmaz 2010) geschaffen, das Material aber rekonstruktiv ausgewertet (vgl. Kruse 2014). Dabei habe ich die Analyse von Positionierungen, die Analyse von Kontext sowie die Analyse von historischer Gewordenheit als Analyseheuristiken in den Vordergrund meiner Analyse gestellt, nebst den Forschungsperspektiven der Intersektionalität, diskursiven Praktiken und Grenzbearbeitung. Forschungspraktisch habe ich mich dabei auf unterschiedliche Frageformulierungen im Kontext von Machtreflexion und Intersektionalität bezogen (vgl. Diehm/Kuhn/Machold 2013, S. 44; Messerschmidt 2013, S. 430; Riegel 2016, S. 141). Um stets das Moment der Macht zu fokussieren, habe ich diese Herangehensweise um einen dekonstruktivistischen

Blick ergänzt. Praktiken, die ich beobachtet habe, verstehe ich als diskursive Praktiken. Auf diese Weise kann ich die Analyse von Bedeutungen und Repräsentationen in mein ethnografisches Vorgehen einbeziehen (vgl. Wrana 2012, S. 185). Mithilfe des so modellierten Forschungszugangs kann ich die unterschiedlichen gesellschaftlichen Ebenen miteinander verbinden und mir das Material zugänglich machen. Das ermöglicht es mir, Machtverhältnisse zu erfassen, die sich in Praktiken zeigen. Ferner kann ich nicht Gesagtes und Dethematisiertes in meine Analyse einbinden.

Wenn ich nach Praxen des Umgangs der (De-)Thematisierung von Differenzverhältnissen in der KJH frage, frage ich gleichzeitig nach Professionalität und Theoriebildung. Die oben genannten analytischen Perspektiven unterstützen Fragen nach Professionalisierung. Die Denkfigur *Grenzbearbeitung im Kontext kritischer Sozialer Arbeit* (vgl. Kessl/Maurer 2010, S. 159) sowie Christine Riegels Entwurf von Intersektionalität als einer Art diversitätsbewusster Sozialpädagogik (vgl. Riegel 2016, S. 49; Leiprecht 2011b, S. 19 ff.) stecken ab, was Professionalität in Sozialer Arbeit bzw. Sozialpädagogik im Kern ausmacht: „die kritische Reflektion solcher Differenzlinien und ihrer Wirkungen" (Leiprecht 2011b, S. 19). Hieran schließt sich die Forderung „eines bewussten Umgangs mit Differenzlinien" (ebd.) an, den auch ich in meiner Arbeit beschreibe. Forschungsarbeiten, die Professionalisierung in Bezug auf den Umgang mit Differenzkonstruktionen untersuchen, können hier anschließen. Kathrin Weidenbach etwa fand in ihrer (unveröffentlichten) Abschlussarbeit von 2018 heraus, dass Professionelle in der KJH ein eher geringes Bewusstsein für ihre eigene Positionierung haben. Gleichzeitig lässt sich Intersektionalität in vielen sozialpädagogischen Fachbroschüren, Artikeln oder Austauschformaten wiederfinden. Diese Entwicklung und ein solches Verständnis von Professionalität in den Blick zu nehmen, erscheint als dringende Aufgabe. In meiner Arbeit geht es mir dementsprechend darum, den Blick für Widersprüchlichkeiten und Konflikte im Bereich der (De-)Thematisierung von Differenzlinien zu schärfen und damit die Professionalisierung in der Sozialen Arbeit voranzubringen.

Die Arbeit besteht aus neun Kapiteln. Zu Beginn erörtere ich Intersektionalität als theoretische und methodologische Perspektive für die vorliegende Studie sowie die Herausforderungen der Untersuchung. Mir ist wichtig, aufzuzeigen, wo Intersektionalität als Forschungsansatz zu Macht- und Ungleichheit, zu sozialpädagogischer Praxis sowie als Ansatz im Kontext sozialer Bewegungen verortet ist. In den Kapiteln drei bis fünf nähere ich mich Sozialer Arbeit und der KJH aus theoretischer, forschungsfeldpraktischer sowie aus empirischer Perspektive. Ich entfalte Soziale Arbeit explizit vor dem Hintergrund von Macht und Ungleichheit und lege hierzu die Perspektive poststrukturalistischer, postkolonialer und feministischer Forschung dar. Dazu beziehe ich meine beiden Ansätze aufeinander: die Denkfigur der Grenzbearbeitung und die Perspektive von Intersektionalität. In Kapitel vier gehe ich konkret auf die Forschungsfelder innerhalb der KJH ein. Anschließend skizziere ich den Stand der Forschung zu meiner Frage nach Thematisierung und Dethematisierung von Differenzkonstruktionen in der KJH (Kap. 5). Im empirischen Teil der Arbeit beschreibe ich im ersten Schritt das Forschungsdesign, um daraufhin den ethnografischen Zugang, die Forschungsperspektiven sowie die Forschungsheuristiken zu erläutern. In Kapitel acht kategorisiere ich die Ergebnisse aus Kapitel sieben fallübergreifend und leite nach einer methodologischen Reflexion abschließend methodologische sowie sozialpädagogische Perspektiven ab.

2 Intersektionalität als theoretische und methodologische Perspektive

„Intersektionalität [...] ist ein Begriff, der theoretische Diskussionen und methodologische Überlegungen überschreibt, die sich der Analyse von miteinander wechselwirkenden, sich verschränkenden, miteinander kumulierenden, ineinander verflochtenen Differenzkategorien und ihre Verbindungen mit Macht-, Herrschafts- und Ungleichheitsverhältnissen verschrieben haben. So weit – so unklar." (Groß 2014, S. 172)

Die Perspektive von Intersektionalität umfasst unterschiedliche theoretische und methodologische Blickwinkel und Reflexionsmomente. Als Ansatz ermöglicht sie die Produktion, die Transformation, die Reproduktion und die Folgen sozialer Ungleichheit sowohl theoretisch als auch empirisch vielseitig in den Blick zu nehmen. Der Fokus liegt darauf, die Vielfalt von Aspekten sowie Prozessen aufzuzeigen, die Einfluss auf soziale Ungleichheit haben. Sie sind in ihrer gegenseitigen Beeinflussung und der darin liegenden Ambivalenz zu berücksichtigen. Diese Perspektive stellt eine Möglichkeit dar und ist zugleich der Versuch, der Komplexität von Subjekt und Gesellschaft gerecht zu werden und machtvolle Differenzkonstruktionen sowie -verhältnisse herauszuarbeiten sowie analytisch zugänglich zu machen.

In diesem Kapitel will ich Intersektionalität in ihrer Relevanz als Einfluss sowohl auf die Soziale Arbeit als auch auf Forschungsmethodologien darstellen. An einer Einführung in die Perspektive von Intersektionalität schließe ich einen historischen Abriss der Entwicklung des Konzepts an. Ziel ist es, die Komplexität und die unterschiedlichen miteinander verwobenen Herangehensweisen sichtbar zu machen, Gemeinsamkeiten zutage zu fördern, ohne dabei widersprüchliche Gegensätze aufzulösen.

2.1 Kleine Einführung zur Perspektive von Intersektionalität

Das Konzept der Intersektionalität bedeutet die Kritik und Reflexion gesellschaftlicher Verhältnisse in Bezug auf Macht und Positionierungen. Es ist stark an die Kritik aus sozialen Bewegungen geknüpft und macht immer wieder darauf aufmerksam, dass Subjekte unterschiedlicher Positionen in Bezug auf Diskriminierung, Privilegierung und Deprivilegierung unterschiedliche Erfahrungen machen und gemacht haben. Als Forschungsansatz erfasst Intersektionalität nicht nur die theoretische und analytische Ebene, sondern ist zudem handlungsorientiert.

Der Begriff Intersektionalität entstand aufgrund eines juristischen Problems. Die Idee dahinter fand schon vorher Beachtung. Audre Lorde, eine US-amerikanische Professorin, Aktivistin und Dichterin, inspirierte die Schwarze Frauenbewegung in Deutschland. Sie sprach klar die Perspektivität der weißen Frauenbewegung an: „Some problems we share as women, some we do not. You fear your children will grow up to join the patriarchy and testify against you; we fear our children will be dragged from a car and shot down in the street, and you will turn your backs upon the reasons they are dying." (Lorde 2007, S. 119) Darin steckt zum einen der Hinweis, dass weiße frauenbewegte Frauen_ die Sichtweise anders positionierter Frauen_ häufig ausblenden. Zum anderen steckt darin der Aufruf, bei Forderungen in Bezug auf Emanzipation, Befreiung, Solidarität und Umgang mit sozialer Ungleichheit sowie Machtverhältnissen andere Perspektiven in ihrer Verletzbarkeit einzubeziehen. Audre Lorde ergänzt Folgendes: „There is not such a thing as a single-issue struggle because we do not live single-issue lives." (a. a. O., S. 138) Intersektionalität beinhaltet den *einfach erscheinenden* Gedanken, dass Subjekte nicht ausschließlich auf *ein*-fache Positionierungen und Erfahrungen zurückgreifen, sondern dass Positionierungen und Erfahrungen aus mehreren ineinander greifenden Differenzkonstruktionen hervorgehen – ein Umstand, der folgenreich ist.

Intersektionalität kennzeichnet erstens wesentlich, dass die Verwobenheit unterschiedlicher Differenzkonstruktionen sozialer Ungleichheit und Machtverhältnissen berücksichtigt wird, bspw. das Zusammenspiel von Sexismus/sexistischen Zuschreibungen und Rassismus/rassistischen Zuschreibungen. Insbesondere geht es darum, nicht darin zu verfallen, in einer „Rechenaufgabe" (Lutz 2001, S. 28)[2] einzelne *Ungleichheitsmerkmale* zu addieren. Die Bezeichnungen „Doppelte Diskriminierung" sowie „triple opression"[3] (vgl. Lutz 2001, S. 218; 2014, S. 2 f.; Anthias/Yuval-Davis 1983, S. 62, 70 nach Soiland 2008, S. 1) verweisen auf Versuche, Konzepte zu finden, in denen mehrere Differenzkonstruktionen zusammengedacht und deren wechselseitige Beziehung vor dem Hintergrund

---

2   Helma Lutz bezieht sich hierbei auf Donna Haraway (1991). Sie fordert, race, sex, class und gender analytisch umfassend zu berücksichtigen, statt sie nur in Teilen einzubeziehen – wie es die feministische Theorie vorschlägt (vgl. Haraway 1991, S. 129). Helma Lutz bezieht Haraways Kritik auch auf die deutsche feministische Theorie (vgl. Lutz 2001, S. 215 f.). In ihrer Auseinandersetzung mit der Differenzforschung geht sie historisch auf globale wissenschaftstheoretische Entwicklungen ein und schließt eine intersektionale Analyse an. Dabei liegt der Fokus zwar auf der Frage nach Kategorien, allerdings erfasst die Analyse auch die Prozesse der Kategorisierung, also solche, die „die verschiedensten Differenzlinien zu Selbst- und Fremdpositionierung" (vgl. a. a. O., S. 227) nutzt. Sie kommt zu folgendem wichtigen Schluss: „Differenz ist schließlich mehr als eine Rechenaufgabe." (a. a. O., S. 228)

3   An dieser Stelle möchte ich betonen, dass ich den Konzepten oder Theoretiker_innen, die die Begriffe der „doppelten Diskriminierung" und „triple opression" geprägt haben oder verwenden, nicht unterstellen will, Ungleichheitsmerkmale wie in einer „Rechenaufgabe" gegeneinander abzuwägen.

von Machtverhältnissen thematisiert werden. Sie sind allerdings irreführend, weil sie die Addition und das Aufrechnen von Merkmalen suggerieren. Prozesshaftigkeit, Situiertheit sowie Verschränkungen werden durch Begriffe wie die oben exemplarisch benannten nicht sichtbar. Im Vordergrund von Intersektionalität stehen *Interdependenzen* und die Folgen, die sich aus der Wechselwirkung zwischen Differenzkonstruktionen ergeben (vgl. Rein/Riegel 2016, S. 75).

Zweitens bedeutet Intersektionalität, die Verwobenheit der gesellschaftlichen Ebenen zu denken und zu berücksichtigen. Dem liegt die Annahme zugrunde, dass Diskriminierungen auf unterschiedlichen gesellschaftlichen Ebenen geschehen. Zuschreibungen werden zwar situational hergestellt, funktionieren allerdings nicht unabhängig von Kontext und Geschichte, sind miteinander verstrickt, beeinflussen und verstärken sich gegenseitig und fließen ineinander über. Explizit geht es um die Ebenen von Subjekten und Interaktionen, von Diskursen und von Strukturen.

Intersektionalität als Forschungs- und Analyseperspektive nach Christine Riegel (vgl. dies. 2016, S. 136 ff.) ermöglicht es, die Komplexität von einerseits miteinander verquickten Differenzkonstruktionen und andererseits miteinander verschränkten Ebenen empirisch zu erfassen. Als drittes Merkmal ließe sich anführen, dass es „schwer ist […], diese Perspektive in ihrem gesamten Potenzial tatsächlich umzusetzen." (a. a. O., S. 144) Aufgrund der Offenheit[4] von Intersektionalitätsansätzen erhalten diese – meist stammt die Kritik aus den *eigenen Reihen* – immer wieder den Vorwurf, unabgeschlossen und sowohl theoretisch als auch methodologisch nicht ausreichend weit entwickelt zu sein (vgl. Erwägen. Wissen. Ethik 24 (2013)). Darauf verweist auch Melanie Groß, wenn sie einerseits Intersektionalität als ein „vielbeachtetes Konzept" (Groß 2014, S. 172) beschreibt, es allerdings auch damit konfrontiert sieht, dass bislang weder der Gegenstand noch ein Weg der empirischen Anwendung geklärt sei (vgl. ebd.). Gleichzeitig wird genau diese Unabgeschlossenheit als große Stärke des Konzepts verstanden (vgl. Davis 2008; Lutz/Herrera Vivar/Supik 2013; Villa 2013; Davis 2013; Riegel 2016). In der Thematisierung von Ungleichheit scheint es inzwischen selbstverständlich zu sein, den Bezug zu Intersektionalität herzustellen (vgl. Leonity/Schulz 2020; Rein 2020; Roig 2021).

Historisch ist das Konzept neben theoretischen und wissenschaftlichen Perspektiven stark von sozialen Bewegungen und Macht- sowie Dominanzkritik geprägt. Zu nennen sind in erster Linie rassismuskritische und postkoloniale so-

---

4 Offen sind die Ansätze v. a. in Bezug auf deren Anwendung und die Art und Weise, wie sie adaptiert und diskutiert wurden und werden. Zumindest Kimberlé Crenshaw, die nicht die Idee, aber den Begriff aus einer Menschenrechtsperspektive Schwarzer Frauen in den USA entwickelt hat, scheint nicht ganz zufrieden mit einem allzu offenen Verständnis von Intersektionalität zu sein – v. a. bezüglich der Dezentralisierung Schwarzer Frauen als Analysesubjekte (vgl. Lutz 2014, S. 1, 8).

wie geschlechterreflektierende und feministische, politische wie auch theoretische Positionen. Im Folgenden will ich auf implizite Einflüsse aus der Zeit vor der expliziten Einführung des Begriffs *intersectionality* durch die Rechtswissenschaftlerin Kimberlé Crenshaw eingehen. Beispielsweise schreibt das *Combahee River Collective* im April 1977 ein Statement aus Schwarzer feministischer Perspektive. In diesem Positionspapier weisen die Schreibenden bereits zu Beginn darauf hin, dass rassistische, sexistische, heterosexistische und klassistische Verhältnisse in Unterdrückungssystemen eng miteinander verknüpft sind (Combahee River Collective 1977). Zentral für die Entwicklung des Konzepts ist die Kritik *innerhalb* feministischer Bewegungen, die besagt, dass eine ausschließlich auf Geschlecht fokussierte Sichtweise in Kämpfen um Macht und Ungleichheit zu einseitig ist (vgl. Lutz/Herrera Vivar/Supik 2013). Davon erzählt bspw. auch Katharina Oguntoye. Im Workshop „Afro-deutsche Geschichte", den sie 2019 im Rahmen der Veranstaltung „Dear white people. Visionen einer postrassistischen Gesellschaft" gemeinsam mit Jasmin Eding abhielt, führt sie die Auseinandersetzungen auf dem Lesben-Frühlings-Treffen in den 1970er Jahren an. Darin machten Schwarze Lesben weiße Lesben auf ihre eingeschränkte Sichtweise aufmerksam. Neben diesen u. a. queeren sowie klassismuskritischen Einflüssen sind die Perspektiven der Disability Studies relevant.

2.2 Intersektionalität im historischen Diskurs

Zwischen der Entwicklung von Intersektionalität und Forderungen im Kontext sozialer und politischer Bewegungen besteht ein sehr enger Zusammenhang (Rein/Riegel 2016, S. 74). Ziel der kritischen Bewegungen ist jeweils das Einräumen von Rechten (juristisch, Eröffnung von Handlungsmöglichkeiten etc.) für diejenigen, die in ihrer Deprivilegierung aufgrund sich überlappender Ungleichheitsverhältnisse und der daraus entstehenden Komplexität unsichtbar blieben. Gleichzeitig geht es auch darum, *andere* Selbstverständlichkeiten zu prägen als die, die in einer dominanten Sichtweise ohnehin vertreten sind.

Vor allem in feministischen Bewegungen wurde immer wieder die Kritik geäußert, dass die Sichtweisen der dominanten Stimmen zu homogenisierend und vereinfachend waren. So wurde v. a. an und innerhalb der weißen bürgerlichen Frauenbewegung[5] kritisiert, dass sie weniger ein- als ausschließend agiert. Das bezog sich auf nicht-bürgerliche Frauen, nicht-weiße, nicht-heterosexuelle, nicht in der heteronormativen Matrix lebende Frauen, die zwar mitgemeint waren, die aber in den Forderungen, Vorgehensweisen und Zielen nicht ausreichend repräsentiert wurden bzw. sich nicht repräsentiert fühlten (vgl. Oguntoye/Kinder/Eg-

---

5   Hier beziehe ich mich v. a. auf den anglo-amerikanischen sowie den bundesdeutschen Kontext, gehe aber davon aus, dass sich diese Tendenz auch global wiederfindet.

gers/Piesche 2012; Piesche 2012; Lutz/Herrera Vivar/Supik 2013). Diese historische Entwicklung macht auch deutlich, wie vielstimmig feministische Bewegungen geworden sind – auch durch die Bereicherung der intersektionaler Sichtweisen (s. ju_fem netz, fem_im_pott etc.).

Im Folgenden erläutere ich zuerst die politische Positionierung des Konzepts der Intersektionalität und ordne die Position ein, um anschließend die Entstehungsgeschichte auszurollen. Sowohl „implizite [als auch] explizite Ansätze der Intersektionalität" (Lykke 2010, S. 68 f. nach Lutz/Herrera Vivar/Supik 2013, S. 10) werden in die Darstellung einfließen, sodass ein kontextualisierter Einblick in die Entwicklung des Konzepts von Intersektionalität gewährt wird, der für die vorliegende Arbeit gewinnbringend sein kann.

Die Metapher einer Kreuzung, einer *intersection*, stammt von Kimberlé Crenshaw. Die US-amerikanische Rechtswissenschaftlerin ist in der Schwarzen Frauenbewegung aktiv und Mitbegründerin der Critical Race Theory (CRT). Die Straßen, die in einer Kreuzung münden, stehen für die Verhältnisse der Ungleichheit. Ist eine Person von mehreren Ungleichheitsverhältnissen gleichzeitig betroffen – wie in dem Fall, auf den sich Kimberlé Crenshaw bezieht: Sexismus und Rassismus –, steht sie sozusagen mitten auf der Kreuzung. Sie ist also besonders verletzbar, der Gefahr von Diskriminierung im besonderen Maße ausgesetzt. Kimberlé Crenshaw entwickelte den Begriff *intersectionality* aus einer rassismuskritischen und feministischen Stellungnahme zum US-amerikanischen Rechtssystem. Die Reflexionsperspektive erweitert sie um weitere Machtverhältnisse wie Xenophobie, Ableismus, Heterosexismus sowie Klassismus. Ihr Anliegen besteht insbesondere darin, zu erreichen, dass die Überlappung von Diskriminierungsverhältnissen und den daraus entstehenden gefährdeten Positionierungen in ihrer Verletzbarkeit thematisierbar werden. Es soll möglich sein, darüber zu sprechen. Mit politischem Ansinnen macht sie darauf aufmerksam, dass diese Problematiken erst durch die Thematisierung bearbeitet und gelöst werden können (vgl. Crenshaw 2016). Mit dem Begriff *intersectionality* gibt sie ein leicht zu verstehendes Bild an die Hand, das sich in seiner Popularität gegenüber anderen durchgesetzt hat (vgl. Davis 2008, S. 68 f.).

> „Consider an analogy to traffic in an intersection, coming and going in all four directions Discrimination, like traffic through an intersection, may flow in another. If an accident happens in an intersection, it can be caused by cars travelling from any number of directions and, sometimes from all of them. [...] But it is not always easy to reconstruct an accident. Sometimes the skid marks and the injuries simply indicate that they occurred simultaneously, frustrating efforts to determine which driver caused the harm. In these cases the tendency seems to be that no driver is held responsible, no treatments is administered and the involved parties simply get back in their cars and zoom anyway." (Crenshaw 1998, S. 321 f.)

Sozialwissenschaftliche ungleichheitskritische Theoretiker_innen, Empiriker_innen sowie differenzsensible Praktiker_innen aus der (Sozial-)Pädagogik übernehmen Kimberlé Crenshaws feministische und rassismuskritische Perspektive. Sie passen sie an ihr Anliegen an, erweitern sie, transformieren, kritisieren und ergänzen sie. In der Sozialen Arbeit und in einem sozialforscherischen Kontext wie auch im Rechtssystem ist die praktische Frage: Welche Folgen haben die Formen von Ungleichheit, die aufgrund von Überlappung teilweise einzigartig, immer auch situational hergestellt und kontextabhängig sind? Kimberlé Crenshaw hat dabei das Rechtssystem der USA und die Rekonstruktion des „diskriminierenden Antidiskriminierungsrechts" (Emmerich 2013, S. 375) im Blick. Spezifisch ist, „dass [das Intersektionalitätsverständnis] auf das Bezugsproblem der Invisibilisierung von Formen der Diskriminierung reagiert" (Hormel 2012, S. 494). Zudem steckt in ihrer Kritik an „both feminist and anti-racist discourse" (Davis 2008, S. 68) der Hinweis auf die besondere Verletzbarkeit von Women of Color (WoC), bedingt durch Machtverteilungen und -ungleichheit.

Im Laufe der Adaption des Konzepts von Intersektionalität[6] sind an einigen Stellen die Einflüsse und Forderungen aus politischen und sozialen Bewegungen sowie deren machtkritische Dimension verloren gegangen (vgl. Riegel 2016, S. 43). Auch die jeweiligen Diskussionen in unterschiedlichen nationalstaatlichen Kontexten und die Übertragung eines in den USA entwickelten Konzepts auf europäische und deutsche Verhältnisse sind dabei zu berücksichtigen (vgl. Knapp 2005; Lutz / Herrera Vivar / Supik 2013). So beschreibt Katharina Walgenbach, dass es einen „Bedeutungsverlust" (Walgenbach 2013, S. 457) bedeute, wenn Intersektionalität ausschließlich als Analysemethode genutzt wird, dabei aber Macht- und Ungleichheitsverhältnisse nicht im Vordergrund stehen, während *Differenz* beliebig verwendet wird. Sie sieht eine Gefahr darin, Intersektionalität zu sehr an Diversity-Konzepte zu binden, die sie vereinnahmen können (vgl.

---

6 Leslie McCall hat mit ihrem viel zitierten Text „The complexity of intersectionality" (2005) sehr zur Einordnung und zum Verständnis unterschiedlicher intersektionaler methodologischer Herangehensweisen beigetragen. Darin beschreibt sie, dass unterschiedliche Herangehensweisen auch unterschiedliche Arten von Wissen in Form von Ergebnissen liefern (vgl. McCall 2007, S. 1774). Sie eröffnet drei unterschiedliche Perspektiven, wie (De-)Kategorisierungen intersektional möglich sind: eine antikategoriale, eine intrakategoriale sowie eine interkategoriale Perspektive. Sie erläutert, dass je nach Herangehensweise auch eine andere Art von Denkweise und Philosophie transportiert wird und dass eine Entscheidung zwischen diesen drei Ansätzen keine rein methodische Entscheidung ist (vgl. a. a. O., S. 1775). Gleichzeitig legt sie auch die Widersprüchlichkeit identitätspolitischer einerseits sowie dekonstruktivistischer/poststrukturalistischer Herangehensweisen andererseits dar und erklärt, inwiefern dieser Widerspruch in Kritiken innerhalb feministischer Forschung aufgegriffen und wie damit umgegangen wird – ohne den Widerspruch an sich aufzulösen, da beide Herangehensweisen in ihrer Sinnhaftigkeit wahrgenommen werden (vgl. a. a. O., S. 1779 f.). Sie plädiert für eine interdisziplinäre Anwendung aller drei Perspektiven, die die jeweils gewählte Herangehensweise ergänzen (vgl. a. a. O., S. 1795 f.).

a. a. O., S. 457 ff.) Dabei kritisiert sie insbesondere die zu starke Orientierung einerseits an Organisationen und andererseits an der Bedeutungsänderung von *Diversity*, die darin besteht, dass Differenzen in Ressourcen umgewertet werden (vgl. a. a. O., S. 458).

Bereits im Jahr 1851 stellt Sojourner Truth[7] die Frage „Ain't I a woman?". Sie weist in ihrer als mitreißend und als imposant beschriebenen Rede darauf hin, dass sie nicht als Frau, sondern als *Sklave* wahrgenommen werde. Das führt sie auf ihren Status als Sklavin zurück, der ihr Geschlecht zu überlagern scheine (vgl. Gerhard / Pommerencke / Wischermann 2008, S. 95 ff.). Sie macht auf eine Mehrdimensionalität von Diskriminierung und auf die Dethematisierung wie auch das Relevant-Setzen bestimmter Ungleichheitsmerkmale aufmerksam. Über 100 Jahre später veröffentlicht das Combahee River Collective im Jahr 1978 sein „Black Feminist Statement", in dem – wie der Titel des Position(ierung)spapiers deutlich macht – Black Feminists fordern, verschiedene Ungleichheitskonstruktionen zusammenzudenken und zu berücksichtigen. „Das Manifest des Kollektivs Schwarzer Lesben Feministinnen, des Combahee River Collective CRC (1978), und die Anthologie Schwarzer Theoretikerinnen wie zum Beispiel ‚Home Girls: A Black Feminist Anthology' (1983), führten in die feministische Analyse den Gedanken der Intersektion heterogener antagonistischer Verhältnisse ein" (Gutiérrez Rodriguez 2010, S. 276). Astrid Messerschmidt bringt unter Bezugnahme auf Gudrun-Axeli Knapp „drei Referenzautorinnen ins Spiel, die auf unterschiedliche Weise eng mit der Schwarzen Frauenbewegung und einer antirassistischen feministischen Theoriebildung verbunden sind: Kimberlé Crenshaw, Leslie McCall und Patricia Hill Collins" (Messerschmidt 2013, S. 430; vgl. Knapp 2013, S. 345 ff.): Crenshaw, die aus einer juristischen Perspektive auf die Deprivilegierung von WoC in der US-amerikanischen Gesellschaft eine große Klage gegen General Motors angestrengt hat; McCall, die intersektionelle Herangehensweisen in *inter-*, *trans-* und *intrakategoriale* Analysen systematisiert (2005); und Collins, die die *Black Feminist Standpoint Theory* (2000) geprägt hat. Astrid Messerschmidt mahnt, dass „eine ungebrochene und entkontextualisierende Aneignung [der] Analysen [von Crenshaw, McCall, Collins] für den deutschsprachigen Raum zu vermeiden" sei (dies. 2013, S. 430). Ähnlich argumentiert Riegel für eine kontextualisierte Verwendung der Analyseheuristik *Intersektionalität*, in der „globale, weltumspannende Ungleichheitsverhältnisse sowie historische Entwicklungen des Kolonialismus und Imperialismus" (Riegel 2016, S. 48) nicht zu vernachlässigen seien.

---

7 Sojourner Truth (1797–1883) hält 1851 die Rede „Ain't I a Woman?" („Bin ich denn keine Frau?"). Geboren als Sklavin flieht sie 1828 zu einer Quäker-Familie, die sie freikauft. Sie tritt 1833 einer christlich-utopischen Kommune bei und zieht ab 1843 als Wanderpredigerin durch die USA. Sie ist Anhängerin von Feminismus und Abolitionismus (vgl. Gerhard / Pommerencke / Wischermann 2008, S. 95 ff.).

Auch wenn Intersektionalität sozialen Bewegungen und politischem Interesse, genauer Identitätspolitiken, zugeordnet werden kann, geht es in einer dekonstruktivistischen Lesart gleichzeitig, „wie dies innerhalb von Identitätspolitiken bisher selten geschehen ist [...], um eine radikale Verweigerung von Identifikation mit diesen kategorialen Zuschreibungen, die immer wieder hegemonial besetzt sind und werden" (Dietze/Heschami Yekani/Michaelis 2007, S. 117 f.). In der BRD ist der Einfluss von Audre Lorde[8] auf die Schwarze Frauenbewegung in Deutschland unumstritten. Im Nachgang ihrer Veranstaltungen an der Universität bildeten sich Gruppen, die sich mit Schwarzsein, Lesbischsein, mit Frausein, Kranksein als Teil eines Ganzen beschäftigten (Oguntoye/Opitz/Schultz 1992; Ayim 2002; Piesche 2012).

Zwar hantiert Gayatri Spivak nicht mit dem Begriff Intersektionalität, trotzdem ist der Einfluss ihrer Werke auf die Entwicklung von Intersektionalität nicht von der Hand zu weisen. Der Hinweis auf ihren Aufsatz „Can the Subaltern speak?" (1988/2008) wird häufig im Kontext von Intersektionalität diskutiert und zitiert. Darin thematisiert sie marginalisierte Frauen, die nicht gehört werden, und verschränkt dabei unterschiedliche Differenzkonstruktionen. Daraus leitet sie die Positionierung als Subalterne ab. Damit seien Personen gemeint, die zwar sprechen, aber nicht gehört werden, denen eine Veränderung und v. a. eine Verbesserung ihrer gesellschaftlichen Stellung, also ihrer Positionierung, verwehrt ist (Spivak 2003).

In Deutschland nimmt das Interesse am Konzept von Intersektionalität um die Jahrhundertwende zu. Dies kann mit der Kritik an neoliberalen Entwicklungen erklärt werden und damit, welche Auswirkungen sie haben und wie sie medial wahrgenommen werden (vgl. Weiss 2013, S. 462). Katharina Walgenbach attestiert dieser Entwicklung eine „Re-Politisierung der Geschlechterforschung" (Walgenbach 2013, S. 458).

Laut Gudrun-Axeli Knapp wird im deutschsprachigen Raum „von Anfang an" (dies. 2005, S. 68) nicht *nur* Geschlecht in der Frauen- und Geschlechterforschung berücksichtigt, sondern auch innerfeministische Kritik an der Frauen- und Geschlechterforschung geübt. So zeigt Sabine Hering auf, dass Studien zwischen 1900 und 1933, die der Frauenforschung zugeordnet werden können[9], „die

---

8 „Audre Lorde taucht an einem entscheidenden Punkt [im Jahr 1984] in die feministische Szene Berlins ein. Sie erkannte und ergriff die Chance, der Bewegung Schwarzer feministisch inspirierter Aktivistinnen zur Geburt zu verhelfen. Sie setzte ihre Artikulationsmacht ebenso wie ihre aktivistische und analytische Erfahrung ein, um die Forderungen der Schwarzen feministischen Bewegung nach Innen und nach Außen zu formulieren und zu strukturieren. Sie verlieh der Schwarzen Frauenbewegung Deutschlands ihre narrative Kraft, politische Kraft und die Kraft ihrer transnationalen Zukunftsvisionen." (Auma 2014, o. S.)
9 Sabine Hering erwähnt Studien von Jenny Apolant, Marie Baum, Alix Westerkamp, Lily Braun, Li Fischer-Eckert, Henriette Fürth, Elisabeth-Gnauck-Kühne, Anna Pappritz und Alice Salomon (vgl. Hering 2010, 334).

allgemeinen Trends der damaligen Sozialforschung abbilden, aber die weibliche Betroffenheit von sozialen Problemen in den Mittelpunkt der Fragestellungen" rücken (Hering 2010, S. 334). Die Formulierung „weibliche Betroffenheit von sozialen Problemen" verweist auf die Verschränkung patriarchaler Verhältnisse mit anderen. Auch wenn die meisten Forscherinnen, die diese Studien durchführten, bürgerlicher Herkunft waren, eröffneten sie doch eine Perspektive, in der sie „immer wieder auf die Tatbestände weiblicher Benachteiligung, systematischer Diskriminierung und sozialen Unrechts gestoßen" sind (vgl. a. a. O., S. 333). In den Studien geht es v. a. um Arbeitsbedingungen von Frauen, um die Anerkennung von Care-Arbeit, um politische Gleichberechtigung, Deprivilegierungen, Gehört-Werden, um Vereinbarkeit von und Mehrfachbelastung durch Arbeit und Familie für Arbeiterinnen, um körperliche Verletzbarkeit von Arbeiterinnen und nicht zuletzt darum, Bewusstsein für diese Ungleichheiten zu schaffen und eine *Lösung* dafür zu fordern. Gleichzeitig machten bereits während der Ersten und auch der Zweiten Frauenbewegung Frauen_ in Deutschland darauf aufmerksam, dass mit der Forderung nach der Verbesserung der Lebensverhältnisse von Frauen nur bestimmte Frauen gemeint sind, während andere unberücksichtigt bleiben (vgl. Jaeckel 1981; Ihrsinn 1990; FeMigra 1994; Çetin/Prasad 2015). Aufgrund der Schwierigkeit der Zuordnung in die *Frauen*bewegungen waren Frauen, die sich, neben ihrer Positionierung als *Frau*, auch anders (nicht *weiß*, nicht *bürgerlich*, nicht *heterosexuell*, nicht *geabled*, nicht *Akademikerin* etc.) positionierten/positionieren mussten bzw. die anders positioniert wurden, in unterschiedlichen Bewegungen organisiert. Senganata Münst zeigt das bspw. für nicht heterosexuell lebende Frauen_ sowohl in der Ersten als auch in der Zweiten Frauenbewegung auf (vgl. Münst 2010). Frauen, die nicht in ein heteronormatives Schema passten, waren Frauen aus der Arbeiterinnenschicht, Frauen mit Behinderung, migrantisch markierte Frauen oder Women of Color, deren Rechte in den Hauptflügeln der Frauenbewegungen nicht explizit eingefordert wurden (vgl. Çetin/Prasad 2015; Lutz 2014, S. 3 f.). Migration von Frauen betrifft die Zeit der Zweiten Frauenbewegung. Migrantinnen beschreiben ihr Verhältnis zu den deutschen Frauen in der Frauenbewegung als paternalistisch (vgl. Schwenken 2010, S. 910 ff.). So gründeten Frauen, die sich selbst als Migrantinnen bezeichneten, das Netzwerk FeMigra: Dabei grenzen sie sich einerseits gegenüber der linken und andererseits gegenüber einer feministischen Bewegung ab. In beiden sahen sie sich in ihrer Positionierung nicht gehört und sahen ihre Stimme nicht vertreten (vgl. FeMigra 1994). Stimmen wie diese werden trotz einer „organisatorisch ausdifferenzierten Infrastruktur" (Schwenken 2010, S. 913) teilweise nach wie vor nicht wahrgenommen und erst mit der Zeit gehört (vgl. Knapp 2005, S. 68).

Feministisch-postkoloniale (vgl. Oguntoye/Opitz/Schultz 1992; Rommelspacher 1998, S. 89; Ayim 2002; Piesche 2012; Hornscheidt 2012; Çetin/Prasad 2015) sowie gender- und queertheoretische Perspektiven (vgl. Knapp/Klinger 2008,

S. 9; Hark 2010, S. 113; Tuider 2013) rücken Kritiken an einer homogenisierenden und vereinheitlichten Sichtweise ins Blickfeld der Geschlechterforschung (Hark 2005 nach Knapp 2005, S. 68). Dort werden nicht nur Standpunkte sowie Positionierungen *benannt* und *kritisiert*, auch *Perspektivität* wird große Beachtung geschenkt (vgl. Haraway 1995; Collins 2000; Collins 2007). Zudem gerät Objektivität als Gütekriterium der Wissenschaft in die Kritik: Eine kontextlose Definition von Objektivität wird abgelehnt (vgl. McCall 2005, S. 1776; Krämer 2015, S. 145).

Eine weitere Perspektive, die zur Adaption von Intersektionalität in der Bundesrepublik geführt hat, sind die Disability Studies. Auch wenn diese in Intersektionalitätsdebatten (noch) nicht als zentral wahrgenommen werden, haben auch sie einen Beitrag dazu geleistet, Machtverhältnisse als ineinander verschränkt wahrzunehmen (vgl. Jacob / Köbsell / Wollrad 2010; Gummich 2015; Amirpur 2016.). Heike Raab, Christiane Hutson und Judy Gummich – um nur drei Vertreterinnen zu nennen, die sich ebenfalls aktivistisch engagieren – machen sich dafür stark, Ableismus in seiner Wechselwirkung mit weiteren Dominanzverhältnissen zu verstehen (vgl. Raab 2007; Raab 2012a; Raab 2012b; Raab 2013; Raab 2015; Raab o. J.; Hutson 2010; Gummich 2015). Bereits im Jahr 2010 weist Swantje Köbsell darauf hin, dass sowohl die Geschlechterforschung als auch „die Erforschung des Zusammenhangs zwischen Behinderung und Geschlecht" (Köbsell 2010, S. 22) mit der Erforschung der Situation von Frauen begann. In „Gendering Disability: Behinderung, Geschlecht und Körper" stützt sie sich u. a. auf die Aktivistin und Sozialforscherin Helen Mekoosha (2003). Letztere stellt die Verschränkungen der unterschiedlichen Differenzkonstruktionen, die eine Beeinträchtigung zur Folge haben können, in den Vordergrund ihrer politischen wie empirischen Arbeiten. Bei der Berücksichtigung von Behinderung und Geschlecht rückt unvermeidlich auch die Differenzkonstruktion Körper zunehmend ins Bewusstsein – wenn auch anfangs noch etwas *unanalysiert* (vgl. Köbsell 2010, S. 25 f.). In der BRD gründeten sich bundesweit unter dem 1998 gegründeten Dachverband „*Weibernetz*"[10] (a. a. O., S. 22) Gruppierungen, die ihre Interessen als Frauen mit Behinderung vertraten. Wie in anderen Strängen der emanzipatorischen Bewegungen macht sich auch in dieser sozialen Bewegung Kritik breit: Die Frage, wer Teil der Bewegung ist und wer ausgeschlossen wird, bezieht sich hier v. a. auf die Frage, wer sich artikulieren kann/darf, und darauf, inwiefern eingeschränkte Personen mit Blick auf Schmerzen, Belastbarkeit etc. noch Teil der Bewegung sein können. Daran entspinnt sich ein Diskurs um die Konstruiertheit von Behinderung, wodurch *Körper* für die Bewegung deutlich zentraler wird als das in anderen Bewegungen der Fall ist (vgl. a. a. O., S. 27). Eine Kritik, die sich mehr nach *außen* richtet, zielt auf den Diskurs über Intersektionalität, in dem die Differenzkonstruktion von Behinderung lange unbeachtet blieb (vgl.

---

10 www.weibernetz.de/

Raab 2012, S. 4). Mittlerweile sind viele Menschen mit Behinderung auch – nicht nur! – aufgrund einer erhöhten Barrierefreiheit digital bspw. auf Instagram und anderen Social Media-Plattformen aktivistisch engagiert. Sie setzen sich dafür ein, die Perspektiven als Menschen mit Behinderung in Verschränkung mit weiteren von Machtverhältnissen geprägten Differenzkonstruktionen sichtbar zu machen[11]. Die Aktivist_innen thematisieren Elternschaft, Sexualität, Körper, Barrieren, Geschlecht, Rassismus, Wohnen, queeres Leben, Medienkonsum auf unterschiedliche Weise und erklären, wie *ihr Alltag* im dominanten Diskurs unsichtbar gemacht wird.

Einen weiteren Zugang zu Intersektionalität eröffnet die Perspektive des Adultismus. Personen, die sich mit dieser Perspektive beschäftigen, sehen ebenfalls die Notwendigkeit, Adultismus mit weiteren Differenzmarkierern sowohl im Handeln als auch in Diskursen und strukturellen Machtverhältnissen zu verknüpfen (vgl. Ritz 2008; Hutson 2010; Eggers 2015).

Innerhalb der Debatte im deutschsprachigen Raum schließen Diskussionen und Diskurse um Intersektionalität an Analysen und Perspektiven an, die die Verwobenheit unterschiedlicher Ungleichheitsverhältnisse auf unterschiedlichen gesellschaftlichen Ebenen unter machkritischer und politischer Perspektive thematisieren. Eine weitere „Vordenkerin feministischer Intersektionalitätsdebatten" (Raab 2015, S. 231) ist Birgit Rommelspacher, die mit ihrem Konzept der Dominanzkultur (Rommelspacher 1995) auf die situative Verstrickung von Machtverhältnissen und die situationsbedingte Fluidität („Doppelte Bestimmung"[12], Rommelspacher 1994 nach Gutiérrez Rodriguez 2015, S. 185) dieser Machtverhältnisse hinweist. Sie selbst attestiert der bundesrepublikanischen Frauenforschung 1995, sich nicht ausreichend mit den „Ursachen von Rassismus und dessen Zusammenhang mit Sexismus" (Rommelspacher 1998, S. 102) zu beschäftigen. Mindestens aber würden die Antworten auf die Fragen nach dem Zusammenhang eher „spärlich" ausfallen. Rommelspacher forderte dazu auf, die Wirkmechanismen der unterschiedlichen, teilweise unsichtbaren Macht- und Ungleichheitsverhältnisse in ihren Widersprüchlichkeiten wahrzunehmen und zu analysieren (vgl. Rommelspacher 1995, S. 28 nach Raab 2015, S. 231; vgl. Rommelspacher 1998, S. 26). Im Konzept der Dominanzkultur geht es darum, die jeweiligen Situiertheiten zu berücksichtigen, statt unterschiedliche Machtverhältnisse zu hierarchisieren. In ihrer Analyse kommt auch sie zu dem Ergebnis,

---

11 Als Beispiele möchte ich an dieser Stelle Laura Gehlhaar (lauragehlhaar.com/, www.instagram.com/fraugehlhaar/?hl=de; 04.03.2019), Ninia La Grande (ninialagrande.blogspot.com/, www.instagram.com/ninialagrande/; 04.03.2019) und Raul Krauthausen (raul.de/, www.instagram.com/raulkrauthausen/; 04.03.2019) nennen.

12 „Zusammengefasst in ihrem Begriff der ‚doppelten Bestimmung' macht sie auf paradoxe gesellschaftliche Subjektpositionen aufmerksam, die gleichzeitig sowohl über die Erfahrung der Dominanz als auch über die Erfahrung der Diskriminierung geprägt sind." (Gutiérrez Rodriguez 2015, S. 185)

dass Differenzkonstruktionen sowie Machtverhältnisse auf unterschiedlichen gesellschaftlichen Ebenen miteinander verbunden sind. Sie fordert, das Bewusstsein darüber zu stärken, „daß wir Teil der Machtverhältnisse sind und sie in jeder Situation mitkonstituieren" (Rommelspacher 1998, S. 101). Zudem sei „das soziale Leben zu repolitisieren." (ebd.)

Diese Zusammenhänge werden häufig in der Genealogie von Intersektionalität nicht berücksichtigt (vgl. Riegraf 2013, S. 447 ff.). Der Vorwurf, Intersektionalität sei nicht auf nicht-US-amerikanische Verhältnisse zu übertragen, da es keine Anknüpfungspunkte gäbe, kann jedoch in seiner Absolutheit nicht aufrechterhalten werden. Es besteht die Gefahr, dass Intersektionalität als „travelling concept" (Knapp 2005) zumindest nicht im ursprünglichen Sinn auf andere Verhältnisse angewendet wird. Gleichzeitig ermöglichen die Offenheit und Unabgeschlossenheit des Konzepts es unter unterschiedlichen Bedingungen und Verhältnissen zu nutzen (Davis 2008, S. 68 ff.; Lutz 2014; Riegel 2016, S. 43 f.). Bei einem Transfer bietet es sich an, an bereits bestehende Konzepte und Denktraditionen anzuknüpfen, sodass es eventuell auch in diesen Zusammenhängen als kritisches Moment funktioniert[13]. Die Unabgeschlossenheit[14] – und somit auch Erweiterbarkeit sowie Flexibilität des Konzepts – wird also zur Stärke des Konzepts (Dietze / Haschemi Yekani / Michaelis 2007, S. 113).

Die Offenheit des Konzepts lässt demnach die Übertragbarkeit über nationale Grenzen hinweg als herausfordernd, aber nicht als unmöglich erscheinen. Das spielt auch unter dem Aspekt des politischen Anspruchs eine Rolle. Ka-

---

13 Einen sehr bereichernden Überblick über die Geschichte der Intersektionalität und eine reflektierte Auseinandersetzung mit ihr, zur Entstehung und Rezeption, zu den Veränderungen und Anreicherungen des Konzepts in unterschiedlichen zeitlichen Phasen, unter unterschiedlichen Bedingungen, vor unterschiedlichen Hintergründen und Interessen – kurz: kontextualisiert – liefert „Intersectionality's (brilliant) career – how to understand the attraction of the concept?" von Helma Lutz (2014).

14 „Wie ließe sich die Unabschließbarkeit identitärer Konstruktionen dann aber im Bewusstsein halten? Hier erweist sich die Verlegenheitsformel des etcetera am Ende nahezu jedes listenartigen Aufzählungsversuchs identitärer Kategorien als auf überraschende Weise hilfreich. Denn was das verlegene etcetera oder usw. immer mitsignalisiert, bzw. signalisieren sollte, ist die konstitutive Offenheit der Reihe. Judith Butler hat in der Formel einen positiven politischen Impuls ausgemacht: ‚Tatsächlich ist es ebenso ein Zeichen der Erschöpfung wie ein Zeichen für den unbegrenzbaren Bezeichnungsprozeß selbst. Dieses *usw.* ist das supplément, der Überschuß, der zwangsläufig jeden Versuch, die Identität ein für allemal zu setzen, begleitet' (1991: 210). Was das etcetera also im positiven Sinne signalisieren könnte, wäre ein strukturelles Merkmal von Signifikation und Identitätsbildung schlechthin, die Tatsache nämlich, dass Bedeutung prinzipiell immer veränderbar und nie endgültig fixierbar ist. [...] Mit Butler kann das etcetera somit durchaus legitimerweise als Signifikant der Unabschließbarkeit jeder Signifikation verstanden werden[,] [...]möglicherweise auch als Signifikant, der bestimmte unerwünschte Kategorien verdrängt, indem er sie im Unbenannten lässt. Denn irgendein Ende, das dann vom etcetera markiert wird, muss jede Liste irgendwann finden, und die Frage, wo man die Liste abbrechen lässt, ist keineswegs eine so unschuldige, wie man vielleicht denken mag." (Marchart 2008, S. 210 ff.)

thy Davis (vgl. Davis 2008) bezeichnet Intersektionalität als „good feminist theory"[15] (a. a. O., S. 68), statt den neutral erscheinenden Begriff der Geschlechterforschung zu wählen. Eine enthistorisierte und die jeweiligen Kontexte nicht berücksichtigende Verwendung des Konzepts birgt die „Gefahren der Re-Essentialisierung sowie die Problematik eines methodologischen Nationalismus bzw. einer Universalisierung des Ansatzes" (vgl. Castro Varela/Dhawan 2015, S. 229 ff. nach Riegel 2016, S. 47). Unter diesem Gesichtspunkt ist die Offenheit des Konzepts nicht nur dessen Stärke, sondern dringend notwendig für die – nicht nur „transatlantische" (Knapp 2005) – Übertragbarkeit.

Offenheit bezieht sich vordergründig auf die Umsetzung und Anwendung des Konzepts – es gibt keine methodischen oder theoretischen Anleitungen, die zu befolgen wären oder an die sich Interessierte halten könnten[16] (vgl. Riegel 2012, S. 88). Vor allem gibt es nicht *die eine, von allen* anerkannte Sicht auf Intersektionalität, „sodass nicht von einem in sich geschlossenen Konzept ausgegangen werden kann" (Riegel 2016, S. 43). Gleichzeitig lässt sich diese Offenheit auch auf die Unabgeschlossenheit der zu berücksichtigenden Differenzkonstruktionen beziehen. In einigen Texten zu Intersektionalität steht v. a. die Trias *race, class, gender* im Vordergrund (vgl. Dietze/Haschemi Yekani/Michaelis 2007, S. 114).

---

15 Kathy Davis arbeitet die Kriterien einer guten Theorie nach Murray S. Davis (1971, 1986) ab und diskutiert, ob *Intersektionalität* als gute feministische Theorie bestehen kann: 1. Die Theorie hat ein bestimmtes dringendes Anliegen. So hat Intersektionalität zunächst das Anliegen, die Unterschiedlichkeit unter Frauen_ und deren Auswirkungen auf Ausgrenzung und Machtverteilung zu berücksichtigen und ferner das poststrukturalistische Anliegen, das Denken in Binarität zugunsten der Dekonstruktion aufzugeben. 2. Die Theorie erhält eine neue Perspektive und verbindet bereits bestehende Konzepte auf innovative Weise – Intersektionalität schafft es, die Anliegen einer kritischen feministischen Theorie (auch als politisches Projekt) und einer kritischen, vom Poststrukturalismus inspirierten Methodologie miteinander zu verknüpfen. 3. Die Theorie ist griffig genug, um sowohl „generalists" als verständlich als auch „specialists" als ausreichend komplex anzusprechen. Intersektionalität eignet sich als „buzzword" und ist als Metapher einer Kreuzung leicht verständlich und zugänglich. Gleichzeitig bietet und bot Intersektionalität den Anlass für viele tiefgreifende Debatten in Theorie und Methodologie. So besteht ‚Intersektionalität' laut Kathy Davis als gute feministische Theorie, so lange bis eine geeignetere sie ablöst (vgl. Davis 2008).

16 Eine Ausnahme bildet hierzu evtl. „Intersektionalität als Mehrebenenanalyse" (2007) und „Intersektionalität. Zur Analyse sozialer Ungleichheit" (2009) von Nina Degele und Gabriele Winker, die einen Vorschlag machen, wie das Konzept in Forschungsvorhaben in sieben Schritten durchgeführt werden kann. Sie machen hierbei einerseits konkrete Vorschläge zum Vorgehen, jedoch bleiben Fragen offen, wie die konkreten Methoden aussehen sollen.

3 Zwischen Thematisierung und Dethematisierung von Differenz: Soziale Arbeit und Macht

„Konkret hat die Soziale Arbeit dafür einzutreten, dass Möglichkeitsräume anstatt entwicklungsbehindernder Institutionen entstehen. Diese Räume müssen geeignet sein, damit sich Menschen – mit dem, was sie aktuell zur Wiedererlangung ihrer Handlungsmöglichkeiten brauchen – bilden, entwickeln und entfalten können." (Polutta 2018, S. 250)

Der Umgang mit Differenz(en) ist für die Soziale Arbeit vor dem Hintergrund von Verhältnissen, die von sozialer Ungleichheit und Macht geprägt sind, konstitutiv. Ziel von Sozialer Arbeit ist die Erweiterung von Möglichkeiten. *Differenz* kann unter dieser Perspektive sogar als „Ausgangspunkt" (Kessl/Plößer 2010, S. 7) Sozialer Arbeit gesehen werden. Ich gehe in dieser Untersuchung der Frage nach, wie Einrichtungen der Jugendhilfe als Teil einer ungleich strukturierten Gesellschaft mit *Differenz* umgehen, inwiefern sie sie thematisieren bzw. wie sie sie dethematisieren. Differenzverhältnisse sowie Differenzierungen stellen sich in der Gesellschaft immer auch als machtvolle Unterscheidungen dar. Relevanz erfährt die Frage nach der Praxis von (De-)Thematisierung aufgrund des Spannungsfeldes und des Widerspruchs, in dem sich Soziale Arbeit diesbezüglich befindet: Einerseits wird Sozialer Arbeit gesellschaftlich die Aufgabe überschrieben, auf Ungleichheit und Ungleichverteilung zu reagieren und damit umzugehen. Andererseits werden Differenz- und Ungleichheitsverhältnisse genau dann reproduziert, wenn mit ihnen umgegangen wird – meist in Form von Dethematisierung oder auch Dramatisierung (vgl. Riegel 2018, S. 224). Soziale Arbeit entscheidet also darüber – und muss das auch tun –, in welcher Form auf welche Differenzkonstruktionen reagiert wird und auf welche nicht. Diese Entscheidungen werden unabhängig davon getroffen, ob sie den entscheidenden Subjekten, Institutionen und Organisationen reflexiv zugänglich sind oder nicht. Dabei sind folgende Fragen relevant: Welche Differenzen werden also wie thematisiert und inwiefern auch dethematisiert, worauf wird dabei wie reagiert? Welche Folgen hat die Umgangsweise der sozialpädagogisch Professionellen für die Adressat_innen der Sozialen Arbeit? Diese Entscheidungsprozesse stellen die Soziale Arbeit vor eine Dilemmasituation: Einerseits ist es wichtig, dass Differenzen sichtbar gemacht werden, um mit ihnen umzugehen. Andererseits aber werden sie durch das Sichtbarmachen relevant gesetzt und es besteht die

Gefahr der Reproduktion (vgl. ebd.). Die Bearbeitung dieses Dilemmas stellt eine – wenn nicht sogar *die* – große Herausforderung der Sozialen Arbeit dar.

Trotzdem bleibt die Beschäftigung mit Differenzierungspraktiken sowohl in der theoretischen Auseinandersetzung als auch in der Praxis von Sozialer Arbeit ein marginalisiertes Thema. Birgit Bütow und Chantal Munsch beschreiben, dass in vielen Ansätzen Sozialer Arbeit Differenz nicht gesehen werden könne und nicht gesehen werde (vgl. dies. 2012, S. 12). Susanne Maurer schreibt von der „Verdeckung von Differenz" und deren „De-Thematisierung" (Maurer 2001, S. 126, 138), Rudolf Leiprecht von „unthematisierten und unsichtbaren Interpretationsfolien" (Leiprecht 2008, S. 43), Melanie Plößer davon, dass von „einer hinreichenden Reflexion [der] Differenzierungspraxis [der Sozialen Arbeit] [...] aber dennoch bislang nicht die Rede sein" (Plößer 2010, S. 226) könne. Maria Bitzan bezieht sich auf eine länger geführte Diskussion zum „Verdeckungszusammenhang", ein Konzept, das v. a. für eine sozialarbeitswissenschaftliche Geschlechterforschung im Rahmen des Tübinger Instituts für frauenpolitische Sozialforschung e. V. (tifs) entwickelt wurde (vgl. tifs 1998, S. 4; Bitzan 2020). Dabei geht es darum, dass sowohl strukturell als auch diskursiv (symbolisch) hergestellte Normalitäten Machtverhältnisse schaffen, die aufgrund ihrer Wirkung als Normalität nicht wahrgenommen werden (vgl. Bitzan 2020, S. 84). „Solche Verdeckungen schlagen sich nieder in den eigenbiografischen Konstruktionen als Individualisierung von Gelingen und Scheitern, als Verschweigen von Ambivalenzen, Unsicherheiten und Ungerechtigkeitsgefühlen." (ebd) Alle genannten Autor_innen weisen darauf hin, dass die Dethematisierung oder mangelhafte Reflexion von Differenz im Zusammenhang mit Macht zwar nicht unbedingt intentional geschieht, jedoch funktional sowie folgenreich für die „differenz- und ungleichheitsreproduzierende Rolle Sozialer Arbeit" (Bütow/Munsch 2012, S. 12) sei. Des Öfteren wird dabei die Eindimensionalität der Differenzmarkierung kritisiert, in der Adressat_innen Sozialer Arbeit auf ein – meist defizitäres – Merkmal reduziert werden (vgl. bspw. Bretländer/Köttig/Kunz 2015; Riegel 2016; Bitzan 2020, S. 91).

Vielmehr sind laut Maurer die Machtwirkungen Sozialer Arbeit in einem „System der Unterdrückung" zu hinterfragen (Maurer 2001, S. 138), statt sozial ungleiche Differenzkonstruktionen zu ignorieren oder zu verkürzen. Vor dem Hintergrund sozialer Ungleichheit ist zu vermuten, dass bestimmte vergeschlechtlichte, klassifizierte, bodyfizierte, disablede, rassifizierte und weitere Zuschreibungen die Adressierung Sozialer Arbeit begründen. Fabian Kessl und Melanie Plößer erklären, dass das Unterscheiden und damit die Konstruktion von Unterschieden Bedingung für die Handlungsfähigkeit der Sozialen Arbeit ist und dass diese Konstruktionsprozesse einer normativen Orientierung unterliegen (vgl. Kessl/Plößer 2010, S. 7). Die von sozialer Ungleichheit geprägte Ordnung wird „durch alltägliche Diskurse und soziale Praxen immer wieder aufs Neue aufgegriffen, reproduziert und ausgehandelt. Hier werden u. a.

ethnisierte, vergeschlechtlichte, körperbezogene, klassen-konnotierte Zuschreibungen, Normalitätsvorstellungen und Differenzmarker in unterschiedlichen Zusammensetzungen und Konstellationen aktualisiert und reproduziert, was bestehende Dominanzordnungen festigt." (vgl. Riegel 2013, S. 1080)

Die Soziale Arbeit lässt Differenzkonstruktionen häufig unthematisiert. Daran wird deutlich, dass ein differenzthematisierender Ansatz für sie bislang keinen dominanten Diskurs darstellt, auch wenn „machttheoretische Positionen auf die Profession als eine wesentliche Perspektive innerhalb der Erziehungswissenschaft identifiziert werden" (Helsper 2004, S. 304 nach Pangritz/Schütz 2021, S. 134). Roland Anhorn, Franz Bettinger und Johannes Stehr greifen in ihrem Herausgeberwerk „Foucaults Machtanalytik und Soziale Arbeit. Eine kritische Einführung und Bestandsaufnahme" (2007, S. 9 ff.) bspw. eine macht- und herrschaftskritische Perspektive nach Foucault auf und erläutern deren Bedeutung für die Soziale Arbeit, ohne allerdings die Thematisierung von Differenzverhältnissen und deren Bearbeitung explizit auszuführen. Wenn auch Johannes Stehr (vgl. 2007, S. 29 ff.) die Herstellung von Differenz und Normalisierung sowie eindeutig ungleiche Verhältnisse in den Blick nimmt und dabei Normalität und Abweichung sowie ihre machtvollen Folgen markiert, benennt er Differenzmarkierungen[17] nicht konkret. Auch Fabian Kessl und Hans-Uwe Otto (vgl. Kessl/Otto 2012) behandeln im Grundlagentext „Soziale Arbeit" aus dem „Handbuch soziale Probleme" Differenz- und Ungleichheitsverhältnisse und deren Reproduktion in der Sozialen Arbeit nicht ausdrücklich – und das obwohl Kessl zusammen mit Susanne Maurer Grenzbearbeitung als konstitutiv für die Soziale Arbeit herausgearbeitet hat (bspw. 2009) und gemeinsam mit Melanie Plößer Folgendes feststellt: „Differenz [scheint] als Ausgangspunkt (sozial)pädagogischer Interventionsmuster weiterhin unhintergehbar." (Kessl/Plößer 2010, S. 7) Im „Taschenwörterbuch Soziale Arbeit" sind die Begriffe „Differenz" und „Grenze" im Stichwortverzeichnis nicht zu finden, berücksichtigt werden sie explizit allerdings in den Beiträgen zu „Gender, Gendertheorien" (Heite 2015) und zu „Soziale Arbeit mit Frauen" (Maurer 2015). Hier ist die enge Verknüp-

---

17 Was evtl. auch seiner Kritik der „Soziale-Probleme-Perspektive" geschuldet ist, in der er davon ausgeht, dass diese „ein zentrales Bindeglied" zwischen neoliberalistischen Maximen („Nützlichmachung", Stehr 2007, 36) und der Sozialen Arbeit darstellt, und „die den Mechanismus herausgebildet hat, Problemgruppen zu identifizieren, denen über die Chance der ‚sekundären Integration' weitere Aufspaltungen (in die ‚guten' und ‚schlechten' Risiken) zuteil werden, in denen sich die genannten Differenzierungen auf einer zweiten Ebene fortsetzen" (Stehr 2007, 36). Gleichzeitig könnte es an der Foucaultschen Brille liegen: Auch Foucault benennt Ungleichheitsverhältnisse nicht unbedingt direkt (vgl. Engel/Schuster in Bezug auf Gender i. s. B., 137 f. und Magiros in Bezug auf Rassismus i. s. B., 110 f.).

fung der Thematisierung von Differenz, Ungleichheit und Sozialer Arbeit mit Geschlechterthemen und feministischen Strömungen zu vermerken[18].

Aktuelle Ansätze stellen gerade diese Zusammenhänge in Bezug auf Professionalität in der Sozialen Arbeit in den Mittelpunkt ihrer Auseinandersetzungen. Zu nennen ist hier bspw. der Ansatz von Sozialer Arbeit als Konfliktbearbeitung (vgl. Effinger 2015; Stövesand 2015; Stehr/Anhorn 2018; Bitzan/Herrmann 2018; Schäuble/Eichinger 2018; Schäuble 2020; Stehr 2021), der im Zuge eines aktualisierten Professionsverständnisses (vgl. Cornel/Völter/Gahleitner/Voß 2020) genau so in den Fokus gerückt ist wie Intersektionalität (vgl. Riegel 2016; Pangritz/Schütz 2021) oder auch Soziale Arbeit als Grenzbearbeitung (Kessl/Maurer 2009, S. 2018). Ferner ist der Ansatz von Rudolf Leiprecht zu Diversitätsbewusster Sozialpädagogik (vgl. ders. 2011a; ders. 2018) in diesem Zusammenhang zu erwähnen sowie der oben genannte des Verdeckungszusammenhangs. Dieser befasst sich mit dem Mechanismus, wonach gesellschaftliche Konflikte verdeckt und individualisiert werden (vgl. Bitzan 2020, S. 91). Für Soziale Arbeit bedeutet das, dass sie mit Dethematisierung, Individualisierungen und den damit im Zusammenhang stehenden Konflikten umgehen muss.

Dass die Positioniertheit Sozialer Arbeit in Bezug auf Geschlechterverhältnisse bisher nicht *systematisch* bearbeitet wurde[19], führt Maria Bitzan an (dies. 2008, S. 239). Ihre Feststellung, die sich auf weitere Differenzverhältnisse und v. a. auf deren Zusammenspiel übertragen lässt, verknüpft sie mit einer Forderung: Die Akteur_innen der Sozialen Arbeit sollen daran etwas zu ändern. Damit wird die Auseinandersetzung mit Verhältnissen von Differenz und Ungleichheit und eine dahingehende Reflexivität der eigenen Positioniertheit als Kriterium von Professionalität der Sozialen Arbeit gesetzt (vgl. Heite 2015, S. 104). Auch Roland Anhorn beschreibt die Verantwortung insbesondere einer kritischen Sozialen Arbeit. Die liege darin, „Wissensbestände systematisch im Hinblick auf mögliche, nicht-intendierte Ausschließungseffekte zu untersuchen", um mit der Herausforderung umzugehen, Adressat_innen Sozialer Arbeit nicht als „die ‚Anderen‘ und ‚Fremden‘ erscheinen" (Anhorn 2008, S. 45) zu lassen. Dieser Blick macht deutlich, dass es sich um einen Konstruktionsprozess handelt. Daran ist auch die Soziale Ar-

---

18 An und innerhalb von feministischen Strömungen wurde auch kritisiert, dass der Fokus auf ausschließlich *einer* Differenzkategorie liege. Das führte dazu, dass sich neue Bewegungen bildeten, die homogenisierte und eingeschränkte Perspektiven differenzierten. Ein Beispiel dafür ist die Schwarze Frauenbewegung in Deutschland, die von Audre Lorde in Berlin inspiriert wurde. Als Zeugnis dieser Bewegung gaben Schwarze Frauen das Buch „Farbe bekennen. Afrodeutsche Frauen auf den Spuren ihrer Geschichte." (Oguntoye/Opitz/Schultz; 1986) heraus.
19 Gleichzeitig ist *Geschlecht* das wohl am meisten berücksichtigte Differenzfeld in der Sozialen Arbeit. In der Zweiten Frauenbewegung der 1970er Jahre entstanden die ersten sozialpädagogischen Einrichtungen nur für Frauen und Mädchen, nachdem die Ungerechtigkeit der Verteilung von Privilegien zwischen Männern und Frauen von Studentinnen ins öffentliche Bewusstsein gerückt wurde.

beit beteiligt, wenn Subjekte erst zu Adressat_innen werden, indem sie zu *Anderen* und *Fremden* gemacht werden (vgl. Riegel 2016, S. 52 ff.). Maria Bitzan übersetzt das Bestreben Roland Anhorns und Franz Bettingers – in diesem Kontext eine tiefgreifende Analyse der Verhältnisse und damit in Zusammenhang stehenden Ungleichheiten und Differenzen vorzunehmen – in die Fragestellung, „wie [der] *Gegenstand* [der Sozialen Arbeit] aus Ungleichheitsverhältnissen resultiert, und welche Konzepte des Umgangs mit ihnen sie in Theorie und Praxis verfolgt" (Bitzan 2008, S. 237).

Vor dem Hintergrund, dass Ungleichheitsverhältnisse Voraussetzung der Sozialen Arbeit sind, erscheint es nur logisch und konsequent, danach zu fragen, wie sie in der Praxis mit Differenzkonstruktionen oder „Differenz_ierungen" (Schmidt 2015, S. 207 ff.) umgeht. Im Anschluss an Maurer wird in dieser Arbeit Soziale Arbeit und Pädagogik so verhandelt, dass sie die „,Macht der Kategorie', die ,Macht der Kategorisierung'" (Maurer 2018, S. 24) innehat. Soziale Arbeit ist vor dem Hintergrund von Differenzierungen, Differenzmarkierungen und Grenzbearbeitungen in der Position, machtvolle Unterscheidungen als Maßstab, als Voraussetzung und als Legitimierung ihrer Arbeit einzusetzen. Für Adressat_innen Sozialer Arbeit sind diese Unterscheidungen folgenreich (vgl. Riegel 2018, S. 223). Deren Machtwirkung führt Soziale Arbeit aus, transformiert sie, entwickelt sie weiter und trägt sie weiter – im Diskurs von Macht und sozialer Ungleichheit erhält sie sie auch aufrecht.

Im folgenden Kapitel werde ich Konzepte vorstellen und diskutieren, die den Umgang mit Differenzierungen vor dem Hintergrund von Macht und Ungleichheit in den Fokus Sozialer Arbeit und deren Professionalität stellen. Dabei geht es immer auch um das Thematisieren und Dethematisieren von Differenz_ierungen und Ungleichheit. Im Abschnitt 3.1 gehe ich auf den Zusammenhang von Macht und Sozialer Arbeit aus der Perspektive poststrukturalistischer, postkolonialer und feministischer Theorien ein. Diese Ausführungen sind grundlegend für das Verständnis der folgenden Kapitel. Im Anschluss stelle ich das Konzept der Sozialen Arbeit als Grenzbearbeitung (3.2) und den Diskurs um Intersektionalität in der Sozialen Arbeit (3.3) vor. Abschließend arbeite ich in 3.4 aus den vorgestellten Konzepten eine intersektional informierte Denkfigur der Grenzbearbeitung in der Sozialen Arbeit aus, die ich als eine mögliche professionelle Differenzierung und Machtverhältnisse berücksichtigende Sichtweise in der Sozialen Arbeit erachte.

3.1 Macht in der Sozialen Arbeit aus poststrukturalistischer, postkolonialer und feministischer Perspektive

Im folgenden Exkurs soll es weniger um eine ausgiebige Ausführung unterschiedlicher Machttheorien[20] gehen, sondern vielmehr darum, herauszuarbeiten, welche Möglichkeiten diese Perspektiven *für die Soziale Arbeit und den Blick auf die Soziale Arbeit* eröffnen. In diesem Sinne werden ähnliche und einander ergänzende Perspektiven aufgezeigt, die von Wissenschaftler_innen und Theoretiker_innen in und aus der Sozialen Arbeit vertreten werden.

Die machtanalytische Perspektive im Kontext der Grenzbearbeitung ist laut Maurer auch eine konstruktive. Anhand dieser, die gesellschaftliche Verhältnisse als „historisch-spezifische Machtkonstellationen [sieht], [...] die macht- und herrschaftsförmig sind und im Interesse der Herrschaftssicherung reproduziert werden müssen" (Maurer 2018, S. 28), sei Macht auch als Anlass für „Widerspenstigkeit, für ein Gegen-Verhalten (vgl. u. a. Foucault 2005)" zu verstehen. Sie greift dabei auf ein poststrukturalistisches Machtverständnis zurück, wie es von Foucault geprägt wird. In der Forschung zu Differenz in der Sozialen Arbeit ist es weit verbreitet, Bezug auf eine poststrukturalistische Perspektive mit Blick auf Macht und dann v. a. Bezug auf Foucault sowie Judith Butler zu nehmen (vgl. Weber/Maurer 2006; Anhorn/Bettinger/Stehr 2007; Plößer 2010; Kuhn 2013; Machold 2015; Kessl/Neumann/Bauer/Dollinger/Füssenhäuser 2015; Fegter/Kessl/Langer/Ott/Rothe/Wrana 2015; Riegel 2016). Zudem spielen in einer machtanalytischen Perspektive, wie sie in Konzepten und Überlegungen zu Sozialer Arbeit aufgegriffen und auf Soziale Arbeit bezogen wird, auch postkoloniale sowie feministische Perspektiven eine Rolle. Hierbei befassen sich Autor_innen aus der Sozialen Arbeit u. a. mit Texten und Vorträgen von Stuart Hall (vgl. Machold 2015), Gayatri Spivak sowie Edward Said (vgl. Riegel 2016).

Maureen-Maisha Auma[21] vertritt eine sowohl queertheoretische als auch Critical-Race-Theory-inspirierte Perspektive, wobei sie sich in den kritischen Childhood Studies verortet. Sie nimmt dabei einen poststrukturalistisch geprägten Standpunkt ein, in dem zwei Seiten von Macht Berücksichtigung finden: Unterdrückungsmacht auf der einen und Handlungsmacht auf der anderen Seite. Die erste bewertet sie klar als negativ und die zweite als positiv (Eggers 2012, o. S.). Dabei verweist sie vordergründig darauf, dass Kinder gesellschaftliche Machtverhältnisse wahrnehmen und dass es für deren „Selbstwirksamkeit", den „handlungsorientierten Teil ihres Selbst" (ebd.), auch notwendig ist, Macht

---

20 Die Dissertationen von Claudia Machold (2015), von Melanie Kuhn (2013) sowie die Habilitationsschrift von Christine Riegel (2016) geben jeweils einen umfassenden Überblick und dienten der vorliegenden Untersuchung als herausfordernde Inspiration.
21 Die Texte von Maureen-Maisha Auma sind bis 2016 unter dem Namen Maureen Maisha Eggers erschienen.

auszuüben. In diesem Kontext schreibt sie aus einer dekonstruktivistischen Perspektive unter Bezugnahme auf die Queer-Theory, dass Subjekte vor dem Hintergrund von Differenz- und Machtkonstruktionen, dazu angehalten sind, „gesellschaftlich konstruierte Grenzen zu beachten[,] und [...] dem Zwang [unterliegen] zu unterscheiden bzw. das Unterschieden-Werden fraglos zu akzeptieren" (ebd.). Hierin steckt der Hinweis, dass in gesellschaftlichen Strukturen Macht in Form von Zwang ausgeübt wird und jede Form von Handlung als Aneignung von Macht, als Empowerment – „Power ganz wörtlich genommen" (ebd.) – empfunden wird. Sie greift hier ferner auf die Verwendung der Metapher der Grenze als machtvolle Instanz zurück. Konsequenz von Grenzziehungsprozessen ist, dass Differenz_ierungen als selbstverständlich wahrgenommen werden und Handelnde an diesen Grenzziehungsprozessen beteiligt sind, sogar dazu aufgerufen sind, sich zu beteiligen.

Claudia Machold versteht in ihrer Dissertation „Kinder und Differenz" (2015) Macht aus poststrukturalistischer Perspektive „als eine zentrale Dimension in diesem Zugang" (Machold 2015, S. 13 f.). Mit Blick auf Butler erklärt sie, „dass Konventionen und Diskurse regulieren, was in einem bestimmten gesellschaftlichen Kontext als anerkannte und „intelligible" (Butler 1991) Subjektform gilt und wodurch Individuen überhaupt erst zu Subjekten werden" (ebd.). Sprache spielt dabei eine wirklichkeits(re)produzierende Rolle (vgl. ebd.). Für die Soziale Arbeit – und pädagogische Bestrebungen allgemein –heißt das, dass ihre Adressierung an das Selbstverständliche, an die Konventionen und Diskurse anknüpfen muss, um Adressat_innen überhaupt erreichen zu können. Hierbei werden Differenzen angerufen, die jeweils als selbstverständlich wahrgenommen werden. Adressierte fühlen sich erst dann – als intelligibel – angesprochen, wenn diese Adressierung anschlussfähig ist an deren als *normal* empfundenen Zuschreibungen. Mit dem Ausdruck „normal" ist „alltäglich", „selbstverständlich", „gewohnt" oder „nicht zu Irritationen führend" gemeint. Gleichzeitig ist auch den (sozial)pädagogisch Professionellen ein Handeln nur dann möglich, wenn sie sich intelligibel verhalten und präsentieren.

Diskurse und Normen werden somit durch die Wiederholung von Differenzkonstruktionen aufrechterhalten, erfahren allerdings durch diese auch Veränderungen. Um die Verschiebungen besser sehen zu können, bezieht Claudia Machold zudem theoretische Überlegungen von Stuart Hall ein. Er ist ein Vertreter der Cultural Studies[22], der gesellschaftliche Positionierungen in den Vordergrund stellt. „Analytisch können sodann genau diese Spannungen in den Blick genommen werden. Dabei ist es möglich, eben auch nach partiellen Positionierungen zu schauen, die niemals beständig das ‚Spiel der Differenz' in seiner fortlaufen-

---

22 „Cultural Studies sind immer daran interessiert, wie Macht die Möglichkeiten der Menschen, ihre Leben auf würdige und sichere Art zu führen, infiltriert, kontaminiert, begrenzt und auch ermöglicht." (Marchart 2008, 36 nach Grossberg 2000, 266 f.)

den Verschiebung erst ermöglichen." (Machold 2015, S. 87) Diese Perspektive zeigt auf, inwiefern Relationen, also Verhältnisse zwischen unterschiedlichen Positioniertheiten eine Rolle spielen. Positionierungen geben einen Ort in Beziehung zu anderen Orten an: zwischen, oberhalb, drunter, neben etc. Gleichzeitig legt auch das Konzept der Performativität, dessen sich Butler bedient, das Denken von Veränderung nahe (vgl. Butler 2006, S. 139). Nach Butler ist „eine Wiederholung [...] zugleich eine Reformulierung" (ebd.). Auch hier werden Relationierungen, Überschneidungen von sich überlagernden und miteinander verwobenen Diskursen sichtbar, die wiederum mit Widersprüchen einhergehen und gerade dort Transformationen erfahren können.

Die Perspektive, die die Möglichkeit der Veränderung machtvoller Grenzziehungsprozesse fokussiert, zeigt auch auf, dass durch Widerstand gegenüber gängigen Differenzsetzungen und somit essentialisierenden und homogenisierenden Zuschreibungen Veränderungen in den Perspektiven herbeigeführt werden können (vgl. Bublitz/Butler 2005, S. 127). Hier steckt das Potenzial Sozialer Arbeit, das darin besteht, diese Unterbrechungen und Brüche gewachsener Selbstverständlichkeiten und dominanter Normalitäten wahrzunehmen. Dort kann sie ansetzen, um Subjekte, d. h. ihre Adressat_innen, nicht homogenisiert festzuschreiben: Bewegungen wahrzunehmen, Bewegungen zu initiieren, Beziehungen und Relationen zu verändern. Das Potenzial dieser Bewegungen bedeutet, zusammen mit den Adressat_innen aufgrund und mithilfe dieser Brüche, dieser Unterbrechungen der machtvollen Differenz_ierungen Handlungsmöglichkeiten sehen zu können. Das geht mit dem Gedanken einher, dass das Denken von Handlungsmöglichkeiten eingeschränkt ist, *weil* machtvolle Differenzzuschreibungen den Blick versperren. Es wird deutlich, wie *machtvoll* die Adressierungen und somit Differenzkonstruktionen sind, wenn Subjekthaftigkeit – und somit die Anerkennung als Mensch – davon abhängig ist (vgl. Butler 2009, S. 98).

Eine Möglichkeit für Widerstand, dessen Ziel es ist, den Blick für bisher Verborgenes zu öffnen, stammt von Foucault, der sie als die Kunst beschreibt, „nicht auf diese Weise und um diesen Preis regiert zu werden" (Foucault 1992, S. 12; vgl. Maurer/Weber 2006, S. 15). Susanne Maurer und Susanne Maria Weber greifen das in „Die Kunst nicht dermaßen regiert zu werden. Gouvernementalität als Perspektive für die Erziehungswissenschaft" (2006) auf und deuten es so, eine kritische Haltung einzunehmen. Macht ist in dieser Perspektive eng an Wissen geknüpft. Dieses ist das vorläufige Ergebnis eines Prozesses, der in Zeit und Raum stattfindet. Daher kann Wissen niemals unabhängig davon gedacht werden (vgl. Maurer/Weber 2006, S. 23). Es ist Ursprung sowie Resultat von Prozessen der Normalisierung und damit verbundenen Disziplinierung. Für die Soziale Arbeit gewendet heißt das, dass sie auf Wissen, das mit Macht in einem Zusammenhang steht, zurückgreift, um die eigene Arbeit auszuüben, aber auch um sie zu legitimieren. Es braucht ein Wissen, um definieren zu können, wer Adressat_innen sind und was als Fall gelten kann. Dieses Wissen ist an Normalisierungspraktiken gebunden, welche wiederum mit Machtverhältnissen in Verbindung stehen. „Macht durchdringt all unser Handeln und all unser Handeln reproduziert Machtverhältnisse." (Kessl 2006, S. 67f.) Ebenfalls mit Bezug auf Foucault verdeutlicht Kessl (2006), dass Macht nicht einseitig ist, sondern wie eine Medaille zwei Seiten hat, die im Sowohl-als-auch koexistieren (vgl. Kessl 2006, S. 69).

Als Beispiel führt er den Diskurs um den ewigen Bias der Sozialen Arbeit zwischen *Hilfe und Kontrolle* an. So werde häufig angenommen, dass Kontrolle in der Sozialen Arbeit überwunden werden müsse, während der Erfolg dieses Prozesses darin bestehe, dass er ausschließlich Hilfe hervorbringe (vgl. Kessl 2006, S. 69). Er stellt dies als vereinfachte Sicht heraus und bietet als Alternative ein Verschieben *innerhalb* von Machtverhältnissen an (vgl. a. a. O., S. 70). Voraussetzung dafür sei eine Machtanalyse, die nicht am Überwinden von Machtverhältnissen festhält, sondern in der „konsequent die Relationalität, Immanenz und Dynamik der Arrangements von Lebensführungsweisen und damit der historischspezifischen, bspw. der wohlfahrtsstaatlichen, Regierungsformen untersucht werden" (ebd.). Diese Analyse stellt er als „angemessene Basis professioneller (sozial)pädagogischer Interventionsprozesse" (a. a. O., S. 72) heraus und verweist in diesem Kontext darauf, dass Subjektivierung immer als ambivalenter Prozess verstanden werden muss, in dem Selbst- und Fremdführung parallel existieren. Soziale Arbeit kommt so die Aufgabe zu, „eine wirkmächtige und dominierende […][,] eine *bestimmte* Deutungsweise (*kulturelle Hegemonie*)" (a. a. O., S. 73), in die die Soziale Arbeit mit verwoben ist, als nur *eine* mögliche Deutungsweise – also als kontingent – zu erkennen und darüber hinaus alternative Sicht- und Denkweisen zu finden und zu entwickeln. Hierin steckt die Chance, die Relationen der Positionierungen – sowohl Selbst- als auch Fremdpositionierungen – zu verschieben und neue Relationen zu denken. Relevant erscheint vor diesem Hintergrund der Hinweis „auf das aktuell *nicht* Sicht- und Sagbare" (ebd.). Das oben erwähnte Wissen kann demnach auch in mehr als nur einer Weise geltend gemacht, angewendet und durchgesetzt werden.

Christine Riegel, die immer wieder auf Machtverhältnisse und deren Verwobenheit von Herkunfts- und Wirkungsweisen hindeutet, bezieht sich u. a. auf Gayatri Spivak, deren Perspektive sie als Kombination aus „materialistischen Analysen mit feministischen und dekonstruktivistischen Perspektiven (mit Bezug auf Derrida) zu einer postkolonialen Kritik" (Riegel 2016, S. 37) rekonstruiert. Auch sie stellt eine Verbindung zwischen Macht und Sprechen her (Spivak 1988/2008). Dazu führt sie den Begriff *Othering* ein und bezieht sich auf Verhältnisse von Rassismus sowie Kapitalismus und Geschlechterverhältnisse. Sie macht deutlich, dass aus deprivilegierten und marginalisierten Positionen, die im Kontext hegemonialer Machtverhältnisse stehen, das Sprechen verunmöglicht wird (vgl. Riegel 2016, S. 36 f.). Machtverhältnisse und deren Aufrechterhaltung durch Diskurse und Praktiken führen demnach dazu, dass Bedürfnisse von Subjekten hierarchisiert werden und diesen Bedürfnissen somit eine entsprechende Wertigkeit, also Relevanz, beigemessen wird. Folge davon ist, dass Artikulationen von Bedürfnissen aus deprivilegierten Positionierungen heraus nicht gehört werden. Riegel weist unter Bezugnahme auf Konzepte und Ansätze der postkolonialen Theorie darauf hin, dass Machtverhältnisse wie Rassismus, kapitalistische Verhältnisse, internationale Arbeitsteilung und patriarchale Geschlechterverhältnisse miteinander zusammenhängen und darüber hinaus in ihrer Prozesshaftigkeit stabilisiert werden (vgl. a. a. O., S. 37 ff.). In dieser wie auch in der Mehrdimensionalität und Komplexität steckt zugleich die Möglichkeit zu „Verschiebungen in den hegemonialen Ordnungen und Verhältnissen" (a. a. O., S. 40 f.).

Perspektiven, die von postkolonialen Theoriekonzepten ausgehen, bergen die Chance, binäre Differenzkonstruktionen – im (sozial)pädagogischen Kontext – zu analysieren und einen (selbst)reflexiven Blick auf diese zu werfen (vgl. a. a. O., S. 40). Ähnlich argumentieren neben der oben erwähnten Claudia Machold (vgl. dies. 2015) Claus Melter und Paul Mecheril (vgl. dies. 2009) sowie Rudolf Leiprecht (vgl. ders. 2018).

Aus der Kritik an „Ansätzen multikultureller Erziehung" (vgl. Derman-Sparks 1989, S. 6 ff. nach Schmidt 2015, S. 210 f.; Derman-Sparks 2001, S. 4 f.) ist der Anti-Bias-Ansatz entstanden. Darin ist die Berücksichtigung von Machtverhältnissen in Form von Schieflagen wie auch von Folgen sozialer Ungleichheit und sozialer Ungerechtigkeit in pädagogischen Kontexten zentral. Anknüpfungspunkte sind dabei hierarchisierende Machtverhältnisse, die Personen auf marginalisierte Positionen verweisen (Schmidt 2015, S. 208): Auch Bettina Schmidt greift in ihrer Darstellung des Anti-Bias-Ansatzes auf postkoloniale Ansätze und rassismuskritische Standpunkte zurück, während sie auf Intersektionalität sowie kritisch-psychologische Subjektwissenschaft verweist (vgl. Schmidt 2015). Im Anti-Bias-Ansatz wird davon ausgegangen, dass Machtverhältnisse überwunden werden können. Konkret formuliert Bettina Schmidt – und daran wird auch ihr Verständnis von Macht sichtbar –, dass Raum für „Uneindeutigkeiten und Widersprüche" (Schmidt 2015, S. 226) geöffnet werden soll. Macht scheint damit ein Garant für Eindeutigkeit. Neben dem Verständnis, dass Macht „Möglichkeit und Verantwortung" (a. a. O., S. 230) bedeuten kann, sind Machtverhältnisse in diesem Zusammenhang auch als „unterdrückende (Normal-)Zustände" (a. a. O., S. 231) zu verstehen. Sie macht darauf aufmerksam, dass sowohl Statik als auch Bewegungen innerhalb der Machtverhältnisse die Folge von Thematisierung und Dethematisierung, aber auch von Markierung sowie von Nicht-Markierung der Differenz_ierungen sein können (vgl. a. a. O., S. 273 f.). Dieser Hinweis ist wichtig: Er macht deutlich, dass bezüglich Machtverhältnisse nicht von Ursache-Wirkung-Verhältnissen die Rede sein kann. Vielmehr ist soziale Wirklichkeit im Kontext von Machtverhältnissen und Positionierungen komplexer – Ursache kann Wirkung, Wirkung kann Ursache sein. Gleichzeitig können Angebote im pädagogischen Kontext, die in intentionaler Weise Raum für das Überschreiten machtvoller Grenzen öffnen sollen, für so viel Verunsicherung bei den Adressat_innen sowie bei den pädagogisch Tätigen sorgen, dass deren Wirkung nicht eine Öffnung, sondern eher das Schließen verursacht (vgl. a. a. O., S. 233). Macht wirkt demnach auch dann, wenn ihre Wirkung umgangen werden soll. Hier wird deutlich, dass Macht strukturell und diskursiv in der Handlungspraxis von Subjekten immer Bezugspunkt darstellt – auch wenn sich davon abgegrenzt wird, bleibt ein Bezug von Grenzziehungsprozessen zu Macht.

Dass es unmöglich ist in der Handlungspraxis, in Strukturen oder Diskursen ohne Machtbezug zu agieren, thematisiert zudem Melanie Plößer. Sie lehnt sich insbesondere an die Performativitätstheorie nach Butler an (Plößer 2005, S. 2010). „Performativität bezeichnet [...] ein Sprechen, das das herstellt, was es bezeichnet, sodass das Gesprochene zur sozialen Tatsache wird und wirklichkeitserzeugend wirkt." (Plößer 2010, S. 219) Die Theorie der Performativität macht zum Gegenstand, dass Normen, hegemoniale Diskurse und dominante Strukturen durch Wiederholung wiederum erzeugt werden (vgl. ebd., S. 222). Melanie Plößer hält einen solchen Ansatz für sinnvoll. Denn er öffnet den Blick „sowohl auf die Zwänge und Normierungen, die mit dem Bezug auf Differenz zwangsläufig einhergehen, als auch auf die Gestaltungsmöglichkeiten Sozialer Arbeit, diese machtvollen Effekte thematisieren, reflektieren und verringern zu können" (a. a. O., S. 223). Das Thematisieren von Differenzkonstruktionen geht mit einem Anerkennen dieser einher: Unterschiedliche Machtpositionen werden u. a. anerkannt, indem sie im Sprechen aufgegriffen werden. Nicht unproblematisch ist dann eine Anerkennung der unterschiedlichen Machtpositionierungen, die mit Differenz einhergehen. Das hängt damit zusammen, dass diese Anerkennung diese unterschiedlichen Positionierungen aufgrund von Macht gleichzeitig bestätigt und aufrechterhält. Anerkennung beinhaltet die Gefahr der Homogenisierung von Gruppen. Trotzdem ist diese Perspektive relevant, da durch sie auch marginalisierte Positionierungen anerkannt und sichtbar gemacht werden können (vgl. a. a. O., S. 227). Somit ist Anerkennung Voraussetzung von Thematisierung. Im Konzept der Dekonstruktion sieht Melanie Plößer eine Möglichkeit, Machtverhältnisse in ihrer hegemonialen und dominanten Verhandlungsweise aufzubrechen. Mit Jacques Derrida (1974) erklärt sie, dass Selbstverständlichkeiten durch „ein kritisches Wi(e)derlesen von Diskursen, Texten und Praxen" (Plößer 2010, S. 227) aufgebrochen werden könnten. Performativ angerufene und (wieder)erzeugte Normen können so durch Veränderungen in der Wiederholung transformiert werden (vgl. a. a. O., S. 227 ff.). Zwar erlaubt diese Art des Umgangs, die Handlungsmöglichkeiten vor dem Hintergrund von Machtverhältnissen zu erweitern, allerdings sind auch hier Machtverhältnisse nicht ausgehebelt. Im Fall der Grenzüberschreitungen durch Performativität ist zu berücksichtigen, dass aus bereits marginalisierten Positionen ein machtvolles Handeln, das auch als Widerstand verstanden werden kann, nur erschwert möglich ist (vgl. a. a. O., S. 230).

Es sollte deutlich geworden sein, dass aus einer machtanalytischen Perspektive ein Entweder – oder, eine binäre und vereindeutigende Sichtweise auf Machtverhältnisse nicht zulässig oder für die Analyse nicht zielführend zu sein scheint. In einer postkolonialen, poststrukturellen sowie queertheoretisch informierten machtanalytischen Perspektive in der Sozialen Arbeit wird deutlich, dass es um die Analyse komplexer, miteinander verknüpfter, widersprüchlicher Prozesse geht, die auf unterschiedlichen und mehreren gesellschaftlichen Ebenen ablaufen, die von Gleichzeitigkeit geprägt sind und die für die Adressat_innen der Sozialen Arbeit letztlich folgenreich sind. Machtverhältnisse sind in der Sozialen Arbeit – wie in allen Bereichen des Sozialen – immer Bezugspunkte von Handlung, Organisation und Diskurs. Es gibt kein Außerhalb, das eingenommen werden kann – weswegen auch selbstreflexive Prozesse in der Sozialen Arbeit als relevant erachtet werden.

Wird Soziale Arbeit unter der Perspektive von Macht in den Blick genommen, wird deutlich, dass ein Verständnis etabliert werden kann, das Ambivalenzen und Widersprüche zulässt. Das scheint unerlässlich für die Zusammenarbeit mit handlungsmächtigen Subjekten, wenn Adressat_innen der Sozialen Arbeit als solche verstanden werden wollen, die allerdings in Wechselwirkung mit sowohl machtvollen Diskursen als auch Strukturen agieren. Eine Sicht, die sich entweder auf Ursache-Wirkung oder ein Entweder-oder beschränkt, scheint der Eigenwilligkeit der Subjekte, der Situiertheit von Wissen und der Verwobenheit unterschiedlicher gesellschaftlicher Ebenen nicht gerecht zu werden. Zudem ermöglicht die Perspektive, die Macht in den Mittelpunkt von Handlungsfähigkeit und Professionalität Sozialer Arbeit stellt, nicht nur, das zu analysieren, sondern auch aufmerksam für den Umgang mit Zuschreibungsprozessen und die Eröffnung von Handlungsraum zu sein. Alle hier diskutierten Texte legen Möglichkeiten dar, mit denen hegemoniale Sichtweisen, Selbstverständliches und Normativitäten nicht nur infrage gestellt werden können. Vielmehr geht es auch darum, Veränderungen hervorzurufen und den Möglichkeitsraum von Subjekten zu erweitern. Das sind die Adressat_innen Sozialer Arbeit, aber auch die Professionellen.

Wird Soziale Arbeit als die Gleichzeitigkeit von „‚Ermöglichung' und ‚Begrenzung'" (Maurer 2018, S. 25) verstanden, ist eine machtanalytische Sicht zur Analyse der Praxis und Forschung notwendig. So kann der Blick auf die Gleichzeitigkeit und die Verwobenheiten gelenkt werden, statt weiterhin in einem Entweder-oder zu verharren. Das dient auch nicht der Analyse – weder der empirischen noch der sozialpädagogischen Praxis. Um sowohl eine (selbst-)kritisch reflexive Sichtweise als auch eine zu etablieren, die die Verquickung gesellschaftlicher Ebenen berücksichtigt, eignet sich die Denkfigur der Grenzbearbeitung in Kombination mit intersektionalen Ansätzen. Ziel ist es nicht nur eine Analyse anzustrengen, sondern selbst zu einer „Denk-Bewegung" (Maurer 2018, S. 25, 28) zu werden, die sich im Handeln niederschlägt.

3.2 Soziale Arbeit als Grenzbearbeitung

Soziale Arbeit als Grenzbearbeitung zu verstehen, ist eine Idee, die auf Susanne Maurer (2001) zurückgeht. Zwar verwendet sie zunächst nicht den Begriff der Grenzbearbeitung, entwickelt aber unter diesem in der Auseinandersetzung mit Fabian Kessl schließlich das Konzept (2010). Es handelt sich dabei um eine mögliche Perspektive, mit der Macht- und Ungleichheitsverhältnisse in der Sozialen Arbeit in den Blick genommen werden können. Das soll helfen, Handlungsmöglichkeiten der Sozialen Arbeit offen zu legen, die sonst verdeckt bleiben würden. Grenzen werden in diesem Zugang als Differenz(ierung)en verstanden. Grenzen dienen als Metapher, um aufzuzeigen, dass Differenz(ierung)en Ein- und Ausschlussmechanismen mit sich bringen. Jedoch spielen auch materielle Grenzen eine Rolle, die über die Metapher hinausgehen (vgl. Kessl/Maurer 2010, S. 159). Der Begriff der Grenze enthält zudem die Ambivalenz, in der sich die Soziale Arbeit: einerseits an Grenzkonstruktionen anknüpfen zu müssen, die sie andererseits kritisieren und abbauen will, um Handlungsmacht herzustellen. Wie oben ausgeführt, erhält sie sie gleichzeitig aufrecht.

Grenzbearbeitung als machtanalytische Perspektive bezieht sich auf die Praxis der Sozialen Arbeit im direkten Kontakt mit den Adressat_innen, organisational, institutionell und in Bezug auf Handlungen (Kessl/Maurer 2009) sowie Forschungsaktivitäten im Bereich der Sozialen Arbeit (Kessl/Maurer 2010). Es geht sowohl in der sozialpädagogischen Praxis als auch in der sozialpädagogischen Forschung um ein „sehr genaues Blicken und Schauen […] ein (empirisches) Rekonstruieren von Grenzziehungsprozessen, um tatsächlich wahrnehmbar und kenntlich zu machen, was diese den Menschen antun (können)" (Maurer 2018, S. 28). Gleichzeitig formuliert diese Perspektive über eine analytische Öffnung hinaus den „Anspruch verändernden Eingreifens" (a. a. O., S. 30). Im Folgenden werde ich auf die Metapher der Grenze eingehen, um deutlich zu machen, worum es in dieser Perspektive geht.

Metaphern in theoretischen Perspektiven zu verwenden, hat den Vorteil, dass die Zugänge einleuchtend dargestellt werden und den Nachteil, dass das Verständnis der Perspektive sehr weit sein kann. Diesen verstehen Maurer und Kessl jedoch eher als Vorteil (vgl. Maurer 2018). Ihr Grenzbegriff ist ein relationaler. Die Grenze selbst sehen sie als Praktik, die Wirkung zeigt. Damit sind auch Bewegungen von Körpern und Gedanken gemeint, die mit Grenzen in Verbindung gebracht werden (vgl. Kessl/Maurer 2009, S. 91). Gleichzeitig werden diese Praktiken materialisiert, sie finden sich zudem in sicht- und fühlbaren Grenzen, z. B. Nationalstaatlichkeit markierende Grenzen (Kessl/Maurer 2010, S. 154). „Denn

‚Grenze' symbolisiert gesellschaftliche Kräftefelder und Herrschaftsverhältnisse, die sich erst mit der Wirkung von Grenzen zeigen; Grenzen müssen daher permanent produziert und reproduziert werden, sie sind nicht absolut, sondern Ausdruck und Bedingung sozialen Handelns. Der Grenzbegriff wird von uns deshalb prinzipiell relational gefasst." (Kessl/Maurer 2009, S. 91) Deutlich wird hier, dass Grenzziehungsprozesse und die Aufrechterhaltung oder Verschiebung von Grenzen mit Kämpfen um diese verbunden sind.

Soziale Arbeit spielt eine Rolle, wenn Grenzen bedeuten, dass Personen ausgegrenzt werden, ihnen Zugang zu etwas verweigert wird, das sie begehren, oder sie nicht die Macht besitzen, die Grenzen selbst in Bewegung zu bringen.

> „Soziale Arbeit bezieht sich auf höchst unterschiedliche Grenzen: Es sind die Grenzen, an die Menschen in der Gesellschaft stoßen, die ihnen ein Weitergehen nicht möglich machen oder es doch an bestimmte Bedingungen – des Wohlverhaltens, der Anpassung oder der ‚Normalität' – knüpfen; es sind die Strukturen und Verhältnisse, an denen Menschen sich reiben; es sind bestimmte Lebensmöglichkeiten, die als begrenzt und Lebenssituationen, die als begrenzend erfahren werden." (Kessl/Maurer 2009, S. 94)

Soziale Arbeit wird dann zur Grenzbearbeitung, wenn sie für und mit Adressat_innen der Sozialen Arbeit Grenzen neu denkt, Grenzen verschiebt, Grenzen bearbeitet, Grenzen überschreitet, aber auch (re)produziert und verfestigt (vgl. Kessl/Maurer 2010, S. 155). Außerdem hat Soziale Arbeit die Aufgabe, dabei zu unterstützen, Grenzziehungsprozesse zu thematisieren, zu formulieren und auf diese Weise überhaupt erst deren Bearbeitung anzustoßen. Soziale Arbeit wird damit Akteurin in Grenzbearbeitungspraktiken, „also soziale *Praktiken der Differenzierung*" (ebd.). Diese sind höchst ambivalent. Das zeichnet sich auch in der folgenden Definition von *Sozialer Arbeit* ab.

> „[Sie] steht für das Bemühen um eine angemessene Verteilungspolitik und Ressourcenarbeit, für die Anerkennung des Eigensinns ihrer Adressat/innen und deren Lebenswelten, aber auch für Praktiken der Normalisierung und Disziplinierung. Eine Gratwanderung also, grenzwertig oft. So viel steht jedenfalls fest: Soziale Arbeit ist selbst aktiv an der Produktion und Reproduktion von Grenzen beteiligt, ist Grenzzieherin und auch Grenzverteidigerin." (Kessl/Maurer 2009, S. 94)

Demnach ist Soziale Arbeit in einer machtvollen Position, ohne sich dieser Macht immer auch bewusst zu sein. Wird sie als Grenzbearbeitung gefasst, muss auch bedacht werden, dass sie die Grenzen, die es zu bearbeiten gilt, in Wechselbeziehung mit anderen gesellschaftlichen Institutionen und Organisationen festlegt. Auf diese Entscheidungen haben Diskurse großen Einfluss, die als „Signifikationsregime" (Reckwitz 2008a, S. 192) verstanden werden können. Sie werden wiederum von den Entscheidungen beeinflusst.

Diskurse können als Systeme betrachtet werden, „die regulieren, welche Bedeutungen im jeweiligen Kontext als intelligibel erscheinen" (ebd.). Das bedeutet, dass bestimmte hegemoniale Deutungsweisen im Kontext von Sozialer Arbeit virulent sind und als Anlass für (professionelles sozialpädagogisches) Handeln verstanden werden. Dieses gilt erst in Bezug auf bestimmte Diskurse als „sinnhaftes Handeln" (ebd.). Im Prozess, den eigenen Gegenstand oder sozialpädagogische Fälle zu definieren, ist die Soziale Arbeit darauf angewiesen, machtvoll Grenzen zu ziehen, die deutlich machen, woran sie anknüpfen kann und woran nicht. Teilweise sind diese Entscheidungsprozesse durch Gesetze geregelt, teilweise liegt das in der Hand einzelner Institutionen oder Personen, die die Position (sozial)pädagogischer Professioneller einnehmen – und das dann ganz situativ. Hier wird deutlich, wie facettenreich und letztendlich auch widersprüchlich Entscheidungsprozesse ablaufen.

Dadurch, dass sich sowohl Soziale Arbeit als auch Adressat_innen der Sozialen Arbeit immer wieder auf Differenzkonstruktionen beziehen müssen, um ihre Arbeit oder Anliegen als Ziele der Sozialen Arbeit zu legitimieren, werden diese durch diese Bezugnahme reproduziert und aufrechterhalten. Diese Erkenntnisse dürften für die Soziale Arbeit nicht neu sein. Was die Perspektive von Grenzbearbeitung allerdings – u. a. durch die Verwendung der Metapher oder des Symbols der Grenze – deutlich macht, ist das Moment der Ambivalenz und Gleichzeitigkeit. Die Aufgabe der Sozialen Arbeit besteht aus dieser Perspektive darin, „Prozesse der ambivalenten Gleichzeitigkeit von Unterwerfung und Subjektwerdung mit Blick auf die Eröffnung und Erweiterung von Handlungsoptionen, als Subjektwerdungspotenziale, zu bearbeiten" (Kessl/Maurer 2010, S. 160). Einer Perspektive Butlers folgend, ist eine Einordnung in (binär strukturierte) Zuordnungen immer sowohl Unterwerfung als auch Subjektivierung (vgl. Butler 2001, S. 187). Subjekte werden durch Anrufungen positioniert: Ihnen wird ein Platz in gesellschaftlichen Verhältnissen zugewiesen, der jeweils mit Macht ausgestattet ist (vgl. a. a. O., S. 100). Erst wenn sie diese Position anerkennen, werden sie als Subjekt wahrgenommen: Durch die Unterwerfung werden sie zu Subjekten und handlungsfähig (vgl. a. a. O., S. 25).

In dem Prozess der Anrufung wird jedoch nicht ausschließlich das angerufene Subjekt positioniert, sondern auch all diejenigen, die in Relation zu diesem stehen, so auch die anrufende Person. Stuart Hall bezeichnet das als einen Teil der Zirkularität von Macht und greift auf Homi Bhabba, Antonio Gramsci, Michel Foucault und Edward Said zurück (vgl. Hall 2004, S. 145 ff.). Er verweist gleichzeitig darauf, dass Anrufungen eine Verbindung zum Diskurs herstellen (vgl. Spies 2017, S. 74). Wie Positionen zugewiesen werden, wird nach Birgit Rommelspacher (1995) durch die „Dominanzkultur" bestimmt. In dieser werden Selbstverständlichkeiten durch Bedeutungszuweisungen geregelt und hergestellt. Die Zuweisung einer Position aufgrund dominanzkultureller Selbstverständlichkeiten geht mit einer Hierarchisierung einher, die Butler als „differential between the human and the less-than-human" (Butler 2004, S. 2) umschreibt. Diese Einordnung, die aufgrund von Differenzordnungen und Different-Setzen geschieht, habe, wie es die starke Formulierung des Menschlichen und des Nicht-Menschlichen bereits nahelegt, weitreichende Folgen (vgl. Butler 2004, S. 2).

Differenzkonstruktionen, auf die sich während der Prozesse der Unterwerfung sowie Subjektivierung in ihrer ambivalenten Gleichzeitigkeit, bezogen wird bzw. bezogen werden muss, stehen mit Machtkonstellationen in Verbindung. Differenz wird aus der Perspektive *Soziale Arbeit als Grenzbearbeitung* mit dem Begriff der Grenze umschrieben. Die Begrifflichkeit der Grenze zeigt in ihrer Metaphorik allerdings noch deutlicher auf, welche Funktionen Differenzen haben: Ein- und Ausschluss sowie die Trennung der Zugehörigen von Nicht-Zugehörigen. Gleichzeitig – und diesen Gedanken machen Maurer und Kessl stark – handelt es sich dabei weniger um eine „Trennlinie" (Kess/Maurer 2010, S. 162) als um eine „*Verbindung*, in der sich Ein- (*Integration*) und Ausschließungen (*Differenzierung*) vollziehen" (Kessl/Maurer 2010, S. 162). Konkret heißt das, dass es Normalitätskonstruktionen und die Annahme von Selbstverständlichkeit auch nur dann geben kann, wenn es auch Vorstellungen von dem *Fremden* gibt, das vom Selbstverständlichen abweicht. Erst durch beide Seiten werden die jeweiligen Seiten zu dem, wie sie wahrgenommen werden.

Signifikationsregime als dominante Diskurse bestimmen, was Normalität ist – oder das, was als Normalität empfunden wird –, und unterscheiden Normalität von Nicht-Normalität. In dieser Kontrastierung bleiben sie miteinander verbunden. Stark ist dieser Gedanke auch im Konzept des *Othering*: „Dabei ist die Definition des Anderen notwendig zur Definition des Eigenen, Prioren und Normalen." (Riegel 2016, S. 52) In dieser Verbundenheit, die hier einer Symbiose ähnelt, werden (machtvolle) Aus- und Einschlüsse produziert. Lila Abu-Lughod beschreibt die „Macht, die den Unterscheidungen zwischen Selbst und anderen innewohnt" (dies. 1996, S. 18) als folgenreich. „Das Außenseiter-Selbst steht niemals einfach draußen. [...] Was wir als ‚außen' bezeichnen, ist eine Position innerhalb eines größeren politischen historischen Zusammenhangs." (a. a. O., S. 18 f.) Das macht die Notwendigkeit deutlich, Diskurse bei der Analyse von Positionierungen und deren Folgen in Bezug auf Macht im Kontext zu verstehen (vgl. Baßler/Leipold 2020, S. 310 f.). Gleichzeitig besteht die Möglichkeit der Verschiebung von Machtverhältnissen, der Transformation.

Sie steht in einem engen Zusammenhang mit der Handlungsfähigkeit der Subjekte. Machold erklärt Transformation mit Butler so, dass in Handlungen zwar „Normen zitiert" werden, sie allerdings ihre „Selbstverständlichkeit dann verlieren" (Machold 2015, S. 67 f.), wenn sie nicht der erwarteten Handlung entsprechen. Dabei wird eine gewisse Abhängigkeit zwischen Normen und Praxis sichtbar (vgl. Butler 2009, S. 85). „Die angebliche Kopie wird also nicht durch den Bezug auf ein Original erklärt, sondern das Original wird als ebenso performativ verstanden wie die Kopie. Durch die Performativität werden herrschende und nicht herrschende Geschlechternormen einander angeglichen." (a. a. O., S. 333) Was hier für Geschlechternormen formuliert wird, lässt sich auch auf andere Normen übertragen. Transformation geschieht dann, wenn sich die Wiederholungen der Handlungen, die für das Handeln wesentlich sind, nicht 1 : 1 gleichen, sondern variant zueinander sind. Machold nennt das die „Brüchigkeit der Wiederholung" (Machold 2015, S. 68).

Auch Paula-Irene Villa Braslavsky setzt sich mit dieser Möglichkeit der Veränderung auseinander. Mit Bezug auf die Performanztheorie von Butler und auf Konzepte von Christoph Wulf und Gunter Gebauer (2001) entwickelt sie den Begriff „performative[] Mimesis" (2013, S. 73 ff.). Sie stellt sich die Frage nach der Vermitteltheit von Diskursen und Praxis. Ausgangsidee einer performativen Praxis ist, dass soziale Wirklichkeit durch sich wiederholende Handlungen, in denen sich auch Diskurse widerspiegeln, stets neu hergestellt wird und werden muss. Zu Transformation kann es dadurch kommen, dass Wiederholungen immer durch „Eigensinn" und „Kreativität" (Villa 2013, S. 75) geprägt sind. Das birgt die Möglichkeit, dominanzgesellschaftliche Macht- und Herrschaftsverhältnisse zu destabilisieren. Das wiederum beinhaltet die Option auf ein erweitertes Spektrum von Handlungsmöglichkeiten.

Aus den bisher herausgearbeiteten Grundannahmen einer Sozialen Arbeit als Grenzbearbeiterin, wie Maurer und Kessl sie denken, wird deutlich, dass sie eine konkrete Aufgabe hat. Diese besteht darin, die Widersprüchlichkeiten selbst aufzugreifen, die in als zu symbiotisch zu bezeichnenden Differenzkonstruktionen und Grenzziehungspraktiken stecken. Die Auseinandersetzung mit den Ambivalenzen sowie deren Bearbeitung, die für die und in der Sozialen Arbeit relevant sind, erfolgt mit dem einfach formulierten Ziel, „eine erweiterte Handlungsfähigkeit" (Kessl/Maurer 2010, S. 167) der Adressat_innen zu ermöglichen. Grenzen aufzulösen, scheint aus dieser Perspektive also nicht ausschließliches Ziel zu sein. Vielmehr gilt es, sie in ihrer Zwiespältigkeit anzuerkennen wie auch den Umstand, dass beide konstruierten Seiten zusammengehören. Die Grenzverschiebung oder -neuinterpretation *beider* Seiten kann die Handlungsfähigkeit eröffnen, erweitern und ermöglichen. Für eine machtkritische Analyse als Teil der Grenzbearbeitung ist mit Kessl und Maurer allerdings auch relevant, herauszuarbeiten, dass nicht „jede Differenzierung sozialpädagogisch bearbeitet werden" (ebd.) muss.

> „Aufgabe einer grenzanalytischen Bestimmung Sozialer Arbeit ist es daher, die forscherischen wie professionellen Praktiken, die bestimmten Grenzziehungen und Grenzüberschreitungen auch selbst unterliegen, immer mit in den Blick zu nehmen." (a. a. O., S. 166)

Bei der Grenzanalyse als Teil der Grenzbearbeitung geht es, wie oben bereits erwähnt, darum, genau hinzusehen und „Grenzziehungsprozesse" (Maurer 2018,

S. 28) empirisch zu rekonstruieren. Welche Möglichkeiten die Grenzanalyse im sozialpädagogischen Kontext bietet, führe ich im Folgenden aus. Im Kapitel „Ein ethnografisches Forschungsprojekt unter dem Label von Intersektionalität" werde ich dann konkreter darauf eingehen, was das auch methodologisch sowie methodisch bedeutet.

Maurer und Kessl schlagen vor, die Aufgabe von Grenzanalyse darin zu verorten, herauszuarbeiten, welche Grenzziehungsprozesse oder Differenz(ierung)en in der pädagogischen Praxis situational ausschlaggebend sind. Als Ziel definieren sie, „Soziale Arbeit als Grenzbearbeiterin zu bestimmen[.] [...] [D]amit [soll] eine differenz*sensible* Haltung [angeregt werden], die Differenz und Andersheit strukturell anerkennt [...], *ohne* dass jede Differenzierung sozialpädagogisch bearbeitet werden" (Kessl/Maurer 2010, S. 166) müsse. Ihnen scheint in der Entwicklung der Denkfigur immer wichtig zu sein, die Ambivalenz nicht aus dem Blick zu verlieren. Daher entwerfen sie Soziale Arbeit als „Gratwanderung", die sowohl „Grenzzieherin als auch Grenzverteidigerin" (Kessl/Maurer 2009, S. 94) ist. Sie thematisieren die Grenze als Konflikt (vgl. a. a. O., S. 97), an dem sich Soziale Arbeit „entzündet" (ebd.). Sie stellen die Verwobenheit unterschiedlicher gesellschaftlicher Ebenen in den Vordergrund. In den Jahren 2012 und 2014 legen Maurer und Kessl v. a. für eine kritische Forschung in der Sozialen Arbeit ein Konzept von Grenzanalyse im Zusammenhang mit „Radikaler Reflexivität" vor. 2018 bezieht Suanne Maurer diese Denkfigur wieder stärker auf eine praktische Soziale Arbeit. Dabei forcieren sie, wie mir scheint, die Trennung von Forschung und Praxis Sozialer Arbeit nicht, sondern begreifen sie in der Form der Grenzbearbeitung als ein „Ineinandergreifen von Analyse, Kritik und Praxis" (Maurer 2018, S. 26; vgl. Kessl/Maurer 2012, S. 44).

Grenzanalysen sind notwendiger Teil einer Grenzbearbeitung, die sie mit der „Herausforderung einer – intellektuellen, professionellen und politischen – Praxis" (Maurer 2018, S. 26) belegen. „Diese Praxis lässt sich u. E. auf folgende Elemente zuspitzen: a. Kennzeichnen und Markieren von Grenzen und Grenzziehungen, b. Kritik der Verhältnisse, in denen die Grenzziehungen stattfinden und für die sie funktional sind, c. Versuche/Praktiken der Transformation bzw. der Subversion." (Maurer 2018, S. 26) Trotzdem ziehen Maurer und Kessl die Verwendung von Grenzbearbeitung vor. In meiner Untersuchung will ich von Grenzanalyse als einem Teil der Grenzbearbeitung ausgehen, im Sinne eines (nicht linear und chronologisch!) wiederkehrenden Schritts der Grenzbearbeitung.

Die drei zitierten Elemente will ich als Momente der Grenzanalyse/Grenzbearbeitung darstellen. *Bearbeitung* bedeutet „‚Brechungen' der Ordnung" (Maurer/Kessl 2014, S. 148), also Veränderungen, sowie Erweiterung des Möglichkeitsraums in Bezug auf Handlungsfähigkeit. Unter „1. Kennzeichnen und markieren" formuliert Maurer folgende Frage: „Welche Grenzen werden warum, unter welchen Bedingungen, sichtbar gemacht, und welche werden zugleich verdeckt oder ausgeblendet?" Sich mit der Verquickung von Machtverhältnissen und Subjekten in der Sozialen Arbeit (sowohl Professionelle als auch Adressat_innen) wie auch mit den Folgen für und Erlebnissen von Subjekten auseinanderzusetzen, sieht sie als möglichen Ansatzpunkt „die damit verbundenen ‚Grenzerfahrungen' (selbst-)kritisch zu bearbeiten" (Maurer 2018, S. 27) („2. Kritik der Verhältnisse"). In den Fokus rücken mit der Absicht der Transformation die „Modi des veränderten/verändernden Umgangs mit Grenzen, die Art und Weise, wie Grenzen ‚genutzt', und auch subversiv ‚umgenutzt', werden" (Maurer 2018, S. 27) („3. Versuche/Praktiken der Transformation und der Subversion").

Wie eine Grenzanalyse empirisch aussehen kann, habe ich für einen Vortrag an der PH Ludwigsburg im Rahmen des „3. Zukunftsforum Bildungsforschung: Heterogenität – Diversität – Inklusion" erarbeitet. Darin sind die gemeinsamen Gedanken mit Paula Bock eingeflossen, die wir in dem Artikel „Methodologische Überlegungen zur Denkfigur ‚Soziale Arbeit als Grenzbearbeitung'. Eine intersektional informierte Grenzbearbeitung als Reflexions- und Analyseinstrument im Kontext von Jugendberufshilfe" (2018) formuliert haben. Auch auf diese methodische Konkretisierung der Grenzanalyse will ich an dieser Stelle nur kurz eingehen, da sie im Kapitel zur Methodologie umfangreicher ausformuliert wird. Hier erfüllt sie zum einen den Sinn, den Leser_innen zu erleichtern, dem Text zu folgen. Zum anderen ist sie für das Verständnis von Sozialer Arbeit als Grenzbearbeitung, wie es in dieser Arbeit verwendet wird, fundamental.

Wenn es darum geht, eine Grenzanalyse konkret auszuformulieren, stelle ich Fragen. Diese richten sich erstens auf Positionierungen, zweitens auf Kontextualisierungen und drittens auf Historisierung. Unter Rückgriff auf poststrukturalistische, diskurstheoretische, postkoloniale und genderqueertheoretische Ansätze sind Positionierungs*praktiken* als das Zuweisen, Einnehmen und Zurückweisen von Subjektpositionen zu verstehen. Dabei spielen Diskurse eine große Rolle (vgl. Baßler/Bock 2018, S. 104 f.). „Positionierungspraktiken geschehen relational: Durch die Adressierung anderer werden sowohl das adressierte als auch das adressierende Subjekt positioniert. Durch einen Adressierungsprozess formiert sich die Grenze zwischen Adressierten und Adressierendem. Es muss nur eine Seite der Grenze explizit benannt oder deutlich gemacht werden, um auch die andere mitherzustellen." (ebd.) Positionierungen sind diskursive Praxis, die Subjekten einen gewissen Platz in der Gesellschaft zuordnet (vgl. Foucault 2011). Sowohl Praxis als auch Diskurs sind „Ausdruck von sinngebenden Selbstverständlichkeiten" (vgl. Kruse 2014, S. 510 nach Baßler/Bock 2018, S. 102).

Die Frage nach Positionierungen beinhaltet demnach das Fragen danach, wie selbstverständlich bestimmte Subjekte eine Subjekthaftigkeit und einen Platz in der Gesellschaft zugewiesen bekommen, ausfüllen oder einfordern – aber auch, welche Positionen dabei nicht besetzt werden können (vgl. Butler 2006, S. 70 nach Rein 2020, S. 76). Der Platz, der von den Subjekten eingenommen wird, ist dann nicht ein objektiver Ort, sondern befindet sich in einer Hierarchie, die mit unterschiedlichen Möglichkeiten von Handlungsmacht gespickt ist. Nicht selten jedoch laufen Positionierungspraktiken *aus der Reihe*: So entstehen Lücken und Möglichkeiten, Handlungsmacht zu verändern und zu erlangen.

Das Fragen nach Kontext, also Kontextualisierungen als Teil von Grenzanalyse zu verstehen, ermöglicht es Situationen, Arrangements, Organisationen etc. zu berücksichtigen. Hier rücken v. a. Fragen nach den Bedingungen für bestimmte Zuschreibungen und für die (vermeintliche) Sinnhaftigkeit bestimmter Zuschreibungen in den Fokus. Durch das Zusammendenken rekonstruktiver und dekonstruktiver Herangehensweisen werden „Risse und Löcher" ermittelt, die in Regelhaftigkeiten auftreten und eine Möglichkeit der Grenzbearbeitung und der Transformation von Grenzen bieten. Hierbei spielen die unterschiedlichen gesellschaftlichen Ebenen eine Rolle, die aufeinander einwirken.

Die Frage nach der Geschichte – sowohl nach politischer Geschichte, nach Geschichte der Einrichtungen, nach Zeitgeschichte als auch nach der Geschichte der beteiligten Personen, also deren Biografie –, die bestimmte Positionen zu einer bestimmten Zeit als selbstverständlich und sinnvoll erscheinen lässt, erfasse ich in dem Konzept der Historisierung. Mit diesem wird sichtbar, dass Selbstverständlichkeiten und selbstverständlich scheinende Subjektpositionen nicht nur veränderbar sind, sondern sich auch verändern. So kann sich bspw. herausstellen, dass Selbstverständlichkeiten keinen Sinn (mehr) ergeben, aber trotzdem noch dominant und nicht kontingent verhandelt werden.

Die Fragen nach Positionierung, Kontextualisierung, Historisierung zur Umsetzung der Grenzanalyse sind auf einen empirischen Zugang ausgelegt. Wie auch Maurer und Kessl will ich das Zusammendenken von Sozialer Arbeit als sozialpädagogischer Praxis sowie als sozialpädagogischer Empirie stark machen. Einerseits kann diese Form der Grenzanalyse in der sozialpädagogischen Praxis als Reflexionsfolie dienen, andererseits können sozialpädagogische Praxis und Empirie diese Fragen als Anlass zum Austausch nehmen.

Um die Denkfigur der Grenzbearbeitung um die Perspektive von Intersektionalität zu ergänzen, gehe ich im Folgenden zunächst auf den Diskurs um Intersektionalität in der Sozialen Arbeit ein. Wie Intersektionalität kann Grenzbearbeitung auch als „differenzsensible Perspektive" bezeichnet werden, „da sie die bestehenden Differenzierungen sichtbar machen und in diesem Zusammenhang symbolische, räumliche und kulturelle Grenzen als Marker des aktuell Nicht- oder zumindest schwer Erreichbaren erfassen will" (Kessl/Maurer 2010, S. 159). Im letzten Teil des Kapitels „Eine intersektional informierte Denkfigur der Grenzbearbeitung zur Bearbeitung von Macht in der Sozialen Arbeit" werde ich diese beiden Perspektiven aufeinander beziehen und herausarbeiten, inwiefern sie einander bereichern.

3.3 Intersektionalität in der Sozialen Arbeit

Intersektionalität steht für eine Analyseperspektive. Sie nimmt erstens die Verschränkung von Differenzkonstruktionen vor dem Hintergrund von Macht- und Ungleichheitsverhältnissen in den Blick und berücksichtigt zweitens die Verwobenheit der gesellschaftlichen Ebenen von Strukturen, Diskursen und Interaktionen/Subjektpositionierungen (vgl. Riegel 2010, S. 77). Von einer ineinandergreifenden Spiralbewegung auszugehen widerspricht der gängigen Annahme von Ursache und Wirkung. Ziel einer solchen Perspektive ist die (Selbst-)Reflexion gesellschaftlicher Positioniertheiten, insbesondere in Bezug auf Privilegierungen sowie Deprivilegierungen, die häufig unerkannt bleiben (vgl. Tuider 2015, S. 174; Walgenbach 2010, S. 247). Dahinter steht die Idee, die Handlungsmacht der Subjekte zu erweitern sowie Kritik an bestehenden Machtverhältnissen zu üben, in denen Subjekten immer wieder die Stimme genommen wird (vgl. Erel/Haritaworn/Gutiérrez Rodriguez/Klesse 2007, S. 245).

Intersektionalität hat sich, wie oben ausgeführt, „aus der sozialen Bewegung des Schwarzen Feminismus herausgebildet" (Pangritz/Schütz 2021, S. 134). Obwohl der Ansatz nicht speziell für die Soziale Arbeit entwickelt wurde, greifen Professionelle – sowohl in Theorie und Empirie als auch in der sozialpädagogischen Praxis – darauf zurück (vgl. dazu bspw. Riegel 2016; Wagner 2019; Wagner 2021; Eghtessadi 2020; Beck/Plößer 2021). Das erscheint vor dem Hintergrund nachvollziehbar, dass es sowohl in der Sozialen Arbeit als auch in einer Perspektive von Intersektionalität vordergründig um die Frage nach dem Umgang mit sozialer Ungleichheit geht (vgl. Schütz/Pangritz 2021, S. 135). Im Kern geht es darum, anzuerkennen, dass Soziale Arbeit an der (Re)Produktion sozialer Ungleichheit beteiligt ist – ob sie das will oder nicht. Der Widerspruch fordert die Soziale Arbeit heraus: Sie unterstützt Adressat_innen dabei, aus deprivilegierten Positionen herauszukommen und deren Handlungsmacht zu erweitern, während sie in der Thematisierung gleichzeitig Gefahr läuft, aufgrund von Adressierungspraktiken, institutionellen Vorgaben und dem Rückgriff auf politische und allgemeingültige Diskurse deprivilegierte Positionen zu reproduzieren. Es bedarf einer Analyseperspektive und einer Reflexionsfolie, um mit dieser Ambivalenz umgehen zu können, ohne die Komplexität der sozialen Wirklichkeit auf Banalität zu reduzieren. Diese Banalisierung äußert sich in Homogenisierungen und in der Herstellung von vermeintlichen Plausibilitäten, die häufig auf Kulturalisierungen sowie Naturalisierungen beruhen. Eine professionelle Soziale Arbeit sollte demgegenüber allerdings eine differenziertere Perspektive einnehmen können, anstatt dominanzkulturelle Zuschreibungen zu reproduzieren. Daher stellt Intersektionalität für die Soziale Arbeit eine Reflexionshilfe dar.

Ähnlich wie die Denkfigur Grenzbearbeitung kann Intersektionalität in der sozialpädagogischen Praxis darüber hinaus auch als empirische Analyseperspektive verwendet werden. Aus dieser heraus bezieht Soziale Arbeit Profession und

Disziplin aufeinander, anstatt sie als voneinander getrennt praktizierende Bereiche zu betrachten.

Der Ansatz von Intersektionalität hält vor der Denkfigur der Grenzbearbeitung Einzug in die (sozial)pädagogische Arbeitsweise. Ein konkreter Hinweis zu Intersektionalität findet sich in Handreichungen, die für die Praxis gedacht sind wie bspw. in „Mädchen* begegnen. Intersektionale Perspektiven und antidiskriminierende Sichtweisen auf Mädchen*arbeit heute – digital und analog". Sie wurde von der Landesarbeitsgemeinschaft (LAG) Mädchen*politik Baden-Württemberg im Jahr 2018 herausgegeben. Als Vorreiter kann das „Handbuch Intersektionale Gewaltprävention – Leitlinien zur Umsetzung einer Intersektionalen Gewaltprävention" aus dem Jahr 2011 genannt werden. Das ist in einer europäischen Kooperation unterschiedlicher Organisationen entstanden. Daran beteiligt waren das Peace Institute (Ljubljana, Slowenien), Eurocircle (Marseille, Frankreich), Share-It (Spoleto, Italien), Men's Counseling Center (Graz, Österreich) sowie Dissens e. V. (Berlin, Deutschland). Dass der Bezug auf Intersektionalität nicht immer explizit sein muss, zeigt ihre (sozial)pädagogische Selbstverständlichkeit in diskriminierungskritischen Diskursen. Hinweise lassen sich in Handreichungen finden, ohne dass das Stichwort im Titel auftaucht, wie im Reader „Sexualitäten und Geschlechtsidentitäten in der Migrationsgesellschaft. Reader für Multiplikator:innen in der Jugend- und Bildungsarbeit" (Warrach 2021) oder auch in Vortragsformaten wie „HALTUNGSSACHE! Perspektiven diversitätssensibler Bildung" (Denkeffekte e. V. 2021).

In diesem Kapitel liegt der Schwerpunkt darauf, zu betrachten, wie Theoretiker_innen aus der Sozialen Arbeit und der Erziehungswissenschaft v. a. aus dem deutschsprachigen Raum Bezug auf Intersektionalität nehmen. Denn damit ist auch der Bezug zum gesellschaftlichen und rechtlichen Rahmen dieser Arbeit gewahrt. Dementsprechend greife ich einige Perspektiven heraus, die ich für die Etablierung von Intersektionalität im (sozial)pädagogischen Kontext für relevant halte.

Der Bereich der Sozialen Arbeit/der Pädagogik rekurrierte auf Intersektionalität – ihrem Ursprung entsprechend – zunächst v. a. in weitestgehend feministischen sowie in rassismuskritischen Kontexten. Intersektionalität kann mittlerweile als Teil der Geschichte feministischer Bewegungen begriffen werden. Wie Kathy Davis treffend reformuliert, stellt sie eine Möglichkeit dar, „die lange und schmerzliche Geschichte [der] Exklusionsprozesse [des Feminismus]" (Zack 2007, S. 197 nach Davis 2012, S. 62) zu thematisieren. Darin steckt der Verweis auf Kritiklinien *innerhalb* feministischer Bewegungen, in denen darauf aufmerksam gemacht wird, dass Mehrdimensionalitäten v. a. in einem weißen, heteronormativen und bürgerlichen Feminismus nicht berücksichtigt wurden (Hill Collins 1990; Combahee River Collective 1981; Moraga/Anzaldua 1981; Matsuda 1991; Anthias/ Yuval-Davis 1992; ADEFRA). Helma Lutz, María Teresa Herrera Vivar und Linda Supik zitieren 2013 Nina Lykkes Urteil, „dass wirklich ernsthafte Dialoge der unbequemeren Art, ‚beyond the comfort zones', zwischen sich unterschiedlich positionierenden und positionierten Feministinnen noch ausstehen" (Lykke 2010 nach Lutz/Herrerrar Vivar/Supik 2013, S. 23). Diese Entwicklung lässt sich auch in der pädagogischen Praxis erkennen.

Beispielsweise machen Frauen mit (deprivilegierendem) Migrationshintergrund darauf aufmerksam, dass sie sich weder in den meist in den 1970er Jahren gegründeten Frauenorganisationen noch in den Migrant*e*norganisationen repräsentiert und angesprochen fühlen (vgl. Kocaman/Pallares Torres/Zitzelsberger 2010). Einige dieser Frauen haben Migrant*innen*selbstorganisationen gegründet, die „das Bereitstellen von Informationen, Orientierung, Beratung und Unterstützung, [...] Anlaufstelle zu sein bei Exklusion und Diskriminierung, und [...] Interessensvertretung und Kommunikation mit der Mehrheitsgesellschaft" (a. a. O., S. 3) als Funktion haben. Der Einfluss der Migrantinnenselbstorganisationen u. a. schafft in der Erwachsenenbildung – aber auch in der Sozialen Arbeit – Bewusstsein dafür, nicht „in kulturellen Zuschreibungen, Differenzbekundungen und in paternalistischen Haltungen gegenüber Migrantinnen (s. Hormel/Scherr 2004) zu verharren" (a. a. O, S. 11 f.), sondern ihre Arbeit und Art der Adressierung v. a. in Bezug auf Sichtbarkeit und Unsichtbarkeit von Adressat_innenkreisen und deren Anliegen und Bedürfnissen differenzierter zu betrachten. Was abgesehen davon, sich und die eigenen Interessen sichtbar zu machen, eine zentrale Rolle spielt, ist die Frage nach Repräsentationen: Wer kann wen in welcher Form repräsentieren *oder* wer fühlt sich von wem repräsentiert (vgl. Lutz/Herrera Vivar/Supik 2013, S. 18)? Dass sich die als (deprivilegierte) Migrantinnen gekennzeichneten Frauen solidarisiert, engagiert und sich gegen eine Vereinnahmung ihrer Interessen und damit gegen das „Sprechen *über* sie" in bisher selbstverständlichen Angeboten wie Beratung etc. gewehrt haben, kann als Meilenstein der Repräsentation marginalisierter Positionen verstanden werden.

Im Folgenden werde ich unterschiedliche Perspektiven auf Intersektionalität und Soziale Arbeit aufgreifen. Ich werde immer wieder versuchen, deutlich zu machen, dass kritische Strömungen im Umgang mit Machtverhältnissen in Ambivalenzen bewegen, weil sie Möglichkeiten eröffnen, während sie andere ausschließen (vgl. dazu Hartmann 2007; Riegel 2018, S. 223 ff.). Im ersten Unterkapitel nehme ich eine historische Perspektive ein, gehe im zweiten Unterkapitel auf den Prozess der Verselbstverständlichung der Perspektive in der (sozial)pädagogischen Diskussion ein und arbeite im dritten Teil heraus, welche Möglichkeiten Intersektionalität für die Soziale Arbeit birgt. Mit dem Einbezug intersektionaler Grundlagen in die sozialpädagogische Praxis knüpfe ich an und diskutiere im nächsten Schritt ein intersektionales Analysemodell in acht Schritten (vgl. Winker/Degele 2009). Schließlich stelle ich das Modell von Intersektionalität als heuristisches Analysemodell nach Riegel vor, auf das ich mich in der vorliegenden Arbeit stütze.

3.3.1 Wegbereiter_innen des Intersektionalitätsansatzes in der Erziehungswissenschaft

Ein im erziehungswissenschaftlichen Kontext häufig zitiertes, viel beachtetes Werk zu Differenzkonstruktionen ist der Sammelband von Helma Lutz und Norbert Wenning „Unterschiedlich verschieden. Differenz in der Erziehungswissenschaft" aus dem Jahr 2001. Es ist eines der ersten Werke zu Differenzkonstruktionen vor dem Hintergrund von Macht- und Ungleichheitsverhältnissen, zu deren Diffusität in Überlagerungen und zu deren Transformation in der Erziehungswissenschaft im deutschsprachigen Raum. In ihrem kurzen historischen Abriss kritisieren die Autor_innen u. a. einen „*Mainstream* der Sozial- und Erziehungswissenschaften" (Lutz/Wenning 2001, S. 12). In dieser Kritik stellen sie mit Marianne Krüger-Potratz Folgendes heraus: Differenz- und Ungleichheitsverhältnisse rückten in den Blick sozial- und erziehungswissenschaftlicher Perspektiven und zwar „zunächst [in] jenen erziehungswissenschaftlichen Fachrichtungen, die eine abweichende und benachteiligte Zielgruppe zum Ausgangspunkt ihrer Kritik, Reflexionen und Forderungen genommen hatten: der *Frauenforschung, der Sonderpädagogik und der Ausländerpädagogik*" (Krüger-Potratz 1999, S. 150, zit. nach Lutz/Wenning 2001, S. 13). Dabei verweisen sie auch auf den Entwurf einer „Pädagogik der Vielfalt" von Annedore Prengel (1993). Sie plädiert dafür, dass „normative und normalisierende Erziehungs- und Bildungsvorstellungen vermieden, ja bekämpft werden" (Lutz/Wenning 2001, S. 16). Allerdings legt Prengel weniger den Fokus auf die Gleichzeitigkeit und Überschneidung von Ungleichheitskategorien als vielmehr auf die Gleichzeitigkeit unterschiedlicher Sichtweisen (Interkulturelle Pädagogik, Feministische Pädagogik, Integrative Pädagogik; vgl. Prengel 2006). Ihre Ausführungen suggerieren vielmehr, Personen seien *im ausschließenden Sinn* Adressierte von Interkultureller Pädagogik *oder* Feministischer Pädagogik *oder* Integrativer Pädagogik. Ein intersektionaler Ansatz hingegen fokussiert die Gleichzeitigkeit und Wechselwirkung unterschiedlicher Adressierungen sowie Positionierungen. Nichtsdestotrotz kann Annedore Prengels Ansatz als *einer* derjenigen hervorgehoben werden, die eine Diskussion um Intersektionalität ermöglicht haben[23].

Lutz und Wenning definieren im Rahmen ihrer Herleitung einer intersektionalen Perspektive zuerst den Begriff der Differenz. Diese verstehen sie als eine binäre Strukturierung und stellen sie unter Bezugnahme poststrukturalistischer Theorien (Derrida und Butler) als Gegensatzpaar dar. Sie benennen eine Kategorie, bspw. *Besitz* oder *Geschlecht*, und unterstellen dieser Kategorie einen Grunddualismus, bspw. *reich – arm* oder *männlich – weiblich*. Diese Aufstellung entspricht der systemtheoretischen Idee, analytisch eine soziale Ordnung

---

[23] Gleichzeitig stellt sich die Frage, ob Intersektionalität nicht auch eine normative Erziehungs- und Bildungsvorstellung transportiert – wenn auch keine normalisierende.

herzustellen. Das ist ein Versuch, poststrukturalistische Theorien *und* systemtheoretische Konstruktionen *miteinander* zu verbinden (vgl. Lutz/Wenning 2001, S. 19). Dabei verweisen sie einerseits auf die Unabdingbarkeit der Zusammengehörigkeit von Gegensatzpaaren: Wenn eine Seite benannt wird, wird gleichzeitig auch die andere einbezogen. Andererseits betonen sie die Machtförmigkeit dieses Verhältnisses, das auf den ersten Blick – der sich auch dominanzkulturell geprägter Blick beschreiben ließe – gleichrangig und gleichwertig erscheint (vgl. Lutz/Wenning 2001, S. 17 f.).

Auf dieser Grundlage entwerfen Lutz und Wenning für die Erziehungswissenschaften 13 bipolare hierarchische Differenzlinien. Auf die Zahl legen sie sich allerdings nicht fest, stellen sie vielmehr „zur Diskussion" (Lutz/Wenning 2001, S. 20). Daneben betonen sie die Machtförmigkeit und Relevanz dieser Gegensatzpaare: „Die Differenzlinien bilden die Grundlagen der Organisation moderner Gesellschaften" (Lutz/Wenning 2001, S. 21). Mit ihrer Aufzählung und der Zuordnung in „körperorientierte", „(sozial-)räumlich orientierte" und „ökonomisch orientierte Differenzlinien" wollen die beiden Autor_innen aufzeigen, dass sich die „Zuordnungen überschneiden können, d. h., dass Differenzlinien mehrdeutig zu verorten sind" (ebd.). Ihnen geht es darum, zu klären, inwiefern Differenz als Ordnung pädagogischer Sichtweisen und Angebote funktioniert und wie diese wiederum bewirken, dass bestimmte Differenzen relevant werden. Sie argumentieren dafür, diese Differenzen als hierarchisch und nicht – wie häufig angenommen – als „komplementär" (a. a. O., S. 20) zu verstehen.[24]

Inzwischen wird zu der Auflistung konkreter Differenzlinien allerdings eher Distanz eingenommen (vgl. Lutz 2014, S. 11). Dennoch haben diese Differenzmarker, die in empirischen Studien oder theoretischen Auseinandersetzungen als Differenz(ierung)en, Machtverhältnisse oder Differenzkategorien thematisiert werden, ihre Berechtigung und sozialwissenschaftliche Fundierung (vgl. Leiprecht 2008; „Power Flower" der Anti-Bias-Werkstatt). Eine Entwicklung lässt sich so beschreiben, dass Intersektionalität sowohl als „transdisziplinäre Forschungsperspektive" (Dietze/Haschemi Yekani/Michaelis 2007, S. 113) als auch als transdisziplinäre Perspektive für (sozial)pädagogische Ansätze verstanden wird (vgl. Busche/Stuve 2010; Debus/Laumann 2018). Die Gemeinsamkeit besteht darin, dass Intersektionalität den Fokus auf Widersprüche, Möglichkeiten der Transformation und Komplexität legt, die durch Wechselwirkungen und (De-)Thematisierungen bedingt ist.

Wechselwirkungen und Überschneidungen von Ungleichheitsverhältnissen thematisiert Helma Lutz in „Differenz als Rechenaufgabe: über die Relevanz der Kategorien Race, Class und Gender". Darin rekonstruiert sie den Weg einer

---

24 Dabei stehen im Text von 2001 die konkreten Überschneidungen und Wechselwirkungen sowie die Folgen dieser Wechselwirkungen im erziehungswissenschaftlichen Kontext weniger im Vordergrund.

„Mehrfachunterdrückung" (Lutz 2001, S. 217), in der mehrere Ungleichheitskategorien zusammenkommen, zu „Intersektionalität" (ebd.). Sie geht auf die rassistische Unterdrückungsgeschichte Schwarzer Frauen* ein, indem sie die Geschichte des bereits erwähnten Combahee River Collectiv aufgreift. Dass sich die Schwarzen Frauen* weder in der Bewegung der Schwarzen Personen noch in der Bewegung der Frauen in ihrer Positionierung repräsentiert sahen (vgl. Lutz 2001, S. 217 ff.), macht deutlich, dass die Beschreibung „mehrfachunterdrückt" nicht ausreicht. Vielmehr scheinen durch diese Wechselbeziehungen von Unterdrückungskategorien andere *„spezifische Momente der Unterdrückung"* (a. a. O., S. 218) die Folge zu sein. In dieser Formulierung steckt der Hinweis auf die Besonderheit, die im Zusammenspiel unterschiedlicher Unterdrückungsmechanismen liegt, die wiederum von unterschiedlichen Differenzkonstruktionen in Gang gesetzt werden. Daraus leitet sie ab, dass die reine Addition einer begrenzten Anzahl an Diskriminierungsformen unterkomplex ist. Um Diskriminierungsformen in ihrer Interdependenz erkennen und bearbeiten zu können, bedürfe es stattdessen einer differenzierteren Analyse (vgl. a. a. O., S. 228).

Lutz stellt im Anschluss an die Auseinandersetzung mit US-amerikanischen Debatten, in denen sie insbesondere den „Einfluss des Dekonstruktivismus" erkennt, die Entwicklung von Intersektionalität in Deutschland als „Erweiterung der Analysekategorie Gender" (a. a. O., S. 222) in der Frauenforschung dar. Interessant ist dabei, dass sie – wie andere Autor_innen – Intersektionalität als Anschluss an Gender Studies oder Geschlechterforschung konstruiert. Unter Berücksichtigung von Annita Kalpaka, Nora Rähtzel und Birgit Rommelspacher und ihren rassismuskritischen Perspektiven zeichnet sie die Besonderheit des deutschen Diskurses nach, um anschließend eine Stelle aus einer Gruppendiskussion mit niederländischen Jugendlichen zu analysieren. Sie zeigt Verweise auf unterschiedliche Differenzlinien auf und verdeutlicht, wie relevant unausgesprochene und trotzdem wirksame Kategorien sind: In der Analyse wird dadurch, dass die Jugendlichen sich selbst nicht positionieren (müssen), sichtbar, dass es sich um „weiße, nicht-behinderte Jugendliche" (a. a. O., S. 228) handelt und dass das die *Normalität* darstellt, was nicht thematisierenswert ist.

Die Frauen- und Geschlechterforscherin stellt heraus, dass eine eindimensionale oder eine addierende Analyseperspektive im erziehungswissenschaftlichen Bereich nicht ausreichend ist. Gleichzeitig macht sie darauf aufmerksam, dass „spezifische Macht- und Gewaltverhältnisse" (a. a. O., S. 221) in ihrer Besonderheit wahrgenommen werden müssen und nicht unter dem gleichstellungstypischen Slogan „all different all equal" analytisch zugänglich gemacht werden dürfen. Es gehe darum, dass „zunächst einmal [...] die Unterschiede zwischen den einzelnen Kategorien überhaupt wahrgenommen werden" (Lutz 2001, S. 228) müssen.

Historisch beziehen sich die ersten Gedanken zu Intersektionalität im deutschsprachigen Raum auf soziale Bewegungen sowie Bewegungen in der Disziplin der (Sozial-)Pädagogik, die sich mit der Frage des Umgangs mit sozialer Ungleichheit aus einer ganz bestimmten Perspektive beschäftigten. Betrachtet Annedore Prengel Intersektionalität vor dem Hintergrund interkultureller Pädagogik, feministischer Pädagogik sowie integrativer Pädagogik (vgl. Prengel 2006), nähern sich Helma Lutz und Marianne Krüger-Potratz 2002 mehr aus der Perspektive von Klasse, Geschlecht und „Kultur" sowie der Kritik an einer Erziehungswissenschaft, die nur auf ein einzelnes Differenzmerkmal fokussiert. Sie listen in ihrem Artikel „Sitting at a crossroads – rekonstruktive und systematische Überlegungen zum wissenschaftlichen Umgang mit Differenzen" – unter Bezugnahme auf die erwähnten 13 Differenzlinien – 15 Differenzlinien auf, die sie als Spannungsverhältnisse verstanden wissen wollen (vgl. Krüger-Potratz/Lutz 2002, S. 89). Die Erziehungswissenschaft – zu der ich die Soziale Arbeit zählen möchte – habe demnach die Aufgabe, nicht lediglich die einzelnen „Differenzlinien", sondern „die Beziehungen untereinander und die Wirkungen aufeinander" (ebd.) zu untersuchen. Diesem Gedanken wird hier eine größere Bedeutung beigemessen als den Ausführungen aus dem Jahr 2001. Zudem verweisen die beiden Autorinnen auf die Verschränktheit von Individuum und Gesellschaft im Zusammenhang mit Machtverhältnissen und auf die Herausforderung, dieses Spannungsverhältnis adäquat zu fassen (vgl. a. a. O., S. 91).

Als ein konkretes Beispiel für eine intersektionale Analyse im Kontext formaler Bildungssettings wählen Helma Lutz und Rudolf Leiprecht eine auf den ersten Blick gelungene pädagogische Situation im Film „Dangerous Minds" (1995). Diese analysieren sie für ihren Text „Intersektionalität im Klassenzimmer". Dazu greifen sie zu Beginn die 15 „bipolaren hierarchischen Differenzlinien" (Leiprecht/Lutz 2005, S. 220) auf. Sie leiten Intersektionalität historisch aus der Genderforschung ab, in der sich die Debatte um Intersektionalität aufgrund der Einflussnahme Schwarzer Feministinnen aus den USA – v. a. Kimberlé Crenshaw – entwickelt habe (vgl. ebd.). Theorien sollten nach ihnen für die sozialpädagogische Praxis „sinnvoll" verwendet werden, nämlich dazu, konkrete Fälle „aufzuschlüsseln und angemessene Fragen zu stellen" (a. a. O., S. 224). Der Anspruch von Intersektionalität werde demnach als heuristisches Analyseinstrument für die Soziale Arbeit verstanden. Um das genauer zu beschreiben, führen sie die subjektwissenschaftliche Theorie von Klaus Holzkamp ein, der von einem subjektiven Möglichkeitsraum ausgeht, in dem es ermöglichende sowie behindernde Faktoren gibt (vgl. Holzkamp 1983, S. 368 ff. nach a. a. O., S. 225). Für diesen Raum seien sowohl der gesellschaftliche Kontext als auch die subjektive Position relevant (vgl. Holzkamp 1983, S. 368 ff. nach ebd.). Die Analyse der Filmsequenz erfolgt anhand unterschiedlicher Analysekategorien, die die Autor_innen nacheinander abarbeiten (vgl. a. a. O., S. 229 ff.). Ihr Fazit lautet, dass die Thematisierung von Heterogenität in (sozial)pädagogischen Institutionen eine Herausforderung für Pädagog_innen sei und normalisiert werden müsse. Sie argumentieren mit einer intersektionalen Perspektive dafür, „Verschiedenheit als individuelles *und* strukturelles Merkmal wahrzunehmen" (a. a. O., S. 232). Schule sowie Jugendarbeit, aber auch Hochschulen müssten demnach ihre Perspektive ändern und auch ihre eigene Positionierung als „mono-kulturell und mono-lingual" (ebd.) kritisch reflektieren.

Mit dem Titel „Auf dem langen Weg zu einer diversitätsbewussten Sozialpädagogik" (Leiprecht 2011) macht Rudolf Leiprecht darauf aufmerksam, dass im hegemonialen Diskurs von Sozialer Arbeit Diversität dethematisiert werde: In vielen Lehr- und Einführungsbüchern fänden sich lediglich am Rande Hinweise auf Differenzverhältnisse und deren Dethematisierung (vgl. Leiprecht 2011, S. 26). Dahingehend sieht er Diversitätsbewusstsein als eine notwendige Querschnittsaufgabe für die Soziale Arbeit. Erst wenn Dichotomisierungen, die von Macht durchzogen sind, und dadurch auch unter Umständen das Unsichtbarmachen von Selbstverständlichkeiten thematisiert würden, werde die Reflexion darüber und somit der Umgang mit Folgen von Stigmatisierungsprozessen, die aufgrund binärer Zuschreibungen ablaufen, möglich (vgl. a. a. O., S. 29).

Leiprecht, der in Diskursen um Diversitätsbewusstsein der Sozialen Arbeit zu verorten ist, geht auf Phänomene wie Othering („*die* andere Kultur" als zugeschriebenes essentialisiertes und stigmatisierendes Merkmal; vgl. Leiprecht 2011, S. 30) ein, indem er eine intersektionale Sichtweise als hilfreiche Analysefolie in den Fokus stellt. Sie ermögliche es, einzelne Merkmale in ihrem Zusammenspiel zu beobachten, anstatt sie getrennt voneinander zu betrachten. Das beuge Essentialisierungen wie „*die* Arbeiter, *die* Frauen [...]" (ebd.) vor. In diesem Kontext hält er es für relevant, die Folgen für Ungleichheit und Machtverhältnisse zu berücksichtigen und nicht alle möglichen Diversitäten nebeneinander als ähnlich folgenreich zu verhandeln (vgl. a. a. O., S. 31). Dabei sei es wichtig, nicht einzelne Perspektiven wie eine rassismuskritische oder feministische in der intersektionalen zusammenzufassen. Vielmehr sollten sie auch für sich stehen können, sodass der Komplexität von Diversität gerecht werden könne. Das sei auch für die Soziale Arbeit von Vorteil, damit ausgewiesenes Expert_innenwissen genutzt werden könne (vgl. a. a. O., S. 37 ff.). Leiprechts Definition einer Diversitätsbewussten Sozialen Arbeit beinhaltet die Orientierung an erstens einer antidiskriminierenden Perspektive, zweitens an Intersektionalität und drittens an einer subjektwissenschaftlichen Perspektive der Kritischen Psychologie von Klaus Holzkamp (vgl. a. a. O., S. 40). Aus der Kritischen Psychologie übernimmt er das Konstrukt des subjektiven Möglichkeitsraums, mit dem das Subjekt im Kontext von Verhältnissen, Geschichte, Diskursen, Selbst- und Fremdzuschreibungen positioniert werden kann. Somit kann es als handlungsmächtig entworfen werden, statt es von außen ausschließlich als determiniert zu betrachten (vgl. a. a. O., S. 39 f.).

Für die Rezeption eines intersektionalen Ansatzes in der deutschsprachigen Erziehungswissenschaft können dargelegten Konzepte als ausschlaggebend gelten. Deutlich wird, dass erstens poststrukturalistische Ansätze erwähnt, dass zweitens der Rückbezug auf soziale Bewegungen und somit der politische Hintergrund relevant gesetzt werden und drittens die Anschlussfähigkeit an deutsche erziehungswissenschaftliche Debatten herausgearbeitet wird. Im Vordergrund stehen immer geschlechterforscherische Ansätze und deren *Ergänzung* oder *Weiterentwicklung* um weitere Perspektiven auf soziale Ungleichheit und Machtverhältnisse wie postkoloniale, rassismuskritische Theorien. Zwar werden Interdependenzen der einzelnen Differenzkonstruktionen erwähnt, allerdings werden sie lange nicht so prominent gesetzt wie in späteren Texten von bspw. Walgenbach (2012, 2013) oder Riegel (2010, 2011, 2012, 2014). Letztere konstruiert Intersektionalität als mögliches Analyseinstrument einer diversitätsbewussten Sozialen Arbeit. Die ersten Texte zu Intersektionalität im deutschsprachigen Raum scheinen für die weitere Auseinandersetzung und überhaupt das Aufkommen der Intersektionalität im deutschsprachigen erziehungswissenschaftlichen Diskurs notwendig gewesen zu sein. Relevant ist das deswegen, weil dieser Ansatz stark dazu beigetragen hat, Pädagogik mehr im Kontext von und in Wechselwirkung mit sozialer Ungleichheit und Machtverhältnissen zu diskutieren.

Die Beschäftigung mit den wissenschaftlichen Veröffentlichungen verdeutlicht aber auch, dass das, „was mehrfachdiskriminierte dazu auch hierzulande seit den 1980er Jahren erarbeitet haben" (Coster/Wolter/Yılmaz-Günay 2014, S. 120), weniger Beachtung fand und findet. Erst ab der Jahrhundertwende wird die Diskussion um die Verschränkung von Ungleichheitsverhältnissen und deren Einfluss auf Subjektpositionen auch in der Erziehungswissenschaft sichtbarer verhandelt.

3.3.2 Verselbstverständlichung des Ansatzes für die Soziale Arbeit

Seit den 2010er Jahren erscheinen intersektionale oder Diversity-Ansätze in der Sozialen Arbeit so selbstverständlich, dass Autor_innen sie nicht mehr erklären müssen. Birgit Bütow und Chantal Munsch grenzen eine intersektionale Herangehensweise in der Sozialen Arbeit von einer essentialisierenden Perspektive auf Geschlecht ab und umschreiben sie mit den Wörtern „Reflexion" und „Dekonstruktion" (vgl. Bütow/Munsch 2012, S. 7). Auch in dem von den beiden Autorinnen herausgegebenen Sammelband „Soziale Arbeit und Geschlecht. Herausforderungen jenseits von Universalisierung und Essentialisierung" (2012) wird Intersektionalität vor dem Hintergrund von Geschlecht thematisiert.

Walgenbach setzt sich zuerst kritisch mit Intersektionalität auseinandersetzt und schlägt als Alternative den Begriff der Interdependenz vor. Seit 2011 betreibt sie – aktuell gemeinsam mit Friederike Jonah Reher – das Portal Intersektionalität (www.portal-intersektionalitaet.de). Dieses trägt den Untertitel „Forschungsplattform und Praxisforum für Intersektionalität und Interdependenzen". Es lädt dazu ein, sich mit Intersektionalität zu beschäftigen, sich zu informieren und darüber ins Gespräch zu kommen. Dort wird Informationsmaterial gesammelt, z. B. Überblickstexte, Audio-Dokumentationen,

Methodenpool, Trainer_innenpool, Literatur. Daneben gibt es Raum, sich auszutauschen, z. B. über Diskussionspapiere, in Experimentierräumen oder der Gruppe Gute Nachbar_innenschaft, sowie Kritik an dem Konzept oder Lesarten des Konzepts zu üben und sich zu vernetzen (Porträt Praxisprojekte, Call for Papers, Trainer_innenpool). Das Portal bietet einen niedrigschwelligen Zugang zu Intersektionalität, den unterschiedlichen Spielarten und daraus entstehenden Projekten.

Grundlegend setzen sich Ulrike Hormel und Marcus Emmerich (2013) damit auseinander, wie die Pädagogik mit Differenzierungen vor dem Hintergrund von Macht und Ungleichheit umgeht. Den Fokus legen sie auf das schulische Handlungsfeld. In „Heterogenität – Diversity – Intersektionalität. Zur Logik sozialer Unterscheidungen in pädagogischen Semantiken der Differenz" spüren sie den Selbstverständlichkeiten einer Bezugnahme auf bestimmte Differenzkonstruktionen in pädagogischen Feldern nach. Der Ausdruck „Logik" legt nahe, dass es um unhinterfragte Konstruktionen geht, die jeweils mit dominant geteiltem Sinn belegt werden und sich dadurch einer Reflexion entziehen. Zudem merken sie an, dass im Prozess des Unterscheidens jeweils bestimmte Unterscheidungen relevant gesetzt werden (vgl. Hormel/Emmerich 2013, S. 11). Das gehe einerseits mit der Möglichkeit einer Abwertung einher. Andererseits seien die Grundlagen der Unterscheidung und die letztendlichen Kategorisierungen von Adressat_innen pädagogischer Interventionen austauschbar (vgl. a. a. O., S. 12). Daraus leiten die Autor_innen ab, dass diese „Askription" (a. a. O., S. 14) – statt einer Beschreibung von Unterschieden – Teil der Herstellung sozialer Ungleichheit ist. Auch wenn sie sie nicht explizit bearbeiten, scheint sie dennoch die „nur empirisch rekonstruierbare Frage [zu beschäftigen], welche Differenzkonstruktionen für die AdressatInnen von Pädagogik selbst von Relevanz sind" (a. a. O., S. 17). Die Formulierung suggeriert, dass sie davon ausgehen, dass sich pädagogisch professionell Arbeitende anders positionieren als ihre Adressat_innen und umgekehrt. Anders positioniert zu werden, als man es selbst tun würde, kann folgenreich für die eigene Positionierung und damit die Artikulation des Empfindens von Machtungleichheit in der Gesellschaft sein.

Ulrike Hormel (2013) setzt sich kritisch damit auseinander, dass Intersektionalität in den meisten Fällen – insbesondere bei Gudrun-Axeli Knapp – als Erweiterung feministischer Theorie oder der Geschlechterforschung diskutiert wird, wobei die Wechselwirkung von Kategorien in den Vordergrund gestellt wird. Sie betont, dass diese Sichtweise verkürzt sei. Entsprechend dem ursprünglichen Verständnis, das von Kimberlé Crenshaw geprägt ist, stünden im Konzept neben patriarchalen Strukturen rassistische Strukturen sowie Zuschreibungen ebenfalls im Vordergrund. Kimberlé Crenshaw habe das US-amerikanische Rechtssystem dafür kritisiert, dass es „Diskriminierung lediglich kategorienabhängig beobachten und diese nur im Modus *exklusiv-kategorialer Unterscheidungen* wie ‚gender' oder ‚race' sichtbar machen kann" (Hormel 2013, S. 398). Dabei ist wohl ausschlaggebend, dass in dem Satz statt „und" „oder" steht. Der Hinweis darauf ist auch aus pädagogischer Sicht relevant: Durch ihre Kritik macht Hormel – neben anderen (Walgenbach 2010; Tuider 2013; Lutz 2014) – deutlich, dass die Perspektive von Intersektionalität ermöglicht, „*Mechanismen* und *Prozesse* der Erzeugung und Invisibilisierung faktischer Ungleichheits- und Diskriminierungsstrukturen in Institutionen und Organisationen in den Vordergrund" (Hormel 2013, S. 398) zu rücken. Wofür sich Hormel, die besonderes Augenmerk auf Bildungsfragen und soziale Ungleichheit aus sozialwissenschaftlicher Perspektive legt, also stark macht, ist die Berücksichtigung dessen, was implizit bleibt, was nicht thematisiert wird und sich der Reflexion entzieht. Das betrachtet sie in seiner Wechselwirkung und Prozesshaftigkeit. Gerade aus (sozial)pädagogischer Sicht wird das relevant, wenn die Frage nach Adressierungsprozessen gestellt wird: Richten sich Angebote an Mädchen – wer ist dann gemeint? Wird dabei beachtet, dass Mädchen Mädchen_ sein können, dass Mädchen eine Behinderung und/oder von rassistischer Diskriminierung betroffen sein können? Aus einer Perspektive, die Invisibilisierung in den Fokus rückt, können auch Verbindungen und Verschränkungen von Differenzverhältnissen und Zuschreibungen sowie deren Herstellungsprozesse reflektiert werden.

Bei Walgenbach geht es ebenfalls um die Unsichtbarkeit von Differenzkonstruktionen. Sie legt den Fokus auf die Benennbarkeit des bisher Unsichtbaren: „Das Paradigma Intersektionalität ermöglicht es folglich, *etwas als etwas* zu sehen." (Walgenbach 2010, S. 247) Eine dieser Unsichtbarkeiten, so arbeitet sie heraus, ist die Privilegierung von Subjekten, die sie als „strukturelle Dominanz eines sozialen Kollektivs" (a. a. O., S. 250) näher bestimmt. Dazu gehört u. a., dass Privilegierte, „die eigene soziale Position als ‚natürlich gegeben'" (ebd.) wahrnehmen (können). „Für die Privilegierten selbst bleiben die strukturellen Bevorzugungen dabei oft unsichtbar" (Walgenbach 2005 nach ebd.). Hier plädiert sie für einen differenzierten Blick, der nicht unterkomplex sein darf und mit dem widersprüchliche Positionierungen wie „marginalisierte Männlichkeiten oder privilegierte homosexuelle Subjektpositionen" (Walgenbach 2010, S. 253) analysiert werden können. Infolge ihrer Auseinandersetzung mit kolonialen Diskursen um „Geschlecht, ‚Rasse' und Klasse im Kaiserreich" (2005) nimmt sie eine feministische, rassismus- und klassismuskritische Perspektive ein. Besonders in ihrem Schlüsseltext zu Intersektionalität von 2010 arbeitet sie heraus, dass Intersektionalität immer mit der Analyse von Machtverhältnissen zusammenhängt (vgl. dies., S. 249 f.; 2012, S. 23 ff.). Nach einer kritischen Bezugnahme auf das Konzept der Intersektionalität (vgl. 2007) kommt Walgenbach zu folgendem Schluss: Intersektionalität biete sowohl die mögliche Offenheit als auch einen Schutz gegen Beliebigkeit in einer Analyse, die die Verschränkung von Differenzierungen vor dem Hintergrund ungleicher Macht- und Herrschaftsverhältnisse und der Berücksichtigung unterschiedlicher gesellschaftlicher Ebenen in den Blick nehmen will (vgl. 2012, S. 27).

In der Veröffentlichung der Rosa-Luxemburg-Stiftung „Bildung mit links! Gesellschaftskritik und emanzipierte Lernprozesse im flexibilisierten Kapitalismus" (2014) thematisieren Claudia de Coster, Salih Wolter und Koray Yılmaz-Günay die Ignoranz gegenüber marginalisierten Stimmen (Coster/Wolter/Yılmaz-Günay 2014). Sie führen aus, dass deren Überwindung als gesamtgesellschaftliche Aufgabe zu begreifen sei (ebd.). Dazu arbeiten sie die Schwierigkeiten des Konzepts der Intersektionalität heraus, im deutschsprachigen Kontext Fuß zu fassen, ungeachtet dessen, dass es bereits in den 1980er Jahren Stimmen gab, die essentialisierende Perspektiven in bspw. der Frauenbewegung problematisierten (vgl. a. a. O., S. 120 ff.). Diese Stimmen gehörten u. a. Schwarzen Frauen, Frauen mit Behinderung, jüdischen Frauen oder queeren Frauen. Die Frauen_ fragten, „wen die ‚Mehrheitsfrauen' eigentlich meinten, wenn sie von ‚der' Frau sprachen" (Rommelspacher 2009, S. 1 f.). Dass nach wie vor – auch in der Rezeption von Intersektionalität – die Tendenz besteht, marginalisierte Gruppen auszublenden, zeigt sich bspw. in der Verhandlung von Behinderung in Debatten und Analysen um Intersektionalität.

Die Perspektive aus den Disability Studies ist pädagogischen Diskursen zu Intersektionalität nur schwach vertreten. Heike Raab (2007; 2012a) attestiert Intersektionalitätsansätzen „die systematische Nichtberücksichtigung der Triade Behinderung, Heteronormativität und Geschlecht" (Raab 2012a, S. 4). Interessant ist, dass diese Perspektive innerhalb (sozial-)pädagogischer Debatten wenig diskutiert, wenn auch teilweise erwähnt wird (s. Lutz/Wenning 2001). Eine ähnliche (Selbst-)Kritik äußert auch Judy Gummich: „Lebensrealitäten und Diskriminierungen an den Schnittstellen von Rassismus und Ableismus finden noch zu wenig Beachtung." (Gummich 2015, S. 143) Gerade in einer sozialarbeiterischen Praxis fänden die Verflechtungen von Rassismus und Ableismus wenig Beachtung – und wenn doch, handle es sich weniger um Angebote, die „gesellschaftliche Rahmenbedingungen" (Gummich 2015, S. 146) berücksichtigen. Stattdessen würden eher Einzelne sozialpädagogisch adressiert und Angebote gemacht – Kontextualisierungen bleiben dort auf der Strecke. Dem Inklusionsdiskurs spricht sie dahingehend eine explizite Beschäftigung mit Macht- und Dominanzverhältnissen ab – auch wenn das Konzept diese Verhältnisse und die veränderte Sichtweise von individuellen Zuschreibungen hin zu gesellschaftlichen Behinderungen umfasst (vgl. a. a. O., S. 148 f.). Dabei geht sie wie auch Raab davon aus, dass das Konzept der Intersektionalität besonders dafür geeignet ist, auch diese bisher wenig beachteten Schnittstellen zu beleuchten (vgl. Raab 2015, S. 231 ff.; Gummich 2015, S. 145).

Beiden ist es ein Anliegen, die Disability Studies, deren Perspektive sie in Ansätzen von Intersektionalität vertreten sehen wollen, als politisch zu verstehen. Es soll nicht ausschließlich um die Analyse gehen, sondern auch um Veränderungen im Handeln (vgl. Gummich 2015, S. 152; Raab 2015, S. 229). Nach Raab hatten Bewegungen wie die Behindertenbewegung Einfluss auf die Soziale Arbeit und deren Praxisfelder (vgl. Raab 2015, S. 230). Wie auch Gummich bezieht sie sich in ihren Ausarbeitungen zur Verschränkung von *race* und *dis-/ability* sowie *Geschlecht*, *Heteronormativität* und *dis-/ability* u. a. auf das Konzept der Dominanzkultur nach Rommelspacher. Aufgrund dieses Konzepts könne sie, so Raab, als „eine Wegbereiterin und Vordenkerin feministischer Intersektionalitätsdebatten" (Raab 2015, S. 231) bezeichnet werden.

3.3.3 Der Umgang mit Verdeckungen – das Konzept von Dominanzkultur

Rommelspacher geht in ihrem viel zitierten Buch „Dominanzkultur. Texte zu Fremdheit und Macht" (1998) darauf ein, dass die Sicht auf Diskriminierung bezüglich Geschlechts innerhalb der Frauenbewegung zu einseitig sei. Sich selbst bezieht sie in diese Kritik ein, wenn sie von „uns (das heißt den weißen, deutschen, christlich sozialisierten Mittelschichtsfrauen)" (dies., S. 89) schreibt. Den Begriff Intersektionalität im pädagogischen Kontext[25] verwendet sie zwar erst später, trägt aber mit ihrem Konzept der Dominanzkultur maßgeblich dazu bei, Intersektionalität als die Thematisierung von Selbstverständlichkeiten zu verstehen. Das Thematisieren und das Dethematisieren von Machtverhältnissen in Interaktionen, Strukturen sowie Diskursen werden demnach vor dem Hintergrund sozialer Ungleichheit in ihrer Verwobenheit und in ihrer Komplexität wahrgenommen. „Denn Kultur, und damit auch die Dominanzkultur, bezieht sich auf alle Aspekte des sozialen Lebens, auf die sprachlichen, symbolischen, affektiven und körperlichen Normen und Praxen. Sie äußert sich in unbewußten Gewohnheiten, Wünschen und Gesten, die Menschen in ihre Interaktionen einbringen. Ein Aufbrechen der Dominanzkultur bedeutet, sich diese kulturellen Normen bewußt zu machen, sie als veränderbar zu begreifen und dafür Verantwortung zu übernehmen. Das heißt das soziale Leben zu repolitisieren." (Rommelspacher 1998, S. 101) Gleichzeitig stellt sich Intersektionalität als sinnvolles Denkmuster dar, *Dominanzkultur* als Konzept zu erforschen und zu verstehen. In beiden Konzepten geht es darum, Machtverhältnisse, die als selbstverständlich erscheinen und bisweilen auch aufgrund von *„Legitimationslegenden"*[26] (Rommelspacher 2006, S. 4) unreflektiert reproduziert werden, sichtbar zu machen. Beide Konzepte verbleiben allerdings nicht auf einer analytischen

---

25 Sie bevorzugt vorerst den weniger metaphorisch aufgeladenen Begriff der Interdependenz (2006), in dem sie allerdings die Grundzüge und Texte, die sich mit Intersektionalität auseinandersetzen, diskutiert. In „Intersektionalität. Über die Wechselwirkungen von Machtverhältnissen" (2009), bezeichnet sie das Konzept schließlich mit dem Begriff der Intersektionalität.
26 Unter Legitimationslegenden versteht Rommelspacher die Herstellung einer vermeintlichen Normalität, die schließlich als selbstverständlich angenommen wird und sich so einer Reflexion entzieht. Als Beispiele nennt sie Rassismus, Sexismus und die Leistungsideologie (vgl. Rommelspacher 2006, 4; 2009, 3) und verweist darauf, dass es noch weitere gibt.

Ebene, sondern stellen Transformation und politisches Handeln in Aussicht. Dabei wird auch eine selbstreflexive Haltung notwendig, um auf das eigene Involviertsein in Machtverhältnisse – jede einzelne Person konstituiert Machtverhältnisse mit – zu reflektieren und „dafür Verantwortung zu übernehmen" (Rommelspacher 1998, S. 101).

Rommelspacher reagiert mit ihrem Konzept und dem damit verbundenen Hinweis auf die Interdependenz von Machtverhältnissen auch auf die Auseinandersetzung mit der Frage nach einem „Hauptwiderspruch". Dieser wird immer wieder – in der BRD v. a. das letzte Mal so prominent in der Studentenbewegung – unter unterschiedlichen Zielen im Kontext linker Theorien und Bewegungen vorausgesetzt. Vor dem Hintergrund der Kritik *innerhalb* politischer Bewegungen gehe es „um die Frage, *wie* die verschiedenen Dimensionen zusammenwirken, also um die Frage nach Interdependenzen" (Rommelspacher 2006, S. 2). Sie sieht in einer eindimensionalen Bezugnahme auf soziale Ungleichheit eine folgenreiche Vereinfachung, aus der die Verfestigung dieser Verhältnisse resultiere (vgl. ebd.).

Die Gefahr, die in einer Orientierung an dominanzkulturellen Selbstverständlichkeiten für die Soziale Arbeit steckt, beschreibt Nivedita Prasad: „So werden zum Beispiel im Kontext von Sozialer Arbeit leider häufig weiße Mittelschichtsnormen für ein gesellschaftlich konformes Verhalten zu Grunde gelegt, ohne dass dies transparent wird. Wenn es um Migrant_innen geht, die sich an diese Normen nicht halten können/wollen, wird ihr vermeintlich deviantes Verhalten kulturalisiert, ohne zu hinterfragen, ob sie zum Beispiel über die sozioökonomischen Ressourcen verfügen, um diese Normen zu erfüllen." (Çetin/Prasad 2015, S. 109) Aus dieser Perspektive ist eine dominanzkulturelle Zuschreibungspraxis, die nicht mehrere Dimensionen sozialer Ungleichheit in den Blick nimmt bzw. nehmen kann, für die Adressat_innen Sozialer Arbeit folgenreich: Sie werden einerseits viktimisiert und andererseits des devianten Verhaltens beschuldigt. Deutlich wird, dass auch in der Perspektive der Dominanzkultur die Perspektive des Entweder-oder für die Soziale Arbeit als problematisch gesehen wird.

Ähnlich wie das Konzept der Dominanzkultur ist die Bezeichnung „*harmful fictions*" eine Möglichkeit, um scheinbar selbstverständliche, machtvolle, wirksame sowie folgenreiche gesellschaftliche Ordnungsprinzipien zu benennen. Im deutschsprachigen Kontext von Sozialer Arbeit verwendet Maureen-Maisha Auma diesen Begriff, die mit der Critical Race Theory arbeitet (vgl. Eggers 2013). „Critical Race Theorists sprechen von *harmful fictions* (gefährliche bzw. schädliche Fiktionen), um als neutral konzipierte gesellschaftliche Verfahren, Prozeduren und Instrumente zu bezeichnen – die aber ein wirkmächtiges, ungleichheitserhaltendes Gepäck bei ihrer Umsetzung entfalten (vgl. Valdes/Culp/Harris 2002)." (Eggers 2013, S. 2) Maureen-Maisha Auma beschreibt das Bild der *harmful fictions*, das für den pädagogischen Kontext aus den Rechtsstudien abgeleitet ist, als „Mittel der Dominanzsicherung" (Eggers 2013, S. 2). Der Begriff *fictions* vermittele, dass selbstverständlich erscheinende gesellschaftliche Ordnungsprinzipien konstruiert sind und nicht – wie in den meisten Fällen suggeriert wird – *der Wahrheit entsprechen*. Um das zu verdeutlichen, zitiert sie eine Studie, in der aufgezeigt wurde, dass einer Brause mit Namen „Prinzessinnen-Brause" andere geschmackliche Eigenschaften zugeschrieben werden als einer Brause mit Namen „Raketen-Brause". Proband_innen waren siebenjährige Kinder, die einen Unterschied schmeckten, obwohl sich die Brausen bis auf den Namen nicht voneinander unterschieden. Das legt nahe, dass bereits Siebenjährige in die „Differenzproduktion" (Eggers 2013, S. 1) involviert sind. Maureen-Maisha Auma zeigt auf, inwiefern die Kinder durch Zuschreibungsprozesse dieser Art unter Druck gesetzt werden. Zugunsten bestehender Ordnungsprinzipien werden sie in ihren Handlungsmöglichkeiten durch die Wirksamkeit und immerwährende Wiederholung dieser Fiktionen von *Wahrheit* eingeschränkt.

Die Konzepte der Dominanzkultur oder *harmful fictions* sind somit für die Auseinandersetzung mit Intersektionalität sinnvoll, auch weil sie neben anderen die Rezeption von Intersektionalität im deutschsprachigen Raum ermöglicht haben. Gleichzeitig stehen damit für intersektionale Analysen und Ansätze in der Sozialen Arbeit notwendige Heuristiken und Begrifflichkeiten sowie Formulierungen zur Verfügung, um Machtungleichheiten, Hierarchien und Selbstverständlichkeiten einer Reflexion zugänglich zu machen.

Auch Astrid Messerschmidt knüpft an das Konzept von Dominanzkultur an. Wissenschaftstheoretisch argumentiert sie, dass die Geschichte der Erziehungswissenschaft davon geprägt ist, „Kolonialrassismus, Nationalismus und europäische Selbstfindung aus der Aneignung und Eroberung nichteuropäischer Anderer" (Messerschmidt 2013, S. 430) auszublenden. So basiere die Dominanz westlichen Wissens in der Erziehungswissenschaft auf Zustimmung und einen „Mangel an Kritik" (Messerschmidt 2013, S. 430). Zwar sei Kritik aus feministischer und aus postkolonialer Perspektive an Konzepten von Erziehung und Bildung geäußert, aber nicht gehört worden (vgl. Messerschmidt 2014, S. 41 f.). Dementsprechend erweist sich das Konzept von Dominanzkultur auch auf der Ebene als gewinnbringend, wo das Paradigma Intersektionalität rezipiert wird: Es kann der Analyse dessen dienen, wie Intersektionalität von seinem US-amerikanischem Ursprung und der Verbundenheit mit Schwarzen Feministinnen[27], dieser historischen Konstruktion, dem machtkritischen und verknüpfenden Potenzial des Konzepts enthoben wird (vgl. Messerschmidt 2013, S. 430). Intersektionalität nach Messerschmidt kann dabei helfen, die Disziplin der Erziehungswissenschaft selbst auf ihre Dominanzkultur und ihre Selbstverständlichkeiten hin zu hinterfragen und Kritik zu üben, wozu, wie oben erwähnt, Lutz und Leiprecht in ähnlicher Form (vgl. dies. 2005, S. 232) anregen.

---

27 Astrid Messerschmidt verweist an dieser Stelle auf Kimberlé Crenshaw, Leslie McCall und Patricia Hill Collins (vgl. Messerschmidt 2013, S. 430).

3.3.4 Intersektionalität in der (sozial)pädagogischen Praxis

Die „in der Erziehungswissenschaft aufzufindenden Vorstellungen von ‚Vielfalt' und ‚Heterogenität'" folgten einer „gewissen Pfadlogik in der Bearbeitung und Thematisierung von Differenzverhältnissen (die potenziell immer auch als Machverhältnisse konzipiert werden)" (Tuider 2014, S. 110). Die Kritik an und Ausarbeitung von diesen Vorstellungen leiteten die Auseinandersetzung mit dem Ansatz der Intersektionalität in der Sozialen Arbeit ein. Mit dieser dekonstruktivistisch informierten Perspektive rückte in den Fokus des analytischen Blicks, wie gesellschaftliche Ebenen einander überlagern, überschneiden und sich verschieben. Infolgedessen wurde ein gesellschaftsanalytisches sowie machtkritisches Konzept in die Soziale Arbeit übersetzt.

Mart Busche und Olaf Stuve gehören zu den Ersten, die sich damit beschäftigen, wie Intersektionalität praktisch umgesetzt werden kann. Ihr Ziel ist es, „Bildungs- und Sozialarbeit intersektional [zu] erweitern", v. a. die Handlungsfähigkeit der Akteur_innen. Dafür sei eine Perspektive notwendig, die einerseits unterschiedliche Wissenschaftsdisziplinen wie „Gender Studies, Soziologie, und Postcolonial Studies" (Busche/Stuve 2010, S. 272) transdisziplinär miteinander verbindet und andererseits die gegenseitige Abhängigkeit gesellschaftlicher Ebenen berücksichtigt (vgl. ebd.). Dabei sei die Grenze zwischen Theorie und Praxis zu überbrücken (vgl. a. a. O., S. 273). Das schaffen die Autor_innen in mehreren Projekten, in denen sie mitwirken, selbst, z. B. im EU-Projekt zu Gewaltprävention „Intersectional Peer Violence Prevention" (2011) oder auch in dem Projekt „Rassistische Instrumentalisierungen geschlechterpolitischer Fragen im Kontext migrationsgesellschaftlicher Verhältnisse" (2016). Auch das Institut für Bildung und Forschung *Dissens* führt Projekte durch, die, wie die Projektbeschreibung verrät, das Ziel haben, sowohl Forschung und Analyse zu fördern als auch Möglichkeiten zu finden, wissenschaftliche Ergebnisse in Workshops, Methodenhandbüchern oder in Toolboxen einfließen zu lassen.

Eine Erweiterung der Bildungs- sowie Sozialen Arbeit um Intersektionalität im Sinne einer Professionalisierung der Disziplinen gehe nach Mart Busche und Olaf Stuve damit einher, gesellschaftliche Dominanzverhältnisse und damit in Verbindung stehende Widersprüchlichkeiten zu reflektieren (vgl. Busche/Stuve 2010, S. 274 ff.). Während sie gegenüber Dominanzverhältnissen eine analytische Haltung einnehmen, gestehen sie auch „Alltagswissen" (a. a. O., S. 274 f.) eine wesentliche Rolle zu, dessen sich pädagogisch Handelnde bedienen könnten. Analytisch zu arbeiten, bedeutet nach ihrem Verständnis, Ungleichheitskategorien zu kontextualisieren und ihre „historischen und gesellschaftlichen Entstehungsbedingungen" (a. a. O., S. 276) zu berücksichtigen.

Ganz konkret entwickeln die beiden Autor_innen „Techniken eines kritischen Betrachtens" (a. a. O., S. 283 f.). Darin scheinen Theorie und Praxis miteinander verknüpft zu sein. Auch sind die Techniken in der Praxis anwendbar. Sie tragen dazu bei, Räume der Fehlerfreundlichkeit zu schaffen (a. a. O., S. 276). Sie sollen allen bewusst machen, dass es in Bezug auf das Berücksichtigen von Dominanzverhältnissen in der Bildungs- und Sozialarbeit nicht möglich ist, „immer richtig [zu] reagieren oder [zu] agieren" (ebd.). Solche Orte lassen auch „*Autokritik*" (a. a. O., S. 283 f.) zu, die nicht von Scham und dem Gefühl, etwas falsch gemacht zu haben, begleitet oder sogar verhindert wird.

Eine Technik nennen sie das „kontra-intuitive Handeln" (ebd.). Darin zeichnet sich ihr Verständnis des poststrukturalistischen Konzepts von Dekonstruktion ab. Demnach seien „die Pädagog_innen aufgefordert, vom Impuls des Selbstverständlichen zunächst zurückzutreten, um den Raum für konträr zum Selbstverständlichen verlaufende Wahrnehmungen, Interpretationen und Handlungsstrategien zu öffnen" (a. a. O., S. 283 f.). Fragen im Kontext von Bildungs- und Sozialarbeit zu stellen könne helfen, Handlungsfähigkeit zu erweitern. So schlagen sie drei Unterstützungsfragen vor:

„1. Finden Prozesse des ‚othering' in den eigenen Arbeitsansätzen statt? (Werden beispielsweise ganze Gruppen von Personen aufgrund ihres vermeintlichen Hintergrunds auf ein Verhalten festgelegt oder als homogene Gruppe wahrgenommen und adressiert?)

2. Finden Schuldzuweisungen in der Auseinandersetzung um die Weiterentwicklung herrschaftskritischer Arbeit statt? (Stellt sich z. B. eine Gruppe, die von Diskriminierung betroffen ist, vermeintlich immer besonders blöd an, handelt unstrategisch oder hat die schlechte Behandlung auch ein bisschen verdient?)

3. Welche Verhältnisse werden ausgeblendet und welchen Zwecken folgt dies? (z. B. wenn in der politischen Öffentlichkeit im Zusammenhang mit Gewalt häufig die Verbindung von Männlichkeit und Migration hergestellt wird, nicht jedoch mit Schichtzugehörigkeit?)" (a. a. O., S. 285)

An diesen Fragen wird deutlich, was Busche und Stuve mit der Erweiterung von Bildungs- und Sozialarbeit um Intersektionalität verbinden: 1. die gesellschaftlichen Ebenen von Interaktion/Subjekt, Diskursen und Strukturen berücksichtigen, 2. Homogenisierungen und Vereinfachungen bei Interpretationen von Situationen reflektieren, die handlungsweisend sind, sowie 3. darauf achten, welche Differenzverhältnisse gerade unsichtbar gemacht werden. Die Fragen haben unter der Prämisse der Fehlerfreundlichkeit immer zum Ziel, die Handlungsfähigkeit der Akteur_innen in Bezug auf einen differenz- und ungleichheitsreflexiven Umgang auszubauen.

Im Sammelband „Jugendhilfe und Intersektionalität" (Langsdorff 2014) stellen Personen die Jugendhilfe aus unterschiedlichen Perspektiven vor dem Hintergrund der Intersektionalität vor, die selbst in dem Bereich aktiv sind. Sie verdeutlichen den Wert der Intersektionalität in der und für die Jugendhilfe. Nicole von Langsdorff stellt den Bezug zur Sozialen Arbeit her, indem sie an eine allgemeine Betrachtung der Intersektionalität durch Nina Degele und Gabriele Winker anschließt. Ansätze, wie von Langsdorffs Frage „wie können bedeutsame Differenzkategorien je nach Kontext in ihrer Relevanz erfasst werden?" (dies., S. 52) beantwortet werden kann, teilt sie in drei Gruppen ein: Im ersten Teil sind Versuche erfasst, die mithilfe theoretischer Perspektiven zu einer Antwort gelangen, im zweiten Teil diejenigen, die konkrete Zugänge zur Forschung vorschlagen, im dritten Teil bieten Zugänge zur Praxis im Kontext der Intersektionalität Lösungen an.

Marie Frühauf geht in „Intersektionalität für alle? Zur Verortung intersektionaler Perspektiven in der neuen Rede von Differenz und Ungleichheit" v. a. der Frage nach, inwiefern das politisch motivierte Konzept der Intersektionalität *einfach* auf andere Bereiche wie Soziale Arbeit übertragen werden könne (vgl. Frühauf 2014). Dabei geht sie davon aus, dass das Konzept nur dann übernommen werden könne, wenn auch dessen gesellschaftskritische Implikationen berücksichtigt werden. Andernfalls würde es lediglich einen weiteren Begriff für Heterogenität darstellen. Um das zu umgehen, müsse zudem die Involvierung in eine „widersprüchliche Diskursarena" (a. a. O., S. 16) akzeptiert werden. Das hänge damit zusammen, dass Soziale Arbeit „insbesondere unter den Bedingungen aktueller neoliberaler und neo-sozialer Transformationsprozesse" (a. a. O., S. 30) stattfinde. Die Thematisierung der eigenen „ambivalenten Verquickungen mit einer neosozialen Gouvernementalität" (a. a. O., S. 31) sei gleichzeitig auch eine Stärke der Einbeziehung von Intersektionalität in Diskurse um Soziale Arbeit und noch konkreter um KJH.

Kathrin Schrader legt aus der Perspektive der Genderforschung dar, dass es unumgänglich sei, eine intersektionale Perspektive in die Soziale Arbeit einzubeziehen. Denn nur auf diese Weise könne „der Gefahr einer Reifizierung von Geschlecht und der Nichtbeachtung weiterer wichtiger Differenzkategorien in der Sozialen Arbeit" (Schrader 2014, S. 58) vorgebeugt werden. Dazu analysiert sie neben einer theoretischen Herleitung in Bezug auf Soziale Arbeit exemplarisch einen sozialpädagogischen Fall. Sie zeigt, dass eine intersektionale Perspektive auch davor bewahren kann, sich ausschließlich auf eine Differenzkonstruktion zu beschränken und dogmatisch zu werden (vgl. a. a. O., S. 66). Durch eine Analyse, die die Positionierung von Subjekten vor dem Hintergrund hegemonialer Strukturen und Sichtweisen berücksichtigt, könnten undifferenzierte und vereindeutigende zuschreibende Markierungen sichtbar gemacht werden (vgl. a. a. O., S. 68 f.). Aus performanztheoretischer Perspektive könnten auch die Zuschreibungen essentialisierender Merkmale sowie Normierungen als Wirklichkeit gewinnende Wiederholungen aufgezeigt und somit auch einer Selbstreflexion der Sozialen Arbeit zugänglich gemacht werden (vgl. a. a. O., S. 70). Vereinheitlichende Sichtweisen, die sich in den Zuschreibungen *Opfer* und

Täter widerspiegeln und die im Feld der Sozialen Arbeit selten zu professioneller Handlungsfähigkeit führen, könnten vermieden werden.

Rebecca Mörgen behandelt *Körper* als einen Aspekt sozialer Ungleichheit, der zwar häufig angesprochen wird, allerdings gleichzeitig stark normiert ist. Sie macht im Sinne von Wechselwirkungen stark, dass Körper einerseits Ausdruck ungleicher Verhältnisse sind. Andererseits dienen sie allerdings Subjekten auch als Fläche des Ausdrucks (vgl. Mörgen 2014, S. 80f). Körper versteht sie als häufigen Anlass der Diagnose, als Anlass sozialpädagogischen Handelns und zur Intervention Sozialer Arbeit (vgl. a. a. O., S. 82). So wird ein Körper als Politikum verhandelt, der Auskunft über die jeweilige Klassenzugehörigkeit der Adressat_innen gibt, was Soziale Arbeit veranlassen könnte, zu (re)agieren (vgl. a. a. O., S. 83). Allerdings scheine der Körper nicht nur Auskunft über Klassenzugehörigkeit offenzulegen. Vielmehr sei er vergeschlechtlicht, rassifiziert, kulturalisiert und werde zudem einer meist dominanzkulturell anerkannten Bewertung unterzogen (vgl. a. a. O., S. 84). Eine intersektionale Perspektive scheint nach diesen Ausführungen nicht mehr begründet werden zu müssen: Über die von Mörgen genannten „-fizierungen" ist der Körper stark verwoben mit machtvollen, als ungleich bewerteten Differenzierungspraktiken. Gleichzeitig stellt er sie als Praktizierender her, bewegt sie, eignet sie an, trägt sie weiter. Unter Bezugnahme der Denkfigur der Grenze nach Maurer und Kessl (2009) stellt Mörgen fest, dass eine intersektionale Analyseperspektive eine Möglichkeit darstellt, „unmögliche Möglichkeiten, im Sinn eines ‚kreativen' Umgangs mit Be- und Entgrenzungen" (Mörgen 2014, S. 85 f.) herauszuarbeiten.

Im eher an sozialpädagogischer Praxis orientierten Teil des Sammelbandes konstatiert Kerstin Bronner, eine intersektionale Analyse trage dazu bei, sozialpädagogisch Professionellen ein Instrument zu sein. Das könnten sie dazu nutzen, Jugendliche dabei zu unterstützen, dominanzkulturelle Normalitätsvorstellungen und das Scheitern daran nicht als individuelles Problem zu verstehen und sich selbst zuzuschreiben (vgl. Bronner 2014, S. 166). Intersektionalität eröffne die Möglichkeit, gesellschaftliche Widersprüche aufzudecken und Jugendlichen zu vermitteln, gesellschaftliche Machtverhältnisse selbst zu hinterfragen. Zwar würden diese Machtverhältnisse dadurch nicht aufgelöst, doch könnten die Jugendlichen erkennen, dass Probleme, die sie als persönliches Scheitern empfinden, gesellschaftliche und diskursiv hergestellte Problematiken sind. Das könnte auf die Jugendlichen entlastend wirken (vgl. ebd.).

Auch Melanie Groß thematisiert diesen Widerspruch in der sozialpädagogischen Arbeit mit Jugendlichen: Einerseits ginge es darum, Jugendlichen die Möglichkeit zur Teilhabe als eigenverantwortlicher Teil der Gesellschaft zu geben. Andererseits seien die Jugendlichen immer dem individualisierten, an der Verwertungslogik einer kapitalistischen Gesellschaft orientierten Anforderungen unterworfen, denen sie unter interdependenten Macht- und Ungleichheitsverhältnissen nicht immer entsprechen können (vgl. Groß 2014, S. 170 ff.). Sie versucht, eine

„Verbindung von Ansätzen aus dem Bereich einer emanzipatorischen Jugendarbeit und aus dem Bereich differenzsensibler und kapitalismuskritischer Ansätze [herzustellen], besonders auf die Theorie der intersektionalen Mehrebenenanalyse" (a. a. O., S. 171) bezogen. Die Aufgabe der Jugendarbeit bestehe darin, Jugendliche dabei zu unterstützen, sich kritisch zu positionieren und sich davon zu befreien, allen Anforderungen gerecht werden zu wollen. Dadurch sollen an Handlungsfähigkeit dazugewinnen (vgl. ebd.). Um bei diesen Bildungsprozessen unterstützen zu können, ist es für die sozialpädagogisch Professionellen sinnvoll, sich einer intersektionellen Analysematrix zu bedienen. Mit dieser können sie selbst gesellschaftliche Verhältnisse, Normen und Normalitätskonstruktionen in ihrer Verwobenheit analysieren – auch die eigene Verstrickung (vgl. a. a. O., S. 174 f.).

Linda Kagerbauer und Nicole Lormes stellen feministische Mädchenarbeit als „Kristallisationspunkt" (Kagerbauer/Lormes 2014, S. 202) in den Fokus, um die Notwendigkeit einer intersektionalen Analysehaltung aufzuzeigen. Vor dem Hintergrund der historischen Entwicklung der Mädchenarbeit stellen sie anhand dekonstruktivistischer und queerer sowie postkolonialer und Schwarzer Positionen heraus, inwiefern eine veruneindeutigende Perspektive notwendig erscheint, um Macht- und Herrschaftsverhältnisse zu analysieren (vgl. a. a. O., S. 191 f.). Sie zeigen auf, wie der Einzug neoliberaler Selbstverständlichkeiten in das Handlungsfeld der Sozialen Arbeit/der Mädchenarbeit dazu beiträgt, dass Mädchen/Adressat_innen der Sozialen Arbeit, die nicht der Erfolgsgeschichte des Neoliberalismus folgen, unsichtbar gemacht werden (vgl. a. a. O., S. 197 ff.). Das habe zur Folge, dass deren Problemlagen ebenfalls individualisiert betrachtet werden. Anstatt eine Sichtweise auf die Problemlagen einzunehmen, die Diskurse und Strukturen reflektiert, bleibe die Soziale Arbeit individuellen Fällen verhaftet. Die Autorinnen machen daran deutlich, dass eine intersektionale Analyse von sich gegenseitig beeinflussenden Machtverhältnissen notwendig ist, um diese Verdeckungszusammenhänge als Formen von Dethematisierung erkennen zu können (vgl. a. a. O., S. 200). Hierbei nehmen sie Bezug auf Maria Bitzan (2002)[28]. Die Gefahr hinter diesen Verdeckungszusammenhängen bestehe in der erwähnten Individualisierung problematischer Lebenslagen sowie vereindeutigender Sichtweisen auf Mädchen, die ausschließlich eine dominanzkulturelle Lesart dieser zulassen (vgl. a. a. O., S. 201 ff.). Für eine professionelle Haltung in der Sozialen Arbeit regen sie konstruktiv eine feministische Verortung an, die intersektionale Analysen von Machtverhältnissen erlaube und dem „Dreischritt Konstruktion – Rekonstruktion – Dekonstruktion" (a. a. O., S. 201) folge. Für die Soziale Arbeit fordern sie in Anlehnung an Maurer und Kessl (2012) eine „radikale Selbstreflexivität" (Kessl/Maurer 2012, S. 43 nach Kagerbauer/Lormes 2014, S. 202) ein, die sich auch auf

---

28 Der Ursprung des Begriffs „Verdeckungszusammenhang" ist beim Tübinger Institut für frauenpolitische Sozialforschung (1998) zu verorten.

die Positionierung, De-/Privilegierung und Handlungsmacht der Professionellen in der Sozialen Arbeit selbst bezieht. Radikale Reflexivität verstehen Maurer und Kessl „als ‚Grenzbearbeitung' – als Tätigkeit *an den Grenzen der bzw. den Begrenzungen durch die* gegebenen Verhältnisse [...] und *als deren ‚Überarbeitung'*" (Kessl/Maurer 2012, S. 45).

In „Intersektionalität muss praktisch werden ...?! – Widersprüche, Möglichkeiten und Begrenzungen von Anti-Bias-Arbeit an Schulen" (Schmidt 2015) geht es zwar um diskriminierungskritische Bildungsarbeit in der Schule. Die Ergebnisse lassen sich allerdings auch gut auf andere pädagogische Kontexte übertragen lässt. Bettina Schmidt zeigt auf, inwiefern Spannungsverhältnisse im pädagogischen Kontext selbstverständlich sind. Daher seien sie „kontinuierlich mitzudenken" (a. a. O., S. 248). Sie beziehen sich auf bestehende gesellschaftliche Machtverhältnisse, auf denen die Institution Schule aufbaut (Selektionsfunktion). Dabei solle Letztere gleichzeitig Bildungsprozesse anstoßen, die u. a. dazu dienen sollen, diese Verhältnisse zu reflektieren (vgl. ebd.). Ähnlich wie Leiprecht und Lutz nimmt Schmidt eine subjektorientierte Perspektive auf Intersektionalität ein. Intersektionalität und Subjektorientierung spielen – wie auch für eine diversitätsbewusste Soziale Arbeit nach Leiprecht – eine wesentliche Rolle für den Anti-Bias-Ansatz[29]. Schmidt stellt im Rahmen eines Forschungsprojektes zu diskriminierungskritischen Bildungsangeboten in und für Schulen Prozesse der Selbstreflexion sowohl von Subjekten als auch von Organisationen in den Vordergrund einer intersektionalen Reflexion. Die Verwirklichung einer „subjekt-kontext-orientierte[n]" (a. a. O., S. 264) Selbstreflexion erscheint als Ergebnis des von ihr und anderen durchgeführten Praxisforschungsprojektes notwendig.

Es kann beobachtet werden, dass in der Debatte um Intersektionalität poststrukturalistische Ideen der Dekonstruktion oder Performanz und auch ein Subjektverständnis, in dem Adressierungen und Anerkennung wichtig sind, mehr und mehr eine Rolle spielen. Diese scheinen für den deutschsprachigen (sozial)pädagogischen Kontext anknüpfungsfähig zu sein. Zudem werden neben den schon immer an (feministischen) Geschlechterstudien orientierten Sichtweisen auch postkoloniale Zugänge und rassismuskritische zunehmend hervorgehoben wie auch Konzepte der Positionierung und der Aspekt von Sprechen und Gehörtwerden in Diskussionen um Intersektionalität. Zudem findet

---

29 „Anti-Bias als Ansatz für Bildungsgerechtigkeit wurde in den 1980er Jahren in den USA von Louise Derman-Sparks, und Carol Brunson-Phillips u. a. für den Bereich der Kindheitspädagogik entwickelt. Für ihre Arbeit war es grundlegend, auch die Auswirkungen der gesellschaftlichen Machtverhältnisse auf die Einzelnen sowie das Miteinander zu betrachten und nach Veränderungsmöglichkeiten zu suchen. Der Ansatz ist inspiriert von der Social Justice Bewegung und der Schwarzen Bürger*innenrechtsbewegung in den USA." (Anti-Bias-Netz 2021, S. 13) Der Ansatz wird häufig als vorurteilsbewusst und diskriminierungskritisch beschrieben und adressiert sowohl pädagogisch arbeitende Institutionen wie pädagogische Professionelle (vgl. a. a. O., S. 12 ff.).

auch die Perspektive von Disability mehr Berücksichtigung (vgl. dazu bspw. Dankwa/Filep/Klingovsky/Pfruender 2021; Bauer/Kechaja/Engelmann/Haug 2021; Mauer/Leinius 2021; Schondelmayer/Riegel/Fitz-Klausner 2020). Diese Aspekte scheinen in Aussicht zu stellen, Machtverhältnisse kontextualisiert zu berücksichtigen. Ferner werden die Reflexion von Selbst- und Fremdpositionierungen sowie die Analyse von Thematisierung und Dethematisierung in den Vordergrund gerückt.

Gleichzeitig scheint das Konzept, auch wenn es teilweise in der Praxis der Sozialen Arbeit angekommen ist, doch eher ein noch in der Theorie und der Forschung verhandeltes zu sein. Ausnahmen sind Veröffentlichungen und Fortbildungsangebote von Einrichtungen dar: z. B. „Handbuch Intersektionale Gewaltprävention" (2011), „Mädchen* begegnen. Intersektionale Perspektiven und antidiskriminierende Sichtweisen auf Mädchen*arbeit heute – digital und analog" (LAG Mädchenpolitik Baden-Württemberg 2018), „Initiative intersektionale Pädagogik", „adis e. V.". Diese deuten darauf hin, dass auf Fortbildungen für (sozial)pädagogische Fachkräfte Intersektionalität Thema ist. Ein anderer relevanter Aspekt bei der Umsetzung einer intersektionalen Perspektive in die (sozial)pädagogische Praxis scheint auch zu sein, sich am Subjekt in seiner Verwobenheit mit dem Kontext zu orientieren.

3.3.5 Eine intersektionale Analyse in acht Schritten

Viele Annäherungen aus dem erziehungswissenschaftlichen oder sozialpädagogischen Kontext ziehen den Intersektionalitätsansatz von Degele und Winker als Analyseperspektive heran. Die Soziologinnen setzen sich besonders mit Geschlecht und Arbeit sowie Formen von Ungleichheit in unterschiedlichen gesellschaftlichen Bereichen auseinander und nehmen eine feministische Perspektive ein – allerdings nicht originär in Bezug auf Soziale Arbeit. Ähnlich wie Pierre Bourdieu als Klassentheoretiker gehen sie „von einer kapitalistisch strukturierten Gesellschaft mit der grundlegenden Dynamik ökonomischer Profitmaximierung aus" (Winker/Degele 2009, S. 25). Ihr methodisches Vorgehen für eine intersektionale Analyse aus sozialwissenschaftlicher Perspektive besteht aus acht Schritten. Sie verfolgen damit das Ziel, den „bislang nur rudimentär ausgebarbeiteten Theorieansatz[...]" (a. a. O., S. 11) zu erweitern, zu differenzieren und zu präzisieren.

Dabei greifen sie v. a. die Kategorien „*Klasse*", „*Geschlecht*", „*Rasse*" und „*Körper*" (a. a. O., S. 42 ff.) als Strukturkategorien auf, die auf „Strukturelle Herrschaftsverhältnisse" (a. a. O., S. 28) hinweisen. Legen sie auf der Strukturebene die Anzahl der Kategorien auf vier fest, bleibt deren jeweilige Anzahl auf den anderen variabel (vgl. a. a. O., S. 69). In der Logik einer Mehrebenenanalyse, die sie entwerfen, teilen sie die Gesellschaft in drei Ebenen: „Reproduktion der Arbeitskraft (Struktur)",

„Symbolische Reproduktion der sozio-ökonomischen Verhältnisse (Repräsentationen)" sowie „Verunsicherung der sozialen AkteurInnen (Identitäten)" (a. a. O., S. 25 ff.). Ihre Herangehensweise bezüglich der Verschränkung der unterschiedlichen Ebenen sei angelehnt an die Habitustheorie von Bourdieu und könne als praxeologischer Intersektionalitätsansatz verstanden werden (vgl. a. a. O., S. 63 ff.). Diesen ergänzen sie um die poststrukturalistische Performanztheorie von Butler: „Identitätskonstruktionen von AkteurInnen und Repräsentationen sind also über Performativität miteinander verknüpft und bringen Strukturen hervor. Die hergestellten Strukturen wiederum werden nur in Form von Vollzug aktiv." (a. a. O., S. 73) Ihre Herangehensweise verdeutlicht, dass sie die Verschränkung und die sich in Wechselwirkung vollziehende konstruierte Wirklichkeit in der Analyse für relevant halten.

Winker und Degele begründen mithilfe einer praxeologischen Perspektive eine Herangehensweise, die „mit der Analyse im Alltag von Menschen" (a. a. O., S. 64) beginnt. Im ersten Schritt solle die Positionierung der Subjekte analysiert werden, die bspw. interviewt werden. Positionierung bestimmen Degele und Winker relational und gehen von Bourdieu und Loic Wacqant, aber auch von Diskurstheoretiker_innen wie Andreas Reckwitz aus (vgl. a. a. O., S. 64 ff.). Relational meint, dass es immer einen Gegenhorizont der Subjekte gibt, wie sie sich positionieren und positioniert werden. Sie erklären das mit dem einfachen Beispiel, dass „,Männlichkeit' nur in Abgrenzung zu ,Weiblichkeit'" (a. a. O., S. 65) zu bestimmen sei.

Winker und Degele trennen zunächst die drei gesellschaftlichen Ebenen voneinander, um sie schließlich wieder unter Hinzuziehen weiteren Materials miteinander zu verbinden (vgl. a. a. O., S. 79). Sie veranschaulichen ihren Analysevorschlag mit einem eigenen Beispiel (vgl. a. a. O., S. 99).

Reizvoll ist dieses Vorgehen – sicherlich auch bei den sozialpädagogisch und erziehungswissenschaftlich Schreibenden (s. o.) – aufgrund der Strukturiertheit und des konkreten Anwendungsvorschlags. Das Versprechen ist, eine intersektionale Analyse mithilfe der acht Schritte durchzuführen, die als variabel und iterativ verstanden werden wollen. Dabei sei in einer Verknüpfung von Induktion und Deduktion vorzugehen, um überraschende Ergebnisse während des Forschungsprozesses erkennen zu können. Riegel sieht in ihrem Vorgehen allerdings eine Schwäche: Werden die Ebenen zuerst getrennt voneinander analysiert, bestehe die „Gefahr", „dass auf den unterschiedlichen Ebenen jeweils verschiedene Kategorien aufgespürt werden, aber gerade die Konsequenzen und die Folgen des intersektionalen Zusammenspiels aus dem Blick geraten" (Riegel 2016, S. 139). Das methodische Vorgehen scheint, so einfach es auch dargestellt ist, ein hochanspruchsvolles zu sein und viel Erfahrung in sozialwissenschaftlicher Analyse vorauszusetzen. Denn letztendlich ist die Herausforderung, Verknüpfungen der unterschiedlichen Ebenen und der mit Positionierungen zusammenhängenden Kategorien herauszuarbeiten, an die Erfahrung und das Wissen im gesellschaftsanalytischen

Bereich gebunden. Das zeigt auch die exemplarische Analyse von Winker und Degele.

3.3.6 Intersektionalität und Soziale Arbeit – ein Entwurf von Christine Riegel

Von diesem strukturierten und konkreten Vorschlag einer Analyse unterscheidet sich der von Christine Riegel, die „Intersektionalität v. a. als *Analyseperspektive* oder als *sensitizing concept*" (Riegel 2016, S. 137; Hervorh. im Original) versteht. Zwar bedient sie sich bei dieser Bestimmung empirischer und methodologischer Begriffe (*„sensitizing concept"*). Allerdings sei diese Analyseheuristik als eine zu verstehen, die auch in einer handlungsorientierten Sozialen Arbeit anwendbar ist (Riegel 2010; Riegel 2011; Riegel 2012; Riegel/Scharathow 2012; Riegel 2018). Konkret stellt sie dahingehend die Frage, „Intersektionalität – auch ein Ansatz für die Praxis" (2011)? Sie kommt zu dem Schluss, dass Intersektionalität in der (sozial)pädagogischen Praxis verhindern kann, Adressat_innen zu vereinheitlichen. Vielmehr könne sie einen reflektierten Blick eröffnen, der auch Widersprüche zulässt und erkennt. Ein Ansatz von Intersektionalität könne ungeachtet dieser Widersprüche dabei helfen, Handlungsfähigkeit zu gewinnen oder zu erhalten, eventuell sogar strukturelle Veränderungen adressat_innenorientiert anzustoßen und zu begleiten (vgl. Riegel 2011; Riegel 2018, S. 229 ff.). Allerdings müsse es einen Raum geben, um Intersektionalität als Reflexionsinstrument – auch im Team – anwenden zu können (vgl. Riegel 2011, S. 187).

Neben einem intersektionalen Analyserahmen hat Riegel heuristische Fragen ausgearbeitet, die empirisch und in pädagogischen Handlungssettings gestellt werden können (Riegel 2010). Diese hat sie im Laufe ihrer Beschäftigung mit Intersektionalität in der Sozialen Arbeit und im Zuge der Ergänzung der Intersektionalitätsperspektive um das Konzept Othering weiterentwickelt. Sie verzichtet schließlich auf eine Nummerierung und damit auf eine Hierarchisierung der Fragen (2016):

„Wie werden soziale Differenzkonstruktionen und Dominanzordnungen (situativ, habituell, diskursiv) hergestellt und reproduziert?

Welche sozialen Differenzkonstruktionen sowie Macht- und Herrschaftsverhältnisse werden (wie) relevant? Wie wirken diese zusammen?

Was wird dabei sichtbar (gemacht), was in den Hintergrund gerückt?

Aus welcher sozialen Positionierung heraus werden Differenzkonstruktionen vorgenommen und in welchem Kontext erfolgt dies?

Welche Funktionen und welche Folgen hat dies für die beteiligten Subjekte und für die hegemoniale Ordnung?

In welcher Weise (und in welchen Kontexten) zeigen sich dabei gegenüber hegemonialen Strukturen, Diskursen und Repräsentationen affirmative, hinterfragende, widerständige oder verschiebende Praktiken?" (Riegel 2016, S. 141)

Die aktuelle Version des Fragenkatalogs stammt von 2018. Darin nimmt sie wieder mehr Bezug zu der ersten Version von 2010, ergänzt diese um weitere Konzepte und ändert die Reihenfolge:

„Welche sozialen Differenzkonstruktionen sowie Macht- und Herrschaftsverhältnisse werden (wie) relevant? Wie wirken diese zusammen?

Wie werden soziale Differenzkonstruktionen und Dominanzordnungen relevant gemacht, (mit) hergestellt und reproduziert?

Aus welcher sozialen Positionierung heraus werden Differenzkonstruktionen vorgenommen und in welchem Kontext erfolgt dies?

Welche Funktionen und welche Folgen hat dies für die beteiligten Subjekte und für die hegemoniale soziale Ordnung?

[...]

Welche Möglichkeiten gibt es, diese hegemonialen, jedoch ungleichheitsstrukturierenden Verhältnisse, Diskurse und Praktiken der Grenzziehung, Kategorisierung und Normalisierung zu durchbrechen und zu einer Veränderung dieser Verhältnisse beizutragen?" (Riegel 2018, S. 228)

Im Diskurs um Soziale Arbeit und Intersektionalität erscheint der Ansatz von Riegel elaboriert. Forschende und Fachkräfte aus der Praxis greifen diesen im Rahmen von Macht- und Ungleichheitsanalysen auf (vgl. Rein 2020, S. 88 ff.; Stauber 2020, S. 235; Groß 2021, S. 124). Ganz deutlich situiert Riegel die Soziale Arbeit in Verhältnissen von Ungleichheit und Macht. Dabei berücksichtigt sie im Besonderen die widersprüchliche Situation, in der sich (sozial)pädagogisch Arbeitende befinden: Sie stehen unter (ungleichheitsreflektierendem) Handlungszwang in sich kurzfristig ergebenden Situationen, sind in ungleiche Verhältnisse verstrickt und können nicht handeln, ohne auch immer ungleiche Machtverhältnisse zu reproduzieren (vgl. Riegel 2016, S. 77 ff.). Der Widerspruch ergibt sich daraus, dass Soziale Arbeit nach ihrem professionellen Verständnis anders agieren sollte: Statt dominanzkulturelle Sichtweisen zu reproduzieren, sollte sie gegen ungleiche Verhältnisse arbeiten und Menschen, die davon negativ betroffen sind, auf dem Weg in ein besseres Leben begleiten. Damit geht Riegel auf die Ambivalenz in pädagogischen Settings ein. Sie bezeichnet den „Macht-Wissen-Komplex [...] in Anlehnung an Michel Foucault (1978) als differenzbezogenes Alltagswissen oder Dispositiv [...], das als Deutungswissen in der sozialen Praxis funktioniert – so auch in der pädagogischen Praxis" (Riegel 2016, S. 32).

Einerseits stellt sie die Analyse von verschränkten Verhältnissen, Positionierungen und Diskursen in den Mittelpunkt. Andererseits geht sie aber auch über eine rein analytische Haltung in Bezug auf gesellschaftliche Machtverhältnisse hinaus: In ihrer Analyseheuristik arbeitet sie heraus, dass es im Kontext von Intersektionalität notwendig ist, Verhältnisse zu verändern und zu handeln. Bei der Herleitung von Intersektionalität als Perspektive für bspw. die Jugendforschung erklärt sie, dass Intersektionalität als transdisziplinär zu verstehen sei. Unterschiedliche Theorie- und Denkrichtungen spielten eine Rolle, wenn es darum geht, die Perspektive zu entwickeln. Entscheidend sei dafür eine Auseinandersetzung der „Frauen- und Geschlechterforschung [...] mit (post)strukturalistischen, dekonstruktivistischen, postkolonialen und ungleichheitskritischen Ansätzen" (a. a. O., S. 66). In all diesen Ansätzen steht neben der Analyse das Handeln im Vordergrund. Die Perspektive von Intersektionalität bietet sich demnach als Analyseinstrument für sowohl die (sozial)pädagogische Praxis als auch eine sozial(pädagogische) Forschungspraxis an.

Christine Riegel teilt mit Susanne Maurer, Fabian Kessl, Melanie Plößer, Paul Mecheril und Claus Melter ein Verständnis von Sozialer Arbeit, wonach Differenzen und deren Bearbeitung für die Disziplin und deren Handlungsfähigkeit grundlegend sind (Riegel 2016, S. 94 f.; Kessl/Maurer 2010; Mecheril/Melter 2010; Plößer 2010; Mecheril/Plößer 2018). Sie erörtert, inwiefern in der KJH schon allein durch die Beschreibung ihres Auftrags und ihrer Zielgruppe „Normalität und Abweichung [...] situativ und kontextbezogen angerufen" (Riegel 2016, S. 97) werden. Soziale Arbeit sieht sie als „in gesellschaftliche Zwänge involviert" (a. a. O., S. 98), in denen Macht- und Herrschaftsverhältnisse konstruiert, reifiziert und reproduziert werden. Dementsprechend sind Adressierungsprozesse in der Sozialen Arbeit, die vor dem Hintergrund der bipolaren Ordnungsprinzipien von Normalität und Abweichung ablaufen, in den meisten Fällen auch „Etikettierungs- und Stigmatisierungsprozesse" (a. a. O., S. 97). „Dabei werden, je nach Ziel sozialpädagogischer Arbeit und Intention, in einem intersektionalen Zusammenspiel bestimmte Differenzlinien hervorgehoben und andere in den Hintergrund gerückt." (ebd.) Die Fragen, die hierbei Relevanz erhalten, sind die folgenden: Wem wird aufgrund wovon Hilfe- oder Bildungsbedarf attestiert? Wer erscheint infolgedessen inwiefern unterstützungs*würdig*? (vgl. a. a. O., S. 94 ff.)

Die Fragen, wer Adressat_innen sind und welcher Bedarf an Sozialer Arbeit besteht, hängen mit einem Verständnis von Intersektionalität zusammen, das das Konzept des Othering einschließt. María do Mar Castro Varela und Nikita Dhawan übersetzen das Konzept unter Bezugnahme auf Spivak mit dem Ausdruck „Differentmachen" (dies. 2020, S. 174). Riegel verknüpft Othering schließlich mit der Idee von Intersektionalität. Sie hebt hervor, inwiefern diese einander ergänzen bzw. wie gut sie miteinander kombiniert werden können (vgl. Riegel 2016, S. 55 ff.). Das Konzept des Othering ist in den Postcolonial Studies und somit den Cultural Studies zu verorten (vgl. a. a. O., S. 51 ff.). Es behandelt, wie das Andere in Kontrast zum Eigenen konstruiert wird. Das wiederum geschieht vor dem Hintergrund machtvoller Diskurse, die von binären Unterscheidungen, von Hegemonien und Macht- und Herrschaftsverhältnissen geprägt sind. Nach Said (1978) beschreibt Othering einen notwendigen Prozess, in dem der_die *Andere* immer wieder neu als der_die Andere konstruiert werden muss (vgl. Castro Varela 2010, S. 256). Das Konzept trage zur Vereindeutigung des *Wir* gegenüber den *Anderen* bei, wofür Homogenisierungen und Essentialisierungen notwendig erscheinen (vgl. ebd.). Demnach werde „Unterwerfung" (Riegel 2016, S. 52) konstruiert: „Über den Prozess der Konstruktion der Anderen und die damit verbundene Diskriminierung und Abgrenzung erfolgen ebenso eine Selbstvergewisserung mit Absicherung einer privilegierten Position sowie der hegemonialen sozialen Ordnung." (a. a. O., S. 53) Mit dieser Feststellung macht Riegel deutlich, dass im Vordergrund von Othering die Konstruktion des Eigenen als überlegen steht, das sich vom Anderen abgrenzt und es abwertet. Das hat für beide Seiten große Auswirkungen. Das Vorgehen besteht darin, *über* das Andere zu sprechen, zu urteilen, es festzuschreiben. Vor allem Gayatri Spivak wie auch Stuart Hall erklärten, dass ein „Bezug auf das hegemoniale Zentrum bzw. ein Normalitäts-Dispositiv" (Riegel 2016, S. 53) bewirkt, dass sich die als Andere Markierten selbst als Andere erkennen. Die beiden Seiten bedingen einander und dienen demnach der Selbst- sowie Fremdkonstruktion.

Othering adressiere in seinem Entstehungskontext v. a. die „imperialistischen Machtkonstellationen und rassifizierten und kulturalisierten Differenzordnungen" (Riegel 2016, S. 55). Mit einer intersektionalen Herangehensweise könnten nach Riegel allerdings auch weitere Macht- und Differenzordnungen in die Analyse einfließen (vgl. a. a. O., S. 57 ff.). In Auseinandersetzungen mit Othering lässt sich der Wunsch erkennen, das Verhältnis unterschiedlicher Unterdrückungsmechanismen zueinander zu berücksichtigen: Sowohl Gayatri Spivak als auch Stuart Hall verweisen auf Klassen- und Geschlechterverhältnisse, die sie mit postkolonialen Normalitäten und rassistischen Strukturen in Verbindung bringen, ohne den Begriff von Intersektionalität zu verwenden (vgl. a. a. O., S. 56 ff.).

Mit Riegel lässt sich Intersektionalität mit dem Kanon kritischer Wissenschaften wie der kritischen Erziehungswissenschaft, den Cultural Studies, der Kritischen Pädagogik sowie der Kritischen Psychologie kombinieren (vgl. a. a. O., S. 106). Eine entsprechende Perspektive kann verdeutlichen, dass „pädagogisches Handeln und pädagogische Professionalität" (a. a. O., S. 107) in Machtverhältnisse verstrickt sind und somit – unabhängig von der Intention – Gefahr laufen, ungleiche Machtverhältnisse zu stützen, wovon sie profitieren.

Riegel betont diese Widersprüchlichkeit im wissenschaftlichen Handeln durchweg (vgl. Riegel 2012; Riegel 2013, S. 104; Riegel 2016; Riegel 2018). Die Widersprüchlichkeit habe ihren Ursprung im genuinen Widerspruch der Sozialen Arbeit, dem *Doppelten Mandat* (vgl. Riegel 2016, S. 109). Darin steht der Widerspruch im Zentrum, dass die Soziale Arbeit zum einen ihren Adressat_innen, zum anderen aber dem Staat oder der Gesellschaft als Auftraggeber_innen gegenüber verpflichtet ist. Das kann zu Konflikten führen (vgl. Lutz 2020, o. S.). Der Ausdruck „Hilfe und Kontrolle" beschreibt diese Problematik. Die Widersprüchlichkeit verschärft sich, wenn eine weitere Instanz hinzukommt, nämlich die der eigenen Fachlichkeit als Profession. In diesem Fall wird von Triplemandat gesprochen (vgl. ebd.). Darüber hinaus rührt die Widersprüchlichkeit im pädagogischen Handeln nach Riegel vom konkreten Umgang mit ungleichheitsrelevanten Differenzen her: Es ist sinnvoll, machtvolle Unterscheidungen zu benennen. Nur auf diese Weise lässt sich erreichen, dass „damit verbundene Diskriminierungen und Benachteiligungen gekennzeichnet und angeklagt werden" (Riegel 2016, S. 110). Außerdem bedeutet das die „Möglichkeit[] der Repräsentation, des Empowerments und der Selbstermächtigung" (a. a. O., S. 110 f.). In der Thematisierung steckt allerdings auch die Gefahr, Differenzen sowie Macht- und Ungleichheitsverhältnisse festzuschreiben und damit dazu beizutragen, dass sie virulent bleiben (vgl. a. a. O., S. 111).

Angesichts dieser Widersprüchlichkeiten versucht Riegel einen Vorschlag zu entwickeln, wie Subjekte mit ihnen umgehen und Handlungsmacht erlangen oder aufrechterhalten können. Mithilfe ihres Analysemodells lässt sich dieses Handeln in Widersprüchen als solches wahrnehmen, im Unterschied zu anderen Analysen, die einseitig ausgerichtet sind. Es geht hier um ein Vermeiden einer Entweder-oder-Matrix. Wie auch Rudolf Leiprecht und Helma Lutz (2005) sowie Bettina Schmidt (2015) bezieht Riegel die Subjektwissenschaft von Klaus Holzkamp ein. Er nimmt die Perspektive der Kritischen Psychologie ein (Riegel 2016, S. 71). Riegel fokussiert sich auf dessen „doppelte Perspektive" (a. a. O., S. 74), die die „restriktive versus verallgemeinerte Handlungsfähigkeit" umfasst (Holzkamp 1983, S. 383 ff. nach a. a. O., S. 72). Die eine Handlungsfähigkeit ist dadurch charakterisiert, dass sie Herrschaft anerkennt und damit festigt, die andere drückt sich in Widerstand aus (Riegel 2016, S. 72 f.). Beide haben jeweils ihre Funktionalität für das handelnde Subjekt, was bei einer Analyse berücksichtigt werden muss. Riegel bezieht diese Analysematrix auf die Handlungspraxis pädagogisch Handelnder. Es sei danach zu fragen, „welche subjektive Bedeutung diese Praxen für sie als handelnde Subjekte haben und inwiefern ein- und ausgrenzende Praxen für sie subjektiv funktional sind oder inwiefern sie überschreitende Perspektiven sehen und entwickeln können" (a. a. O., S. 73). Dabei grenzt sie sich ein weiteres Mal von der Mehrebenenanalyse von Winker und

Degele ab. Denn sie sieht die Subjektperspektive in der subjektwissenschaftlich erweiterten Perspektive eines intersektionalen Analyserahmens, der der Analyse von Othering-Prozessen dienen soll, stärker berücksichtigt (a. a. O., S. 74).

Anders als Riegel verwendet Maureen-Maisha Auma in „Diversität als neues Möglichkeitsfeld. Diversität als Motor einer Neustrukturierung im Verhältnis der (feministischen) Mädchenarbeit zur (kritischen) Jungenarbeit" (2012) zwar nicht den Begriff Intersektionalität, sondern den von Diversität. Allerdings stellt sie ähnliche Fragen. Sie plädiert dafür, die historische Gewordenheit der Differenzen sowie der sozialpädagogischen Interventionen in der Sozialen Arbeit zu berücksichtigen, insbesondere für geschlechterthematisierende Angebote wie (kritische) Jungen- und (feministische) Mädchenarbeit (vgl. Eggers 2012a, S. 229 ff.). Sie kritisiert den Verlust des Kritischen in diesen beiden Feldern. Daraus könne die Gefahr der Verfestigung von Zuschreibungen bezüglich des Geschlechts erwachsen. Zur Erklärung verwendet sie das Bild eines „Wippenmodell[s] von Ungleichheit" (a. a. O., S. 236). Zu bemängeln sei die Vereindeutigung der jeweiligen Seite. Das könne zu dem Schluss verleiten, dass die Privilegierung der einen Gruppe mit der Deprivilegierung der anderen Gruppe erklärt wird. Aus dieser historischen Bezugnahme leitet sie anschließend ab, dass es ein „herrschafts- und homogenisierungskritisches Instrument" (a. a. O., S. 238) geben müsse. Das trage zur „Wahrnehmbarkeit von Komplexität" (ebd.) bei; konkret schlägt sie das Konzept von Diversität vor: „Die Entfaltungsmöglichkeiten menschlicher Existenzen sind nicht entlang einer Grenze polarisierbar." (a. a. O., S. 241) Ein Nach- oder Nebeneinander von Differenzen und daran angepassten Angeboten der Sozialen Arbeit würden dieser Komplexität nicht gerecht. Es geht ihr darum, die Aufmerksamkeit in der Sozialen Arbeit „auf Überlagerungen, paradoxe Verknüpfungen und mehrfache Ambivalenzen" (a. a. O., S. 243) zu richten. So bestünde auch die Möglichkeit, Differenz vor dem Hintergrund der „Gemachtheit *unterschiedener* Erfahrungsqualitäten" (a. a. O., S. 241) zu analysieren und zu bearbeiten. Vor dem Hintergrund der historischen Entwicklung von Intersektionalität aus der Critical Race Theory (CRT) (s. o.) verweist sie zudem darauf, dass es sich dabei nicht ausschließlich um ein Analyseinstrument handelt, sondern auch um das Ziel zu handeln (Eggers 2012b, S. 38).

Elisabeth Tuider verhandelt Intersektionalität ähnlich wie Riegel, wenn sie hervorhebt, dass Intersektionalität die Möglichkeit birgt, „die jeweils ‚andere Frage' zu stellen, das ‚Es könnte auch anders sein' zu denken und somit Raum für das Ambivalente und das Ambigue zu eröffnen" (Tuider 2013, S. 95 f.). Dabei greift auch sie sowohl internationale und nicht eurozentristische feministische Theorietraditionen als auch postkoloniale Theorien in ihrer Verbundenheit auf (vgl. Tuider 2013). Dementsprechend versteht Elisabeth Tuider Intersektionalität als „einer Machtperspektive verpflichtet" (a. a. O., S. 96).

Es sollte deutlich geworden sein, dass das Konzept von Intersektionalität eine Möglichkeit für die Soziale Arbeit darstellt, Machtverhältnisse, Formen von

(De-)Privilegierung, Ausschlüsse sowie Positionierungspraktiken zu reflektieren und zu kritisieren. Intersektionalität knüpft an die originären Widersprüche der Sozialen Arbeit an, versucht sie nicht aufzulösen und zu vereinfachen, sondern erkennt sie und ihre Komplexität an und schafft Möglichkeiten, mit ihnen umzugehen.

3.4 Eine intersektional informierte Denkfigur der Grenzbearbeitung zur Bearbeitung von Macht in der Sozialen Arbeit

Im folgenden Kapitel will ich herausarbeiten, warum ich für die vorliegende Untersuchung das Konzept der Sozialen Arbeit als Grenzbearbeitung (Kessl/Maurer 2010; Maurer 2018) auf Intersektionalität als Analyseperspektive für die Soziale Arbeit (Riegel 2012; 2016) beziehe. Aus meiner Perspektive ergänzen sich diese Ansätze sehr gut. In beiden spielen Machtverhältnisse eine zentrale Rolle. Es ist notwendig, diese zu berücksichtigen. Das gilt v. a., wenn es sowohl um die Praxis als auch um die Erforschung der sozialpädagogischen Praxen und Organisationen vor dem Hintergrund einer ungleich strukturierten Gesellschaft und deren Zusammenspiel mit den Grundlagen der Sozialen Arbeit geht. Beide Ansätze verfolgen das Ziel, Selbstverständlichkeiten infrage zu stellen und Transformationen herbeizuführen (Maurer 2018, S. 26; Riegel 2016, S. 143). Das Vorgehen besteht – poststrukturalistisch geprägt – daraus, durch Subversion „,Brechungen' der Ordnung" (Maurer/Kessl 2014, S. 148) zu bewirken. Denn es soll aufgezeigt werden, dass auch andere als dominanzkulturelle und hegemoniale Sichtweisen im gesellschaftlichen sowie im subjektiven Kontext sinnvoll sein können. Das Ziel ist immer die Erweiterung der Handlungsfähigkeit sowohl der Adressat_innen sozialpädagogischer Angebote als auch der pädagogisch Tätigen in diesen Feldern. Widersprüchliche Verhältnisse, Praktiken und Diskurse werden dabei stets beachtet.

Soziale Arbeit wird in beiden Ansätzen als „Arbeit mit den Anderen" (Kessl/Plößer 2010) verstanden. Als Grenzbearbeitung bedeutet sie, den Fokus darauf zu legen, dass es immer Aufgabe Sozialer Arbeit war und ist, mit Grenzen und Grenzziehungsprozessen umzugehen, sie wahrzunehmen, auf sie zu reagieren, neue festzulegen und zu definieren. „Die Aufgabe der Selektion bzw. der ,Auslese', des Unterscheidens und des Differenz-Herstellens ist konstituierendes Merkmal Sozialer Arbeit." (Mecheril/Melter 2010, S. 117) Sie ist abhängig von gesellschaftlichen Voraussetzungen, Selbstverständlichkeiten, Entwicklungen, Veränderungen, gestaltet diese mit und ist somit auch Teil der Diskurse. Zudem ist sie historischen Gegebenheiten verhaftet. Ihre Aufgabe besteht vordergründig darin, diese Grenzen und Kontexte zusammen mit den Einzelnen zu bearbeiten wie auch die konkreten Folgen, die sie für sie haben. Es gibt sowohl materielle und materialisierte Grenzen als auch symbolische (vgl. Kessl 2009, S. 46 f.). Alternative Begriffe sind *Differenz(ierung)en, Ein-* und *Ausschlüsse* und *Unterscheidungen*. Allerdings beziehen sich Maurer und Kessl durchaus auch auf den Grenzbegriff wie er im Alltag verwendet wird, nämlich auf nationalstaatliche Grenzen. Sie bezeichnen deren Folgen als „martialisch, brutal und existentiell" (Kessl 2009, S. 46) (vgl. Kessl 2009; Kessl/Maurer 2010). Räumliche Grenzen haben jedoch nicht allein wegen ihrer Räumlichkeit, sondern als „materialisierte Herrschaftsverhältnisse" (Kessl 2009, S. 46) große Auswirkungen. Grenzen allgemein werden durch Strukturen, Diskurse und Handlung aufrechterhalten, verändert, gestört, verteidigt und durchbrochen. Diese Optionen können mittels performativer Wiederholungen erklärt werden: Es handelt sich zwar immer um anschlussfähige Wiederholungen. Diese können allerdings niemals mit den vorherigen identisch sein. Daher erfahren sie mehr oder weniger folgenreiche und sichtbare Brüche (vgl. Villa 2013, S. 63). Dabei kommt es zu einer Gleichzeitigkeit von Reproduktion und Transformation (vgl. ebd.). Soziale Arbeit als Grenzbearbeitung steht auch vor der Herausforderung mit dieser Gleichzeitigkeit und den daraus entstehenden Ambivalenzen umzugehen.

Die Idee hinter diesem Entwurf entspringt der Tradition der kritischen Sozialen Arbeit (vgl. Kessl/Maurer 2009). Kessl und Maurer verstehen sie sogar als „Reartikulation des Kritischen" (dies. 2009, S. 93). Vor diesem Hintergrund sieht Roland Anhorn „die besondere Verantwortung einer kritischen Sozialen Arbeit [...] die von ihr übernommenen Wissensbestände systematisch im Hinblick auf mögliche nicht-intendierte Ausschließungseffekte zu untersuchen" (Anhorn 2008, S. 45). Nicht-intendierte Ausschließungseffekte können die Folge von Umgangsweisen sein, die auf ambivalente Herausforderungen reagieren. Gleichzeitig können nicht-intendierte Ausschließungseffekte selbst ambivalent sein. Sozialpädagogische Entscheidungen sind immer geprägt von einem Abwägen, in das u. a. Normen und Diskurse, subjektive Sichtweisen und Strukturen in Form von Gesetzen oder organisatorischen Vorgaben einbezogen sind. Wie bereits angeführt, nutzt eine Soziale Arbeit als Grenzbearbeitung, die sich kritisch gibt, „die Foucault'sche Vorstellung von ‚Gouvernementalität'" (Kessl/Maurer 2009, S. 91). Die Verknüpfung unterschiedlicher und unterschiedlich gewichteter theoretischer Zugänge weist darauf hin, dass die Kritik an Machtverhältnissen ein zentraler Teil der Sozialen Arbeit als Grenzbearbeitung ist. Das sind Verhältnisse, in die die Soziale Arbeit in dem Maß involviert ist wie jede andere gesellschaftliche Organisation oder Disziplin. Allerdings ist es *Aufgabe* der Sozialen Arbeit diese Verstrickung in Machtverhältnisse zu reflektieren und daran zu arbeiten.

Es bedarf einer Analyse, um bestehende Diskurse, Strukturen und Handlungsweisen, Selbstverständlichkeiten reflektieren und kritisieren zu können. Eine Grenzanalyse, die Teil der Grenzbearbeitung ist, lässt sich schärfen, indem Intersektionalität als Analyseperspektive herangezogen wird. Prozesse von Thematisierung und Dethematisierung von Differenz(ierungs)prozessen lassen sich durch eine Zusammenführung der beiden Perspektiven gut sichtbar und bearbeitbar machen. Beide Perspektiven sind als politische Perspektiven zu begreifen, die als solche einzuordnen sind, die bestehende gesellschaftliche Machtverhältnisse kritisch betrachten. Beide nehmen eine poststrukturelle Sicht auf Macht ein. Riegel ergänzt sie um subjektwissenschaftliche Überlegungen und macht queertheoretische sowie postkoloniale Perspektiven stark.

Im Sinne einer kritischen Sozialen Arbeit kann Intersektionalität als Analyseperspektive die Grenzbewegungen von Körpern beleuchten, die Ausdruck sozialer Verhältnisse sind und mit diesen interagieren. Beide Perspektiven öffnen den Blick auf Machtverhältnisse und Positionierungen. Dank unterschiedlicher Theorietraditionen kann die Perspektive einer kritischen Sozialen Arbeit dazu beitragen, dem Anspruch der Sozialen Arbeit an sich gerecht zu werden. Er besteht darin, soziale Probleme und damit verbundene Grenzen zu bearbeiten und dadurch die Handlungsmacht sowohl der professionell Handelnden als auch der Adressat_innen zu erweitern. Mit der Perspektive kritischer Sozialer Arbeit kann auch die Körperlichkeit der Sozialen Arbeit beachtet werden, die sich im sich körperlich Positionieren und im Sprechenlassen und -können ausdrückt. Diese Art von Transformationsprozessen als Bildung betont auch Riegel (vgl. dies. 2016, S. 153 f.). Die Kombination der Perspektive der Sozialen Arbeit als Grenzbearbeitung mit der intersektionalen Perspektive für die Soziale Arbeit und in der Sozialen Arbeit schafft eine Konkretisierung für sowohl die analytische Handlungserweiterung als auch für die Erweiterung der Handlungsmacht in der Praxis Sozialer Arbeit.

Dabei hat die Perspektive von Intersektionalität den Effekt, dass sie die Perspektive der Grenzbearbeitung durchaus noch plastischer und differenzierter werden lassen kann. Denkbar ist sogar eine Art von Operationalisierung der Denkbewegungen um Grenzbearbeitung. Intersektionalität spielt im (sozial)pädagogischen Kontext sowohl für eine diversitätsbewusste Soziale Arbeit (vgl. Leiprecht 2011) als auch für die Anti-Bias-Arbeit (vgl. Schmidt 2015) eine Rolle. In diesen Konzepten ermöglicht sie eine machtsensible Perspektive, aus der heraus unterschiedliche Ungleichheitsverhältnisse analysiert werden können, während die Verwobenheit von Strukturen, Subjekten und Diskursen berücksichtigt wird. Fragen zu entwickeln und zu stellen, stellt eine zentrale Möglichkeit sowohl der Analyse als auch für das Handeln dar.

Rebecca Mörgen fragt danach, wie aus Grenzen „unmögliche Möglichkeiten" (Mörgen 2014, S. 85 f.) werden können. Sie kommt zu dem Schluss, dass Intersektionalität für die Soziale Arbeit „als Instrument der kritischen Analyse und Aufschlüsselung von Strukturen und Mechanismen diverser, miteinander verwobener Differenz- und Ungleichheitsverhältnisse herausgearbeitet werden [kann], als Perspektive der Kritik, der Reflexion und auch der Gestaltung von sozialpädagogischer Hilfe, Unterstützung und Bildung" (Mörgen 2014, S. 85 f. nach Riegel

2012, S. 55). Mörgen stellt fest, die Perspektive von Riegel zu Intersektionalität könne sowohl in der Forschung als auch im sozialpädagogischen Handeln angewendet werden.

Die Frage dieses Kapitels lautet, wie in der Sozialen Arbeit disziplinär mit machtvollen Unterscheidungen in der Adressat_innenkonstruktion umgegangen wird. Ich habe dafür herausgearbeitet, dass der Umgang mit Differenz für die Soziale Arbeit konstituierend ist, dass Soziale Arbeit u. a. aufgrund dessen mit gesellschaftlichen Machtverhältnissen stark verstrickt und an der Aufrechterhaltung dieser beteiligt ist. In den Ansätzen, die auf Ausschlussprozesse fokussieren, wird sie als in einer ambivalenten Situation dargestellt. Die zeichnet sich dadurch aus, dass sie einerseits mit Machtverhältnissen so umgehen soll, dass Adressat_innen weniger in ihrer Handlungsfähigkeit eingeschränkt sind. Andererseits ist Soziale Arbeit in diese Verhältnisse selbst verstrickt und reproduziert sie, wenn sie auf diese reagiert.

In diesem Kapitel habe ich Konzepte, die diesen Widerspruch als zentral erachten in ihrer Geschichtlichkeit vorgestellt, deren Grundlagen erläutert und diskutiert. Schließlich habe ich die beiden von mir als zentral herausgearbeiteten Ansätze, Intersektionalität nach Riegel und Grenzbearbeitung nach Maurer und Kessl, miteinander ins Verhältnis gesetzt. Beide stellen Möglichkeiten für die Soziale Arbeit zur Reflexion und Kritik dar. Dadurch bereichern sie den Diskurs um Soziale Arbeit, in dem es darum geht, sowohl zu analysieren als auch zu Veränderungen bezüglich der eigenen „Selektionsprozesse" (Stehr 2021, S. 206) beizutragen. Den Schwerpunkt legen beide darauf, Machtverhältnisse in ihrer Komplexität wahrzunehmen und Konflikte bspw. in Bezug auf Thematisierung nicht aufzulösen. Vielmehr sollen sie mitgedacht und ins Gespräch gebracht werden.

4 Das Forschungsfeld: Kinder- und Jugendhilfe

Im folgenden Kapitel gebe ich an, in welchem Forschungsfeld Daten erhoben wurden und inwiefern sich das Forschungsfeld für die Fragestellung dieser Arbeit besonders anbietet. Das Feld der Kinder- und Jugendhilfe (KJH) ist sehr breit angelegt und umfasst sehr unterschiedliche Angebote. Um es einzugrenzen, habe ich nach dem Prinzip der minimalen und maximalen Kontrastierung die Offene Kinder- und Jugendarbeit (OKJA) und die Jugendberufshilfe (JBH) ausgewählt. Diese Bereiche der Sozialen Arbeit sind auch historisch angesichts der Kategorisierungen und Adressat_innenkonstruktionen interessant. In der OKJA steht ein emanzipatorischer Bildungsauftrag im Vordergrund. Hier werden erst einmal *alle* Kinder, Jugendlichen und jungen Erwachsenen adressiert. Dagegen ist es das Ziel der JBH, als benachteiligt bezeichnete Jugendliche dabei zu unterstützen, „in Ausbildung" zu kommen oder in den Arbeitsmarkt einzutreten. Die beiden Felder werden häufig im Kontrast dargestellt, wobei das Übergangssystem, wovon JBH ein Teil ist, häufig als Negativfolie von OKJA benannt wird.

Vor dem Hintergrund der bisherigen Ausführungen halte ich es für entscheidend, institutionell, rechtlich, pädagogisch sowie organisational unterschiedlich strukturierte Rahmenbedingungen der KJH bezüglich der pädagogischen Praxis empirisch zu untersuchen. Sie geht aus diesen Bedingungen hervor, die wiederum von der Thematisierung und Herstellung sozialer Differenzen geprägt sind. Im Folgenden möchte ich auf die strukturellen Rahmenbedingungen der OKJA und JBH eingehen, die mit den diskursiven Praxen in Wechselwirkung stehen.

4.1 Jugendberufshilfe

Die JBH, die auch als Jugendsozialarbeit bezeichnet wird, kann als Teil des Übergangssystems verstanden werden. Dieses ist eine Bündelung von Maßnahmen und Angeboten, die den Übergang von der allgemeinbildenden Schule in berufsqualifizierende (Aus-)Bildungsgänge begleiten. Sie stellen kompensatorische Übergangshilfen bereit (vgl. Walther 2013, S. 25). Kompensiert wird in diesem System das Versäumnis der Schulen, Jugendliche in der Form vorzubereiten, dass sie ohne Unterstützung und ohne zusätzliches Zeitaufkommen den Übergang in weitere Bildungsinstanzen, in Ausbildungsgänge oder das Berufsleben bestreiten. Das Angebot des Übergangssystems reicht von offenen Beratungsangeboten (Kompetenzagenturen), begleitenden Maßnahmen während der Schulzeit (Berufseinstiegsbegleitung), über das Nachholen eines Schulabschlusses (berufsvorbereitendes Jahr) bis hin zur Herstellung einer sogenannten „Ausbildungsreife" (Berufsvorbereitende Bildungsmaßnahme), wenn diese als fehlend diagnostiziert wird. Bei der Beschreibung der Adressat_innengruppe wird bereits deutlich, dass hier die Ausrichtung nicht auf der Kompensation von Versäumnissen des Schulsystems liegt. Vielmehr wird davon ausgegangen, dass das Defizit bei den Jugendlichen selbst zu verorten ist. Bevor ich Zuschreibungspraktiken und den Zusammenhang des Übergangssystems mit Normalisierungseffekten sowie der Ökonomisierung der Sozialen Arbeit ausführe, will ich im Folgenden auf Übergänge generell und die Rolle der Sozialen Arbeit diesbezüglich eingehen.

Ausgehend von Arnold van Genneps „Übergangsriten" (1909) stellen Andreas Walther und Marc Weinhardt fest, „dass Individuen zur Bewältigung biographischer Übergänge schon immer (auch informelle) Beratung in Anspruch nehmen und in traditionellen Übergangsritualen Beratungselemente enthalten waren" (Walther/Weinhardt 2013, S. 8). Es ist also anzunehmen, dass Übergänge im Lebenslauf schon sehr lange als herausfordernde Passagen angesehen werden, die Beratung oder Begleitung bedürfen und „von vielen Menschen als belastend" (ebd.) erlebt werden. Sie beschreiben Übergänge auch als „Sollbruchstellen" (a. a. O., S. 19). Zumindest erweist sich aber, um welch sensible Lebensphasen es sich dabei handelt. Nach Andreas Walther werden Übergänge häufiger thematisiert werden, seitdem sie nicht mehr einfach den institutionellen Wegen folgen, sondern flexibler gestaltet werden und eine individuelle Bewältigung dieser erforderlich wird (vgl. Walther 2014, S. 26). Diese Entwicklungen werden in einer gesellschaftlichen Analyse als Individualisierung sowie postmoderne Entwicklungen bezeichnet. Ein Vertreter dieser Theorie ist bspw. Ulrich Beck mit seiner Gesellschaftsanalyse „Risikogesellschaft" (2016).

Fabian Kessl beschreibt die Jugendsozialarbeit, worunter laut §13 SGB VIII die JBH zählt, als Erbin des Bereiches der Jugendfürsorge aus dem Reichsjugendwohlfahrtsgesetz von 1922/24. Ihr werde „im Unterschied zu den Kindergärten und der Kinder- und Jugendarbeit als ‚Bildungsangebote', noch immer die Aufgabe sozialpädagogischer Normalisierungsarbeit explizit zugeschrieben" (Kessl 2006, S. 71). Konkrete Aufgabe des Übergangssystems ist die Begleitung und Unterstützung junger Erwachsener, den Weg von der Schule ins Berufsleben zu bestreiten. Das hat gesellschaftlich die Funktion zu lernen, mit Flexibilisierung, Offenheit und Ungewissheit zurechtzukommen und das Leben wieder *in die richtigen Bahnen* zu lenken – eine anerkannte Normalität herzustellen.

Das Angebot des *aktuellen* Übergangssystems richtet sich laut Definition an junge Erwachsene oder Jugendliche, die als „benachteiligt" gelten oder deren Übergang „als besonders problematisch (aufgrund formaler Kriterien oder belastender Lebensfaktoren) eingestuft und prognostiziert wird" (Hirschfeld/Walter 2013, S. 177). Dabei sollen diese Maßnahmen und Angebote „einen Beitrag zur Kompensation vielfältiger Benachteiligungen im Übergang leisten sowie Chancen junger Erwachsener zur Integration in den Ausbildungs- und Arbeitsmarkt"

(a. a. O., S. 163) erhöhen. Übergänge ans sich, aber auch die Art und Weise wie sie gestaltet werden, stellen im Lebenslauf auch angesichts sozialer Ungleichheit immer wieder eine Herausforderung dar (vgl. Solga / Dombrowski 2009, S. 47). „Selektionsmechanismen" (ebd.) im Rahmen gesellschaftlicher Macht- und Ungleichheitsverhältnisse werden hier besonders wirksam. Das Übergangssystem kommt in diesem Falle die Aufgabe zu, genau mit diesen umzugehen (vgl. Walther 2013, S. 25). Das geschieht aus unterschiedlichen Perspektiven.

Eine dieser Perspektiven ist – neben der Perspektive der ausschließlichen Arbeitsmarktorientierung u. a. – die der Sozialen Arbeit. „Übergänge bedeuten Anforderung und Ungewissheit, müssen als solche bewältigt werden, dies wiederum erfordert Kompetenz(en) (wenn nicht Bildung) und verweist auf die (gesellschaftliche) Notwendigkeit pädagogischen Handelns." (Walther 2013, S. 17) Es geht um die Herausforderung für das Übergangssystem, „als Gate-Keeperin im Lebenslaufregime zu fungieren, indem [es] Prozesse der Selektion und Zuweisung zu unterschiedlichen und ungleichen Lebenslaufbahnen reguliert, prozessiert, kommuniziert und abfedert" (vgl. Heinz 1992 nach Hirschfeld / Walter 2013, S. 165). Diese Unterstützung und Begleitung sind v. a. deswegen notwendig, weil die Bewältigung von Defiziten als individuelle Aufgabe der Jugendlichen verstanden wird. Dabei werden die Defizite ihnen zuvor in individualisierender Weise zugeschrieben. Diese Logik entspricht dem Sprichwort, das gleichzeitig als Appell zu lesen ist: „Des eigenen Glückes Schmied sein." Klar ist, dass sich gesellschaftliche Verhältnisse von Macht und Ungleichheit nach einem solchen Verständnis legitimieren und manifestieren.

Dass das Übergangssystem im Laufe der zweiten Hälfte des 20. Jahrhunderts an Popularität gewonnen hat, hängt auch damit zusammen, dass das Bewusstsein für „die abnehmende Selbstverständlichkeit der ihnen zugrundeliegenden Normalitätsannahmen" (Walther 2013, S. 24) zugenommen hat. Zwar ist also das Bewusstsein für eine Vielfalt an Lebensverläufen größer geworden. Nichtsdestotrotz scheinen sich Systeme wie das Übergangssystem nach wie vor an *Normalverläufen* zu orientieren. *Normal* ist dann all das, was gemäß dem dominanten Diskurs als selbstverständlich verstanden wird, was nicht abweicht und auffällt. Zentraler Orientierungsprunkt scheint hierbei nach wie vor ein *weißer*, nicht migrierter oder rassistisch markierter, gesunder, heterosexueller, in einer Paarbeziehung lebender Mann zu sein: In einem Normallebenslauf ist kein Platz für die Auseinandersetzung mit Herkunft, mit Benachteiligungen aufgrund des Geschlechts oder aufgrund körperlicher, psychischer und geistiger Einschränkungen. Die Entwicklung der Diversifizierung von Lebensläufen und dem gleichzeitigen Festhalten an dem Bild eines „Normallebenslaufs" (Walther 2013, S. 19) stellt die Soziale Arbeit im Übergangssystem vor eine paradoxe Herausforderung: Einerseits ist das Übergangssystem deswegen so nachgefragt, *weil* Normallebensläufe nicht mehr als selbstverständlich angesehen werden. Andererseits orientiert sich dieses System in seinem Aufbau und seinen Arbeitsweisen selbst an dieser Idee von Lebensläufen.

Einem sozialpädagogischen Vorgehen im Übergangssystem kommt dann die Aufgabe zu, mit Effekten von sozialer Ungleichheit und Machtverhältnissen umzugehen (vgl. Walther 2013, S. 20), die bereits im System Schule verfestigt werden (vgl. Solga/Dombrowski 2009, S. 35). Angesprochen werden in diesem Zusammenhang Geschlecht, soziale Herkunft und der sogenannte Migrationshintergrund. Im gesellschaftlichen Zusammenhang gelten sie als Gründe für soziale Ungleichheit oder als Risikofaktoren (vgl. Solga/Dombrowksi 2009, S. 20, 33; Walther 2013, S. 27; Pohl 2013, S. 69; Dick 2015, S. 18 f.; Lichtwardt 2016, S. 21; Stauber 2020, S. 231 ff.). Bei der Auswahl, wer Adressat_in des Übergangssystem sein kann, wird auf „bildungsbürgerliche Vorstellungen [zurückgegriffen], welche einen bestimmten Wissens- und Kompetenzkanon als gesellschaftlich relevant markieren" (Ahmed/Müller/Schwanenflügel 2013, S. 136). Die Orientierung an den Vorstellungen eines Normallebenslaufs rückt den dazu im Kontrast verwendeten Begriff der Benachteiligung ins Zentrum der Aufmerksamkeit. Dieser zeigt auf, dass es Hürden geben kann, die dazu führen, dass ein Normallebenslauf nicht realisiert werden kann oder wird. Walther bezeichnet das mit Castell (2000) auch als „Anschlussrisiken" (ebd. nach Walther 2013, S. 25). Gleichzeitig stellt er fest, dass die „‚große Erzählung' vom Normallebenslauf [...] immer weniger" (Walther 2013, S. 28) aufgeht (vgl. auch Walther/Stauber 2018, S. 910). Mit der Verwendung des Ausdrucks „große Erzählung" scheint er auf die Dominanz und Selbstverständlichkeit dieses Diskurses hinweisen zu wollen. Zusammen mit Barbara Stauber erklärt er, dass die häufig zitierte „Normalfamilie", obwohl es sie nie gegeben hat, für viele politische und sozialstaatliche Entscheidungen Orientierungspunkt bleibt (vgl. a. a. O., S. 909).

Wie erwähnt, bezieht sich eine dominante Vorstellung davon, was ein Normallebenslauf ausmacht, auf bestimmte Auffassungen bezüglich *race*, *class* und *gender*. Bei der Verwendung von Begriffen wie bspw. dem der sozialen Herkunft wird deutlich, dass damit Verhältnisse von Macht und Ungleichheit sowie Erfahrungen von Diskriminierung nicht thematisiert werden. Vielmehr bewirkt der Begriff, dass die Person, die eine bestimmte soziale Herkunft hat, als zu bearbeitendes Subjekt wahrgenommen wird. Neben *race*, *class* und *gender* sind in eine dominante Vorstellung eines Normallebenslaufs weitere Komponenten inbegriffen, die häufig unthematisiert bleiben und eine implizite Wirkung haben. Sie sind so selbstverständlich mit der Vorstellung eines Normallebenslaufs verknüpft, dass sie nicht einmal erwähnt werden müssen. Dagegen umfasst die bürgerliche Vorstellung eines Normallebenslaufes Vorstellungen zu Differenzkonstruktionen wie (dis)ability, Alter, Körper etc. Andreas Walther greift auf Foucault und dessen Analyse der Herstellung von Normalität und Machtverhältnissen zurück, die u. a. aufgrund von Diskursen erfolgt. Er hält fest, dass die Herausbildung der Jugendphase selbst „von der Schaffung von Bildern normaler bzw. ‚gesunder' Jugendlicher begleitet wurde" (Walther 2014, S. 20). Geschlecht, Gesundheit und soziale Herkunft bezeichnet er als mögliche Risikofaktoren (vgl. ebd.), weitere Differenzkonstruktionen in Bezug auf Macht und Ungleichheit bleiben an dieser Stelle allerdings unerwähnt. Innerhalb der dominant geführten Diskurse überlagern sich jedoch weitere Macht- und Herrschaftsverhältnisse. Erkennbar werden sie meist erst, wenn eine Abweichung vorliegt oder selbstverständliche Annahmen überbetont werden.

Abweichungen von der Vorstellung von Normalität finden erst dann Eingang in Formulierungen, wenn das Schlagwort *Benachteiligung* fällt, das die Homogenität einer bestimmten Gruppe suggeriert. Deren Mitglieder werden allerdings erst *aufgrund* dieser Zuschreibung benachteiligt (vgl. Oehme 2016, o. S.). Dabei sind, wie Andreas Oehme erklärt, Adressat_innengruppen keine realen Gruppen, sondern eine Konstruktion (vgl. ebd.). „Sie werden allein zur Organisation der Förderung dieser Gruppe zusammengefasst: Aufgrund von Merkmalen, die Förderung begründen sollen, zum Beispiel Migrationshintergrund, ein fehlender oder gefährdeter Schulabschluss, eine fehlende Ausbildungsperspektive, eine Behinderung. Oder wir wählen Verhaltensweisen wie geringe Motivation, fehlender Arbeitstugenden (früh aufstehen, regelmäßig erscheinen etc.), geringe Sozialkompetenz in betrieblichen Kontexten oder Kommunikationsfähigkeit." (ebd.) Die Formulierung von Bedarfen und Bedürfnissen der Jugendlichen ist Teil eines kommunikativen Prozesses. Oehme verweist auf unterschiedliche gesellschaftliche Ebenen, die dabei angerufen und einbezogen werden: die individuelle Ebene, gesellschaftliche Verhältnisse sowie die diskursive Ebene („Interpretation"). Bedarfe sind demnach nicht der Zielgruppe allein zuzuschreiben, sondern „stehen in Relation zu den Verhältnissen" (ebd.).

Aus sozialpädagogischer Perspektive können die Kriterien der mangelnden Ausbildungsreife und Benachteiligung, die im rechtlichen Kontext benannt werden, als „[i]deologisch-kulturelle Grundlagen" (Pohl 2013, S. 74) beschrieben werden. Dieses Verständnis ermöglicht eine alternative Sicht auf *mangelnde Ausbildungsreife* sowie *Benachteiligung*: Demnach sind sie nicht als gegebene Faktoren zu begreifen, sondern als kontingente, von kulturellen Deutungsweisen geprägte Kriterien, die sich als eine dominante Lesart der bezeichneten Zustände beschreiben lassen. Wie Oehme konstatiert, gibt es Merkmale, auf die sich berufen wird, um eine Zielgruppe zu definieren. Andere bleiben dagegen dethematisiert (vgl. Oehme 2016, o. S.). Die Frage ist, welche Differenzkonstruktionen, die durch Effekte von Macht und Ungleichheit geprägt sind, thematisiert bzw. dethematisiert werden.

Dass der äußere Rahmen für die Definition einer Adressat_innengruppe eine enorme Rolle spielt, zeigt Axel Pohl in seiner internationalen Studie auf (vgl. Pohl 2013, S. 47f.). Über einen Vergleich stellt er die Ähnlichkeiten und Unterschiede der „vorgenommenen Kategorisierungen und Etikettierungen" (ebd.) heraus. Er betont, wie stark Diskurse die Möglichkeiten der Benennung beeinflussen.

Auch Sarina Ahmed, Sylvia Müller und Larissa von Schwanenflügel sind der Auffassung, dass der Fokus der Beschreibung und Ansprache ein sehr reduziertes und damit zuschreibendes sowie defizitäres Bild der Adressat_innen zeichnet: „Lebensweltlich erworbene Fähigkeiten, Wissen und biografische Wandlungen, die mit einem Zuwachs an Reflexionsfähigkeit einhergehen, welche diesem Kanon nicht entsprechen, werden oftmals nicht als Bildung anerkannt und damit systematisch abgewertet." (Ahmed/Müller/Schwanenflügel 2013, S. 136) Dass die Beschreibung einer Adressat_innengruppe häufig nicht als defizitär, individualisierend und zuschreibend wahrgenommen, sondern bspw. als Rechtsanspruch ausgewiesen wird (vgl. bspw. Hecker 2015, S. 34, 40), zeigt, wie wirksam implizite Zuschreibungen im dominanzkulturellen Diskurs sind. Die damit zusammenhängende Perspektive steht im Widerspruch zu einer, die Zuschreibungen als kontingent versteht.

Mit der Sichtweise, die Ahmed, Müller und Schwanenflügel u. a. darstellen, erfasst allerdings auch individualisierende Diskurse, die „'[u]nzureichende' Bildungsabschlüsse" den „Jugendlichen v. a. selbst als Defizit [zuschreiben]" (Hirschfeld/Walter 2013, S. 165). In einem Umfeld, wo defizitäre Zuschreibungen individualisiert werden, ist es nur nachvollziehbar, dass allein schon die *Adressierung* und *Nutzung* des Übergangssystems stigmatisierende Erfahrungen sein können (vgl. Walther 2013, S. 24). Innerhalb des Systems hat diese Individualisierung von Problemlagen zur Folge, dass auch die Angebote individuell zugeschnitten werden und aktivieren sollen (vgl. u. a. Oehme 2016, o. S.). Daraus ergibt sich ein Teufelskreis: Die Festlegung auf „die vermeintlich individuellen Defizite" (Pohl 2013, S. 75) erhöht die Wahrscheinlichkeit des Gefühls von Stigmatisierung. Das ist v. a. dann gegeben, wenn Adressat_innen des Übergangssystems *trotz* der genauen Passung der Angebote den direkten Weg in den Arbeitsmarkt nicht bewältigen. Pohl fragt, wie Fachkräfte mit diesem Dilemma umgehen: bei Übergängen zu begleiten und zu beraten mit dem Wissen, gleichzeitig zu stigmatisieren (vgl. ebd.). Diese Frage stellt sich v. a. dann, wenn das Übergangssystem maßgeblich von strukturellen Vorgaben wie dem SGB II und dem SGB III reguliert werden, da diese aktuell dazu veranlassen, „stigmatisierende Etiketten anwenden zu müssen" (Oehme 2016, o. S.).

Der JBH einen Gesetzestext zuzuordnen, ist nicht so einfach wie bei der OKJA[30]. Für das Übergangssystem gibt es drei Sozialgesetzbücher, die in einem komplexen Verhältnis zueinander stehen. Dieses wird durch eine Konkurrenzrege-

---

30 Ausführlich befassen sich Johannes Münder und Albert Hofmann (2017) in ihrer Veröffentlichung „Jugendberufshilfe zwischen SGB III, SGB II und SGB VIII" damit. Sie empfehlen zusammenfassend eine stärkere Einbindung sozialpädagogischer Perspektiven, sodass diese „gegenüber den arbeitsmarktzentrierten Leistungen [nicht mehr nachrangig] sind" (dies., 49).

lung[31] organisiert, die eine Kongruenz voraussetzt. Im Folgenden soll der Diskurs um diese Entwicklung wiedergegeben werden, der eine kritische Haltung einnimmt. Die JBH macht einen kleinen Anteil des Übergangssystems aus: Lediglich gute 4 Prozent werden durch die KJH finanziert, die restlichen 96 Prozent werden von anderen Akteur_innen getragen (vgl. Bertelsmann-Stiftung 2006 nach Pingel 2010, S. 9). Die Gesetzbücher SGB II (Grundsicherung für Arbeitssuchende), III (Arbeitsförderung) und VIII (Kinder- und Jugendhilfegesetz) folgen unterschiedlichen Logiken: „Den Rechtsnormen liegt eine differente Handlungsorientierung von Arbeitsverwaltung und Jugendberufshilfe zugrunde" (Heuer 2012a, S. 12). Das hat zur Folge, dass der ambivalente Zustand im Übergangssystem, wonach einerseits Normalisierung unterstellt und andererseits „sozialpädagogische ‚Normalisierungsarbeit'" geleistet wird (a. a. O., S. 14), verstärkt wird. Diese Normalisierungsarbeit wird durch Sanktionen (SGB II und III) herbeigeführt und umgesetzt (vgl. Pingel 2010, S. 6). Dass die Paragrafen der unterschiedlichen Gesetzbücher kongruent sind (was die Voraussetzung einer Konkurrenzregelung ist), wird u. a. durch diese Sanktionierungsmöglichkeiten infrage gestellt: Ist im § 13 SGB VIII die JBH so geregelt, dass sie umfassend und lebensweltorientiert arbeitet, folgen die anderen beiden Gesetzbücher der Logik des aktivierenden Sozialstaates. In diesem wird das Übergangssystem als „arbeitsmarktfixierte Integrationsförderung" verstanden (Heuer 2012b, S. 21). Strukturelle Problematiken werden somit individualisiert (s. bspw. „Fachkonzept für berufsvorbereitende Bildungsmaßnahmen nach §§ 51 ff SGB III", 1).

Nach Einführung des SGB II im Jahr 2005 entschieden viele Kommunen, die „(fälschlicherweise) so genannten ‚freiwilligen Leistungen' der Jugendhilfe" (Pingel 2010, S. 6), worunter die Jugendsozialarbeit fällt, entweder stark in ihrem Umfang zu reduzieren oder ganz zu streichen (vgl. a. a. O., S. 4 ff.). Das SGB II „Grundsicherung für Arbeitssuchende" sowie das in § 10 Abs. 3 SGB VIII geregelte Vorrang-Nachrang-Verhältnis ermöglichte den Kommunen, diese Entscheidung zu treffen. Zudem konnten sie die Förderung junger Menschen in Bezug auf die „schulische und berufliche Ausbildung, Eingliederung in die Arbeitswelt und ihre soziale Integration" (§ 13 (1) SGB VIII) anderen Geldgeber_innen wie der Bundesagentur für Arbeit überlassen (vgl. Pingel 2010, S. S. 5–8). Das bedeutet, dass „die Finanzierung der Jugendsozialarbeit immer weniger von klassischen Zuwendungen geprägt ist, sondern durch Vergabe von Aufträgen unter Marktbedingungen Angebote von verschiedenen – auch gewerblichen – Dienstleistern entwickelt

---

31 Liegt eine „Leistungskongruenz" vor, wie sie zwischen § 13 SGB VIII, §§ 3, 7, 8, 9, 16 SGB II und §§ 35, 48, 59, 65 SGB III angenommen wird, wird eine „Leistungskonkurrenz" festgestellt, die durch Nach- und Vorrangigkeit geregelt ist. In dem vorliegenden Fall ist der § 13 SGB VIII dem SGB II und dem SGB III nachrangig (§ 10 Abs. 2 S. 1 SGB VIII und § 10 Abs. 2 S. 2 SGB VIII) (vgl. Kunkel 2005, 1). So ist die JBH nur noch in seltenen Fällen durch das SGB VIII, dem Kinder- und Jugendhilfegesetz, verantwortet.

und umgesetzt werden" (a. a. O., S. 5). Die Einführung der sogenannten Hartz-Gesetzgebung bewirkte, dass sich die Vergabekriterien für Maßnahmen, für deren Umsetzung sich Jugendhilfeträger von da an bewerben mussten, nach der Prämisse von Preis-Leistung richten. Ein Viertel der Stellen pädagogisch Arbeitender ging verloren (vgl. Rietzke 2006). Stellt Tim Rietzke im Jahr 2006 noch infrage, dass fachliche Standards der JBH nach dieser Entwicklung eingehalten werden, kann Andrea Pingel schon vier Jahre zeigen, dass bei den erwähnten anderen Dienstleistern „fachliche Standards der Jugendhilfe kaum eingehalten werden" (vgl. Pingel 2010, S. 5). Anders als im SGB VIII vorgesehen, werden für Angebote des Übergangssystems, die dem SGB II und III unterstellt sind, Entscheidungen tendenziell meist von Behörden getroffen, ohne Adressat_innen noch Professionelle aus den Bereichen befragt zu haben (vgl. Oehme 2016, o. S.). Das Übergangssystem ausschließlich als Teil der Sozialen Arbeit zu verstehen, ist demnach nicht selbstverständlich.

Eine andere Perspektive auf das Übergangssystem sieht dessen wesentliche Aufgabe in der Berufsausbildungsvorbereitung, die über das BBiG (Berufsbildungsgesetz) geregelt ist (Hecker 2015, S. 17 ff.). Laut Gertrud Kühnlein sollte die Novellierung des Berufsbildungsgesetzes (BBiG) im Jahr 2005 und die damit verbundene Aufnahme und Anerkennung von Maßnahmen das Übergangssystem als Teil des Berufsbildungssystems aufwerten (vgl. Kühnlein 2008, S. 52). Der Anteil der Jugendlichen, die an Maßnahmen des Übergangssystems teilnehmen, stieg von 1995 bis 2004 an (vgl. ebd.). Kühnlein sieht in dieser Entwicklung den Anlass zur strukturellen Aufwertung des Systems, sodass für die Jugendlichen und jungen Erwachsenen die „Vielzahl der Förder- und Qualifizierungsmaßnahmen" nicht mehr „lediglich temporäre Notlösungen zur Überbrückung eines vorübergehenden Engpasses" (ebd.) sein müssten. Parallel dazu steige die Verantwortung der Kommunen, die dazu aufgefordert werden, diese auch anzunehmen (vgl. a. a. O., S. 52). Nach 2005 sank die Anzahl der Jugendlichen und jungen Erwachsenen im Übergangssystem wiederum tendenziell stark (vgl. Autorengruppe Bildungsberichterstattung 2020, S. 152), die zwischendurch in 2015 und 2016 nur für kurze Zeit wieder anstieg. Als verantwortlich dafür wird die kurzfristig hohe Anzahl an jungen Erwachsenen und Jugendlichen gesehen, die aufgrund von Flucht (noch) keinen anerkannten Bildungsabschluss hatten. Deutlich wird hier, dass das Übergangssystem ein System von Kompensation bleibt. Das reguläre Schulsystem schien überfordert.

Um im Übergangssystem gut begleiten zu können und um u. a. mit stigmatisierenden Zuschreibungen, der Ambivalenz zwischen Rechtsanspruch und Stigmatisierung etc. umgehen zu können, werden aus der Theorie der Sozialen Arbeit unterschiedliche Konzepte bereitgestellt. Auf diese Konzepte wird im Kontext des Übergangssystems – unabhängig davon, welchem Sozialgesetzbuch sie zugeordnet sind – immer wieder Bezug genommen. Sie tauchen sowohl in der Fachliteratur als auch in Konzepten von Einrichtungen oder Angeboten aus dem

Übergangssystems wiederholt auf, auch wenn es sich um Maßnahmen handelt, die nicht originär aus der Sozialen Arbeit stammen. Es handelt sich dabei v. a. um die Konzepte der Subjektorientierung, mit denen sich Walther und Stauber auseinandersetzen. Das ist zum einen die Lebensweltorientierung, die in erster Linie mit Hans Thiersch in Verbindung gebracht und auf die sehr vielseitig im Kontext der Sozialen Arbeit hingewiesen wird. Einen vergleichbaren Stellenwert hat zum anderen das Bewältigungskonzept nach Lothar Böhnisch. In diesen Konzepten geht es darum, in sozialpädagogischen Settings nicht defizitorientiert zu handeln, sondern an der Lebenswelt und dem Subjekt anzusetzen. Sie streben einen Perspektivenwechsel in der Sozialen Arbeit an (vgl. Böhnisch 2015, S. 25 ff.; Grunwald/Thiersch 2015; Walther/Stauber 2013; Walther/Stauber 2015): Defizitbeschreibungen als kontingent zu verstehen und zu fragen, was die als Defizit gelesenen Eigenschaften oder Handlungsweisen aus einer anderen Perspektive bedeuten könnten. Gemeinsam ist ihnen, dass sie den Kontext des Handelns berücksichtigen und die Adressat_innen als Subjekte begreifen, die einen Weg suchen, ihre Handlungsfähigkeit zu erweitern, zu behalten oder wieder herzustellen (vgl. ebd.). Soziale Arbeit sowie die Subjekte in der Sozialen Arbeit werden im Wechselspiel und ihrer Verwobenheit mit gesellschaftlichen Verhältnissen von Macht und Ungleichheit wahrgenommen, in denen sie jeweils Strategien und Taktiken entwickeln, um auch mit widersprüchlichen Gegebenheiten umzugehen (vgl. ebd.). Diese Strategien und Taktiken sind wiederum mit Normen verbunden. Sie können diesen entsprechen und sie stabilisieren, sie können diesen entgegengesetzt sein, sie können diese transformieren etc. Soziale Arbeit sollte es unterstützen und vermitteln, mit den Widersprüchlichkeiten zurechtzukommen (vgl. ebd.).

Es sollte deutlich geworden sein, dass das Übergangssystem einen sehr prekären Ort für Soziale Arbeit als Grenzbearbeitung darstellt. Die ambivalente Stellung der Sozialen Arbeit, die einerseits die Folgen vorgegebener Normen bearbeiten muss, an denen sie sich andererseits orientiert, ist hier in besonderer Schärfe sichtbar. Die starke Normierung durch u. a. die Hartz-Gesetzgebung und das daraus folgende Konkurrenzverhältnis der Gesetzbücher, die unterschiedlichen Logiken[32] folgen, verstärkt die Dringlichkeit, die widersprüchlichen Anforderungen zu meistern.

Die Aufgabe der Sozialen Arbeit, die Adressat_innen in *ihrem* Weg zu unterstützen, konfligiert mit dem vorgegebenen institutionalisierten Weg, sich

---

32 Eine ganzheitliche und subjektorientierte Perspektive sei ausschließlich im SGB VIII zu finden (vgl. Dick 2015, 29). Dagegen folgt das SGB II den Prinzipien der „Work-first-Orientierung", die beinhaltet, dass nicht eine Ausbildung im Vordergrund steht, sondern das Eintreten in den Arbeitsmarkt, die Philosophie des „Fördern und Forderns" sowie Formulierungen wie „Bereitstellung neuer Förderinstrumente und Dienstleistungen" (Kühnlein 2008, 51). An dieser kurzen Gegenüberstellung wird bereits nachvollziehbar, dass die (juristische) Festlegung von Kongruenz (aus sozialpädagogischer Perspektive) infrage gestellt wird.

an dominanzkulturellen Normalitäten wie dem *Normallebenslauf* oder der *Normalfamilie* zu orientieren. Die gesellschaftliche Analyse allerdings zeigt auf, dass die Vorstellung eines Normallebenslaufs oder einer Normalfamilie aufgrund von Entwicklungen wie Individualisierung, Pluralisierung, Fragmentierung etc. Fiktion ist. Stauber plädiert mit der Perspektive einer reflexiven Übergangsforschung dafür, „sich in den unterschiedlichen thematischen Bezügen von Übergangsforschung immer auch einer machtsensiblen Analyse der Konstitutionsbedingungen für Übergänge zu widmen" (Stauber 2020, S. 243). Aus einer differenz-, macht- und ungleichheitssensiblen Perspektive ist sogar infrage zu stellen, ob der Normallebenslauf jemals verallgemeinerbare Gültigkeit besaß: Denn die Vorstellung eines Normallebenslaufs oder einer Normalfamilie ist doch stark mit der u. a. weißen, geableden, männlichen, nicht rassistisch markierten Sicht verknüpft. Vor einem solchen Hintergrund sind gerade die für die Soziale Arbeit notwendigen Kategorisierungen bei der Adressat_innenkonstruktion besonders folgenreich, sowohl für die jungen Menschen im Übergangssystem als auch für deren Familien und Umfeld.

4.2 Offene Kinder- und Jugendarbeit

> „Jugendarbeit ist Teil der Sozialisations-, Erziehungs- und Bildungsangebotes für Kinder, Jugendliche und junge Erwachsene außerhalb von Familie, Schule/Ausbildung und Erwerbsarbeit. Sie basiert auf Freiwilligkeit der Teilnahme und umfasst als eigenständiges pädagogisches Feld in der Freizeit eine Vielzahl von Angeboten und Maßnahmen, Einrichtungen und Trägern." (Hafeneger/Schröder 2005, S. 840)

Im Folgenden werden das Forschungsfeld der OKJA sowie dessen theoretische und konzeptionelle Auseinandersetzung mit Differenz und Ungleichheit aufgearbeitet. Dazu gehört es, den Kontext, die Möglichkeitsräume und die Zwänge der Einrichtungen/Angebote der OKJA aufzugreifen. Es wird aufgezeigt, in welchen Spannungsfeldern sich die OKJA bewegt. Hierbei gehe ich v. a. auf das emanzipatorische Selbstverständnis und die im Titel erwähnte Offenheit sowie das Spannungsfeld ein, das sich in der Kooperation mit Schule ergibt. In Ansätzen wird an einigen Stellen schon kontrastierend Bezug zur JBH genommen.

Die OKJA ist von ihrer Geschichte her ein Bildungsfeld der Sozialen Arbeit, das einen weiten Fokus hat. Deren Potenzial wird in der Offenheit und in ihrem emanzipatorischen Anspruch verortet. Die Rahmenbedingungen von Jugendarbeit sind im § 11 SGB VIII festgelegt. Die Angebote „sollen an den Interessen junger Menschen anknüpfen und von ihnen mitbestimmt und mitgestaltet werden, sie zur Selbstbestimmung befähigen und zu gesellschaftlicher Mitverantwortung und zu sozialem Engagement anregen und hinführen" (§ 11 (1) SGB VIII). Benno Hafeneger erklärt unter Bezugnahme auf Mollenhauer (1964), dass sich die OK-

JA zu einer „autonomie- und partizipationsorientierten Jugendarbeit" entwickelt hat, bei der auf Schlagworte wie Emanzipation, Interessensvertretung, Demokratie und Partizipation zurückgegriffen wird (Hafeneger 2005, S. 843). Jugendarbeit findet v. a. in Kinder- und Jugendtreffs, in niedrigschwelligen Beratungsangeboten, in Spielmobilen oder auch auf Abenteuerspielplätzen/in Stadtteilbauernhöfen statt.

Durch ihre Offenheit und die Orientierung an umfassenden Bildungsprozessen sowie ihrem – im Unterschied zu vielen Arbeitsfeldern der Sozialpädagogik – nicht eingreifenden bzw. nicht kompensatorischen Charakter hat die OKJA „institutionelle Potenziale[,] sich auf die Bildungsthemen und chaotischen Bildungsprozesse" (Sturzenhecker 2008, S. 157) von Kindern und Jugendlichen einzulassen und sie bei diesen unterstützend zu begleiten. Hierbei entfaltet sie ihren emanzipatorischen Charakter oder hat zumindest die Möglichkeit dazu (vgl. Sting/Sturzenhecker 2021, S. 677). Emanzipation geht mit der Gewinnung oder Herstellung von Handlungsmacht einher. Im Konzept einer subjektorientierten Jugendarbeit bedeutet sie, dass sich die Kinder und Jugendlichen selbst als Subjekt begreifen, das in einer wechselseitigen Einflussbeziehung mit den Strukturen steht (vgl. Scherr 1997, S. 53 ff.). Dementsprechend sollen Jugendliche dabei begleitet und unterstützt werden, Handlungsspielräume zu erkennen und/oder sich zu erschließen und zu nutzen (vgl. ebd.). Dieses Konzept basiert auf Axel Honneths „Kampf um Anerkennung" (1992). Das Ziel, das im Vordergrund steht, ist das Erlangen von „Selbstbestimmung" (Sturzenhecker 2008, S. 149). Als relevante Aspekte werden dahingehend Wissen und Reflexionsfähigkeit genannt (vgl. ebd.).

Zwar werden in diesem Konzept, das Benedikt Sturzenhecker (2008) als „elaborierteste Theorie zur emanzipatorischen Bildung in der Jugendarbeit" (ebd.) bezeichnet, die Verwobenheit von Subjekt und Struktur benannt. Diskurse spielen dabei allerdings (noch) keine Rolle. Schmerzhafte Otheringprozesse bleiben in dieser Perspektive unberücksichtigt. Solche beschreibt Nicole Lormes (vgl. 2012, S. 234 f.) in ihrem Forschungs- und Erfahrungsbericht aus der Mädchenarbeit aufgrund der Reproduktion eines dominanten Diskurses. In diesem werden Heteronormativität und Rassismus als selbstverständlich und deswegen *nicht* wahrgenommen und/oder hingenommen. In eine ähnliche Richtung argumentiert Ulrike Graff, die empirisch begründet, dass Mädchen die OKJA häufig überhaupt nicht als ihre Räume empfinden (vgl. Graff 2011, S. 182 f.). Damit werde dem Offenheitsprinzip der OKJA nicht entsprochen, in diesem Falle nicht aufgrund institutionalisierter Hürden, sondern aufgrund von Praktiken und Diskursen. Das sind Beispiele dafür, dass die OKJA in ihrer Adressierung *aller* Kinder und Jugendlicher doch nur eine bestimmte Klientel erreicht – und andere davon ausgeschlossen sind oder sich nicht adressiert fühlen (vgl. Icking/Sturzenhecker 2021, S. 828).

Es stellt sich die Frage, wer sich auf welche Weise von der OKJA praktizierten Offenheit angesprochen fühlt. „Wie also kann die Offene Kinder- und Jugendarbeit dazu beitragen, dass sich alle Kinder und Jugendlichen als gleichberechtigte Verschiedene in ihrer Unterschiedlichkeit partizipativ einbringen können und Ausschlüsse vermieden werden?" (Beck/Plößer 2021, S. 280) Offenheit kann unterschiedlich gelesen und verstanden werden. Einerseits bedeutet sie einen Zugang für alle* Interessierten und will so einer Stigmatisierung vorbeugen. Das heißt, es braucht formal keine bestimmten Zugehörigkeiten, um teilnehmen zu können: Es dürfen sich alle Kinder und Jugendlichen angesprochen fühlen. Andererseits gibt sie den Grad der Institutionalisierung und die Möglichkeit des Zugangs an, der in der OKJA wenig formalisiert ist: Es bedarf keiner Anmeldung. Dieser Aspekt von Offenheit hängt mit der Idee der Freiwilligkeit zusammen: Die Kinder und Jugendlichen entscheiden selbst anhand ihrer eigenen subjektiven Kriterien, ob, wann und für wie lange sie teilnehmen. Beide Aspekte haben mit Aus- und Einschluss zu tun und sind in den meisten Fällen nicht klar voneinander abzugrenzen.

Auch wenn der Zugang zu Einrichtungen und Angeboten der OKJA wenig formalisiert abläuft, gibt es bestimmte Eintrittsvoraussetzungen, die in Praktiken, Ritualen und der Gestaltung von Räumen sichtbar werden. Sie werden von Maren Zeller und Stefan Köngeter als „stumme Erwartungen" (dies. 2013, S. 572) bezeichnet. Der Ausdruck vermittelt, dass, selbst wenn der Eintritt formell nicht geregelt ist, trotzdem Erwartungen an die Jugendlichen und Kinder herangetragen werden. Diese Art des offenen Zugangs macht das Eintreten allerdings nicht weniger komplex, als es ein formalisierter Zugang täte (vgl. Zeller/Köngeter 2013, S. 573). Dabei können unterschiedliche, nicht intendierte Kriterien bei der Zugangschance oder dem Zugangsinteresse aufseiten der Kinder und Jugendlichen eine Rolle spielen. Genannt werden u. a. Geschlecht, Alter, Lebensformen, Migrationshintergrund und Bildungsniveau sowie Ort der Einrichtung. Daneben spielt auch das Image der Einrichtung eine Rolle und auch, ob die Peergroup sie besucht (vgl. Schmidt 2011, S. 54 f., 65, 67 f.; van Santen/Prein 2013, S. 92 f.). Ein Beispiel für eine nicht intendierte Zugehörigkeitsregulierung ist, was Ulrike Graff (2011) unter einer Genderperspektive benennt. Sie beschreibt, dass Mädchen in vielen Fällen die OKJA nicht als ihren Raum wahrnehmen – auch wenn formal nichts darauf hinweist, dass sich das Angebot ausschließlich an Jungen richte (vgl. a. a. O., S. 182 f.). An diesem Beispiel wird deutlich, dass die „stummen Erwartungen" nicht in allen Fällen intendiert sind, sondern sich bspw. durch Praktiken und Verfestigungen dieser Praktiken in Materialisierungen wie der Einrichtung der Räume zeigen. Demnach ist Zeller und Köngeter zwar darin zuzustimmen, dass die Zugänge zur OKJA, da sie „alltagsnah ritualisiert" (Zeller/Köngeter 2013, S. 573) sind, den „Orts- und Situationskundigen kaum bewusst werden" (ebd.). Allerdings sind sie deswegen nicht weniger machtvoll als institutionalisierte und formalisierte Zugänge. Denn dominanzkulturelle Diskurse spiegeln sich gerade in diesen Ritualisierungen wider. In ihnen werden bestimmte (in diesem Fall vergeschlechtlichte) Performances anerkannt, sodass sich die Kinder und Jugendlichen am richtigen Ort fühlen und (wieder)kommen. Die Frage ist berechtigt, ob eine Offenheit der OKJA eher eine Illusion ist als eine umsetzbare Maßgabe.

Die OKJA ist wie alle Angebote der Sozialen Arbeit von (nicht aufzulösenden) Ambivalenzen wie diesen geprägt. Eine grundsätzliche und der OKJA eigene Ambivalenz besteht im Zusammenhang mit Bildungsprozessen: Kinder und Jugendliche sollen *angeleitet* werden, selbstständig zu sein (vgl. Sturzenhecker 2008, S. 158). Um mit dieser Widersprüchlichkeit zurechtkommen zu können, bedarf es einer „selbstkritischen Reflexion" (ebd.) der professionell Tätigen. Im Folgenden thematisiere ich zwei konkrete ambivalente Entwicklungen der Jugendarbeit: zum einen die Entwicklung von Offenheit hin zu einer Zielgruppenorientierung am Beispiel der Mädchenarbeit, zum anderen die Entwicklung der starken Orientierung am und Kooperation mit dem System Schule.

Ein elaborierter Teil der OKJA ist die Mädchenarbeit, die sich im Rahmen der Zweiten Frauenbewegung entwickelt hat und mittlerweile fester Bestandteil ist. Einige theoretische und praktische Auseinandersetzungen weisen auf die Relevanz und den Stellenwert der Mädchenarbeit innerhalb der OKJA hin (vgl. Busche/Maikowski/Pohlkamp/Wesemüller 2010; Baßler/Bock 2015; Lohner/Stauber 2016). Die Zeitschrift „betrifft mädchen", das ju*fem_netz wie auch Veranstaltungen und Herausgebendenschriften der LAGs Mädchenpolitik der Bundesländer und des Bundes sind Zeugnisse (feministischer) Mädchenarbeit. Sie zeigen ein großes Engagement der Mitarbeiterinnen* in diesem Teilbildungsfeld der OKJA. Zudem belegen sie ein Bewusstsein für Machtverhältnisse und Adressierungen. Die Erwartung ist, dass die Thematisierung von Differenz – in diesem Fall Geschlecht – bedeutet, dass ihre Machtförmigkeit erst berücksichtigt werden könne (vgl. Beck/Plößer 2021, S. 281).

Im Rahmen der Neuen Frauenbewegung in der zweiten Hälfte des 20. Jahrhunderts wurden die ersten Einrichtungen für Frauen* und Mädchen* gegründet. Das war die Reaktion auf das Fehlen von (Schutz-)Räumen für Frauen und Mädchen. Wie Gabriele Naundorf und Monika Savier (1979) feststellen, wurde „Jugendarbeit traditionellerweise [als] Jungenarbeit [verstanden]. [...] Die Mädchen werden nicht beachtet" (Naundorf/Savier 1978, S. 33). Diese Analyse scheint nach wie vor zuzutreffen (vgl. Graff 2011; vgl. Güntner/Wieninger 2010, S. 122). Die Idee der Mädchenarbeit ist dementsprechend Reaktion auf machtvolle Verhältnisse, die auf der Ebene der Sozialpädagogik bestehen, vor dem Hintergrund politischer Interessen, Mädchen eine machtvollere Positionierung zu ermöglichen. Mädchen wird der Zugang dadurch erschwert, dass in der OKJA dominanzkulturelles Auftreten und Verhalten vorherrschen, das auf männlich* gelesene Interessen ausgelegt ist. Die Zielgruppeneinschränkung bestimmter Angebote korrumpiert die Offenheit der OKJA. Gleichzeitig wird durch Mädchen*arbeit genau dieser Raum für eine bisher in der OKJA – mittlerweile seit über 40 Jahren – teilweise unsichtbar gebliebene Gruppe geöffnet. Es ist fraglich, ob durch ihre Einführung tatsächlich Offenheit eingeschränkt wird oder ob es die Offenheit ohnehin nicht gegeben hat, da Mädchen* ausgeschlossen, strukturelle wie diskursive Deprivilegierungen verdeckt und Probleme individualisiert wurden. Aktuell befindet sich die Mädchen*arbeit in einem an vielen Stellen zu beobachtenden Prozess der Öffnung im Sinne von Heteronormativitätskritik und erweitert ihren Adressat_innenkreis um Mädchen_ (vgl. Wagner/Schulze 2017; vgl. Schreiner/Krell 2017). Damit geht die Mädchen_arbeit kritisch darauf ein, dass die binäre Bezugnahme auf Geschlecht (auch) für die pädagogische Arbeit nicht ausreicht – und kritisiert hierbei letztendlich auch die eigenen ritualisierten Praxen.

Das Feld der Mädchen_arbeit erlangt in der gerade angedeuteten machtreflexiven Entwicklung in Bezug auf Geschlechtervielfalt Sichtbarkeit. „Wichtig ist es, unreflektierte Zugangsbarrieren zu erkennen und darauf zu reagieren." (Seckinger/Pluto/Peucker/Santen/Gadow 2016, S. 32) Zudem zeigt sich (feministische) Mädchen_arbeit gegenüber weiteren und sich wechselseitig beeinflussenden, machtvollen Differenzkonstruktionen sensibel. Das lässt bspw. das breite Themenspektrum der eigenen Zeitschrift erkennen, die im Rahmen von Mädchen_arbeit herausgegeben wird. Hier werden Themen wie Rassismenkritik in der Mädchen*arbeit (4/2021), Intersektionalität und Mädchenarbeit (03/2021), Heteronormativitätskritik (3/2017), rassismuskritische Mädchen_arbeit (2/2013), biografieorientierte Mädchen_arbeit (4/2016), bodyismus-kritische Mädchen_arbeit (2/2016, 2/2019), Flucht und Mädchen_arbeit (3/2016, 3/2019), ableismuskritische Mädchen_arbeit (4/2013), Sichtbarkeit von Mädchen (1/2017) diskutiert. Daran wird deutlich, dass mit der Einschränkung der Offenheit der OKJA durch die Adressierung „nur" für Mädchen_", statt „für alle*", das Bewusstsein dafür gestiegen ist, wer mittels letzterer Adressierung ausgeschlossen wird. Das kann als Potenzial dieser Sichtweise verstanden werden. Gleichzeitig steckt auch in dieser Perspektive die Gefahr der Homogenisierung, Fremdzuschreibung und des unsichtbaren Ausschlusses. Eine Zielgruppenorientierung wie die der Mädchen_arbeit ist eine Möglichkeit der OKJA mit gesellschaftlichen Herrschafts- und Machtverhältnissen umzugehen. Insbesondere ist allerdings eine machtkritische Haltung der Pädagog_innen gefragt (vgl. Groß 2014, S. 171). Voraussetzung dafür ist das Wissen darüber, dass weder die Pädagog_innen selbst noch die Adressat_innen sich auf irgendeine Weise außerhalb dieser Verhältnisse bewegen (vgl. a. a. O., S. 175). So bleibt es immer ein widersprüchliches Unterfangen, Angebote im Sinne der Mädchen_arbeit durchzuführen. Denn Machtverhältnisse, die in ihrer Vielfältigkeit miteinander verwoben sind, explizit zu benennen und zu berücksichtigen, birgt immer auch die Gefahr, andere Ungleichheitsdimensionen nicht zu sehen.

Eine weitere Entwicklung, die zu erwähnen ist und in den letzten zehn Jahren an Fahrt aufgenommen hat, ist die Orientierung an Schule. Da es immer mehr Ganztagsschulen und Angebote des Übergangssystems gibt, hat die Zielgruppe weniger zeitliche Kapazitäten: Statt Angebote der Jugendarbeit nutzen zu können, sind die Kinder, Jugendlichen und jungen Erwachsenen zunehmend mit Schule und Berufsorientierung beschäftigt (vgl. Schwab 2012, S. 34). Die OKJA reagiert darauf, indem auch sie sich stärker an der Zusammenarbeit mit der Schule orientiert, um die Kinder und Jugendlichen als Adressat_innen nicht zu verlieren. Deutlich wird hier auch das Spannungsfeld zwischen den Interessen der Kinder und Jugendlichen und gesellschaftlichen Aufträgen (vgl. Seckinger/Pluto/Peucker/Santen/Gadow 2016, S. 24 ff.): Stellt die Unterstützung im Umgang mit der Schule ein Bedürfnis der Adressat_innen dar oder wird darin ein gesellschaftlicher Auftrag gesehen? Die zentrale Frage ist, ob in dieser Kooperation die OKJA „ihre programmatischen Potenziale entfalten kann, oder ob sie funktionalisiert wird, um Schule zu helfen, deren institutionelle Aufgaben zu erfüllen." (Scherr/Sturzenhecker 2013, S. 63) In Bezug auf die Konzeptionierung eines Tripelmandats (Lutz 2020, o. S.) deutet sich eine Ambivalenz an. Sie wiederum scheint, als könne sie kaum aufgelöst werden.

Begründet wird die Zusammenarbeit oder Kooperation damit, dass eine größere Zielgruppe erreicht werden könne, dass eine stärkere Vernetzung des Sozialraums stattfinde, die OKJA eine Stärkung ihrer Legitimationsbasis erfahre. Zudem wird angenommen, dass das Bilden von Netzwerken dazu führe, einen besseren Umgang mit sozialen Problemlagen herstellen zu können (vgl. Deinet/Icking 2013, S. 396; Schwab 2012, S. 41; Zipperle 2021, S. 1029). Eine Schwierigkeit, die bei dieser Kooperation benannt werden kann, ist, dass es sich um zwei Systeme handelt, die gegenüber ihrer Zielgruppe jeweils unterschiedliche Aufträge erfüllen. Gleichzeitig weisen sie „als zwei verschiedene Systeme im Vergleich markante Strukturdifferenzen" (Schwab 2012, S. 28) auf. Die OKJA könnte aufgrund ihrer Unterscheidung allerdings eine Ergänzung der Schule darstellen. Anders als die Schule selektiert sie die Kinder und Jugendlichen nicht, bewertet sie nicht nach Leistung und arbeitet inklusiv statt homogenisierend (vgl. Diehm 2008, S. 203 f.). Sie könnte neben Schule und Familie Kindern und Jugendlichen einen Raum bieten, der „jenseits schulischer Leistungsauffassung, jenseits familialer Restriktionen, aber auch jenseits stereotypisierender Festlegungen seitens der Professionellen" liegt (ebd.). Aufgrund einer Machtasymmetrie dieser beiden Organisationen zugunsten der Schule laufe die OKJA allerdings Gefahr, sich an Strukturen der Schule anzupassen und so „das eigene Profil zu verlieren" (Deinet/Icking 2013, S. 399; vgl. Schwab 2012; Scherr/Sturzenhecker 2013). Der umfassende Blick auf Bildungsprozesse, der formale, nonformale und informelle beinhaltet, würde durch die Zusammenarbeit mit der Schule in vielen Fällen auf formale Bildungsprozesse reduziert (vgl. Kozicki 2013, S. 722). Zudem verliere die OKJA durch diese Kooperation ihre oppositionelle Haltung gegenüber gesellschaftlichen Strukturen, die sie für einige Jugendgruppen attraktiv mache (vgl. Zipperle 2021, S. 1033 f.). Schule wird von diesen Gruppierungen zu stark als institutionelle Repräsentantin der Gesellschaft gesehen (vgl. Schwab 2012, S. 34).

Die enge Orientierung an Schule hängt auch mit weiteren Entwicklungen zusammen. Diese sind sowohl als Ursache als auch als Folge dieser Orientierung zu verstehen. Das sind die Orientierung an Kindern als Hauptzielgruppe, die finanziellen Restriktionen vieler Kommunen, die Forderung nach einer präventiven Wirkung der OKJA und die Bedeutung von Bildung. An diesen als „Trends" (Seckinger/Pluto/Peucker/Santen/Gadow 2016) bezeichneten Entwicklungen lässt sich aufzeigen, inwiefern der Kontext bei der Einordnung der Kooperation der OJKJA mit der Schule wirksam ist. Da v. a. Kinder in den Fokus der Adressierung der OKJA geraten und diese aufgrund schulsystemischer Entwicklungen stärker in diesen Kontext eingebunden sind, werden auch deren Bedürfnisse oder Bedarfe bei der Kooperation mit der Schule besser bedient. Gleichzeitig könnten diese Interessen auch die der Familien der Kinder sein. So werden zudem nicht nur die Kinder zu Adressat_innen, sondern auch Familien. Das wird als eines von sechs Spannungsfeldern[33] bezeichnet (vgl. Seckinger/Pluto/Peucker/Santen/ Gadow 2016, S. 26 f.). So könnte die OKJA in Bezug auf die Bildungsbiografie der Adressat_innen als präventives Angebot verstanden werden. Sie wird mehr und mehr in diese Richtung interpretiert. Albert Scherr und Benedikt Sturzenhecker kritisieren die *präventive* Perspektive[34] als „potenzielle[n] Quell von Defiziten, statt als Potenzial der Entfaltung von Eigensinn" (Scherr/Sturzenhecker 2013, S. 62). Zudem kürzen einige Kommunen die Gelder der OKJA, stellen sie ihnen aber für die Zusammenarbeit mit der Schule wieder bereit. Das hat zur Folge, dass einige Einrichtungen der OKJA finanziell dazu gezwungen sind, die Kooperation mit der Schule einzugehen, um ihren Standort und ihr Bestehen zu sichern.

Die Zusammenarbeit mit der Schule ist also ein weiteres Spannungsfeld der OKJA, mit dem sie sich auseinandersetzt oder auseinandersetzen muss. Darin verschwimmen die Orientierungspunkte. Denn häufig ist nicht klar, welche und wessen Interessen im Vordergrund stehen. Nur sehr wenige Einrichtungen der OKJA geben an, dass die Kooperation mit der Schule aus dem Interesse der Kinder

---

33 Als Spannungsfelder werden in „Einrichtungen der offenen Kinder- und Jugendarbeit" (2016) folgende benannt: Orientierung an allen* oder an bestimmten Zielgruppen, Angebote vs. offener Betrieb, Kooperation mit Schule, Zusammenarbeit mit Justiz und Polizei, Adressat_innen, Kinder und Jugendliche vs. Familien und weitere, gesellschaftliche Aufträge vs. Interessen der Kinder und Jugendlichen (vgl. a. a. O., S. 24 ff.).
34 Hierzu ist die Diskussion von Maria Icking und Benedikt Sturzenhecker (2021) sehr aufschlussreich. Maria Icking nimmt eine ganz andere Sicht auf Prävention ein, nämlich als die Minimierung von „Risiken des Aufwachsens" aufgrund von „sozialstrukturellen Bedingungen" (Icking/ Sturzenhecker 2021, 829), und stellt heraus, dass im Zuge der Kooperation zwischen Schule und OKJA Arbeitsformen bestehen, die die OKJA schon lange vor der Kooperation mit der Schule praktiziert hat. Sie führt dazu die „Nachmittagsbetreuung im Jugendzentrum mit Mittagessen, Schulunterstützung und Freizeitangebote[...] als ein eigenständiges Angebot" (ebd.) an. Gerade dieses Angebot sei im Gegensatz zur Ganztagsschule als Unterstützungsangebot für „Kinder aus bildungsfernen Familien" (ebd.) zu verstehen.

und Jugendlichen abgeleitet wurde (vgl. Deinet/Icking 2009 nach Scherr/Sturzenhecker 2013, S. 63). Ungeklärt ist bisher, ob diese Aufgabe Teil der OKJA sein sollte oder ob es evtl. auch andere Bildungsfelder der Jugendhilfe gäbe, die ein angemessenes Angebot darstellen könnten. Mirjana Zipperle sieht bspw. in der Schulsozialarbeit eine Möglichkeit, zwischen Schule und OKJA zu vermitteln (vgl. Zipperle 2021, S. 1036). Bisher außerdem ungeklärt ist, welche Auswirkungen die Kooperation auf Ein- und Ausschluss, auf die Definition von Zugehörigen und von Adressierungspraxen hat.

In allen von der Autor_innengruppe aus dem DJI herausgearbeiteten sieben Trends[35] lassen sich sowohl Thematisierung als auch die Dethematisierung von Differenz vor dem Hintergrund von Macht und Ungleichheit ausmachen. Zum Beispiel werden durch die Kooperation mit Schulen formale Bildungs*prozesse* mit dem Ziel formaler Bildungs*abschlüsse* höher bewertet. Darin steckt die Möglichkeit, Chancengleichheit herzustellen und so den Zugang zu Bildung für alle* Kinder und Jugendlichen zu gewähren – auch für diejenigen, deren Bildungszugang bisher eher von Schwierigkeiten geprägt war. Andererseits reiht sich dieser Veränderungsprozess in eine neoliberale Entwicklung ein, in der nonformale und informelle Bildung an Wert komplett verlieren. Eine übermäßige Orientierung an Bildungszertifikaten gewinnt überhand, die durch ihre hohe Zahl an Wertigkeit verlieren. Theoretisch lässt sich das mit der Illusion der Chancengleichheit (vgl. Bourdieu/Passeron 1971) erklären. Selbst wenn es als selbstverständlich erscheint, dass alle Subjekte mit einer ähnlichen Wahrscheinlichkeit Zugang zu Bildung haben, unterscheidet sich doch die Bewertung der unterschiedlichen Aspekte von Bildung: Es gibt demnach *richtige* und *falsche* Bildung. Erstere wirkt sich positiv auf den (normierten) Lebenslauf aus und ist ausschließlich der gesellschaftlichen Gruppierung vorbehalten, welche machtvollere Positionen einnimmt. Gelingt es einem jungen Menschen nicht, in Settings formalisierter Bildung vorzudringen, wird diesem das individualisiert zugeschrieben. In ähnlicher Weise stellt sich die Thematisierung und Dethematisierung in ihrer Ambivalenz auch für die weiteren als „Trends" bezeichnete Entwicklungen dar. Gleichzeitig wurde festgestellt, dass die Kooperation zwischen OKJA und Schule nicht bedeutet, dass, wie befürchtet, die originären Angebote der OKJA weniger besucht werden. Vielmehr bewirkt die Kooperation eher, dass Kinder und Jugendliche auf die Angebote aufmerksam werden und bleiben (vgl. Icking/Deinet 2021, S. 1025). Hier kann ein Weg beschrieben werden, der über formale Bildungsangebote zu Angeboten nonformaler und informeller Bildung führt.

---

35 Dazu gehören folgende: Kinder als Hauptzielgruppe, die neue Rolle der Jugendarbeit in der Nachmittagsbetreuung von Schulkindern, die Auswirkungen des demografischen Wandels, die finanziellen Restriktionen vieler Kommunen und die Veränderungen des Alltags von Kindern und Jugendlichen im Sinne einer Verhäuslichung, Forderung nach präventiver Wirkung der OKJA, Bedeutung von Bildung (vgl. Seckinger/Pluto/Peucker/van Santen/Gadow 2016).

Da nun die beiden Spannungsfelder zu der Frage nach Offenheit vs. Zielgruppenorientierung und der Kooperation mit Schule thematisiert wurden, wird im Folgenden die Schwierigkeit der Positionierung der OKJA innerhalb (sozial)pädagogischer Angebote erläutert. Sie hat unmittelbar Folgen für die Professionalität und das Ausschöpfen des Potenzials der OKJA als Bildungsraum, in dem Partizipation mit dem Ziel der Emanzipation ermöglicht wird.

Die OKJA befindet sich häufig in der Situation, sich in ihrer Professionalität rechtfertigen zu müssen. Denn die Tätigkeiten des pädagogisch-professionellen Alltags werden mit Handlungen aus dem nicht-professionellen Alltag gleichgesetzt (vgl. Cloos 2013, S. 63). Die Kommunikation mit potenziellen Geldgeber_innen erweist sich als besonders schwierig, da sie keine *konkreten Ergebnisse* als Anhaltspunkte anführen kann. Es ist nicht messbar, ob und wie die OKJA in Bezug auf nonformale Bildung, Emanzipation und Partizipation *Erfolge* erzielt. Die Ideale von transformatorischen Bildungsprozessen sind in den dominant verhandelten empirischen Zugängen wenig greif- sowie messbar. Zwar sind „Effekte von Bildung [...] zu erwarten" (van Santen/Prein 2013, S. 93), allerdings liegen dazu keine Ergebnisse vor. Die Gefahr ist, dass der OKJA „eine allzu defensive Position zugewiesen wird, wenn sie ausschließlich als sozialarbeiterische Hilfe zur Lebensbewältigung konzipiert wird" (Scherr/Sturzenhecker 2013, S. 59; vgl. Icking/Deinet 2021, S. 1026). Diesem Druck beugt sich die OKJA häufig (vgl. Scherr/Sturzenhecker 2013, S. 58). Und das heißt wiederum, dass sie ihr Potenzial für „Selbstbildungsprozesse von Kindern und Jugendlichen und demokratische Partizipation" (a.a.O., S. 57f.) einbüßt. Kooperationen in diesem Kontext bedeuten für die OKJA die „Gefahr, das eigene Profil zu verlieren" (Deinet/Icking 2021, S. 1026). Dass sich die OKJA unter Legitimationsdruck befindet, verdeutlichen auch Tobias Fimpler und Philipp Hannen. Sie haben die „Kernaufgaben" der Offenen Jugendarbeit herausgearbeitet, um das „Profil der Offenen Jugendarbeit im wissenschaftlichen Diskurs zu stärken" (dies. 2016, S. 7). Daran ist zu sehen, dass das Bestehen der OKJA keinesfalls eine Selbstverständlichkeit darstellt und sie historisch gesehen immer wieder in die Position gerät, sich rechtfertigen zu müssen (vgl. Thole 2009, S. 323).

Vor dem Hintergrund der dargestellten Maximen, Handlungsorientierungen und historischen Entwicklungen der OKJA leicht nachvollzogen werden, dass gerade sie sich mit ihrem Anspruch von Bildung und Offenheit anbieten würde, differenz- und machtsensibel zu agieren. Laut Benedikt Sturzenhecker und Albert Scherr hat die OKJA „strukturelle Potenziale, Selbstbildungsprozesse von Kindern und Jugendlichen und demokratischen Partizipation zu unterstützen [...], die in dieser Form kein anderes pädagogisches Feld auszeichne" (Scherr/Sturzenhecker 2013, S. 57f.). Dazu braucht es allerdings Angebote, die „auf die lebensweltliche Vielfalt der Besucher*innen abgestimmt sind und Diskriminierungen gemindert werden können" (Beck/Plößer 2021, S. 280). Isabelle Diehm sieht ihr Potenzial konkret im Umgang mit Differenzkonstruktionen. Es werde aber nicht ausgeschöpft (vgl. Diehm 2008, S. 200). Strukturell ist gerade die OKJA dafür geeignet, die Thematisierung von Macht und Differenzkonstruktionen gegenüber dominanzkulturellen Annahmen von Selbstverständlichkeiten zu priorisieren. Denn sie wird kaum durch Zielorientierungen oder Arbeitsmarktorientierung etc. eingegrenzt. Gleichzeitig werden diese Potenziale einerseits durch das Spannungsfeld der Zielgruppenorientierung vs. Offenheit für alle* eingeschränkt. Die Orientierung an einer Zielgruppe birgt die Gefahr, Adressat_innengruppen essentialisierend zu definieren und aufgrund einer Homogenisierung deren Bedürfnisse, Selbstbeschreibungen sowie Erfahrungen von Diskriminierung nicht gerecht zu werden (vgl. Diehm 2008, S. 199 ff.). Auf der anderen Seite des Spannungsfeldes steht die Offenheit, die eine Adressierung aller* beinhaltet. Sie ist mit der Herausforderung konfrontiert, die „stummen Erwartungen" (Zeller/Köngeter 2013, S. 572) zu erkennen und Personengruppen wie auch deren Bedarfe nicht zu dethematisieren und auszuschließen.

Im zweiten Spannungsfeld, das sich in der Kooperation mit der Schule auftut, droht die OKJA ihr Potenzial einzubüßen, wenn sie keine selbstbewusste Positionierung innerhalb dieser Kooperation einnehmen kann und von den Strukturen und selbstverständlichen, bspw. meritokratischen Annahmen sowie diskursiven Praktiken von Schule vereinnahmt wird. Die OKJA sieht sich demnach mit Herausforderungen konfrontiert, die unter Druck und Spannung gehandhabt werden müssen. Erschwerend kommt hinzu, dass häufig Ressourcen und Kapazitäten fehlen. Dabei sucht sie zu verhindern, dass die Sichtweise auf die Lebenswelten der Kinder und Jugendlichen der der Schule angeglichen werden. Ausschlaggebend ist die „Einsicht, dass die Lebewelten und Problemlagen von Subjekten nicht hinreichend verstanden und verbessert werden können, wenn diese allein entlang einer Differenz aufgeschlüsselt werden" (Beck/Plößer 2021, S. 282). Eine intersektionale Perspektive kann dann in der OKJA hilfreich sein, um eine „Ausweitung des Blickwinkels" (a. a. O., S. 286) herbeizuführen. Durch „die damit einhergehende Berücksichtigung der Vielzahl von Verwobenheiten von Differenzlinien können Angebote besser auf die jeweiligen Bedarfe, Themen und lebensweltlichen Zusammenhänge der Kinder und Jugendlichen abgestimmt werden" (ebd.). Eine intersektionale Perspektive diene dann insofern als „Erweiterung der professionellen Perspektive[...]" (a. a. O., S. 287). Denn Professionelle und Einrichtungen können und müssen sogar institutionelle Verstrickungen und dadurch geprägte Sichtweisen auf Bedarfe, auf Lebenswelten auf die Adressat_innen (selbst-)reflexiv und kritisch betrachten.

4.3 Kontrastierung von Jugendberufshilfe und Offener Kinder- und Jugendarbeit

Im Folgenden werden die JBH und die OKJA in ihren unterschiedlichen Rahmenbedingungen kontrastierend dargestellt. Das Ziel ist es, jeweilige Besonderheiten und mögliche Konsequenzen besser erkennen zu können. Dabei soll v. a. Berücksichtigung finden, inwiefern die Struktur der beiden Felder der Sozialen Arbeit dafür verantwortlich ist, ob sie Differenzkonstruktionen vor dem Hintergrund von Macht und Ungleichheit thematisieren oder dethematisieren und somit zur Reproduktion oder Transformation von dominanzkulturellen Annahmen beitragen. Das geschieht v. a. mit dem Wissen um den Diskurs über Normalisierung in der JBH und OKJA: Ist es durch „die institutionelle Rahmung der Jugendarbeit, ihre[...] niedrigschwellige[...] und offene[] Angebotsstruktur, [...] konzeptionelle[...] Ausrichtung auf Prinzipien wie Freiwilligkeit, Partizipation, Parteilichkeit sowie durch die Relevanz von subjekt- und lebensweltbezogenen Ansätzen eher möglich, auf die jeweilige Bedeutung von sozialen Differenz- und Diskriminierungsverhältnisse einzugehen" (Riegel 2016, S. 103)?

Gleichzeitig findet die Kontrastierung mit dem Wissen statt, dass auch OKJA Raum für „Pauschalisierungen, homogenisierende Zuschreibungen und Rassismen" (ebd.) bietet. Daher sind auch die jeweiligen Spannungsfelder Teil der Analyse. Dabei stellt dieses Kapitel wie die beiden vorangegangenen eine theoretische Auseinandersetzung unter Einbezug empirischer Ergebnisse dar. Die Gefahr der Homogenisierung der Felder ist gegeben. Beide sind so vielfältig, dass es hier lediglich um eine Tendenz von strukturellen Voraussetzungen gehen kann. Der Bezug auf die Praxis erfolgt im siebten und im achten Kapitel. Zunächst stelle ich die beiden Felder auf der theoretischen Ebene einander gegenüber.

Erstens unterscheiden sich die Adressat_innen der JBH und der OKJA aufgrund der Altersspanne ihrer Adressat_innen. Hat die JBH strenge Regulierungen, was einzelne Maßnahmen angeht, und adressiert Jugendliche und junge Erwachsene nur in einem sehr engen Rahmen, sind die Angebote der OKJA meist offener strukturiert. Da sich die OKJA sowohl an Kinder als auch an Jugendliche und junge Erwachsene richtet, ist das Angebotsspektrum breiter. Es wird darauf hingewiesen, dass der Rahmen der Altersspanne überschritten werden kann (vgl. Thole 2000, S. 76 ff.).

Zweitens unterscheidet sich die Art der Adressierung. Die der JBH ist stark defizitorientiert und wendet immer wieder den Ausdruck „benachteiligt" auf die adressierte Gruppe an. Sie wird dadurch stigmatisiert. Die Jugendlichen und jungen Erwachsenen werden ausschließlich aus der Perspektive der Arbeitsmarktorientierung – und dementsprechend als hilfebedürftig – wahrgenommen. Der Orientierung dient ein idealisierter Normallebenslauf, der angesichts diverser Lebensentwürfe, Lebenslagen und Lebenswelten eine Illusion ist. Dagegen hat die OKJA einen größeren Spielraum. Strukturell werden *alle* Kinder und Jugendlichen adressiert. Eine Einschränkung erfolgt erst einmal ausschließlich aufgrund der Altersspanne. Ausgeschlossen sind weitere Adressierungen durch Zielgruppenorientierungen, die entweder ganz bewusst oder auch unbewusst geschehen, dabei nicht. Auch diese führen dann sowohl zu Inklusion als auch zu Exklusion. In ihrem Selbstverständnis entwickelt sich allerdings eine bestimmte Zielgruppenorientierung auf Basis der Bedürfnisse oder Bedarfe der Kinder und Jugendlichen.

Der dritte Punkt bezieht sich auf die Motivation der Adressat_innen teilzunehmen. Die OKJA arbeitet nach dem Prinzip der Freiwilligkeit. Das heißt, die Angebote müssen für die Kinder und Jugendlichen auf eine Weise gestaltet werden, damit sie sie annehmen. Das kann als ein erster Schritt der Partizipation gelesen werden. Hierbei spielen sowohl strukturelle Komponenten wie Öffnungszeiten, Gestaltung der Räume, Mitarbeitende etc. eine Rolle als auch diskursive Praktiken wie Begrüßungsrituale, Zugänge, Gestaltung der Angebote, Involviertheiten der Mitarbeitenden, andere Besucher_innen etc. Die Freiwilligkeit wird durch die Kooperation mit der Schule in einigen Fällen eingeschränkt. Gleichzeitig bedeutet die Kooperation für viele Adressant_innen auch einen Anknüpfungspunkt. In der JBH ist die Teilnahme der Jugendlichen und jungen Erwachsenen in den meisten Fällen an Sanktionierungen geknüpft. Wenn sie nicht erscheinen, werden ihnen z. B. Transferleistungen vorenthalten. Neben dem eingeschränkten Ziel der *Integration in Ausbildung und Arbeit* kann das zur Folge haben, dass Jugendliche ihre „Mitwirkung auf das absolute Minimum" (Krisch / Oehme 2013, S. 122) reduzieren.

Der vierte Punkt der Kontrastierung hängt mit den gesetzlichen Vorgaben zusammen. Die OKJA hat sich ausschließlich an Maßgaben der KJH, also der Sozialen Arbeit, zu orientieren. Für die JBH gelten in den meisten Fällen die Vorgaben des SGB II und SGB III, die der Logik eines aktivierenden Sozialstaats unterliegen. Nur wenige Angebote des Übergangssystems beachten die Gesetzgebung der Jugendsozialarbeit, wie sie in § 13 SGB VIII geregelt ist. Statt eines umfassenden, emanzipatorischen und partizipativen Verständnisses von Bildung steht hier der Slogan „Fördern und Fordern" im Vordergrund. Er zielt auf eine Gegenleistung der Jugendlichen und jungen Erwachsenen im Sinne einer Nützlichkeit für staatliche Interessen zielt. Mehr noch als der Jugendarbeit wird der Jugendsozialarbeit „Normalisierungsarbeit" (Kessl 2006, S. 71) zugeschrieben.

In eine ähnliche Richtung geht der fünfte Punkt. Die OKJA folgt einem umfassenden Bildungsauftrag. So werden Aspekte formaler, nonformaler und informeller Bildung nicht als miteinander konkurrierend verstanden, sondern als einander ergänzend. Von ihrer Wertigkeit werden sie in diesem Bildungsfeld der Sozialen Arbeit nicht unterschieden. Anders ist die Gewichtung in der JBH, die ganz klar Ausbildungsreife und Ausbildungstätigkeit in den Vordergrund stellt und somit die Verwertbarkeit von Bildung in Form formalisierter Bildung anstrebt. Dadurch ist sie strukturell stark in ihrem Angebot eingeschränkt. Dagegen besitzt die OKJA die Freiheit, ihre Angebote institutionell sehr vielseitig zu gestalten und an den Interessen, Erfahrungen (auch mit Diskriminierung), Bedürfnissen sowie Lebenswelten der Subjekte auszurichten.

Der sechste und letzte Punkt betrifft den Zugang zu Einrichtungen. In der JBH ist dieser hoch formalisiert und strukturell zu überwinden. Einrichtungen der OKJA zeichnen sich eher durch Offenheit aus. Zugänge zur JBH regelt meist eine größere Organisation wie die Arbeitsagentur oder das Jobcenter. Die Jugendlichen und jungen Erwachsenen können sie als einschüchternd und unübersichtlich wahrnehmen. Dementsprechend sind die Zugänge wenig transparent. Statt sich aktiv für ein Angebot zu entscheiden, werden Jugendliche und junge Erwachsene dahin vermittelt (vgl. Krisch/Oehme 2013, S. 119). Allerdings ist auch der Zugang zu Einrichtungen der OKJA nicht unreguliert: Statt struktureller Hürden stehen hier eher diskursive im Vordergrund, was die Praktiken der Adressat_innen angeht. Zugänge sind ritualisiert, durch bestimmte Peers oder Cliquen geprägt wie auch durch die Angebote der Einrichtung und ihren Standort. Demnach können unterschiedliche Kriterien ausschlaggebend dafür sein, dass sich Adressat_innen nicht angesprochen fühlen.

Die beiden Bereiche der KJH werden als sich in vielerlei Hinsicht stark voneinander unterscheidende Herangehensweisen verstanden. Das ist der Grund dafür, diese beiden Felder im vorliegenden Forschungsdesign zu kontrastieren. In der Diskussion herrscht die Meinung vor, wonach die OKJA bildungsorientierter und freier, die JBH aber arbeitsmarktorientierter und somit reglementierter im Umgang mit den Jugendlichen und jungen Erwachsenen sei. Wie Kessl ausführt, ist die Sicht kaum erträglich, die Dualität aufrechtzuerhalten. Vielmehr gehe es darum, Machtverhältnisse als solche anzuerkennen wie auch Widersprüche, die daraus hervorgehen, anstatt sie nach einer Seite hin aufzulösen (Kessl 2006). Sein Verständnis von Subjektivierung ist in der Gegenüberstellung von OKJA und JBH aufschlussreich: „Prozesse der Subjektivierung müssen als Prozesse ambivalenter Gleichzeitigkeit von Fremd- und Selbstführung systematisch rekonstruiert werden." (Kessl 2006, S. 72) Eine homogene Aufteilung der JBH als Vertreterin von „Fremdführung" und der OKJA als Vertreterin von „Selbstführung" – als überspitzte Darstellung der Analyse der beiden Felder – stellt folglich eine starke Vereinfachung der sozialpädagogischen professionellen Praxis dar. Subjektivierung als ein Ziel Sozialer Arbeit oder pädagogischen Handelns kann erst dann erfüllt werden, wenn Fremd- und Selbstführung als in ambivalenter Gleichzeitigkeit und nicht als einander ausschließende Pole verstanden werden.

5 Forschungsstand

Die Frage nach dem *Wie* der (De-)Thematisierung von Differenzkonstruktionen in der KJH beinhaltet auch die Frage nach Selbstverständlichkeiten, Normalitätskonstruktionen und – mit Blick auf die Kinder und Jugendlichen als Adressat_innen der KJH – nach Erfahrungen von (De-)Privilegierung und Othering sowie nach der Rolle der Sozialen Arbeit in diesen (Positionierungs-)Prozessen. In der vorliegenden Arbeit geht es nicht um die intentionalen Begründungszusammenhänge von Adressierungsprozessen in der KJH, sondern um potenzielle *Folgen* von Adressierungsprozessen von in der KJH Tätigen. Somit geht es auch um die Professionalisierung der Sozialen Arbeit.

Studien, die die Differenzreflexion, Soziale Arbeit und Macht, KJH sowie die Thematisierungs- und Subjektivierungsprozesse in ihrer Wechselbeziehung zur Sozialen Arbeit untersuchen, wählen verschiedene Herangehensweisen, Fragestellungen und Umgangsweisen mit Kategorisierungen. Im Folgenden will ich darauf eingehen, wie sie die (De-)Thematisierung von Differenzkonstruktionen handhaben, die vor dem Hintergrund von Macht- und Ungleichheitsverhältnissen in der pädagogischen Arbeit mit Kindern und Jugendlichen bestehen. Daneben will ich herausstellen, mit welchen Vorgehensweisen welche Ergebnisse erzielt wurden. Dieses Kapitel dient der besseren Einordnung der vorliegenden Studie. Dazu gebe ich einen Überblick zum Stand der Forschung, die sich mit der Komplexität der gesellschaftlichen Wirklichkeitsordnung befasst und diese Idee stark macht (vgl. McCall 2005, S. 1794 ff.). Ausschlaggebend ist die Frage, inwiefern die Soziale Arbeit und Pädagogik allgemein an Grenzziehungs- und Zuschreibungsprozessen beteiligt und somit sowohl in Prozesse der Reproduktion als auch der Transformation von Macht- und Ungleichheitsverhältnissen involviert sind. Das bedeutet, dass der Rahmen für die Wahl der vorgestellten Forschungsprojekte eng gesteckt ist. Der Fokus liegt darauf zu zeigen, welche konkreten Ergebnisse bereits vorliegen und woran diese Studie anschließt, und weniger einen erschöpfenden Einblick zu gewähren.

Empirische Auseinandersetzungen mit Differenzkonstruktionen und Ungleichheit in der Sozialen Arbeit, insbesondere in der KJH, beginnen in vielen Fällen bei einem Aufmerksamwerden, dass bestimmte Selbstverständlichkeiten (de-)thematisiert werden. Der aufschlussreiche Satz von Monika Savier und Gabriele Naundorf wurde bereits angeführt[36], wonach „Jugendarbeit [...] tradi-

---

36 Der Artikel von Monika Savier und Gabriele Naundorf ist der emanzipatorischen feministischen Frauenbewegung der 1970er Jahre zuzuordnen, in der sich die feministische Mädchenarbeit entwickelt hat.

tionellerweise Jungenarbeit" ist (dies. 1978, S. 33). Zurecht kritisieren sie diesen Umstand und problematisieren diese Adressierung wie auch entsprechende pädagogische Angebote, Positionierungen und Herangehensweisen. Die Ausrichtung der Angebote der Jugendarbeit, die die Gruppe der Mädchen ausschließe, werde nicht thematisiert. Für die KJH kommt Franz Hamburger in „Praxis des Antirassismus. Erfahrungen aus der Arbeit mit Sinti und Analysen zum Antiziganismus" (2001) zu einem ähnlichen Urteil. Er begleitete u. a. gemeinsam mit Inge Heußer-Enderle die Entwicklung des „Treff International"[37] (vgl. dies. 1985) sowie zusammen mit Anderen den Aufbau des „Treffpunkt Mainzer Sinti"[38] in den 1980er Jahren (vgl. Hamburger 2001). Die Wissenschaftler_innen setzen sich empirisch u. a. mit bestimmten Arten der Thematisierung und daraus folgenden Implikationen und Herausforderungen für die Soziale Arbeit auseinander. Thematisiert wird in allen Texten zu diesen Begleitungen die Herausforderung im Umgang mit Begrifflichkeiten, mit denen die Gruppen homogenisiert, problematisiert und unter den Adressat_innen der Sozialen Arbeit als besonders bedürftig konstruiert würden.

Im Jahr 2015 arbeiten Yasemin Karakaşoğlu und Aysun Doğmuş das Forschungsfeld des Diskurses um Kinder und Jugendliche mit Migrationshintergrund historisch auf. Sie beleuchten die Entwicklung des Umgangs mit diesem Forschungsfeld und legen dar, dass im Vorfeld der 1990er Jahre wenig zu dieser Gruppe geforscht wurde. In der Kinder- und Jugendforschung seien sie somit unsichtbar gemacht worden (vgl. a. a. O., S. 169). Mit dem Forschungsinteresse an der Gruppe sei gleichzeitig ethnisiert und kulturalisiert worden, indem der Fokus auf das „Spezielle[...]" und die „Unterschiede" (a. a. O., S. 168) gelegt wurde. Die Forschungsbestrebungen spiegelten damit „eine ethnisch-nationalstaatliche Rahmung" (a. a. O., S. 169) wider und auch das Forschungsfeld werde in einem sehr eingeschränkten Modus betrachtet. Darin bestätigen sich die Tendenzen aus den Studien von Naundorf und Savier (1978), Hamburger und Heußer-Enderle (1985) und Hamburger (2001): Kategorisierungen und der Blick *auf* sowie die Thematisierung *von* Unterschieden gingen sowohl im praktischen pädagogischen als auch im pädagogisch empirischen Kontext mit Stigmatisierungen einher. Erst nach der Jahrtausendwende seien die explizit kulturalisierenden und ethnisierenden und somit homogenisierenden wie auch festgeschriebenen Begrifflichkeiten in den Hintergrund gerückt. Stattdessen hätten Zuschreibungsprozesse, gesellschaftliche Positionierungen und Erfahrungen von Diskriminierung und

---

37 Ab 1976 entstanden im Rahmen des Bundesministeriums Jugend, Familie und Gesundheit mehrere Modellprojekte unter dem Label „internationale Jugendarbeit". Sogenannte *ausländische* Jugendliche wurden als Gruppe für die „Benachteiligungsprogramme" des Bundesministeriums entdeckt (vgl. Hamburger / Heußner-Enderle 1994, S. 23).
38 Diesen Treff gründete eine Bürgerrechtsbewegung, die als Migrant_innenselbstorganisation zu verstehen ist und in der sich Sinti und Roma engagierten (vgl. Hamburger / Geerlings-Diel 1999, S. 9).

Rassismus aufgrund von Zugehörigkeitsdiskursen sowie die Analyse von Kulturalisierung, Ethnisierung und Homogenisierung mehr Beachtung gefunden. In diesem Kontext seien die Arbeiten von Mecheril (2003), Riegel (2004), Schramkowski (2007) und Terkessidis (2004) zu nennen. Als Ansätze, mit denen es gelingen könne, eine mehrdimensionale und machtkritische Perspektive einzunehmen, nennen sie intersektionale und dekonstruktivistische Ansätze. Was Yasemin Karakaşoğlu und Aysun Doğmuş für eine erziehungswissenschaftliche Forschung in Bezug auf die Thematisierung und Dethematisierung von *Migrationshintergrund* rekonstruiert haben, lässt sich sowohl auf die (sozial)pädagogische Praxis als auch auf die Forschung zu weiteren Differenz_ierungen vor dem Hintergrund von Macht und Ungleichheit übertragen: weg von der zuschreibenden Forschungspraxis hin zu einer Forschungspraxis, die Historisierungen, Kontexte und soziale Positionierungen in den Blick nimmt, die die Machtverhältnisse und deren Wechselbeziehung zu weiteren gesellschaftlichen Ebenen berücksichtigt und davon absieht, Subjekte zum Forschungsgegenstand zu machen, und vielmehr anerkennt, dass sie handlungsfähig und widerständig sind.

Den Fokus auf Diskurse und die Konstruktion von Normalität sowie daraus abgeleitet auf Normalisierungsarbeit in der pädagogischen Praxis richtet Oliver Dick (2015). Er arbeitet heraus, dass das Übergangssystem einer arbeitsmarktpolitischen Logik folgt statt einer sozialpädagogischen (vgl. ders., S. 33 ff.). Er verschreibt sich in seiner Forschungsperspektive einer auf das Verhältnis von Individuum und Gesellschaft bezogene Sozialpädagogik im Übergangssystem (vgl. a. a. O., S. 78). Dabei bezieht er sich auf das Konzept „Normalisierungsarbeit" und das der anspruchsvollen Aneignungsfähigkeit von Subjekten in einer radikalisierten Moderne (vgl. ebd.). Auch wenn seine Arbeit keine explizit machtberücksichtigende ist, weist Oliver Dick darauf hin, dass interviewte Pädagog_innen häufig „keinen unmittelbaren Zusammenhang zwischen der Soziallage und den Aneignungsproblemen der Jugendlichen" (a. a. O., S. 160) sähen. Was er dabei allerdings weniger in den Fokus rückt, ist die Eingebundenheit der Pädagog_innen in gesellschaftlich und diskursiv hergestellte Machtordnungen und hegemoniale Dominanzkultur. Zudem lässt er Phänomene wie Diskriminierungserfahrungen und Erfahrungen von Deprivilegierung der Adressat_innen aus. Er konstatiert, es fehle eine „systematische Anbindung der identifizierten Handlungsmuster an die sozialpädagogische Theoriediskussion" (Dick 2015, S. 36).

Macht im pädagogischen Kontext fokussieren dagegen deutlich Heidi Hirschfeld und Sibylle Walter. Gemeinsam mit Oliver Dick arbeiten sie die unterschiedlichen Logiken von Sozialer Arbeit und dem Übergangssystem heraus und geben damit einen Hinweis auf die Widersprüchlichkeiten, die allein in den Strukturen des Systems angelegt sind. Sie gehen davon aus, dass Adressat_innen der JBH „entlang gesellschaftlicher Machtverhältnisse" (dies. 2013, S. 165) verortet werden und vor der Herausforderung stehen, mit „Ausgrenzung und Benachteiligung" (ebd.) zurechtzukommen. Die Logik des Übergangssystems beschreiben sie folgendermaßen: Ein besonderer Unterstützungsbedarf werde sozialpolitisch dann gesehen, wenn der Übergang „als besonders problematisch (aufgrund formaler Kriterien oder belastender Lebensfaktoren) eingestuft und prognostiziert wird" (a. a. O., S. 177). Gleichzeitig verstehen sie das Übergangssystem nicht ausschließlich auf einer Verwertungslogik aufbauend. Angebote der JBH sehen sie als einen Ort, an dem sowohl formale, nonformale als auch informelle Bildung stattfinden kann. Sie stellen den Zusammenhang her, dass diese Art von Bildung auch das „Potential zur Bewältigung dieser ungleichen Chancen" befördert. Insbesondere „die Beziehungsqualität" zwischen den pädagogischen Akteur_innen und den teilnehmenden Jugendlichen übe „einen entscheidenden Einfluss auf die Annahme oder die Ablehnung pädagogisch gerahmter Bildungsangebote aus[]" (a. a. O., S. 183). Ihre Ergebnisse theoretisieren sie anhand des Konzepts der Anerkennung von Axel Honneth (vgl. a. a. O., S. 182). Das impliziert, dass es auch um die Anerkennung der Notwendigkeit oder des Zwangs der Jugendlichen gehe, mit „Ausgrenzung und Benachteiligung" (vgl. a. a. O., S. 165) umzugehen. Widersprüchlich werde das allerdings, wenn das Übergangssystem Teil dieser Erfahrungen ist und die pädagogisch Arbeitenden auf der Handlungsebene mit der Herstellung einer anerkennenden Beziehung betraut werden – ihnen allein somit diese Verantwortung auferlegt ist.

Mit der Frage nach „Kategorisierungen in der Kinder- und Jugendhilfe" (Thieme 2013a) und welche Rolle sie konkret für professionelles Handeln spielen, beschäftigt sich Nina Thieme. Sie stellt Adressierungsprozesse im pädagogischen Kontext in den Vordergrund und fordert die Interviewten dazu auf, sich und Andere auf einer binären Matrix zu positionieren (vgl. Thieme 2013a, S. 194 f.). Anhand der erhobenen Daten arbeitet sie heraus, dass Professionelle die Adressat_innen der OKJA als defizitär wahrnehmen und ihnen in diesem Prozess bestimmte soziale Attribute zuschreiben. Ausgangspunkt sei eine nicht genauer definierte Normalität (Thieme 2013a, S. 199), die ihnen zur Orientierung diene. In Abgrenzung zur Normalität würden die Kategorisierungen der pädagogischen Professionellen, die sie als in einem „essentialistischen Modus" (Thieme 2013a, S. 200) beschreibt, ein „Stigmatisierungsrisiko" (Messmer/Hitzler 2007, S. 69 nach Thieme 2013a, S. 200) darstellen. Demnach finde in der Adressierung „die eigene Standortgebundenheit und die damit zusammenhängende Perspektivität des Sprechens hinsichtlich der vorgenommenen Kategorisierungen der Kinder sowie deren familiärer Situation [keine] Berücksichtigung" (Thieme 2013a, S. 200). Thieme leitet daraus ab, dass die Möglichkeiten der Adressat_innen der Sozialen Arbeit reduziert würden (vgl. Thieme 2013b, S. 222). An den Ergebnissen wird sichtbar, dass durch ein unreflektiertes Übernehmen von Normalitätsannahmen der Möglichkeitsraum der Adressat_innen eingeschränkt, statt geöffnet wird (vgl. ebd.). Zwar geht sie abschließend nicht explizit darauf ein, dass auch Pädagog_innen in Machtungleichverteilungen eingebunden sind und dadurch auch keinen Raum haben, Widersprüchlichkeiten und soziale Ungleichheiten aufzuzeigen. Sie macht aber deutlich, dass allein die Machtungleichheit zwischen Adressierten und Sozialarbeitenden zu Diskriminierung und Stigmatisierung beitragen kann.

Florian Weitkämper (2019) geht auf diesen Punkt genauer ein. Das Verhältnis zwischen Schüler_innen und Lehrer_innen begreift er als *„un/doing authority"*. Es sei sinnvoll, *„un/doing authority"* als Ordnungsprinzip zu verstehen, d. h. „den Blick auf die Unterscheidungen und Kategorisierungen zu richten, die genutzt werden, um Ordnung zu schaffen" (ders., S. 311 f.). Er bewegt sich ähnlich wie Thieme in einem binären System, das festlegt, inwiefern die Schüler_innen dem gesellschaftlich dominierenden Bild einer_s Schüler_in entsprechen (vgl. a. a. O., S. 316 f.). Die Konstruktion solcher Bilder hängt laut Weitkämper mit Kategorien sozialer Ungleichheiten zusammen. In diesem Kontext nennt er „Migrationshintergrund", „Inklusionskinder" und die Unterscheidung „Akademikerkind / Nicht-Akademikerkind" (a. a. O., S. 317). „[S]oziale Herkunft" (a. a. O., S. 318) spiele demnach bei der Reproduktion, der Produktion sowie der Transformation sozialer Ungleichheit eine große Rolle. Er verweist bei dieser Ordnungsherstellung auf das „Zusammenspiel von Autorität, Emotionen und Ungleichheit" (a. a. O., S. 331). Seine Ergebnisse fasst er folgendermaßen zusammen: Was die Machtungleichheit im Verhältnis zwischen Schüler_innen und Lehrer_innen noch verstärke und somit das Verhältnis weiter belaste, sei die gesellschaftlich eher negative Anerkennung des Lehrendenberufs (vgl. a. a. O., S. 322).

In der international vergleichenden Studie stellt Axel Pohl (2015) die Frage nach Bildungspotenzialen in Übergangshilfen. Er nimmt einen machtkritischen und differenzsensiblen Blick ein und konzentriert sich besonders auf rassistische Zuschreibungen und Verhältnisse. In der Fragestellung ist bereits der Fokus auf soziale Ungleichheiten und Machtungleichverteilungen gerichtet. Dabei untersucht er die Involviertheit aller Akteur_innen in gesellschaftlich strukturierte Verhältnisse von Macht und Ungleichheit. In „Bildungspotentiale in ethnisierten Übergangssystemen" (2013) kommt er zu drei wesentlichen Ergebnissen. Erstens rekonstruiert er aus seinem Material, dass pädagogische Institutionen mit strukturellen Ungleichheitsverhältnissen verstrickt sind und Problemlagen auf struktureller Ebene – hier benennt er Rassismus – nicht auf der individuellen Handlungsebene pädagogischer Praxis gelöst werden können. Pädagogische Professionelle bräuchten ein gewisses Maß an Reflexion. Diese müsse sich auf strukturelle Gegebenheiten und darauf richten, die Thematisierung der Verhältnisse von Macht, Differenz und Diskriminierung, um Bildungsprozessen Raum zu geben. Zweitens führt er aus, wie diese Art von Angeboten gestaltet sein müssten, die einen erweiterten Bildungsbegriff haben sollten. Nach diesem Begriff wird das Anbieten von Handlungsalternativen sowohl als Inhalt als auch als Folge verstanden. Die Jugendlichen und jungen Erwachsenen sollen die Möglichkeit haben, mitzugestalten und Gefühle von Anerkennung und Zugehörigkeit zu erfahren. Ziel solle sein zu verhindern, dass sich negative Zuschreibungen in deren Selbstbild verankern. Eine Voraussetzung dafür sei wiederum anzuerkennen, dass es eine strukturelle und symbolische Ordnung gibt, die rassistisch geprägt ist, ohne die Jugendlichen als *anders* zu markieren. Dadurch könnten Brüche wahrgenommen werden, die sich als Bildungspotenziale erweisen. Drittens sollten, um die Glaubwürdigkeit der pädagogisch Arbeitenden zu erhöhen, Personen aus den jeweiligen Communitys angestellt werden. Dahinter steckt die Erwartung, dass sie die Diskriminierungserfahrungen der Jugendlichen weniger übergehen, während sich die Jugendlichen und jungen Erwachsenen mit der „Anerkennungsthematik Rassismus" (a. a. O., S. 83) eher ernst genommen fühlen.

Richten Thieme und Pohl ihren Blick auf die Kategorisierung der Adressat_innen pädagogischer Angebote, konzentriert sich Yalız Akbaba auf die Position der Pädagog_innen. In „Lehrer*innen und der Migrationshintergrund. Widerstand und Dispositiv" (2017) setzt sie sich mit der Bezeichnung „Migrationshintergrund" auseinander. Dabei interessiert sie insbesondere, wie *Pädagog_innen*, die mit dieser Bezeichnung positioniert werden, mit damit verbundenen Assoziationen, Ansprüchen, Zielsetzungen, Möglichkeiten und Bewertungen umgehen (vgl. Akbaba 2017, S. 9). Migrationshintergrund sieht sie als „Referenzrahmen" (a. a. O., S. 10), der in seiner Widersprüchlichkeit das Handeln der Pädagog_innen prägt. Ihre Studie versteht sie als poststrukturalistische, weswegen sie die Analyse von Positionierungen, Subjektivierungen, Machtverhältnissen, Affirmation, Dekonstruktion und Transformation und Ambivalenzen verstärkt. Dabei bewegt sie sich analytisch auf mehreren gesellschaftlichen Ebenen. Sie stellt die Ergebnisse ihrer Studie in drei Abstraktionsniveaus dar (vgl. a. a. O., S. 272). Beim ersten geht sie auf eindeutig erscheinende Praktiken ein, die den Migrationshintergrund der Lehrkräfte sichtbar machen und scheinbar positiv bewerten. Hier werden sich ähnelnde „Sprachbiografien von Lehrer*innen als positive Identifikationsmöglichkeiten für Schüler*innen" (a. a. O., S. 273) aufgezeigt. Auf der zweiten Abstraktionsstufe erörtert sie, inwiefern diese positiv bewerteten Praktiken auch als ambivalent zu verstehen sind. Praktiken würden mit der Intention einer positiven Bewertung gleichzeitig den Handlungsspielraum der adressierten Subjekte abstecken. Denn durch die Adressierung als etwas oder jemand werde bereits im Voraus ein bestimmtes Handlungsrepertoire festgelegt und ein anderes ausgeschlossen. Dabei gehe es häufig um das Widersprüchliche im Verhältnis von Dramatisieren und Normalisieren und auch – und das ist meine Übersetzung der Ergebnisse – um das Verhältnis von Thematisieren und Dethematisieren von Differenzkonstruktionen. Im dritten Abstraktionsschritt zieht sie ihre empirischen Ergebnisse in theoretische Konstrukte heran: „Die Thematisierung des Migrationshintergrundes ist mit schwer kalkulierbaren Risiken verbunden." (a. a. O., S. 274) Festzuhalten bleibt demnach, dass pädagogische Professionelle, die als Migrationsandere positioniert werden, nur innerhalb dieser Form der Subjektivierung handlungsfähig sind. Gleichzeitig müssen sie sich immer wieder davon distanzieren, da sie mit Diskreditierung in Verbindung gebracht wird. Ihr Möglichkeitsraum in Bezug auf Handlungsmacht ist demnach als äußerst ambivalent zu betrachten und geht mit zum Teil belastenden Zugeständnissen einher (vgl. a. a. O., S. 300).

Ich möchte das Beispiel „Sprachbiografien als Identifikationsmöglichkeiten" von Yalız Akbaba und den Vorschlag von Pohl kombinieren, pädagogische Professionelle aus den Communitys der Adressat_innen einzustellen. Nach Akbaba kommen die als migrationsandere gekennzeichneten Lehrer_innen durch ihre eigene ethno-kulturelle Positionierung in Handlungssituationen, die „Handeln und Nichthandeln [...] zu zwei unmöglichen Alternativen" (Akbaba 2017, S. 276) machen. Sie benennt die Schwierigkeiten, die mit Forderungen in dieser Art in Verbindung stehen, ohne sich konkret auf Pohl zu beziehen. Insbesondere macht sie darauf aufmerksam, dass „Migrationshintergrund" sowohl für Schüler_innen als auch Lehrer_innen „anordnend und definierend" (a. a. O., S. 277) ist. Eine Subjektivierung unter diesem Label scheint in jeder Handlungssituation widersprüchlich und mit Anforderungen verknüpft zu sein, die sich nicht vereinbaren lassen (vgl. ebd.). Lehrkräfte mit Migrationshintergrund würden nach einer Verwertungslogik eingestellt, in der „gerade [sie] mit der Aufgabe betraut werden, Integrationsprozesse zu fördern, die regelmäßige Diskriminierungserfahrungen machen, die einer gesellschaftlichen Integration entgegenwirken" (Akbaba 2017, S. 284). Angesichts dessen ist sinnvoll, die Idee von Pohl zu diskutieren und seinen Hinweis auf Anerkennung struktureller Machtungleichheiten sowie deren Reflexion hinzuzuziehen. In der Zusammenschau dieser Studien wird deutlich, dass eine Thematisierung von Ungleichheitsverhältnissen durch Pädagog_innen ein erweitertes Bildungsverständnis fördern kann, in dem auch Brüche als Anknüpfungspunkte oder als Bildungsprozesse selbst verstanden werden. Professionelle müssten dazu auf dominanzkulturelle Machtstrukturen reflektieren und sich mit ihnen kritisch auseinandersetzen.

Ähnlich wie Akbaba arbeitet Wiebke Scharathow empirisch die Schwierigkeit heraus, in dominanzkulturell geprägten Räumen zu handeln oder Deprivilegierung zu thematisieren, in denen Rassismus normalisiert ist und nicht als diskursives und strukturelles Ordnungsprinzip thematisierbar ist. Sie geht darauf ein, inwiefern es risikoreich ist, im Diskurs sowie in Strukturen um rassistische Zuschreibungen als rassistisch markierte (jugendliche) Person zu handeln und Rassismus als diesen zu thematisieren (vgl. Scharathow 2014, S. 414 ff.).

Beide Autorinnen zeigen, wie schwierig es ist, aus betroffenen Positioniertheiten Deprivilegierung und Erfahrungen von Diskriminierung zu thematisieren. Sie beziehen sich in erster Linie auf das Ungleichheitsverhältnis des Rassismus, das sowohl auf interaktiver und subjektiver als auch auf diskursiver Ebene wirksam wird. Machtvolle Diskurse, die durch Dominanzkultur geprägt sind und Normalität definieren, führten dazu, dass Machtverhältnisse und deren Folgen kaum ambivalent und risikoreich thematisiert werden könne. Ein Faktor der Ambivalenz entsteht dadurch, dass Rassismus und Diskriminierung ausschließlich dann anerkannt und thematisierbar werden, wenn sie „intentional" (Scharathow 2014, S. 421) oder als „aktive Diskriminierungen" (Akbaba 2017, S. 273) erkennbar geschehen. Nach Scharathow gäbe es daher wenige Anlaufstellen zu Rassismuserfahrungen in Deutschland (vgl. Scharathow 2014, S. 418 f.). Wie auch Akbaba hält sie fest, dass Lehrer_innen, Schüler_innen sowie Jugendliche, die als *andere* markiert sind, auf natio-ethno-kulturelle Zuschreibungen reagieren müssen – sie müssen mit der Differenzkonstruktion und ihrer ordnenden machtvollen Wirkung sowie mit deren Dethematisierung umgehen.

Beide Studien greifen Macht-Wissen-Komplexe und die Frage danach auf, inwiefern Verletzbarkeiten thematisierbar sind, die durch ungleiche Machtstrukturen ausgelöst werden. Das scheint jeweils davon abhängig zu sein, ob Machtstrukturen aufgrund bestimmter Diskriminierungsformen gesehen und als solche anerkannt werden. Bettina Fritzsche untersucht Inklusion und Schule aus der Perspektive der Anerkennung nach Butler. Danach könne Anerkennung auch mit Verletzbarkeit einhergehen, gleichzeitig müsse Verletzbarkeit anerkannt werden, um sie bearbeiten zu können (Fritzsche 2018). Merkmale sind Zirkularität und Verwobenheit: Strukturen werden erst dann sichtbar, wenn sie thematisiert werden. Und erst das schafft einen Raum, in dem dominante und ungleiche Machtverhältnisse anerkannt und erkennbar werden. Es bleibt die Frage, wer sich *wie* diesem Risiko der Thematisierung aussetzt oder wer *wie* diesem ausgesetzt wird.

Nachdem nun Studien vorgestellt wurden, die sich der Bedeutung von Differenzkonstruktionen aus der explizit eigenen Betroffenheit und Erfahrungsräumen widmen, untersucht die folgende Studie die Bedeutung von Differenzkonstruktionen bei jüngeren Kindern[39]. Claudia Machold geht der Frage nach, „welche Bedeutung macht- und ungleichheitsrelevante Unterscheidungen wie die nach Generation, Geschlecht, Ethnizität und ‚Rasse' überhaupt in der frühen Kindheit haben" (Machold 2015, S. 13). Dabei bezieht sie sich erstens auf den sozialpädagogischen elementarpädagogischen Kontext und positioniert zweitens Kinder als handlungsfähige Subjekte. Kinder wüssten bereits über machtvolle Differenzkonstruktionen und -verhältnisse Bescheid und auch, wie sie sie in ihren Handlungen anwenden können. Diese basieren dann auf der Bezugnahme auf übersituativ geltende soziale Positionierungen (vgl. Machold 2015, S. 209 ff.). Indem sie ihre Ergebnisse nach unterschiedlichen Differenzkonstruktionen darstellt, kann Machold zeigen, inwiefern Kinder diese thematisieren und sich und Andere positionieren (vgl. Kap. 5.4.2 Differenzrelevanz). Alter wird explizit im Kontext der Kompetenzen verhandelt, die einer Entwicklungslogik entsprechen. Dagegen gäbe es Verweise auf Ethnizität und Rassismus, die „durchaus

---

39 Damit will ich nicht behaupten, dass diese nicht diskriminiert und/oder depriviligiert wären. Jedoch ist die Studie nicht so angelegt, dass es um deren konkrete Betroffenheit oder Erfahrung von Diskriminierung ginge.

relevant sind, aber aus verschiedenen Gründen eher *unter der Oberfläche* bleiben" (Machold 2015, S. 215). Das Sprechen über sie werde vermieden. Die Differenzkonstruktion Geschlecht sieht sie in den Interaktionen der Kinder als „affirmativ re-signifiziert" (Machold 2015, S. 217). Abschließend beschäftigt sie sich aus einer erziehungswissenschaftlichen Perspektive mit der Frage nach Handlungsfähigkeit im Kontext von Differenzkonstruktionen (vgl. Machold 2015, S. 220 ff.).

Pädagogisch sei das Ziel, die Handlungsfähigkeit von Kindern zu erhöhen und sie als Akteur_innen zu betrachten. Die Methode bestehe darin, diskursive Praktiken für die Kinder zur Verfügung zu stellen (vgl. Machold 2015, S. 223). Sie schlägt in diesem Kontext die Dekonstruktion des Bildungsbegriffs im Zusammenhang mit der Frage nach dem diskursiv hergestellten Subjektbegriff im pädagogischen Kontext vor (vgl. a. a. O., S. 224). Machold stellt die Frage in den Raum, wie Subjekte in pädagogischen Programmatiken als Subjekte verstanden werden und wie dieses Verständnis dazu beiträgt, dass nur bestimmte Kinder – auch vor dem Hintergrund einer generationalen Ordnung – Positionen mit Handlungsfähigkeit erhalten. Als Beispiel dient die gesellschaftlich akzeptierte und normalisierte dominante Verwendung von Deutsch als gesprochener Sprache in den pädagogischen Organisationen (vgl. a. a. O., S. 222 f.). Diskursive Praktiken zur Verfügung zu stellen, bedeute auch, Diskurse zu thematisieren und kritisch zu beleuchten. Damit könne erreicht werden, dass daran anknüpfende und damit verwobene Praktiken erkannt und angewendet werden können.

Angela Rein (2020) arbeitet heraus, inwiefern Erfahrungen von Ent-Normalisierung in der Stationären KJH zum Alltag der betroffenen Adressatinnen gehören. Sie geht daneben der Frage nach, in welchem Maß diese Erfahrungen mit dem „Ringen um Normalität" (Rein 2020, S. 333) verbunden sind. Für ihre biografische Studie wählt sie eine machtkritische sowie intersektionale Perspektive auf Soziale Arbeit in Kombination mit einer subjektivierungstheoretischen Sicht nach Butler (vgl. a. a. O., S. 12 ff.). Ihr Anliegen ist, „Erkenntnisse zur hegemonialen und sozialen Bedeutung von Normalitätskonstruktionen – verstanden als dominante gesellschaftliche Ordnungen – herauszustellen" (a. a. O., S. 15). Sie erforscht insbesondere die Widersprüchlichkeiten, wie es die Theorie zu Subjektivierungsprozessen von Butler, aber auch ein differenzreflektierender und machtkritischer Blick auf Soziale Arbeit nahelegen (vgl. ebd.). Pointiert arbeitet sie heraus, inwiefern Einrichtungen der Sozialen Arbeit auf die Problemlagen der Adressat_innen reagieren und diese gleichzeitig sowohl interpretieren als auch herstellen (a. a. O., S. 384). Dies tut sie vor dem Hintergrund der „Debatten in der Sozialen Arbeit [...], die sich mit der Frage der Thematisierung von Differenz- und Ungleichheitsverhältnissen sowie der Frage nach Normalität und Normalisierung beschäftigen" (16). Dass Einrichtungen so reagieren, hänge mit der Herstellung der eigenen Biografie und der Subjektivierung der jungen Frauen zusammen: Die Interpretationen der Jugendhilfe würden zur „Lesehilfe für die eigene Biographie" (a. a. O., S. 384). Adressierungsprozesse, die auf Ordnungsprinzipien beruhen, die mit Machtverhältnissen verquickt sind, sind für die Adressat_innen folgenreich. Die Praxis der Jugendhilfe stellt Angela Rein als ein Abgleichen an „hegemoniale[] Normalitätsvorstellungen" (a. a. O., 385) dar. Das Austreten aus der stationären Jugendhilfe – so legt sie es dar – wird von den jungen Frauen als Möglichkeit der Normalisierung verstanden (a. a. O., S. 387). Im Kontext der stationären KJH würden entnormalisierende Folgen stärker wahrgenommen. Hier wird der Widerspruch deutlich, der mit der Sozialen Arbeit einhergeht: Thematisieren und Herstellen von Ungleichheit.

Die Auseinandersetzungen mit subjektiven Deutungen im Zusammenspiel mit diskursiven und strukturellen Ordnungen in (sozial)pädagogischen Settings lassen bestimmte Tendenzen erkennen. Erstens legen sie die Verwobenheit unterschiedlicher gesellschaftlicher Ebenen und deren Beziehung zu Macht nahe. Zweitens suggerieren sie, dass die Frage nach Thematisierbarkeit und Dethematisierung von Machtverhältnissen und Differenzkonstruktionen relevant ist, die unhinterfragt Selbstverständlichkeiten anerkennen. Drittens argumentieren sie dafür, dass die Erfahrung von Othering und Diskriminierung folgenreich für die Adressierten und pädagogischen Professionellen ist. Pädagogisches Handeln allein – auf der Ebene von Interaktionen – könne demnach nicht ausreichen, die Handlungsfähigkeit der adressierten Subjekte zu erweitern. Zudem wird deutlich, dass Bildungsprozesse immer mit Ambivalenzen und der Gleichzeitigkeit von Öffnung und Schließung der Handlungsmacht einhergehen. Die Voraussetzung für Reflexion und dafür, den Raum der Handlungsmacht zu erweitern, besteht darin, bei der Thematisierung von Deprivilegierung Struktur und Diskurse einzubeziehen, genauso wie Erfahrungen von Diskriminierung und deren Anerkennung.

Christine Riegel (2016) fasst zusammen, inwiefern Bildungsprozesse mit Prozessen des Othering einhergehen, wobei sie auf die Verwobenheit der gesellschaftlichen Ebenen und die Tatsache hinweist, dass Subjekte sich nicht außerhalb dieser positionieren oder nicht positioniert werden können. Auch in diesem Zusammenhang zeichnet sich der Widerspruch ab: Einerseits gehen Bildungsprozesse mit der Erweiterung des Möglichkeitsraums einher, andererseits schränken damit einhergehende Prozesse des Othering die Handlungsmacht der Subjekte ein (vgl. dies., S. 309 f.). Wie bereits ausgeführt, wählt sie die intersektionale Analyseperspektive, aus der sie die Verwobenheit und Situiertheit von Differenzkonstruktionen vor dem Hintergrund von Macht und Ungleichheit untersucht (vgl. a. a. O., S. 310). Auf Basis der empirischen Ergebnisse entwickelt sie die Trias „Reflexion – Kritik– Veränderung" (a. a. O., S. 312 f.). Diese bezieht sie sowohl auf die Forschungspraxis als auch auf die pädagogische Praxis. Dabei konzeptualisiert sie *Reflexion* als für Bildungsprozesse notwendig und konkretisiert sie mit dem Begriff der Dekonstruktion, also dem Infragestellen von Selbstverständlichkeiten. *Kritik* ist anschließend daran – und dabei nimmt Riegel Bezug auf Butler, Frigga Haug und Gayatri Spivak – mit Handlung aufgrund von Reflexion verbunden. Entscheidend ist die Bereitschaft, bisher Selbstverständliches zu verlernen, eventuell damit in Verbindung stehende Privilegien aufzugeben und auf diese Weise eine andere Perspektive einzunehmen. Der dritte Punkt ist *Veränderung*, bei der sich Riegel auf das politische Mandat der Sozialen Arbeit bezieht. Bildungsprozesse seien, wenn sie Handlungsfähigkeit ermöglichen sollen, an sich widersprüchlich, wobei dieser Widerspruch nicht aufgelöst zu werden scheint (vgl. a. a. O., S. 314). Sie wählt den Ansatz Sozialer Arbeit als Grenzbearbeitung von Susanne Maurer und Fabian Kessl und betont somit die Unumgehbarkeit der Widersprüchlichkeit von Bildungsprozessen (vgl. ebd.).

Wie mit Differenzkonstruktionen im Kontext von Macht und Ungleichheit in Einrichtungen der KJH umgegangen wird und wie vor diesem Hintergrund Privilegierung und Deprivilegierung thematisiert und dethematisiert werden, sind bisher unbeantwortete Fragen. In der vorliegenden Arbeit gehe ich darauf ein, wie sie bearbeitet und beantwortet werden können.

6 Ein ethnografisches Forschungsprojekt

Das vorliegende Forschungsprojekt setzt an der Schnittstelle der Forschung zur Sozialen Arbeit, präziser der Kinder- und Jugendhilfeforschung, und der Differenzforschung an. Es handelt sich um ein rekonstruktiv-ethnografisches Forschungsprojekt, das sich als machtkritisch begreift. Gegenstand sind Differenz(re)konstruktionen sowie -transformationen der in der Sozialen Arbeit Tätigen und ihre Folgen für die Adressat_innen der Sozialen Arbeit. Grundlegend ist eine Forschungsperspektive, die Intersektionalität einerseits und die Denkfigur der Grenzbearbeitung andererseits vereint.

Durchweg – und das schließt die Darstellung der methodologischen Überlegungen und der methodischen Umsetzung ein – ist das Projekt mit Fragen konfrontiert, die sich auch in jedem Projekt der rekonstruktiven Forschung, der Differenzforschung und der Kinder- und Jugendhilfeforschung stellen: Wie ist mit der Herausforderung der Reifizierung von Macht sowie Ungleichheitskonstruktionen und -verhältnissen umzugehen? Wie kann das bewerkstelligt werden, ohne die Interpretation des Feldes oder dominante Sichtweisen zu reproduzieren? Wie können diese vielmehr entziffert werden? Das folgende Kapitel untersucht, inwiefern ein solches Forschungsprojekt die Problematik der Reifizierung und Reproduktion von Grenzziehungsprozessen handhaben kann, d. h. mit der Problematik Machtverhältnisse durch den Forschungsprozess aufrechtzuerhalten. Es handelt von einem Versuch, den ich nun darstellen will.

Dazu teile ich das Kapitel in drei Teile. Im ersten stelle ich transparent dar, aus welchen Forschungsperspektiven ich die Fragestellung und den Gegenstand betrachte. Grundlagen der rekonstruktiven Sozialforschung werden hier genauso Thema sein, wie die besonderen Perspektiven, die gewählt wurden, um die Fragestellung zu beantworten. Ergänzt wird eine rekonstruktive Herangehensweise durch das dekonstruktive Moment: Hierbei lege ich den Fokus darauf, Regelhaftigkeiten zu rekonstruieren und ergänzend dazu die Brüche der Regelhaftigkeiten zu erkennen sowie den Auswirkungen dieser Brüche auf die Spur zu kommen. Im zweiten Teil steht Ethnografie als Forschungsprogrammatik im Vordergrund. Das heißt, ich setze mich mit der Frage auseinander, inwiefern Ethnografie ein Zugang zu Selbstverständlichkeiten sein kann. Im letzten Teil stelle ich die konkreten Heuristiken vor, die ich aus den Grundlagen, den Perspektiven und dem Zugang herausgearbeitet habe und die sich am intensivsten in der Analyse niederschlagen.

6.1 Machtreflexive Forschungsperspektiven

Grenzziehungsprozesse und Positionierungspraktiken, die vor dem Hintergrund von Macht- und Ungleichheitsverhältnissen vollzogen werden, verbleiben oft im Verborgenen, sind reflexiv also vorerst nicht zugänglich. Ein Grund dafür ist mitunter, dass das Konstruieren von Differenzen und das Zurückgreifen auf diese Konstruktionen im Alltag selbstverständlich scheinen und auf diese Weise der Aufmerksamkeit entgehen. Auf den Alltag wirken sie sich allerdings strukturierend aus und verleihen Handlungen, Diskursen sowie Strukturen Sinn. In einer rekonstruktiv verfahrenden Sozialforschung besteht das Ziel darin, „die zugrundeliegenden Regeln herauszuarbeiten [...]. Es geht darum, erklären zu können, *wie* und *warum* sich ein Phänomen genau in der Art und Weise zeigt und nicht anders." (Kruse 2014, S. 659)

Von Interesse ist in dieser Herangehensweise das (Fremd-)Verstehen: Rekonstruktiv Forschende wollen also das Verstehen verstehen. Jan Kruse zitiert in diesem Zusammenhang Alfred Schütz, der den Begriff des Fremdverstehens geprägt hat. Demnach sei Verstehen nur „vor dem Hintergrund des eigenen subjektiven Relevanzsystems" (Kruse 2014, S. 67) möglich, das sich durch vorangegangene Erfahrungen und die Auseinandersetzung mit der Umwelt herausgebildet hat. Das Interesse, das Verstehen zu verstehen, leitet sich mit Herbert Blumer u. a. daraus ab, dass eine Handlung nicht eine reine Reaktion auf Vorheriges ist, sondern auf den *eigenen* Interpretationen des Vorangegangenen beruht (vgl. Blumer 2004, S. 335 f.). Handlung und soziale Wirklichkeit sind nach diesem Verständnis eine Konstruktion des Handelnden, der in Interaktion mit seiner Umwelt getreten ist (vgl. Schütz 2004, S. 157 ff., 163). Die sozialen Konstruktionen, die die_der Handelnde in einem Prozess hervorbringt, stehen im Interesse der qualitativen Sozialforschung. Direkten Zugang zu diesen Prozessen haben weder die_der Forschende noch die_der Handelnde selbst. Der Kommunikation der Handelnden miteinander liegen laut Karl Mannheim (1980) *kollektive Orientierungsmuster* zugrunde (vgl. ebd., S. 375 f.): soziale Regeln, die *alle* selbstverständlich kennen und einhalten – wenn nicht, kommt es zu Irritationen. *Kollektive Orientierungsmuster* sorgen dafür, dass Handeln, Verstehen und Reagieren im Alltag nicht eingeschränkt oder verlangsamt werden (vgl. Przyborski/Wohlrab-Sahr 2010, S. 32 ff.). Alfred Schütz (2004 [1953]) spricht von einem *Common Sense*, der für alle verstehbar ist. Gesellschaft funktioniert auch deswegen, weil soziale Akteur_innen einander signalisieren, sich zu verstehen (vgl. Garfinkel/Sacks 2004, S. 389 f.). Sinnstrukturelle Muster hängen dabei stark mit sozialer Ordnung zusammen, die das soziale Miteinander prägt – allerdings auch „Instabilitäten" (Reckwitz 2008, S. 206 f.) aufweist. Hier wird deutlich, dass es nicht ausschließlich um *eine* gesellschaftliche Ebene, bspw. ausschließlich um Handlung, gehen kann. Vielmehr spielt auch eine Rolle, wie verschiedene Ebenen einander bedingen und beeinflussen, wie die Ebene der Subjekte und Interaktionen, die Ebene der Diskurse und die Ebene der Strukturen. Diese gesellschaftlichen Ebenen sind aufeinander verwiesen und miteinander verknüpft. Sie können niemals für sich und unabhängig voneinander verstanden werden (Riegel 2016, S. 138). Inwiefern diese Ebenen v. a. im Kontext der Frage nach dem Zusammenhang von Subjekt und Gesellschaft miteinander in Verbindung stehen, beschäftigt insbesondere Begründer_innen und Wissenschaftler_innen, die sich mit interpretativen Paradigmen – wie rekonstruktive Verfahren auch genannt werden – befassen (vgl. Strübing/Schnettler 2004; Kruse 2010, insbes. Kap. 1.2, 1.3). Vor diesem Hintergrund ist es sinnvoll, praxis- und diskursanalytische Ansätze unter Bezugnahme von Strukturen methodologisch zusammenzudenken.

Insbesondere Jan Kruse hat ein solches Verständnis von rekonstruktiver Sozialforschung elaboriert herausgearbeitet (vgl. Kruse 2014, S. 509 ff.). Es ist nicht zu überlesen, dass die hier eingenommene rekonstruktive Haltung um eine dekonstruktive Sichtweise ergänzt wurde. Das „kann [...] als die Suche nach den ‚unsichtbaren Grenzen' des Aussagbaren betrachtet werden" (Kruse 2014, S. 527). Eine rekonstruktive und eine dekonstruktive Sichtweise ins Verhältnis zu setzen, heißt in der vorliegenden Untersuchung, sowohl Regelhaftigkeiten als auch Brüche, Abweichungen sowie Überschreitungen in diesen Regelhaftigkeiten zu erkennen. Auf diese Weise lassen sich Reproduktion wie auch Transformation erkennen. Die Notwendigkeit, sie in ihrer Widersprüchlichkeit empirisch zu erheben, betont auch Riegel (vgl. dies. 2016, S. 133). Es ergibt sich aus diesem Zusammendenken die Anforderung eines reflexiven Forschens, was wiederum praktisch bedeutet, „Methoden quer zu Tradition und ihren unterschiedlichen Denkschulen" (Götsch/Klinger/Thiesen 2009, S. [20]) anzuwenden. Es werden Fragen in den Vordergrund gestellt statt Antworten. Einen dekonstruktivistischen Anspruch zu verfolgen, beinhaltet zudem immer auch Machtkonstellationen zu berücksichtigen. Ein Forschungsprojekt dieser Ausrichtung hat somit auch das Potenzial „die empirische Analyse zum Mittel von Gesellschaftskritik" (a. a. O., S. [23]) zu nutzen.

Reflexion im Forschungsprozess kann durch unterschiedliche Wege erreicht werden. Eine konstruktivistisch gewendete Grounded-Theory-Methodologie (GTM) widmet sich der Reflexion der Forscher_innenrolle, der Reflexion der Interaktionen der forschenden Person im und mit dem Feld sowie der Reflexion der Beeinflussung des Forschungsprozesses durch die Subjektivität, Perspektivität und das Denken der_s Forscher_in (vgl. Charmaz 2010, S. 196). Dadurch wird deutlich, wie wichtig es für Empirie ist, den forschenden Blick transparent zu machen und zu hinterfragen; dabei zeitliche, kulturelle und strukturelle Kontexte in die Analyse einfließen zu lassen (vgl. Charmaz 2010, S. 197). Fragen und Konzepte, die am Anfang des Forschungsprozesses stehen und stark von der Perspektivität des_r Forschenden beeinflusst sind, werden im und durch den Forschungsprozess überarbeitet. Es können analytischere und gleichzeitig möglichst offene Fragen gestellt werden.

In der GTM wird von *sensitizing concepts* ausgegangen: Diese dienen von Anfang an dazu, kreativ Ideen zu entwickeln, um erhobene Daten besser verstehen zu können. Da sie mit Einstieg in ein Forschungsprojekt genutzt werden, ermöglichen sie es, sich in den Forschungsprozess vorzutasten. Erweisen sich Konzepte als unbrauchbar, können diese aufgegeben werden (vgl. Charmaz 2006, S. 17). *Sensitizing concepts* sind immer auch Ausdruck der eigenen disziplinären Verortung und der „perspectival proclivities" (Charmaz 2010, S. 187). Von dort aus bewegen sich Forschende im zirkulierenden Forschungsprozess und können bspw. über die Auswertungsstrategie des *line-by-line-coding* dem *eigenen* Blick des Forschungsfeldes näherkommen (vgl. Charmaz 2010, S. 187 f.). Aus der Formulierung von *sensitizing concepts* ergibt sich, dass Forschende *generative Fragen* stellen. Diese erlauben es, bisherige Konzepte zu prüfen, zu überarbeiten und zu verwerfen, vorläufige Konzepte zu kontrastieren und angewandte Konzepte miteinander ins Verhältnis zu setzen (vgl. Strauss 2004 [1987], S. 447). Kurz gesagt: Generative Fragen dienen der Reflexion der *sensitizing concepts* und der Entwicklung einer datenbasierten Theorie.

In den folgenden Kapiteln will ich auf die explizite Perspektivität und die damit verbundenen *sensitizing concepts* dieser Arbeit eingehen: Intersektionalität, diskursive Praktiken, Grenzbearbeitung.

6.1.1 Intersektionalität: die Verwobenheit von Differenzkonstruktionen und gesellschaftlichen Ebenen erkennen

Intersektionalität ist in der vorliegenden Arbeit eine der Forschungsperspektiven, mit deren Hilfe vor dem Hintergrund von Macht- und Ungleichheitsverhältnissen erforscht werden soll, wie in der KJH im Kontext sozialer Ungleichheit mit Differenzkonstruktionen umgegangen wird. Sie ist disziplinär und organisational nicht festgelegt. In ihrer Entwicklung wurde sie von sozialen Bewegungen sowie theoretischen Kontroversen beeinflusst, von poststrukturellen, postkolonialen, queer-feministischen und differenzsensiblen Ansätzen inspiriert: Der Blick richtet sich mit dekonstruktivistischer Haltung auf Wechselwirkungen, Widersprüche und auf scheinbar unsichtbare Flecken (vgl. bspw. Çetin/Prasad 2015; Riegel 2013; Riegel 2014; Tuider 2015).

In dieser Arbeit dient Intersektionalität als *sensitizing concept*, als Konzept, das meinen analytischen Blick sensibilisiert und v. a. offen hält, unterschiedliche Differenzkonstruktionen sowie deren Verwobenheit und Mehrebenenhaftigkeit während des Forschungsprozesses sowohl re- als auch dekonstruieren zu können: Adressierungs- und Positionierungspraktiken, die sich in Grenzbearbeitungspraktiken niederschlagen, können aufeinander bezogen und miteinander verknüpft analysiert werden. Es wird berücksichtigt, was aufgrund von wirkmächtigen Diskursen als selbstverständlich gilt und welche Verhältnisse hierbei nicht erwähnt werden, weswegen sie (vorerst) nicht bearbeitet werden können. Dementsprechend kann die Frage nach Privilegierung und Deprivilegierung und ihrer Handhabung gestellt werden.

Im Vordergrund von Intersektionalität steht der Hinweis auf die Verwobenheiten von Differenzkonstruktionen auf ineinander verquickten gesellschaftlichen Ebenen: der Subjektebene, der Ebene der Diskurse und der strukturellen Ebene. Die Metapher der Kreuzung (intersection; vgl. Crenshaw 1998) ist dahingehend verwirrend. Denn sie suggeriert Zweidimensionalität, während das Ebenenkonstrukt mehrdimensional ist. Trotzdem kann die Metapher dabei helfen, den analytischen Blick dafür zu sensibilisieren, Differenzkonstruktionen nicht nur eindimensional und alleinstehend, sondern mehrdimensional sowie folgenreich und in Verwobenheit mit anderen Differenzkonstruktionen wahrzunehmen. Ausgehend von diesem *sensitizing concept* können Fragen gestellt und Kritik kann geübt werden (vgl. Riegel 2016, S. 137). Gleichzeitig dient es auch als Startpunkt für das Forschungsvorhaben. Dementsprechend habe ich dafür die Entscheidung getroffen, Einrichtungen, die mehrere Differenzkonstruktionen relevant setzen, mit solchen zu kontrastieren, die diese Sichtbarmachung zumindest nicht als Gesamtorganisation institutionell, somit nicht strukturell angelegt haben. Dieses theoretische Sampling (vgl. Clarke 2011, S. 209) basiert darauf, anzuerkennen, dass das Thematisieren von Differenz im pädagogischen Kontext widersprüchlich ist: Einerseits reagiert Soziale Arbeit auf Formen sozialer Deprivilegierung, andererseits trägt sie zumindest teilweise (z. B. durch Stigmatisierung) zu deren Aufrechterhaltung bei, indem sie auf sie reagiert (vgl. Maurer 2001; Kessl/Plößer 2010; Riegel 2016). Es stellt sich die Frage, inwiefern Einrichtungen, die – im vorliegenden Fall – explizit Mädchen und junge Frauen adressieren, mit machtvollen Differenzkonstruktionen umgehen. Dabei handelt es sich um Mädchen und junge Frauen, die sich selbst als Personen markieren, die Migrationsgeschichte oder Migrationshintergrund haben, oder die von Anderen entsprechend markiert werden. Und hat diese spezialisierte Adressierung Folgen für alle Beteiligten und welche wären das? Die Frage lautet abstrahiert also, inwiefern die strukturelle Ebene mit den Ebenen des Diskurses und der Subjekte verquickt ist.

Anhand einer solchen Perspektive lässt sich erkennen, dass Adressierungen, die in Wechselwirkung mit den jeweiligen Diskursen und Strukturen stehen, je nach Situation handlungserweiternd oder handlungseinschränkend wirken. Subjekte handeln in diesen Positionierungen (bzw. müssen das) und haben gleichzeitig Einfluss auf die Situation, aber auch darüber hinaus. „Aus einer intersektionalen Perspektive wird danach gefragt, in welcher Weise soziale Differenzen hergestellt werden und Dominanz- und Ungleichheitsverhältnisse zum Ausdruck kommen und inwieweit durch ein Zusammenwirken bzw. durch die Bezugnahme auf verschiedene Differenzkonstruktionen Prozesse des Othering und der Normalisierung hervorgebracht, forciert oder abgeschwächt werden."

(Riegel 2016, S. 140) Daran schließt folgende Frage an: „In welcher Weise (und in welchen Kontexten) zeigen sich dabei gegenüber hegemonialen Strukturen, Diskursen und Repräsentationen affirmative, hinterfragende, widerständige oder verschiebende Praktiken?" (Riegel 2016, S. 141) In Bezug auf die Relevanz von Praktiken bietet sich für das vorliegende Forschungsprojekt eine ethnografische Herangehensweise an. Als Forschende beobachte ich Praxis und werde Teil davon. Selbstverständlichkeiten im Handeln erfahre ich demnach selbst als solche. Otheringprozesse sowie deren Reproduktion werden für die Forschende selbstverständlich in der Weise, wie Widersprüche und Transformationen irritierend wirken – diese Erfahrungen fließen anschließend in die Analyse ein. Die Auswirkungen der Handlungserweiterung sowie -einschränkung mache ich mithilfe rekonstruktiver Analyse wiederum reflexiv zugänglich.

Die Offenheit und Vagheit des Konzepts bedeuten eine große Bandbreite des Vorgehens (vgl. Davis 2008, S. 77). Degele und Winker setzen an der Ebene von Identität an und stellen in mehreren konkreten Schritten Bezüge zu weiteren Ebenen her (vgl. Winker / Degele 2009). Dagegen wählt Elli Scambor im Forschungsprojekt „intersectional map Graz 08" (Scambor 2008, o. S.) die Strukturkategorien Alter, Geschlecht, ethnicity und class als Ausgangspunkt der Forschung. Ethnografisch vorzugehen und dabei insbesondere Positionierungspraktiken als diskursive Praktiken in den Blick zu nehmen, schließt an die Idee von Verwobenheit und Wechselwirkung an. Ethnografie und diskursive Praktiken sind elaborierte Konzepte. Mit ihnen kann dem postkolonialen, dekonstruktivistischen sowie feministischen Hintergrund von Intersektionalität in Bezug auf Reproduktion und Transformation entsprochen werden.

Dieser Hintergrund ist eine Bereicherung, die eigenen Konzepte, Vorannahmen, Positionierungen sowie Privilegierungen als Forschende in den Blick zu nehmen (vgl. Haritaworn 2005; Riegel 2016). Wenn „Macht zu analysieren bedeutet, zu untersuchen, wessen Konstruktionen von wem oder was existieren" (Clarke 2011, S. 122), muss in diese Analyse auch einfließen, inwiefern machtvolle Konstruktionen der Forschenden selbst Einfluss nehmen. Das meint „hegemoniale[] Repräsentationstechniken" (vgl. Spivak 1988, S. 187 ff. zit. Nach Gutiérrez Rodriguez 2012, S. 25 f.) sowie „Unsichtbarmachung der ‚subalternen Stimmen'" (Gutièrrez Rodriguez 2012, S. 26). Dem müssen sich Forschende in Bezug auf ihre forscherischen (Positionierungs-)Praktiken stellen. Im Konzept des *situierten Wissens* weist Donna Haraway darauf hin, dass jede Forschungshandlung aus einer bestimmten Position heraus geschieht. Um den wissenschaftlichen Anspruch einhalten zu können, muss sie transparent gemacht werden (vgl. Haraway 1995). Nach Kathy Davis besteht das ermutigende Moment von Intersektionalität darin, dass sich Forschende kritisch und reflexiv mit den eigenen Zugängen in Forschung auseinanderzusetzen können (vgl. Davis 2008, S. 78 f.). Gerade das mache Intersektionalität zu einem guten Konzept. Dass sie anerkennen, wie sehr sie als Forschende involviert sind und welche machtvollen Effekte damit verbunden sind, ist wesentlich für kritisches und intersektionales Forschen (vgl. Riegel 2016, S. 13).

Im Folgenden erläutere ich diskursive Praktiken als weiteres *sensitizing concept*. Dabei geht es darum Praxistheorien und Diskurstheorien zu kombinieren und Diskurse wie auch Praktiken als Formen von Wissensordnungen zusammenzudenken.

6.1.2 Diskursive Praktiken: mit Sprechen und Handeln einen Unterschied machen

Die Frage einer *Diskurspraktikenanalyse* mit dekonstruktivem Charakter ist die Frage nach den „‚unsichtbaren Grenzen' des Aussagbaren" (Kruse 2014, S. 527) sowie nach der Ausgestaltung, der Herstellung und der Transformation dieses begrenzten Raums an Handlungsmöglichkeiten (vgl. Rose 2015, S. 326; Foucault 1981). Aus einer intersektionalen Perspektive ergibt sich für die Analyse der Differenzkonstruktionen die Frage, wie die Wechselwirkungen der unterschiedlichen gesellschaftlichen Ebenen von Subjekt, Diskurs und Struktur berücksichtigt werden können (Diehm/Kuhn/Machold 2013; Riegel 2016). Ein geeignetes Konzept sehe ich in der Figur der diskursiven Praktiken. Praxistheorien und Diskurstheorien werden miteinander verknüpft. Das Modell von „Praxis/Diskurs-Formationen" reagiere auf die Anforderung, „Praktiken und Diskurse nicht als zwei unabhängige Gegenstände zu separieren […], sondern als zwei aneinander gekoppelte Aggregatzustände der materialen Existenz von kulturellen Wissensordnungen zu begreifen" (Reckwitz 2008, S. 201f.). Die Metapher des Aggregatzustands finde ich in diesem Kontext sehr hilfreich: Sie erfasst, dass es sich um dieselbe Sache handelt und sich lediglich Eigenschaften, Auftreten und Form ändern – sowie die Auswirkungen der Wissensordnungen. Im Folgenden werde ich daher darlegen, inwiefern das Konzept der diskursiven Praktiken eine methodologische Perspektive darstellt, aus der heraus Zusammenhänge von Praktiken und Diskursen vor dem Hintergrund von Machtstrukturen annähernd „analytisch präzise bestimm[t]" (Diehm/Kuhn/Machold 2013, S. 43) werden können.

Das Konzept ermöglicht es, den Umgang mit Differenzkonstruktionen in Einrichtungen der KJH in seiner Komplexität und Widersprüchlichkeit nachzuvollziehen. Praxis zu beobachten, wie die Ethnografie es erfordert, bezieht sich immer auf situative Differenzmarkierungen. Diese stehen wiederum in einem Zusammenhang mit Handlungen und Orientierungswissen, das den handelnden Subjekten in Form von Positionierungen zur Verfügung stehen muss (vgl. Wrana 2015, S. 127). Die Bedeutungen, die in der situativen Handlung hergestellt werden, gehen also über die Situation hinaus und die situativen Handlungen beziehen sich auf Bedeutungen über die Situation hinaus. Die Analyse auf Basis diskursiver Praktiken kann dabei helfen, die jeweiligen Wechselwirkungen vorhandenen Wissens, auf das beim Handeln zurückgegriffen wird, in den Blick zu nehmen. Betrachtet wird auch, wie dieses Wissens fortbesteht und sich verändert.

Bei der Konzeptionierung diskursiver Praktiken beziehen sich die meisten Akteur_innen auf Foucault und die „Archäologie des Wissens" (vgl. Wrana 2012, S. 190). Sie begreifen Diskurse nicht als starre Regeln, die ein bestimmtes Handeln vorstrukturieren. Vielmehr verstehen sie diskursive Schemata als „das der diskursiven Praxis implizite Wissen" (Wrana 2012, S. 196). Dieses implizite Wissen ist über die Analyse diskursiver Praktiken zugänglich (vgl. Wrana 2012, S. 196). Allerdings ist diese Analyse voraussetzungsreich. Denn unterschiedliche Faktoren, wie uneindeutige Bezüge (Kontexte) und Veränderungen in der Wiederholung, führen dazu, dass Praxis *nicht* in Routinen verläuft (vgl. Wrana 2012, S. 196). Es ist demnach nicht möglich, *einfach* aus Diskursen Praxis abzuleiten und umgekehrt. Andreas Reckwitz verdeutlicht das mit seiner Metapher des Aggregatzustands (s. o.). Diskursive Praxis weise zwar Kontinuitäten auf, sei allerdings „in ihrer Weiterführung konstitutiv unvorhersehbar und in sich heteronom" (Wrana 2012, S. 196). Nach Reckwitz sind diskursive Codes als symbolische Codes „der Ort, an dem Macht ihre subtilste Wirkung entfalten kann: durch die symbolischen Codes wird eingeschränkt, was überhaupt denkbar, sagbar, wünschbar ist" (Reckwitz 2008b, S. 40). Praxis behält trotzdem die Eigenschaft „eigenlogisch und produktiv" (Villa 2013b, S. 59f.) zu sein, allerdings nicht willkürlich und unabhängig von Diskursen, sondern in Wechselwirkung mit ihnen. Eigenlogik und Produktivität sind demnach abhängig von Wechselwirkungen. Sie lassen sich als Aktualisierungen und Transformationen in ihrer Machtförmigkeit lediglich durch „sehr genaues Blicken und Schauen" (Maurer 2018, S. 28) rekonstruieren.

Sowohl für die Analyse von Praxis als auch für die Analyse von Diskursen erscheinen demnach Wiederholungen als besonders geeigneter Anknüpfungspunkt. Damit werden einerseits Wirklichkeiten und Deutungswissen aufrechterhalten, andererseits steckt darin das Potenzial zu Veränderung (vgl. Butler 2009, S. 346; Villa 2013b, S. 68f.; Wrana 2014, S. 85ff.; Riegel 2016, S. 133). Mit Butler führt Paula-Irene Villa Braslavsky den Begriff „performative Mimesis" (Villa 2013b, S. 73ff.) ein. Claudia Machold, Melanie Kuhn und Isabelle Diehm verwenden den etablierteren Begriff „performative Praxis" (Machold 2015). Sowohl Paula-Irene Villa Braslavsky als auch Claudia Machold übernehmen von Butler den Begriff der *Subversion*. Er bezeichnet eine Destabilisierung von kulturell Verankertem, die durch *performances* zu einem *reframing* führt (vgl. Reckwitz 2008b, S. 293f.). Das heißt, soziale Wirklichkeiten werden durch Wiederholungen stabilisiert. Gleichzeitig werden Bedeutungen durch das Nicht-Exakte in den Wiederholungen modifiziert und Veränderung findet – auch aufgrund von Irritationen – statt. Gerade in der paradoxen und ambivalenten Verwicklung von

Praxis und Diskursen ist Raum für die Entwicklung von *Eigensinn*, wie Paula-Irene Villa Braslavsky resümiert.

Machold bringt in die Diskussion um das Diskurs-Praxis-Verhältnis das Moment der „Re-Signifizierungen" (Machold 2015, S. 99) ein. Mithilfe der poststrukturalistischen, postkolonialen sowie feministischen Perspektive arbeitet sie Machtverhältnisse pointiert ein (vgl. a. a. O., S. 25 ff., 152 ff.). „[Die] Macht der symbolischen Codes [entfaltet] eine produktive Qualität: sie limitiert nicht nur, sondern bringt auch bestimmte Denk-, Wahrnehmungs- und Handlungsweisen hervor." (Reckwitz 2008b, S. 40) Dieser ambivalenten Zirkularität von „Unterworfenheit und Ermächtigung" (Machold 2015, S. 63) widmet sich Butler insbesondere in ihrem Werk „Haß spricht. Zur Politik des Performativen" (2006). Sie diskutiert Fragen zur Entstehung und Entwicklung von Subjekten. Erst durch das Bezeichnen werde demnach das Subjekt zum Subjekt, das sich zu dieser Bezeichnung in Beziehung setzen, sich anpassen, sich widersetzen, sich positionieren kann (vgl. Butler 2006, S. 67; Butler 2009, S. 333 ff.).

Subjektpositionen ermöglichen Handeln und Sprechen und stellen Subjekten dementsprechend einen gewissen Spielraum zur Verfügung. Handlungs- und Sprechrepertoire stehen allerdings in unterschiedlichen Kontexten und mit widersprüchlichen diskursiven Praktiken in Wechselwirkung (vgl. Machold 2015, S. 97). Ein Nicht-Sprechen-Können genau wie ein Nicht-Handeln-Können wird aus poststrukturalistischer, postkolonialer und feministischer Perspektive als „Ausdruck von Unterdrückung gelesen" (a. a. O., S. 152). Hier setzt das Verhältnis von Subjektpositionen und „Positionen [an], die in Konversationen entstehen" (a. a. O., S. 98 f.). Diese können Subjektpositionen in ihren Imitationen irritieren und somit verändern. Das bedeutet, Handlungsmöglichkeiten werden verändert und können erweitert werden (vgl. a. a. O., S. 97 ff.). Stelle ich die Frage nach dem Umgang mit Differenzkonstruktionen vor dem Hintergrund von Machtverhältnissen ist genau dieser Punkt des Prozesses interessant: Wie werden Adressat_innen der KJH von Professionellen der Sozialen Arbeit in Konversationen adressiert, wenn es diskursiv und praktisch hergestellte Differenzkonstruktionen geht? Wie finden diese Adressierungen im Spannungsverhältnis von Reproduktion und Transformation statt? Und welche Folgen hat das für die jeweiligen Subjekte, aber auch für deren Positionierungen?

Adressierungsprozesse stehen im engen Zusammenhang mit Grenzziehungspraktiken: Adressierungen veranschaulichen, als was eine Person gesehen und gleichzeitig als was sie nicht gesehen und was alles dabei ausgelassen wird. Sie geschehen immer auch vor intersektionalem Hintergrund, also niemals eindimensional. Das heißt, sie sind nie nur auf *eine* Differenzkonstruktion bezogen oder verlaufen auf nur *einer* gesellschaftlichen Ebene. Zudem spielen Machtprozesse eine große Rolle: Wer darf wen als was adressieren? Diese Formen von Adressierungen als Grenzbearbeitungspraktiken zu verstehen, ist das dritte *sensitizing concept* in dieser Arbeit.

6.1.3 Praktiken als Grenzziehungsprozesse wahrnehmen

Wesentlich für die vorliegende Untersuchung ist die Denkfigur der Grenzbearbeitung nach Maurer und Kessl. Von den Forschungsperspektiven, die ich ausgewählt habe, ist sie die dritte. Sie bezieht sich auf die Praxis Sozialer Arbeit, aber auch auf die Praxis der Forschung zu Sozialer Arbeit und darauf, wie diese mit Differenzkonstruktionen vor dem Hintergrund von Macht- und Ungleichheitsverhältnissen umgeht. Ausgangspunkt ist, dass Soziale Arbeit an Grenzziehungsprozesse anschließt und Subjekte adressiert, die strukturelle Begrenzungen in Form von Deprivilegierung erfahren. Gleichzeitig ist sie an der Reproduktion dieser Grenzziehung allein schon deswegen beteiligt, da sie auf diese Grenzen Bezug nimmt. Eine grenzanalytische Perspektive fokussiert genau diese Ambivalenz, die für die Soziale Arbeit konstitutiv ist. Als forschungspraktische Perspektive kann sie als (selbst- sowie gesellschafts-)*kritische Forschung* beschrieben werden (vgl. Maurer/Kessl 2014).

Das Konzept der Grenzbearbeitung richtet den Blick auf diskursive Praktiken innerhalb der Praxis Sozialer Arbeit. Denn es sind „vielmehr die institutionellen wie alltäglichen Praktiken, die die in der Grenze symbolisierte Differenzierung (re)produzieren" (Kessl/Maurer 2010, S. 157). Gleichzeitig ermöglicht die Perspektive auf einer Metaebene als kritische Wissenschaft die Analyse von Forschung selbst: „*wie eine Wissenschaftlerin reflektiert*, wie sie also Grenzbearbeitungsprozesse in den Blick nimmt, sich an diesen aktiv beteiligt und diese (überhaupt erst) möglich macht" (Kessl/Maurer 2012, S. 45). Für Maurer und Kessl ist Grenzbearbeitung eine Haltung *radikaler Reflexivität* (vgl. Maurer/Kessl 2014). Das schließt ein, im Forschungsprozess Positionen umzukehren und zu diversifizieren. Auf diese Weise können „‚Beforschte' und ihre Praktiken weniger zum ‚Gegenstand' als vielmehr zum Gegenüber der eigenen Forschungsarbeit werden" (Kessl/Maurer 2012, S. 46). Gerade ein ethnografisches Projekt bietet sich dafür an, die „wechselnden Positionen (als Fragende und selbst Befragte, als Expertin und Lernende, als Mit-Denkende und Mit-Handelnde)" (Kessl/Maurer 2012, S. 46) zu praktizieren. Darin steckt das Potenzial, die Situiertheit von Wissen (Haraway 1995) zu beachten und auszuloten, „[w]elche Positionierungen […] geeignet [sind], um in dieser von Spannungen, Resonanzen, Transformationen, Widerständen und Komplizenschaft geprägten Situation zu sehen" (Haraway 1995, S. 89).

Differenzforschung mit Blick auf die Metapher *Grenze* fokussiert explizit die Machtförmigkeit, die einer Differenzkonstruktion zugrunde liegen kann. Dadurch entsteht der Raum, Verletzbarkeiten und Verletzungen als solche zu berücksichtigen. Grenzbearbeitung als Forschungsperspektive ermöglicht ein „(empirisches) Rekonstruieren von Grenzziehungsprozessen, um tatsächlich wahrnehmbar und kenntlich zu machen, was diese den Menschen antun (können)" (Maurer 2018, S. 28). *Grenze* wird hier als relationale Metapher entworfen. Sie ist eine Praktik, die Wirkung zeigt. Hierin steckt der Hinweis auf Bewegungen von Körpern und Gedanken, die mit Grenzen in Verbindung gebracht werden (vgl. Kessl/Maurer 2009, S. 91). Gleichzeitig werden diese Praktiken materialisiert und finden sich in sicht- und fühlbaren Grenzen wieder, bspw. an Nationalstaatlichkeit markierenden Grenzen (Kessl/Maurer 2010, S. 154). „‚Grenze' symbolisiert gesellschaftliche Kräftefelder und Herrschaftsverhältnisse, die sich erst mit der Wirkung von Grenzen zeigen; Grenzen müssen daher permanent produziert und reproduziert werden, sie sind nicht absolut, sondern Ausdruck und Bedingung sozialen Handelns." (Kessl/Maurer 2009, S. 91) Grenzziehungsprozesse und die Aufrechterhaltung oder Verschiebung von Grenzen sind demnach mit mehr oder weniger sichtbaren Kämpfen um diese verbunden.

Insbesondere Transformationen sind dabei von Interesse: Wie werden Grenzen verschoben, geändert oder sogar aufgelöst? In Verbindung mit poststrukturalistischen, v. a. feministisch sowie postkolonial orientierten Positionen können Grenzen ihre Ambivalenz und Machtförmigkeit zeigen: Denn unabhängig davon, ob die vorgegebene Grenze eingehalten, verändert oder umgangen wird, allein durch den Bezug auf sie wird die (wieder) hergestellt (vgl. Kessl/Maurer 2010, S. 157; Kessl/Maurer 2012, S. 45, 50). Diese Sicht der Ambivalenz erlaubt es – und das betone ich an dieser Stelle –, insbesondere Transformationen von Grenzziehungsprozessen als Praktiken zu sehen, als „‚Brechungen' der Ordnung" (Kessl/Maurer 2012, S. 50). Grenzen zu thematisieren, ermöglicht es, die Kategorien *eigen* und *fremd, normal* und *abweichend, sichtbar* und *unsichtbar, privilegiert* und *deprivilegiert, menschlich* und *monströs* voneinander zu trennen. Sie können als Selbstverständlichkeiten in ihrer Ambivalenz analysiert werden und ermöglichen, genau hinzusehen (vgl. Maurer 2018, S. 28).

Das führt dazu, „dass sich auch das ‚Unbehagen in der Kategorie' (als Machtwirkung) auf eine solche Weise bearbeiten lässt" (Maurer/Kessl 2014, S. 147). Dieses Unbehagen bezieht sich auf Vereindeutigungen, die mit Grenzziehungen einhergehen und sich in binären Logiken widerspiegeln. Solche „Zuschreibungen von ‚Eigenschaften'" (ebd.) können als Kategorisierungen erkannt und zugänglich gemacht werden. Das nicht Eindeutige, das Ambivalente darin lässt sich in der Forschung herausarbeiten. Praktiken als diskursive zu verstehen, bedeutet, unterschiedliche Kontextualisierungen und Wechselwirkungen bei der Analyse der Protokolle von teilnehmenden Beobachtungen berücksichtigen zu können. Es kann davor bewahren, Vereindeutigungen herzustellen bzw. zu früh Komplexität zu reduzieren.

6.2 Ethnografie als Zugang zu Differenzkonstruktionen

Ethnografie und damit verbunden auch die Analyse ethnografischen Materials verstehe ich als „das Herausarbeiten von Bedeutungsstrukturen" (Geertz 1994, S. 15). Darin steckt die Frage nach Selbstverständlichkeiten und somit auch die nach Differenzkonstruktionen im Kontext von Macht. Im Folgenden greife ich wesentliche Aspekte des ethnografischen Arbeitens auf und erläutere sie. Ich gehe insbesondere darauf ein, wie ich sie in meiner Forschung berücksichtige. Konkret behandle ich dabei folgende Punkte: der Umgang mit *sensitizing concepts*, der Gewinn daraus, Teil des Feldes zu werden, die Analyse der Wechselwirkungen unterschiedlicher gesellschaftlicher Ebenen mithilfe des Konzepts diskursiver Praktiken, der Zusammenhang von Bedeutungen und Machtverhältnissen, das Konzept *situierten Wissens* und dessen konkrete Folgen für empirisches Arbeiten und schließlich das Moment der Reflexivität im Forschungsprozess.

„Zwinkern über Zwinkern"[40]

Mithilfe von Ethnografie wird das Ziel verfolgt, zu erkennen und zu verstehen, „in welch aufwändiger Detailarbeit etwas (für diese Welten) scheinbar Selbstverständliches geleistet wird" (Dellwing/Prus 2012, S. 13). In der teilnehmenden Beobachtung des Feldes ist die forschende Person Teil davon, erfährt Selbstverständlichkeiten, nimmt an deren Aufrechterhaltung teil, ist irritiert, wenn diese sich verändern usw. Diese Immersion ins Feld dient dazu, Situationen beschreiben und anschließend analysieren zu können. Um das zu erreichen, muss sich die Forscherin während der Analyse wiederum davon distanzieren und mit befremdetem Blick die Konstruktions- sowie Transformationsprozesse reflektieren (vgl. Emerson/Fretz/Shaw 2011, S. 23). Ziel des gesamten aufwändigen Prozesses ist eine dichte Beschreibung. Sie bildet „eine geschichtete Hierarchie bedeutungsvoller Strukturen" (Geertz 1994, S. 11f.) ab, indem sie Handlungen und Situationen erfasst. Während der Analyse und im Ergebnis der Analyse muss jedoch immer klar sein, dass nicht Beobachtungen interpretiert, sondern vielmehr – wie in jeder anderen Forschung auch – bereits interpretierte Beobachtungen interpretiert werden (vgl. Geertz 1994, S. 14). In der Ethnografie „erklären wir Erklärungen" (a. a. O., S. 14).

„Die Ethnografie kann als eine Erkenntnisstrategie verstanden werden, die die *praktische* Erzeugung von Bedeutungen zu ihrem Gegenstand macht." (Machold/Wienand 2018, S. 133) Die eigene Positionierung und das eigene Handeln werden während der Teilnahme, des Beobachtens und des Schreibens im Sinne reflexiven Schreibens/Handelns sichtbar gemacht, um dem wissenschaftlichen Anspruch gerecht zu werden (Luttrell 2010, S. 469; Clarke 2012, S. 75). Neben einer stark auf Handlung fokussierten, interaktionistischen Ethnografie (vgl. Dellwing/Prus 2012, S. 18) greife ich die von der GTM abgeleitete Situationsanalyse nach Adele Clarke auf. Bei dieser stehen Differenzkonstruktionen, Verwobenheiten gesellschaftlicher Ebenen sowie Machtverhältnisse im Fokus

---

40 So erklärt Clifford Geertz (Geertz 1994, 14), dass es sich bei der Analyse ethnografischen Datenmaterials immer um die Interpretation von Interpretationen handelt. Die Daten selbst seien bereits Interpretation.

(vgl. Clarke 2011; Clarke 2012). Diese Ansätze ergänze ich um ein poststrukturalistisches Verständnis von Praxis als diskursive Praxis (vgl. bspw. Machold 2015; Wrana 2014; Reckwitz 2008).

Ethnografie als rekonstruktive Sozialforschung

Ins Feld einzutreten und Praktiken zu beobachten, ermöglicht ein *offenes Herangehen*, „ohne schon im Voraus zu wissen, ob diese hegemonial oder widerständig, diskursiv oder nicht-diskursiv sind" (Wrana 2012, S. 198). Neben dem Anliegen, fragend ins Feld zu gehen, ohne die Ergebnisse bereits zu kennen, stehen folgende Qualitätsmerkmale rekonstruktiver Sozialforschung: *intersubjektive Nachvollziehbarkeit, Reflexivität im Forschungsprozess, Transparenz sowie Konsistenz* (vgl. Kruse 2014, S. 54 ff.; Clarke 2011, S. 218 f.). Gleichzeitig startet ein rekonstruktiv orientiertes Forschungsprojekt mit *sensitizing concepts*. Als Perspektiven, die Ausgangspunkt der Forschung sind (Charmaz 2006, S. 17), eignen sie sich dazu, sich vorsichtig an den Gegenstand heranzutasten. Im Prozess werden sie verworfen, präzisiert, werfen Fragen auf und regen zu weiteren Perspektiven an (vgl. ebd.). Sie müssen notwendig transparent dargelegt werden. Nur auf diese Weise werden wissenschaftliche Prinzipien eingehalten: zum einen das Ziel der Intersubjektivität für Forschende, Mitforschende und Rezipient_innen, zum anderen das Moment der Reflexivität der Forschenden im Forschungsprozess selbst (vgl. Kruse 2014, S. 492 f.)[41].

Immersion ins Feld – und der große Gewinn daraus

Die Forschende wendet Ethnografie auf die Analyse von Situationen an, an denen sie selbst teilnimmt. „Dazu wird der Forscher selbst in diese Prozesse eintauchen, selbst Teil der Aushandlungen werden, selbst Teil des Beziehungsgeflechts des Feldes werden. [...] Nur, wer Teil der Gruppe wird und mit ihr alltäglich handelt, wird in die alltäglichen Prozesse der Gruppe, wie sie unter sich ablaufen, involviert werden." (Dellwing/Prus 2012, S. 83 f.) Demnach werde die Welt in und durch Situationen hergestellt, indem Menschen handeln (vgl. a. a. O., S. 42). Die Analyse, die von Situationen ausgeht, ermögliche es, „wichtige menschliche, nichtmenschliche, diskursive, historische, symbolische, kulturelle, politische und andere Elemente der Forschungssituation" zu analysieren und „die chaotische Komplexität der dichten Verflechtungen und Permutationen [...] zu erfassen" (Clarke 2011, S. 210). Die Anforderungen an die Forschende sind widersprüchlich, einerseits also als Teilnehmende die „Immersion" (Dellwing/Prus 2012, S. 111, 164, 167) ins Feld, andererseits die Distanz als Beobachterin und Analysierende. Mit dieser Herausforderung muss sie zurechtkommen (vgl. Emerson/Fretz/Shaw 2011, S. 18, 42 f.). Gleichzeitig ist es die große Stärke der Ethnografie.

---

41 Jan Kruse hat hierzu „Techniken zur Erhöhung der theoretischen Sensibilität" (Kruse 2014, S. 113) zusammengefasst, die in dieser Arbeit Anwendung gefunden haben.

Zum Forschungsprozess gehört es neben dem *Be*schreiben der Situation für die forschende Person dazu, Gefühle wahrzunehmen, die sie im Feld hat. Sie haben Einfluss auf das Datenmaterial (vgl. a. a. O., S. 25). Gerade die Art und Weise, wie die Forscherin teilnimmt und Teil des Feldes wird, gibt Aufschluss darüber, wie Situationen mit Strukturen und Diskursen zusammenhängen. Sie prägen, was die Forscherin wahrnimmt und welche Gefühle sie hat, wie diese sie im Feld beeinflussen und wie Sinn und Selbstverständlichkeiten hergestellt werden. Eine Analyse von Situationen, die Praktiken als diskursive versteht, lässt erstens zu, Verzahnungen und Wechselwirkungen sichtbar zu machen. Zweitens ermöglicht eine Fokussierung auf Situationen, die Positionierung und Praktiken der Forschenden als Akteurin im Feld in die Analyse einzubeziehen – also transparent sowie reflexiv in und mit der Blickrichtung zu sein (vgl. Clarke 2012, S. 75; Luttrell 2010).

Wechselwirkungen rekonstruieren durch Einbezug von Kontext in Form weiteren Materials
Die Verknüpfungen unterschiedlicher gesellschaftlicher Ebenen wahrzunehmen und herzustellen, stellt eine weitere Herausforderung dar. „Als gravierende Schwierigkeit erweist es sich, den Zusammenhang von Diskurs und Praktik analytisch präzise bestimmen und ausgehend von alltäglichen Mikropraktiken Rückschlüsse auf diskursive Formationen ziehen zu wollen." (Diehm / Kuhn / Machold 2013, S. 43) Gleichzeitig ist die Verknüpfung von Praxis auf der einen und Diskurstheorie sowie -analyse auf der anderen Seite notwendig, weil „keinesfalls die historische Gewordenheit von Normen und ihre Relevanz" (Machold 2015, S. 100) geleugnet werden können. In einer machtsensiblen Ethnografie ist es notwendig, weitere Materialien einzubeziehen, um Verknüpfungen rekonstruieren zu können (vgl. Ott 2015, S. 235, 244). In der vorliegenden Arbeit werden daher neben Feldprotokollen und der Teilnahme am Feld weitere Materialien dann hinzugezogen, wenn sie aus Sicht der Forscherin im Feld als relevant markiert wurden, implizit auf sie Bezug genommen wird oder sie zu einem besseren Verständnis beitragen. In der hier gewählten Herangehensweise und einer intersektionalen Perspektive steht neben Handlungen die Verwobenheit der Diskurse und Strukturen im Fokus: umfangreiche, mit Notizen und Memos gespickte Beobachtungsprotokolle werden in der Analyse um weiteres Material ergänzt. Dazu gehören Materialien, die einen Bezug zur jeweiligen Einrichtung haben: Zeitungsberichte, Homepages (HP), Ethnografien über Stadtteile, Produkte, Lehr- und Lernmaterial, Interviews, Werbematerial, physische Gegenstände usw. Ferner werden Gesetzestexte, Konzeptionen, Regularien u. Ä.[42] beachtet.

---

42 „Die Machtanalytik fokussiert die Bedingungen von Möglichkeiten für das Handeln von Akteur_innen und fragt, auf Basis welchen Wissens und welcher Steuerungsformen spezifische Wirklichkeiten hervorgebracht werden, die als geltend erachtet werden." (Ott 2015, S. 233)

Frage nach Bedeutungen – Frage nach Macht
Nach Clifford Geertz zielt die Ethnografie – und hier bezieht er sich auf den Soziologen Max Weber – darauf, *Kultur* zu erklären, die er als „Bedeutungsgewebe" (Geertz 1994, S. 9) versteht. Ihm geht es „um Erläuterungen, um das Deuten gesellschaftlicher Ausdrucksformen, die zunächst rätselhaft erscheinen" (Geertz 1994, S. 9). Stuart Halls Forschungen und Analysen beruhen ebenfalls größtenteils auf der Beobachtung von *Kultur*. Er erklärt, dass „Kultur darauf basiert, Dingen eine Bedeutung zu geben" (Hall 2004, S. 119). Die „Kennzeichnung von ‚Differenz' [sei] die Basis der symbolischen Ordnung, die wir Kultur nennen" (Hall 2004, S. 119). Er untersucht Bilder rassistisch sowie geschlechtlich markierter Hochleistungssportler_innen, die Darstellung von Körpern, und Aussagen darüber. Orientiert ist er an Machtfragen nach rassistischen sowie sexistischen Verhältnissen und Diskursen. In seine Analyse steigt er mit folgenden Fragen ein: „Was passiert hier? Ist das nur ein schlechter Scherz oder steckt dahinter eine tiefere Bedeutung?" (Hall 2004, S. 113) Zwar wählt Stuart Hall den Ansatz der Diskursanalyse, statt den der Ethnografie, doch ähneln seine Fragen denen, die Clifford Geertz als Ausgangspunkt der Ethnografie aufwirft: „[S]ie sind Dinge der Welt. Es ist nach ihrer Bedeutung zu fragen: was wird mit ihnen und durch sie gesagt [...]?" (Geertz 1994, S. 16) Diese Ähnlichkeit wie auch die Erweiterung der Frage um Machtfragen nach rassistischen sowie sexistischen Verhältnissen und Diskursen legt m. E. etwas eindeutig nahe: die Perspektive der Cultural Studies mit Bezug auf Postcolonial Studies als eine postkolonial sowie gender- und queertheoretisch informierte Ethnografie (vgl. Diehm / Kuhn / Machold 2013, S. 43). Darin werden selbstreflexive Positionierungen und machtkritische Problematisierungen diskutiert, entwickelt und eingefordert. Der Umgang mit Tendenzen von Vereindeutigungen wird außerdem als eine Herausforderung von Forschung anerkannt (Abu-Lughod 1996; Lutz 2014; Tuider 2015; Gutiérrez-Rodriguez 2011; Riegel 2016; Maurer / Kessl 2014; Haraway 1995; Baßler / Leipold 2021).

Situiertheit von Wissen – Folgen für die Empirie
Das Konzept *Situiertes Wissen* von Donna Haraway macht deutlich, wie notwendig es ist, im Forschungsprozess die eigene Positioniertheit einzuordnen. „Wissen vom Standpunkt des Unmarkierten" hält sie für „wahrhaft phantastisch, verzerrt und deshalb irrational" (Haraway 1995, S. 87). Dieses häufig als *objektiv* beschriebene Wissen bewirkt, dass weniger dominantes Wissen unsichtbar gemacht und dominantes Wissen reproduziert wird. Es besteht die Gefahr zu Vereindeutigungen beizutragen, wo doch differenziert Sinn rekonstruiert werden soll. Nach *objektivem Wissen* zu streben, heißt demnach, dass Machtverhältnisse aufrechterhalten bleiben (vgl. Abu-Lughod 1990; Clarke / Keller 2011, S. 126). „Die alltägliche Praxis wissenschaftlichen Tuns selbst belegt, dass auch die Akteure eines kritischen Wissenschaftsprojektes im hohen Maße in die vorherrschenden Kräfteverhältnisse verstrickt sind." (Maurer / Kessl 2014, S. 142 f.) Situiertes Wissen dagegen be-

schreibt das Wissen, „das von bestimmten historisch und geographisch lokalisierbaren Gruppen von Menschen produziert und konsumiert wird" (Clarke 2012, S. 27). Dieses Wissen hat Einfluss sowohl auf den Forschungsprozess als auch auf die -ergebnisse.

Ethnografie basiert auf einer „Sensibilität für die kulturelle Differenz" (Guzy 2003, S. 133 f.) Methodisch habe ich diese Sensibilität für Positionierungen und die Situiertheit von Wissen über unterschiedliche Techniken zu erreichen versucht: Für das vorliegende Projekt nehme ich eine rekonstruktive Analysehaltung ein, die die Verlangsamung z. B. durch Sequenzanalyse von Datenmaterial sowie eine reflexive Haltung vorsieht (vgl. Kruse 2014, S. 386). Um mit der eigenen Situiertheit umzugehen, habe ich außerdem die Strategie der Analysegruppen angewendet (vgl. a. a. O., S. 568 ff.). Sie ermöglichen eigene Perspektiven „kollegial zu validieren [...], den eigenen Blick zu erweitern" (a. a. O., S. 569). Gleichzeitig werden insbesondere in interdisziplinären Analyseteams eigene Interpretationen sowie *sensitizing concepts* immer wieder darauf zurückgeworfen, der Frage „Wo steht das im Text?"[43] (a. a. O., S. 570) standzuhalten.

Reflexivität im Forschungsprozess: Fragen, Fragen, Fragen
Ethnografische Forschung steht in der Tradition, „methodisch kontrollierte Sensibilität im Umgang mit Differenzen und sozialen Kategorien" (Fritzsche/ Tervooren 2012, S. 31) zur Grundlage zu haben. Eine solche unterstützen sowohl feministische als auch postkoloniale Perspektiven. Mit ihren Überlegungen zur Reproduktion kolonialer und oder patriarchaler Diskurse haben sie sie zudem weiterentwickelt (vgl. Castro Varela/Dhawan 2005, S. 60 ff.; Maurer/Kessl 2014; Hornscheidt 2012, S. 222; Riegel 2016). Neben konkreten methodischen Techniken erweist sich eine reflexive Haltung während des gesamten Forschungsprozesses als ausschlaggebend (vgl. Kessl/Maurer 2014, S. 149). In Form einer radikalen Reflexivität sieht sie vor, „sowohl [das] zu analysieren, was ‚wir' tun, als auch, was ‚sie' tun" (Clarke 2012, S. 75). Ich habe das umgesetzt, indem ich von mir erstellte Protokolle und Analysen reanalysiert habe (vgl. Baßler 2016). Damit entspreche ich der Einsicht, dass Beziehungen zwischen dem Selbst und den Anderen nicht außerhalb von Machtverhältnissen stehen (vgl. Abu-Lughod 1996, S. 20). „Diskurse und Praktiken als in gesellschaftlich-historischen Kräftefeldern situiert" zu sehen, kann helfen auch „‚Brechungen' der Ordnung" (Maurer/Kessl 2014, S. 148) wahrzunehmen und Praktiken als „das Ringen um Handlungsfähigkeit unter schwierigen Bedingungen" (a. a. O., S. 146) anzuerkennen.

---

43 Vielen Dank an Lucy, Claudia, Nadja, Flo, Paula, Anna, Sabine, Jenny, Georg, Magdalene dafür, dass sie regelmäßig diese Fragen gestellt haben. Und vielen Dank an einmalige Analysegruppen in Forschungsworkshops in Magdeburg, Bielefeld, München, Duisburg-Essen, Darmstadt, Freiburg.

Um eine Haltung radikaler Reflexivität einzunehmen, braucht es zunächst eine fragende Haltung – sowohl gegenüber Feld und Positionierungen im Feld – die teilnehmende Beobachterin eingeschlossen –, als auch gegenüber dem erhobenen Material. Fragen, die ich einbeziehe, stammen aus intersektionalen, feministischen sowie postkolonialen Diskursen (Matsuda 1991; Hormel 2013; Diehm/Kuhn/Machold 2013; Messerschmidt 2013; Riegel 2016). Sie führen immer auch auf die Frage zurück, die eine weitere Schleife des zirkulären Forschungsprozesses auslöst: „Welche Fragen werden nicht gestellt?" (Hormel 2013, S. 400) Die Forderung ist, „to ask the other question" (Matsuda 1991, S. 1189), die Strategie, immer wieder fragend ins Feld einzutreten und Sinn zu verstehen, wie er im Feld verstanden wird.

Im Folgenden erläutere ich, mit welchen Analyseheuristiken und daraus entwickelten Fragen ich konkret an das Material und den Forschungsprozess herangetreten bin. Damit will ich dieses Forschungsprojekt transparent machen und in der Beziehung zu Leser_innen eine intersubjektive Nachvollziehbarkeit herstellen. Ich mache mich durch diese Verortung verwundbar (vgl. Haraway 1995, S. 90) und richte gleichzeitig einen Raum für Kritik und Diskussion ein, den es für rekonstruktive Sozialforschung braucht.

6.3 Analyseheuristiken

Die vorliegende Arbeit fragt, wie in Einrichtungen der KJH mit Differenzkonstruktionen umgegangen wird. Die These lautet, dass Differenzkonstruktionen für die Kinder und Jugendlichen als Adressat_innen der Sozialen Arbeit bezüglich ihrer Subjektpositionierungen folgenreich sind. Differenzkonstruktionen in Einrichtungen verstehe ich als solche, die strukturell, diskursiv und von den jeweiligen Akteur_innen hervorgebracht werden. Den Adressat_innen wird hierdurch ein Platz in einer von Macht durchdrungenen Gesellschaft angeboten oder zugewiesen. Diesen prägen Erfahrungen von Privilegierungen und Deprivilegierungen. Die ethnografische Herangehensweise spricht dafür, damit zu beginnen, das Handeln in Situationen, d. h. die Praktiken der in der Sozialen Arbeit Tätigen zu erheben und zu analysieren. Von dort aus wird das Kontextwissen einbezogen.

Um zugleich offen und fragend an das Material heranzutreten, habe ich diese drei Heuristiken herausgearbeitet:

- die Analyse von Positionierungen,
- die Analyse von Kontext,
- die Analyse des jeweiligen historischen Rahmens.

Während des Forschens verwende ich Analyseheuristiken. Sie versteh ich als perspektivische Fokussierungen.

Um Situationen entsprechend den drei Heuristiken zu analysieren, dienen Fragen dazu, „vor dem Hintergrund der qualitativen Dimension sinnstrukturelle Muster sozialer Phänomene (Wirklichkeiten) die zugrundeliegenden Regeln herauszuarbeiten" (Kruse 2014, S. 659 f.). Ferner helfen sie dabei, Brüche und Transformationen der jeweiligen Regel zu betrachten (vgl. ders.). Ich habe mich an Fragemodellen orientiert, die Machtverhältnisse durchleuchten, die intersektional Verwobenheiten sowohl von Differenzkonstruktionen als auch von gesellschaftlichen Ebenen berücksichtigen und die Soziale Arbeit als in sich widersprüchlich wahrnehmen[44]. Sie schließen die Analyse von Positionierungen, damit zusammenhängende Diskurse sowie sich darstellende Widersprüche ein (Diehm/Kuhn/Machold 2013). Die Analyse von Positionierungen und von Handlungsmöglichkeiten geht mit der Analyse von Machtverhältnissen einher, die Subjekte in ihrer Positionierung unmittelbar betreffen (Messerschmidt 2013, S. 430). Um sie zu verstehen, müssen der Kontext der Positionierungen sowie dessen historische Entwicklung beleuchtet werden. Weder Kontext noch Geschichte sind jedoch als kausale Erklärungszusammenhänge zu verstehen, sondern eher als Hinweise, die in ihrer Komplexität beachtet werden sollten und zum Verstehen beitragen können. Des Weiteren rücken Zuschreibungsprozesse, Prozesse von Transformationen sowie Unsichtbarmachen in den Fokus der Analyse (Busche/Stuve 2010, S. 285). In Christine Riegels Fragemodell stehen insbesondere Folgen der Positionierungs-, Grenzziehungs-, Praxis- sowie Zuschreibungsprozesse im Zentrum der Analyse. Sie wählt dafür die intersektionale Perspektive, durch die sowohl gesellschaftliche Ebenen als auch Konstruktionen von Differenzen in ihrer Verschränkung in den Vordergrund treten (Riegel 2016, S. 141).

Bei allen Fragemodellen wird mit einer dekonstruktivistischen Zielsetzung argumentiert, Naturalisierungen und Essentialisierungen im Sinne von Homogenisierungen sichtbar und bearbeitbar zu machen (Abu-Lughod 1996, S. 17). Sie sind in die Entwicklung der Analyseheuristiken eingeflossen, die in der vorliegenden Arbeit ausschlaggebend sind.

---

44 Ich habe die Frageheuristiken aus meinen methodologischen Grundlagen (Intersektionalität, diskursive Praktiken, Grenzziehungspraktiken, ethnografisches Arbeiten) entwickelt und sie um eine fragende Forschungshaltung erweitert. Um eine solche zu erlangen, habe ich mich an Fragemodellen orientiert, die sich u. a. dem Hinterfragen wissenschaftlicher Standards widmen. Konkret habe ich Perspektiven aus der rekonstruktiven Forschung (Kruse 2014), einer erziehungswissenschaftlichen Differenzforschung (Diehm/Kuhn/Machold 2013), einer anerkennungstheoretischen Inklusionsforschung (Fritzsche 2018), einer Kritischen Erziehungswissenschaft (Messerschmidt 2013), der Perspektive von Intersektionalität als Erweiterung von Sozial- und Bildungsarbeit (Busche/Stuve 2010) sowie aus einer intersektionalen methodischen Perspektive auf Soziale Arbeit (Riegel 2016) herangezogen.

6.3.1 Analyse von Positionierungen

In meiner Analyse folge ich dem Konzept, Praktiken als Positionierungspraktiken zu verstehen. Positionen regeln „Zugänge zu sozialen Ressourcen und Privilegien" (Riegel 2016, S. 58). Die Analyse von Positionierungspraktiken, also von Adressieren und Adressiertwerden und dem Umgang damit, macht bestimmte Subjektpositionen zugänglich. Diese wiederum stellen ein bestimmtes Repertoire an Handlungsmöglichkeiten bereit (vgl. Machold 2015, S. 97). Sie sind durch eine subjektive Beschäftigung mit den Ebenen von Praktiken, Diskursen sowie Strukturen verwoben (vgl. Riegel 2016, S. 66 ff.). Das beschreibt ein zirkuläres Verhältnis.

Die Analyse von Positionierungen geht auf machtkritische poststrukturelle, postkoloniale sowie feministische Strömungen zurück, die sich v. a. in diskursanalytischen Auseinandersetzungen wiederfinden. Dabei ist zu betonen, dass Macht „nicht nur durch Einschränkungen und Verhinderungen" wirkt, sondern „auch produktiv" (Hall 2004, S. 148) ist. Mit Blick auf Homi Bhaba und Edward Said verdeutlicht Stuart Hall, dass alle (auch Privilegierte) stets Subjektpositionen einnehmen und daran gebunden sind, nicht nur die Deprivilegierten sind machtvoll positioniert (vgl. ebd.). Positionierungen sind abhängig von mehreren, miteinander verwobenen Grenzbearbeitungspraktiken, Machtverhältnissen und machtvollen Diskursen. „Insofern kann es keine gesellschaftliche Position, keinen Ort des Sprechens oder Handelns geben, der jenseits einer solchen intersektionalen Matrix existieren könnte" (Groß 2014, S. 175). Vor diesem Hintergrund findet in dieser Arbeit die Analyse von Positionierungen Anwendung.

Die grundlegende, immer wieder gestellte, zitierte und die relevanteste Frage in diesem Kontext ist daher, wer von welcher Position aus sprechen kann und v. a. wer gehört wird (Spivak 2003). Die Frage nach Sprechen und Gehörtwerden ist unweigerlich mit Positionierung verbunden: Denn die soziale Positionierung ermöglicht und unterbindet das Sprechen-Können sowie das Gehört-Werden. Ersteres ist an die Frage nach Macht gekoppelt, weswegen Positionierungen immer auch Machtpositionen sind, die in den jeweiligen Situationen von Machtdynamiken beeinflusst werden (vgl. Clarke 2011a, S. 122). Für die Analyse der Positionierungen bedeutet das im Umkehrschluss, dass sie u. a. daran festgemacht werden können, wer zu welcher Zeit spricht, wer für wen spricht, wer gehört wird und was Subjekte sagen, sagen können und was nicht (vgl. Messerschmidt 2013, S. 430). Adele Clarke appelliert daran, den Blick auch auf die „,stummen Orte'" (Clarke 2011a, S. 124) zu richten. Judy Gummich wirft mit Arundhati Roy (2004) dagegen ein, dass es *voiceless* nicht gäbe. Es sei lediglich von Positionen auszugehen, die zum Schweigen *gebracht wurden*, und solchen, die nicht gehört *werden* (vgl. Gummich 2015, S. 143).

Im vorliegenden Forschungsprozess wurden v. a. Techniken aus der rekonstruktiven Sozialforschung und aus der GTM dazu verwendet, die Analyse von Positionierungen tatsächlich durchzuführen. Eine „analytische Konsequenz ist, niemals etwas für selbstverständlich zu halten." (Strauss/Corbin 1996, S. 70f.). Um hinter eine Selbstverständlichkeit zu blicken, kann es hilfreich sein, „sich genau das Gegenteil vorzustellen" (a. a. O., S. 64). Dieses Gedankenspiel wird als Flip-Flop-Technik bezeichnet. Sie hilft, Positionierungen schnell aufzuspüren: durch Umkehrungen von Positionierungen lassen sich die Besonderheiten des Selbstverständlichen gut erkennen.

Um die Analyse von Positionierungen zu veranschaulichen, führe ich im Folgenden eine Szene aus meinem Material als Beispiel an. Daran lässt sich später auch die Analyse von Kontext sowie von historischer Gewordenheit aufzeigen. Diese Szene habe ich gewählt, weil an ihr Uneindeutigkeiten und Widersprüchlichkeiten deutlich hervortreten, die Grundlage von Transformationen und Verschiebungen von Bedeutungsmustern sind. Mit einer vereindeutigenden Analysestrategie käme man hier nicht weit.

Marlen ist die neue pädagogische Fachkraft in einem Ausbildungsbetrieb, der gleichzeitig sozialpädagogische Einrichtung ist. Sie befindet sich in der Einarbeitungsphase und ist erst seit wenigen Wochen, seit Lehrjahrbeginn, Teil der Einrichtung. Die anwesende Azubi Corinna befindet sich im ersten Lehrjahr und ist genauso lange in der Einrichtung wie Marlen. Mlađo ist Schneidereimeisterin und Ausbilderin in dem Betrieb und hat dort selbst ihre Ausbildung absolviert.

> Mlađo fragt Marlen, ob sie staffieren lernen wolle. Marlen schaut sich langsam um, bleibt mit ihrem Blick bei Corinna und fragt sie: „Wie ist das denn so?" Corinna antwortet, mit ihrer Arbeit fortfahrend: „Also, ich mag das." Marlen fragt: „Das ist doch nur so falten, dass man es dann nähen kann." Mlađo reagiert darauf mit: „m-m. Nein." Corinna wendet sich an Marlen und fragt sie: „Marlen? Was machst Du hier eigentlich?" Marlen antwortet in einem ernsten Ton: „Ich komme normalerweise eigentlich um eins und bin dann dafür da nach der Schule mit Euch zu lernen oder so." Corinna kommentiert das mit: „Ach, ich dachte, Du bist auch Meisterin oder so." Marlen erklärt: „Nein, ich bin Pädagogin. Ihr könnt dann immer zu mir kommen, wenn was ist." Corinna kommentiert das mit „Mhm." und wendet sich dann an Mlađo: „Mlađo, tschuldigung, dass ich noch mal frage, wie lange geht das dann denn immer nachmittags?" (Beobachtungsprotokoll)

Zuerst wird Marlen von ihrer Kollegin Mlađo einerseits als neue Kollegin, andererseits als Lernende im Schneidereihandwerk adressiert. Die Reihenfolge verdeutlicht, dass sie in erster Linie als Expertin eines Bereichs positioniert wird, der nicht zur Schneiderei gehört. Gleichzeitig positioniert sich Mlađo als Expertin, stellt somit sozial ein hierarchisches Verhältnis her. Marlen, die Pädagogin, greift die Frage auf und involviert konkret eine Azubi in das Gespräch, was als pädagogische Handlung verstanden werden kann. Das heißt, sie weist der Azubi die Position einer in der Sozialen Arbeit Adressierten zu, indem sie sie und ihre Einschätzung ernst nimmt. Sie agiert gleichzeitig in der Position der Pädagogin, also auch einer Professionellen. Mit dem Satz „Das ist doch nur so falten" wertet sie die Tätigkeit ab, über die die Anwesenden gerade sprechen. Ohne sie direkt zu adressieren, tritt Marlen mit ihrer Kollegin Mlađo in die Verhandlung um Macht. Die Situation verdeutlicht, dass Positionierungen verhandelt werden und dass das Einnehmen bestimmter Positionierungen mit Machtpositionen einhergeht.

Ich mache einen Sprung in der Szene und gehe zu der Frage, die eine Azubi stellt, die sich aus der bisher kurz analysierten Situation ergibt. Sie fragt Marlen: „Was machst Du hier eigentlich?" Die Azubi scheint demnach irritiert zu sein, dass Marlen – anders als sie scheinbar angenommen hatte („Ach, ich dachte, Du bist auch Meisterin oder so.") – offensichtlich keine Kompetenzen im Schneidereihandwerk vorweisen kann, sie stellt somit Marlens Wert für sie als Azubi infrage. Das weitere Gespräch zeigt, dass die Azubi Corinna die Mitarbeiterin Marlen nicht als Ansprechpartnerin anerkennt, als die sie der Position der Sozialpädagogin nach allerdings gesehen werden sollte. Schließlich wendet sie sich mit ihren Fragen an die Schneidereimeisterin Mlađo. Sich selbst positioniert sie nicht als Adressatin der Sozialen Arbeit, sondern als Auszubildende im Schneidereihandwerk. Sie weist demnach auch alle Zuschreibungen von sich, die mit der Positionierung als Adressatin der Sozialen Arbeit und somit mit Deprivilegierung zusammenhängen. Die Azubi lässt sich hier nicht auf eine machtlose Position ein, sondern tritt dahingehend in Verhandlung. Durch den Abbruch des Gesprächs *silencet* sie die Pädagogin – und erweist sich durch das Wahrnehmen von und das Handeln in Widersprüchen außerordentlich handlungsfähig. Gleichzeitig adressiert sie Mlađo, übergibt ihr das Wort und erkennt sie als kompetente Ansprechpartnerin an.

Bereits an dieser Szene lassen sich Ambivalenzen und Transformationen von Positionierungspraktiken erkennen. Durch eine Positionierungsanalyse, die Machtverhältnisse, Perspektivität, Differenzkonstruktionen sowie Subjektivierungsstrategien als Re-Signifizierung denkt, ist es möglich, diese Grenzziehungsprozesse in ihrer Widersprüchlichkeit sowie Gleichzeitigkeit stehen zu lassen. Im Folgenden erläutere ich mithilfe derselben Szene die zweite Analyseheuristik, nachdem ich sie theoretisch hergeleitet habe.

6.3.2 Analyse von Kontext

Positionierungen haben immer „diskursive Bedeutung im übersubjektiven sozialen Raum" (Kruse 2014, S. 510). Mit dem Konzept diskursiver Praktiken sind auch Positionierungspraktiken als diskursive Praktiken zu verstehen (vgl. Machold 2015, S. 88 f.). Es ist davon auszugehen, dass Positionierungen als Praktiken sowohl mit Struktur als auch mit Diskursen in einer Wechselbeziehung stehen und diese sich ebenfalls gegenseitig beeinflussen. Wechselwirkungen treten somit in den Fokus der rekonstruktiven Analyse. Sie korrelieren mit dem jeweiligen Kontext. Aus der Perspektive von Positionierungspraktiken bedeutet Kontext v. a. Diskurse, Normen, Interaktionen, Situationen, Subjektpositionierungen, Raum, Biografie etc. Kontext kann demnach sehr vielfältig sein und bietet Anschluss für folgende Fragen: Welcher Kontext ermöglicht und verhindert bestimmte Praktiken und Subjektpositionen? Welchen Kontext ermöglichen und verhindern Praktiken und Subjekte? „Der analytische Blick gilt [...] den gesellschaftlichen Strukturen, Verhältnissen, Beziehungen und Logiken." (Gutiérrez Rodriguez 2011, S. 79). Mit dem Hinweis auf „Logiken" werden neben Struktur und Interaktionen auch Regelhaftigkeiten sowie Selbstverständlichkeiten betont. Um der vorliegenden Frage nach dem Umgang mit Differenzkonstruktionen nachzugehen, stehen insbesondere Machtverhältnisse und dominante Diskurse im Fokus der Analyse.

Auch wenn Kontext in Form institutioneller Vorgaben, selbstverständlicher Annahmen, in Form von Diskursen, rechtlichen Rahmungen, situationalen Zusammenhängen etc. Positionierungen, Subjektivierungen sowie den Umgang mit Differenz nicht bedingt, findet sich darin trotzdem eine Grundrahmung, auf die sich das Subjekt beziehen *muss*. Yalız Akbaba hält fest, „dass unterschiedliche Anlässe, in denen auf hergestellte Differenzen reagiert wird, auch unterschiedliche Spielräume für Strategien des Umgangs bieten" (dies. 2017, S. 287). Das ist ein Beispiel dafür, dass in einem „stark formalisierten Setting [...] Möglichkeiten der Aushandlung" (ebd.) von Differenzkonstruktionen nur eingeschränkt verfügbar sein können. Ein *formalisiertes Setting* verstehe ich als durch Praktiken, Diskurse sowie Strukturen hergestellt und aufrechterhalten. Für meine Untersuchung folgt methodisch daraus, wie eine Analyse des Kontextes stattfinden kann: durch *sensitizing concepts* wie Intersektionalität, das Konzept diskursiver Praktiken sowie durch eine grenzbearbeitende Perspektive, durch Kontrastierung sowie durch Vergleich.

Kontrastierung bezieht sich auf unterschiedliche Settings und Felder, die zueinander jeweils ein Gegenüber bilden und durch die die Forscherin Besonderheiten der jeweiligen Möglichkeitsräume besser erkennen und analysieren kann. Dabei spielen minimale und maximale Kontrastierung eine Rolle. Das Theoretical Sampling erlaubt es, entwickelte Kategorien, die zu einer Theorie leiten, zu kontextualisieren, die Bedingungen, Umstände und Veränderungen von und für Kategorien sowie Folgen zu erkennen (vgl. Charmaz 2010, S. 193). Zum Einstieg in das Forschungsprojekt wurden folgende Kontrastierungen gewählt: a) unterschiedliche Formen der KJH (OKJA vs. JBH) und b) Einrichtungen, die mehrere Differenzkonstruktionen in der Ansprache ihrer Adressat_innen prominent setzen, gegenüber denjenigen, die das nicht tun.

Vergleiche beziehen sich u. a. auf den zirkulären Forschungsprozess (vgl. Charmaz 2010, S. 192 f.; vgl. Strauss 2004 nach Breuer 2009, S. 41). Das bedeutet, im Datenmaterial sowie in der Datenerhebung feldübergreifend zurückzugehen und anhand des Wissens zu *reanalysieren*, das zusätzlich gewonnen wurde. Das Schreiben von Memos kann dazu hilfreich sein (vgl. Charmaz 2006, S. 80f.). Anstatt das Sample von Vornherein festzulegen, kann es mithilfe des Theoretical Samplings während des Forschungsprozesses variiert und erweitert werden (vgl. Przyborski/Wohlrab-Sahr 2010, S. 177). Indem die Forschende vor- und zurückgeht und weiteren Kontext einbezieht, kann sie (Aushandlungs-)Prozesse gut nachvollziehen.

Ich will an dem oben zitierten Ausschnitt des Datenmaterials exemplarisch aufzeigen, inwiefern Kontext in seiner Unterschiedlichkeit bei der Analyse Berücksichtigung findet. Oben habe ich bereits Kontextinformationen gegeben, die ich für die intersubjektive Nachvollziehbarkeit für relevant halte. Folgende Kontextualisierungen habe ich vorgenommen: Ich habe miteinander verglichen, wie lange die Professionellen und die Azubis in der Institution angestellt sind. Ferner habe ich Personen als Adressat_innen der Sozialen Arbeit und als Fachkräfte der Sozialen Arbeit markiert. Zudem habe ich das *sensitizing concept* von Grenzbearbeitung in der Sozialen Arbeit herangezogen, indem ich auf das Gefühl der Deprivilegierung hingewiesen habe, das durch die Adressierung der Sozialen Arbeit entstehen kann. Durch die Namensnennungen[45] habe ich Hinweise sowohl auf das Geschlecht gegeben als auch Markierungen von Migrationsanderen und Migrationsnichtanderen vorgenommen. Und ich habe Bemerkungen zu Ausbildungen und Disziplinen des Expertinnentums gemacht etc. Das zeigt, dass es für eine Analyse immer notwendig den Bezug auf einen Kontext braucht. Mit dieser Auflistung mache ich transparent, wie ich diese Informationen – meine Interpretation – als Kontext markiere und deren Bedeutungen herausarbeite.

Durch einen Vergleich mit weiterem Datenmaterial, also dem zirkulären Wandeln durch das Material, werden Phänomene sichtbar, die als Kontext für die dargestellte Situation gewertet werden können. Ich beziehe mich im Folgenden exemplarisch auf den Aspekt der Adressierung als Ansprechperson für die Azubis: Die Azubis in dieser Einrichtung sehen in der Schneidereimeisterin eher eine Ansprechperson als in der extra eingestellten Pädagogin. Sie verbringen mehr Zeit mit ihr und durch das Zusammenarbeiten ergeben sich zudem mehrere Anlässe für einen Austausch. Die Schneidereimeisterin markiert immer wieder, dass sie denselben Weg wie die Azubis gegangen ist. Auf diese Weise baut sie auf einer Gemeinsamkeit mit den Azubis auf, auf die die pädagogisch Angestellte nicht zurückgreifen kann. Die beschriebene Szene könnte so gedeutet werden, dass die Schneidereimeisterin sich dessen bewusst ist und der neuen Kollegin deswegen anbietet, Einblick in das Handwerk der Schneiderei zu bekommen, um

---

45 Es handelt sich dabei um anonymisierte Namen. Dabei habe ich darauf geachtet, geschlechtliche Markierungen beizubehalten, bestimmte zeitliche oder generationale Trends von Namen zu berücksichtigen, für bestimmte Regionen typische Namen durch ähnlich typische Namen zu ersetzen.

über diese Ebene Kontakt zu den Azubis herstellen zu können. Marlen beschreibt ihre Form der Kontaktaufnahme folgendermaßen: „Nein, ich bin Pädagogin. Ihr könnt dann immer zu mir kommen, wenn was ist." Das Ermessen, wann demnach Kontakt zwischen der Pädagogin und den Azubis hergestellt werden soll, liegt also bei den Azubis, die selbst einschätzen sollen, ob „was ist" (und was „was" sein könnte). Oder sie kommen zu ihr, damit sie *mit ihnen lernt*. Hier vermittelt die Pädagogin ein enges Bild von Sozialpädagogik, indem sie eine ausschließlich problemfixierte Arbeitsweise sichtbar und den Großteil eines sozialpädagogischen Anliegens unsichtbar macht. Sie schränkt das Handeln der Adressatin stark ein: Erst wenn Azubis sich konkret als *mit Problemen* positionieren, scheint sie zur Verfügung zu stehen.

Zusammenfassend möchte ich kurz die eingangs gestellten Fragen beantworten: Welcher Kontext ermöglicht und verhindert bestimmte Subjektpositionen? Einerseits eröffnet der Raum, der hergestellt wurde und den ich als Kontext verstehe, ein relativ offenes Sprechen, in dem auch Widerspruch und Infragestellen aus weniger machtvollen Positionen wie der der Azubis/Adressatinnen der Sozialpädagogik möglich ist. Den Kontext, auf den sich die Pädagogin wiederum bezieht, belässt es den Azubis, sich lediglich als *mit Problemen* zu positionieren. In dieser Position sind sie stark in ihrer Handlungsfähigkeit eingeschränkt. Sie verhindert damit zumindest teilweise die Positionierung als Azubi – welche durch die Schneidereimeisterin eröffnet wird. Die Azubi hat durch die beiden Angestellten der Institution in dieser Situation demnach die Wahl, sich als Azubi oder als Adressatin der Sozialen Arbeit zu positionieren – und befindet sich zudem in einer widersprüchlichen Situation, mit der sie umgeht und umgehen muss.

Welchen Kontext ermöglichen und verhindern Subjekte? In dem Ausschnitt nimmt die Azubi die Positionierung als Adressatin der Sozialpädagogik nicht an, indem sie sich mit einer Frage der Schneidereimeisterin zu- und der Sozialpädagogin abwendet. Damit beeinflusst sie die Handlungsfähigkeit der Pädagogin und widerspricht ihrer Reproduktion dominanter Diskurse in Bezug auf Adressatinnen der Sozialpädagogik als hilfebedürftig. Das kann zu „Rissen und Löchern" geführt haben, aufgrund derer Transformationen stattfinden können.

Es ist eine weitere Kontextualisierung möglich, indem offizielle Dokumente der Einrichtung in die Analyse bezogen und Informationen darüber eingeholt werden, worin die Aufgabe der Sozialpädagogin besteht. Sie könnte dazu befragt werden, inwiefern sie sich in ihrem Handeln darauf bezieht. Zudem kann als Vergleich die Konversation zwischen der Pädagogin und den Azubis mit Konversationen zwischen einer anderen Pädagogin und Azubis analysiert werden. Dazu ließe sich weiteres Datenmaterial in Form von Beobachtungsprotokollen sowohl aus dieser Einrichtung als auch aus den anderen Einrichtungen, Gesprächsnotizen mit Personen aus dem Forschungsfeld hinzuziehen. Dokumente aus unterschiedlichen Organisationen (dem übergeordneten Verein, offiziellen Stellen des Bundeslandes, der Jugendagentur), die mit der Einrichtung kooperieren oder von denen die Einrichtung abhängig ist, und aus der Einrichtung selbst lassen ebenfalls eine widersprüchliche Positionierung der Adressatinnen erkennen.

Neben Kontext(en) zeichnen sich in dieser Sequenz auch historische Bezüge ab, die ich im Folgenden darstelle.

6.3.3 Historisierung

Historisierung ist v. a. ein Konzept, das von machtkritischen Bewegungen wie bspw. Feminismus und postkolonialen Theorien ausgeht (vgl. Gutiérrez Rodriguez 2012; Villa 2013b; Eggers 2014; Messerschmidt 2014; Castro Varela/Dhawan 2015; Maurer 2018). Eine Kritik, die eine enthistorisierte Verwendung des Intersektionalitätsparadigmas zugrunde legt, spricht bei Differenzkonstruktionen von „Unterschieden anstatt von Unterscheidungspraktiken" (Messerschmidt 2013, S. 430). Bei der Betrachtung von Subjektpositionierungen sowie Differenzkonstruktionen vor dem Hintergrund von Macht- und Ungleichheitsverhältnissen schwingen *immer* folgende Fragen mit: Wie kam es zu diesen kam? Wie wurden sie institutionalisiert? Wurden sie verworfen? Hat Dethematisierung stattgefunden? Wie haben sie sich verändert? Institutionen, Positionierungen und Subjekte haben eine Geschichte und fixieren darin Sinn, der sich wiederum immer in Transformation befindet (vgl. Villa 2013b, S. 68 f.). Auch Fachdisziplinen haben ihre Geschichte. Sozialpädagogik als Teil der Erziehungswissenschaft unterliegt bspw. dem dominanzkulturellen Effekt, in der Geschichtserzählung „Kolonialrassismus, Nationalismus und europäische Selbstfindung aus der Aneignung und Eroberung nichteuropäischer Anderer einfach" (Messerschmidt 2013, S. 430) auszublenden. Die Analyse der Gewordenheit der Institutionen sowie die Biografie der Fachkräfte und der Adressat_innen sind dabei ebenso relevant wie die Analyse dominanter Erzählungen und Diskurse. Auch hierbei spielen Wechselwirkungen der unterschiedlichen Ebenen eine erhebliche Rolle.

Historisierung bedeutet ebenfalls eine Vorgehensweise, Fragen zu stellen. Sie können beantwortet werden durch Gespräche im Feld, Interviews, das Recherchieren in Archiven, in Artefakten wie Jahresberichten, Selbstbeschreibungen auf HPs, alten Zeitungsartikeln, anderen Ethnografien etc. Mit folgenden Fragen bin ich ins Feld gegangen: Wie hat eine Institutionalisierung stattgefunden? Aus welcher Kritik, aus welchem Anlass heraus entstand die Institution? Inwiefern steht der dominanzkulturelle Umgang mit Differenzkonstruktionen mit der Kritik in Verbindung? Wie kamen die Fachkräfte in die Institution? Inwiefern steht ihre eigene Biografie im Zusammenhang mit der Geschichte? Wie hat sich die Adressierung von Subjekten im Kontext der KJH im Laufe der Zeit verändert? Inwiefern erscheint sie passend/mittlerweile unpassend?

Es sind Fragen nach Performanzen, die einerseits von Kontinuitäten und andererseits von Rissen, Löchern und Transformationen geprägt sind. Doch es ist davon auszugehen, dass alles in Form von Institutionalisierung, Subjektivierung, Diskursivierung etc. seine Spuren hinterlässt. Die Selbstverständlichkeiten gilt es in der Forschung auf ihre Sinnhaftigkeiten, auf ihren Bestand, auf ihre Hintergründe und Interessen hin zu hinterfragen und zu reflektieren.

Anhand der bereits vorgesellten Szene aus dem Material möchte ich veranschaulichen, inwiefern die historische Gewordenheit forschungspraktisch einbezogen wurde. Geschichte wird in dieser Situation an mehreren Stellen relevant und dient bei der Analyse dem weiteren Verstehen, wie mit Differenzkonstruktionen umgegangen wird. Dass die Schneidereimeisterin Mlado als Ausbilderin in dem Betrieb arbeitet und deren Ausgangspunkt für diese aktuelle Position eine Ausbildung in der Einrichtung ist, ist ein deutliches Signal an die aktuellen Azubis. Ihnen wird mit der Geschichte der Einrichtung einerseits und der Ausbilderin als Person andererseits gezeigt, dass ihr Weg und das *Dranbleiben* erfolgsversprechend sind. Dass die neue Pädagogin keine Geschichte mit der Einrichtung verbindet oder ein für die Azubis relevant erscheinende Thematik anbringen kann, scheint (noch) ein Nachteil ihrer sozialpädagogischen Arbeit zu sein. Auf eine gemeinsame Geschichte Bezug zu nehmen, kann sich auf sozialpädagogisches Arbeiten positiv auswirken – es ermöglicht und erleichtert u. a. ein Sprechen als Betroffene über sozialpädagogische Anlässe. Denn diese muss es geben. Die Azubis müssen, um sich in der Einrichtung bewerben zu können, mehreren Organisationen der JBH vermitteln, dass sie zu einer mehrfach deprivilegierten Gruppe gehören (s. Beschreibung des Verfahrens der Aufnahme im Internet) – das ist als Teil der Geschichte der Azubis selbst zu verstehen. Sie mussten sich mehrfach als deprivilegiert positionieren und dabei konkret auf handlungsohnmächtige Positionen festschreiben lassen, um Teil der Einrichtung werden zu können. Hierin steckt ein sehr großer Widerspruch, den auch die Einrichtung aufgreifen muss: Ihr Bestreben scheint es zu sein, diese Erfahrungen von Deprivilegierung so gering wie möglich zu halten und die Azubis nicht auf diese Positionen zu fixieren, indem sie bspw. darauf verzichten, immerwährend Nachweise darüber einzufordern. Ihr Ziel ist es, die jungen Frauen als Azubis zu subjektivieren, nicht als Adressatinnen der Sozialen Arbeit.

In einer anderen Situation wird zudem deutlich, dass es Teil der Geschichte der Einrichtung ist, die Arbeit mit den Azubis bspw. in Modenschauen nach außen zu präsentieren. Jedoch führt sie die Azubis als Personen weder als deprivilegiert oder hilfebedürftig vor noch als Vorzeigeexemplare für erfolgreiches Arbeiten/Wirken der Einrichtung. Auch diese Situation zeigt, dass die neue Pädagogin diese Geschichte nicht kennt und sich auf andere Arbeitsweisen bezieht, die sie in vorherigen Einrichtungen kennengelernt hat und weiterpraktizieren will. Auch die berufliche Geschichte der Pädagogin ist relevant. Aufgrund der Historisierung der Szene scheint eine weitere Interpretation der erstgenannten Situation möglich: Die Schneidermeisterin will die Pädagogin in Anwesenheit der Azubis auf die Erfahrungen aus ihrer Geschichte aufmerksam machen wie auch auf Erfahrungen der Einrichtung und ihre ideellen Grundlagen.

Historisierung als eigenständige Analyseheuristik zu begreifen, ist in der rekonstruktiven Forschung bisher nicht üblich (vgl. Charmaz 2010, S. 203). Sie wird als Teil der Kontextualisierung gefasst. Im vorliegenden Forschungsprojekt versuche ich allerdings, Historisierung einen prominenteren Platz in der Analyse einzuräumen, um dadurch analytischen Zugang zu weiteren Transformationen und Widersprüchen zu bekommen. Die Motivation dazu stammt auch aus meiner Forschungserfahrung, wonach die Lebensgeschichte und die Biografie der sozialpädagogischen Akteur_innen für das sozialpädagogische Handeln und Institutionalisieren folgenreich sind.

7 Fallbezogene Ergebnisse

Im folgenden Kapitel stelle ich die Ergebnisse meines Forschungsprojektes daten- und feldbezogen vor und diskutiere sie sowohl im Kontext meiner Fragestellung als auch im Kontext der Falllogik. Zunächst erfolgt eine Fallrekonstruktion: Die einzelnen Einrichtungen werden als Fälle vorgestellt. Um sie jeweils nachvollziehbar darzustellen, berücksichtige ich den Kontext und arbeite einige der entscheidenden Spannungsfelder datenzentriert heraus. Hierbei gehe ich auf die Logiken des jeweiligen Feldes ein. Ferner setze ich sie ins Verhältnis zur Fragestellung der Arbeit. In Kapitel 8 behandle ich daran anschließend einzelne Themen fallübergreifend. Aus der Interpretation des Datenmaterials lassen sich zentrale Themen bezüglich der Frage nach der (De-)Thematisierung von Differenzkonstruktionen und ihren Folgen in der Jugendhilfe ableiten.

Die zweischrittige Vorgehensweise wähle ich, um die Prozesshaftigkeit des Forschungsprozesses auch in der Darstellung der Daten und der Ergebnisse abzubilden. Dieses „Schichtverfahren" (Kruse 2014, S. 639) bietet sich dafür insofern an, als es sich an der Idee der Grounded-Theory-Methodologie anlehnt. Darin wird angestrebt, die Phasen eines Forschungsprozesses „iterativ-zyklisch eng miteinander gekoppelt" (Kruse 2014, S. 640) zu gestalten. Die Herausforderung der Ergebnisdarstellung ist, dass diese *linear* erfolgt (Charmaz 2010, S. 202): zirkulär forschen und linear darstellen. Mit dem gewählten Vorgehen scheint sich die Spiralförmigkeit des Erkenntnisprozesses am *ehesten* einfangen zu lassen.

In der Fallrekonstruktion werden anhand des Datenmaterials die *Regeln* des Feldes nachvollzogen. Damit sind feldimmanente *Selbstverständlichkeiten* gemeint, an die sich alle zu halten scheinen und die deswegen als *Normalität* wahrgenommen werden. Nach Geertz beginnt man „in einem Zustand allgemeiner Verwirrung darüber [nachzudenken], was zum Teufel da vorgeht" (Geertz 1994, S. 38). Um einen Überblick zu geben, was „da vorgeht", habe ich den einzelnen Fällen charakteristische Aussagen in Form von *in-vivo-Codes* zugeordnet: Im Fall von *Die Figurine*, eine geschlechterbezogene Einrichtung der JBH, liegt der Fokus auf Veränderungen und Lösungen in der Beziehung mit deprivilegierenden Differenzkonstruktionen: „Probleme sind verkleidete Möglichkeiten." Im Gegensatz dazu liegt der Fokus der *Berufsvorbereitenden Bildungsmaßnahme* (BVB), eine Einrichtung der klassischen JBH, auf den stark strukturierten sozialstaatlichen Erwartungen, junge Erwachsene im Übergang von Schule in die Berufswelt zu behandeln sind: „Ob man hier Bewerbungen schreiben könne …". Im *Offenen Kinder- und Jugendtreff* (JuZe) findet zum Zeitpunkt der Beobachtung eine enorme Umstrukturierung statt, die Auswirkungen für die gesamte Einrichtung zu haben scheint. Ungleichheitsverhältnisse und deren kreative Handhabung durch die Adressat_innen werden in der Einrichtung mit dem Ausdruck „ein crazy Stadtteil" beschrieben und gleichzeitig gerechtfertigt und besondert. Der *Internationale Mädchentreff* (IMT), eine Einrichtung der OKJA, setzt im Umgang mit Diskriminierungserfahrungen auf formale Bildungsprozesse. Die Idee scheint zu sein, Diskriminierung mit Bildung zu begegnen und sie dadurch zu vermeiden oder abzuschwächen. So bezieht sich der in-vivo-Code dieser Einrichtung auf das Erledigen von Hausaufgaben: „Brauchst Du Hilfe?" Im Sprachgebrauch der GTM besteht die Grundlage des Theoretical Samplings und somit des Aufstellens von Theorie darin, das Material zu vergleichen und daran Fragen zu stellen (vgl. Charmaz 2010, S. 192).

An sein Plädoyer der Datenzentrierung fügt Geertz an, dass die Analyse ein Zusammenspiel von „intellektuellen Vorkenntnissen" (Geertz 1994, S. 38) und dem Fokus auf das Datenmaterial ist. Ich verfolge dabei rekonstruktive Methoden: Das „Ziel ist, vor dem Hintergrund sinnstruktureller Muster in sozialen Phänomenen (Wirklichkeiten), die zugrundeliegenden Regeln" (Kruse 2014, S. 659) aufzuzeigen. Dabei werde ich insbesondere so verfahren, dass ich *Positionierungen* (vgl. Kruse 2014, S. 509 ff.) sowie *Diskurse* (vgl. Kruse 2014, S. 518 ff.) berücksichtige, die jeweils explizit oder implizit aufgegriffen und performativ (wieder)hergestellt werden. Gleichzeitig spielen neben den *Regeln* auch „Sonderfälle" (Kruse 2014, S. 643) eine Rolle. Cathy Charmaz bezeichnet diese als „gaps in our data and holes in our theories" (Charmaz 2010, S. 192). Sie ermöglichen den Blick auf Transformationen – also Regelveränderungen durch *Regelbruch*. Zudem gewähren sie es, „im Sinne des Kontrastierungs- und Vergleichsprinzips […] die konsistenten Muster" (Kruse 2014, S. 643) zu verdeutlichen.

Mit Blick auf die Fragestellung der vorliegenden Arbeit geht es in diesem Kapitel darum, darzustellen, an welchen Stellen affirmatives oder subversives Handeln möglich ist. Diese Räume sollen als solche genutzt werden. Der Fokus richtet sich dabei darauf, wer sich im Kontext Sozialer Arbeit unter welchen Bedingungen wie an die *Regeln des Feldes* hält und wer unter welchen Umständen wie nicht. Dabei sind neben der Analyse der Beobachtungsprotokolle und der Feldinterviews auch Kontextwissen, Artefakte aus dem Feld und Dokumente, die mit den Einrichtungen in Verbindung stehen, als Datenmaterial zu verstehen. Als Hilfestellung bei der Analyse dienen mir neben den Grundgedanken rekonstruktiven Forschens Fragen, die Isabelle Diehm, Melanie Kuhn und Claudia Machold an ihr ethnografisches Material stellen. Sie sind an *Positionierungen*, *Diskursen* und *Widersprüchen* für die Forschung im Kontext Sozialer Arbeit ausgerichtet (vgl. Diehm/ Kuhn/Machold 2013, S. 44). Verhältnisse von Macht nehmen in der Analyse also einen hohen Stellenwert ein. Am Ende der jeweils herausgearbeiteten Fallanalyse wird die Logik des Feldes anhand dieser Fragen zusammengefasst. Dabei spielen auch Aspekte eine Rolle, die jenseits der konkreten Fragestellung nach der (De-)Thematisierung von Differenz und Ungleichheit liegen. Auf diese Weise werde ich dem Anspruch der Ethnografie, der Frage nach Kultur im Sinne von Selbstverständlichkeiten, also einem offenen Herangehen gerecht.

7.1 „Probleme sind verkleidete Möglichkeiten" – *Die Figurine*

Die Figurine ist eine Einrichtung der JBH, die jungen Frauen die Möglichkeit bietet, einen anerkannten Berufsabschluss als Damenmaßschneiderin zu erlangen. Sie orientiert sich dabei am KJHG (SGB VIII § 13[46]). Dieses Angebot ist eine Besonderheit im Übergangssystem, das in der Regel keine berufsbildenden Abschlüsse vorsieht (vgl. Dick 2017, S. 12, 17). Diese Besonderheit beruht auf dem hohen Engagement der Mitarbeiterinnen gegenüber der Handwerkskammer. Gefördert wird der Verein durch einen evangelischen Träger für Jugendsozialarbeit der Landeskirche und der Kommune. Außerdem gehört er einem Jugendsozialarbeit fördernden Verein[47] an, unter dessen Dach sich auch andere Einrichtungen versammeln. Anders als in herkömmlichen Einrichtungen der JBH geht es in dieser Einrichtung – ihrem eigenen Anspruch nach – nicht darum die Jugendlichen in Ausbildung *zu bringen*, sondern jungen Frau zu ermöglichen, für drei Jahre in Ausbildung zu *sein*: Sowohl in der Praxis der Einrichtung als auch in schriftlichen Dokumenten findet sich immer wieder der Hinweis auf eine umfassende Herangehensweise, die den ausschließlichen Fokus auf die berufliche Qualifikation als eine verkürzte Sichtweise versteht.

Die Auszubildenden werden laut HP einerseits fachlich und andererseits auch sozialpädagogisch, „interdisziplinär", über einen für die JBH ungewöhnlich langen Zeitraum begleitet. In offiziellen Dokumenten oder solchen, die der Öffentlichkeit zugänglich sind, wird die Zielgruppe als „junge Frauen" (HP) beschrieben. Formulierungen, die sich auf Ungleichheit „in mehreren Dimensionen" (HP), beziehen, wirken, als würde sehr bewusst der Fokus auf unterschiedliche Differenzkonstruktionen von Deprivilegierung und sozialer Ungleichheit gerichtet.

Der Zugang für Jugendliche und junge Erwachsene zu der Einrichtung ist formal über das SGB VIII und durch ein einrichtungsspezifisches Aufnahmeprozedere geregelt. Interessierte müssen offizielle Voraussetzungen für eine Ausbildung bei *Die Figurine* erfüllen, z. B. den Nachweis über den sogenannten „Jugendhilfebedarf" erbringen, der von einem Integrations- und Beratungszentrum Jugend festgestellt wird (vgl. HP). Außerdem werden sie in die Einrichtung eingeladen. Dort treffen sie sowohl die Mitarbeiterinnen als auch die anderen Auszubildenden, die nach Angaben der Mitarbeiterinnen im Anschluss in die gemeinsame Diskussion darüber eingebunden werden, mit wem sie sich eine Zusammenarbeit vorstellen können. Nach welchen Kriterien sie eingeladen werden und

---

46   SGB VIII § 13 Jugendsozialarbeit: „(1) Jungen Menschen, die zum Ausgleich sozialer Benachteiligungen oder zur Überwindung individueller Beeinträchtigungen in erhöhtem Maße auf Unterstützung angewiesen sind, sollen im Rahmen der Jugendhilfe sozialpädagogische Hilfen angeboten werden, die ihre schulische und berufliche Ausbildung, Eingliederung in die Arbeitswelt und ihre soziale Integration fördern."
47   Alle Quellenangaben zum Material der Einrichtung stelle ich nicht im Anhang zur Verfügung, um die Anonymität der Einrichtung zu wahren.

wie sie die Entscheidung treffen, ist für mich als Forschende nicht transparent. Gegenüber den Auszubildenden werden die Kriterien ebenfalls nicht kommuniziert. Allerdings scheinen Diskriminierungserfahrungen und strukturelle Diskriminierung ein ausschlaggebender Aspekt für die Auswahl zu sein: Aus der Analyse des Datenmaterials wird deutlich, dass es um Diskriminierungserfahrungen der Auszubildenden in Bezug auf (Hetero-)Sexismus, auf Klassismus, auf Rassismus, auf Bodyismus, auf Ageismus sowie auf Ableismus geht, wodurch sie zur Adressat_innengruppe gehören. Es stellt sich die Frage, ob die Mitarbeiter_innen die türöffnenden Kriterien nicht vermitteln, weil sie eine verdeckende Strategie verfolgen, um bspw. evtl. verletzende Zuschreibungen den jungen Frauen gegenüber nicht direkt zu thematisieren.

Die Figurine ist eine Einrichtung, an der Ambivalenzen von sozialpädagogischer Praxis in Bezug auf Differenz- und Machtsensibilität sehr deutlich sichtbar werden. Alles, was dort getan wird, kann je nach Perspektive als affirmativ, also als Anpassung an dominante Verhältnisse und Diskurse, und gleichzeitig als transformativ und an den subjektiven Bedürfnissen und Bedarfen der jungen Frauen orientiert, gelesen werden. Die Einrichtung bedient zwar dominante Sichtweisen und erkennt Anrufungen an. Doch den jungen Frauen werden immer wieder Möglichkeitsräume eröffnet, die über die gesellschaftlichen Zuschreibungen hinausgehen, sie in ein anderes Licht stellen und dadurch auch erweiterte Handlungsmöglichkeiten anbieten.

7.1.1 Perspektivenwechsel als Aneignung der Situation und als Zuschreibung

Im Umgang mit herausfordernden Situationen, die als Probleme wahrgenommen werden, hat die Einrichtung eine klare Strategie entwickelt, die wie vieles andere auch auf die Leitung zurückgeht. Ein zentrales Motiv ist dabei die Einnahme eines Perspektivenwechsels, der sich in der Metapher „Probleme sind verkleidete Möglichkeiten" ausdrückt. Diese verwendet die Leitung in einem Interview und beschreibt sie zugleich als Motto der Einrichtung: Die Gestalt von Problemen lässt sich verändern, indem sie verkleidet werden; das Ergebnis sind erweiterte Möglichkeiten. In diesem Zitat steckt auch der inhaltliche Bezug auf die Herstellung, sogar auf die Maßanfertigung von Kleidung und somit auf die Handlungsfähigkeit der Adressatinnen der Einrichtung: Sie lernen dort professionell Kleidung zu entwerfen, maßzuschneidern und anzupassen; mit Blick auf die Metapher gilt das laut der Einrichtungsleitung auch für den Umgang mit „Problemen".

Wesentlich ist die Strategie des Perspektivenwechsels. Sie zeigt sich bereits im Medium der Jahresdokumentation (JD). Das scheint die Azubis selbst als Adressat_innen anzusprechen mit der Intention ihnen zu ermöglichen, die eigene Arbeit zu sehen und aus einer anderen Perspektive zu betrachten. Daneben richten sich die JD an Personen, die der Einrichtung nahe stehen, Organisationen, die sie unterstützen, und an die Familien der Azubis, denen die Arbeit der Einrichtung und die Arbeit der Azubis vermittelt werden soll.

In der Einleitung der JD „Interkultur als Talentschmiede" aus dem Jahr 2011 steht, dass „Interkultur [...] meist problembehaftet diskutiert" werde (JD2011/12). Hier findet also eine Benennung des Problems statt, das die Einrichtung bearbeiten will: Der Diskurs um „Interkultur" sei „problembehaftet".

„Ganz frech wollen wir Ausbilderinnen und Auszubildende [...] das Gegenteil beweisen" (JD2011/12).

In dem Statement wird deutlich, dass sich die Einrichtung ganz bewusst davon distanziert, selbst ein Problem in „Interkultur" zu sehen, wenn „Ausbilderinnen und Auszubildende" das „Gegenteil beweisen" wollen. Dazu formulieren sie weiter:

„[D]ieser Ansatz [von Interkultur] [bietet] Lösungen für eine friedliche, globalisierte Welt" (JD2011/12).

Es handelt sich hier ähnlich wie bei der Verwendung des Wortes „Dialog" (HP, JD2009/10, PIR 2010) um eine Art des Sprechens, die an religiös-evangelische, ökumenische Zusammenhänge erinnert. Sie zeigt das Bewusstsein dafür auf, dass sie sich teilweise einer dominanzkulturellen Sichtweise entgegenstellen, wenn sie „Interkultur" nicht als „problembehaftet", sondern als Teil von „Lösungen für eine friedliche, globalisierte Welt" verstehen. Dabei sind sie sich auch des herausfordernden Charakters ihrer Positionierung in diesem Diskurs bewusst. Darauf deutet die Verwendung von „frech" hin, was verdeutlicht, wie ihr Vorgehen ist: Sie verniedlichen sich und versuchen über eine harmlose sowie charmante Art, einen Perspektivenwechsel anzuregen. Der Fokus liegt eindeutig auf dem Umgang mit Herausforderungen, die diskutiert werden und im Kontext von „Interkultur" liegen. Sie beruhen nicht auf der Auseinandersetzung mit gesellschaftlichen Verhältnissen sozialer Ungleichheiten. Diese Machtverhältnisse und hegemonialen Diskurse lassen „Interkultur" erst als problematisch und bearbeitungswürdig erscheinen. Ihr Plädoyer für einen Perspektivenwechsel will die Transformation einer dominanzkulturellen Sichtweise auf „Interkultur" als „problembehaftet" erreichen. Das Ziel ist es, das Positive an „Interkultur" zu sehen. Der hegemoniale Diskurs bleibt unthematisiert.

Die Figurine beschreibt sich selbst als „bewusst beruflich und sozial integrierend" (HP). Daraus lässt sich schließen, die Einstellung als Auszubildende vom Kriterium abhängt, ob eine soziale sowie berufliche Integration als notwendig erachtet wird. Bezogen wird diese Formulierung der Integrationsbedürftigkeit an unterschiedlichen Stellen auf der HP, im Gespräch mit den Mitarbeiterinnen und mit Blick auf weitere Materialien zu den Themen „international", „interkulturell" und „interreligiös" (HP). Den Schwerpunkt bei der Darstellung der Erfahrungen mit Diskriminierung und der Strukturen sozialer Ungleichheit legt die Einrichtung allerdings auf deren Bewältigung.

Wenn sie Erfahrungen und Strukturen von Diskriminierung thematisiert, lässt sie eine Strategie erkennen, die den Fokus auf die Herstellung eines Dialogs mit dem Schwerpunkt auf „Interreligiösität", auf „Interkulturalität" und auf „Internationalität" legt. Gleichzeitig wird die Vermittlung von Religion, Kultur sowie Nationalität problematisiert neben weiteren Aspekten der Deprivilegierung. Das geht bspw. aus der Projektdokumentation „Die SOUL-SISTERS sind peacy religious" (PIR2010) hervor:

> „Die Situation sozial ausgegrenzter Frauen ist fatal. Schulversagen, Brüche in der Lebensbiografie, Gewalt- und Kriegserfahrungen, seelische und körperliche Erkrankungen, Verarmung – sind nur einige wenige Beispiele, die aber den Druck aufzeigen unter dem die jungen Frauen leiden. Eine besondere Hilfestellung ist angesagt, um die jungen Frauen nicht weiter zu gefährden." (a. a. O., S. 8)

Dafür, dass es „sozial ausgegrenzte Frauen" gibt, werden verschiedene Ursachen aufgezählt. Diese Punkte bezeichnen die Folgen von Deprivilegierung. Daran lässt sich die Zirkularität von Ursachen und Folgen erkennen. Dass Ausgrenzung auf vielfältige Gründe zurückzuführen ist, thematisiert die Einrichtung in einer Broschüre und macht sie damit sowohl innerhalb als auch außerhalb der Einrichtung sicht- und besprechbar.

Mit der Ergänzung um weitere potenziell deprivilegierende Faktoren lässt sich gleichzeitig eine Verengung feststellen: Zwar werden sie aufgezählt, doch beschränkt sich die Strategie des Dialogs mit dem Fokus auf „Interreligiösität", auf „Interkulturalität" und auf „Internationalität" auf natio-ethno-kulturelle Formen von Ausgrenzung. Es ist zu beobachten, dass die drei Begriffe meist synonym verwendet werden: „Inter-" scheint dabei der relevante Wortbestandteil zu sein. Dadurch, dass diese Strategie stark nach außen vertreten wird, scheint neben den eigentlichen Adressat_innen auch die Öffentlichkeit zur Adressatin der Einrichtung zu werden: Alle Personen werden in die Verantwortung genommen, einen Dialog aufzubauen. Allerdings ist aufgrund der Ausrichtung der Einrichtung eine Unterteilung in die *Anderen* und die *Eigenen* zu vermuten, zwischen denen der Dialog herzustellen ist. Im Folgenden erläutere ich, wie die Einrichtung die *Strategie von „inter-" und „Dialog"* umsetzt.

Dominant sind dabei Differenzmarkierungen in Bezug auf *Religion, Kultur* und *Nationalität*. An anderen Stellen in Interaktionen innerhalb der Einrichtung sowie in Artefakten aus der Einrichtung werden auch weitere Differenzmarkierungen wie *Gesundheit/Krankheit, soziale Lage und Armut, Bildungszugang, Geschlecht, Alter* sowie *Lebensstil, Rassismuserfahrung* benannt (vgl. JD2011/12, S. 30).

In der Formulierung „bewusst beruflich und sozial integrierend" (HP), die sich auf der HP der Einrichtung unter dem Reiter „Ausbildung" findet, wird der *Umgang* mit Verhältnissen sozialer Ungleichheit benannt, ohne die Ungleichheit *an sich* zu thematisieren. Allerdings findet sich, wie bereits dargelegt, immer wieder die Verengung auf natio-ethno-kulturelle Zugehörigkeiten.

Die Thematisierung sozialer Ungleichheit spielt sich nicht auf der Ebene ab, auf der gesellschaftliche Machtverhältnisse benannt werden, sondern dort, wo eine Beziehung hergestellt wird. Sich selbst als „international", „interkulturell" und „interreligiös" zu beschreiben, wirkt wie eine Reaktion auf etwas Unbenanntes, was als Wissen von Differenz und Andersheit als Problem verstanden wird. Der *Umgang damit* scheint dabei notwendiger zu sein als die *Thematisierung der Problematik* – das (Er)Kennen dieser wird wie selbstverständlich vorausgesetzt. Das wird durch die folgende Formulierung deutlich: „Mode ist integrierend" (HP). Es wirkt, als würde eine Art von Lösung („integrierend") beschrieben oder präsentiert, *bevor* Probleme oder Herausforderungen benannt werden. Etwas, das integriert werden muss, wird implizit vorausgesetzt, wenn die Herstellung von „inter-" oder „Dialog" und Integration als Aufgabe für die Einrichtung erwähnt wird. Die Selbstverständlichkeit, mit der die Herausforderung oder das Problem keine Erwähnung findet, verdeutlicht, dass die Einrichtung an einem dominanten Diskurs zu „Integration" teilnimmt.

Im Kennenlerninterview legt die Leitungsperson Brigitte mir dar, sie hätten aufbauend auf einer „streitkultur" (Interview) als ersten Schritt eine „versöhnungskultur" (ebd.) entwickelt, was sie als die „höhere ku- kür" (ebd.) bezeichnet. Auch im Interview liegt der Fokus durchgängig auf dem konkreten *Umgang mit* „konflikte[n]" (ebd.), „schwierigkeiten" (ebd.), „probleme[n]" (ebd.) vor dem Hintergrund von *Lösungsorientierung* und der Frage, „WIE transformieren wir des ganze" (ebd.). Als Kernkategorie des Interviews wurde die Aussage „probleme sind verklEIdete (.) mÖglichkeiten" (ebd.) herausgearbeitet. Im Kontext weiterer Beobachtungen, Gespräche und der Analyse von Artefakten der Einrichtung zeigt die Kernkategorie, wie verengend sowie verdeckend die Strategie von „inter-" und „Dialog" umgesetzt wird. Der mitgedachte Perspektivenwechsel besteht darin, sich einem Problem zuzuwenden, indem es „verkleidet" wird, indem also eine Transformation angestoßen wird. So wird das Problem weder benannt noch an sich beseitigt. Vielmehr wird das getan, was der Möglichkeitsraum bereitstellt, um mit Problemen umzugehen. Probleme sind in diesem Zusammenhang bereits beschriebene Formen und Erfahrungen von Diskriminierung und Deprivilegierung, von denen die Azubis in sehr unterschiedlicher Intensität und Dramatik betroffen sind. Die Azubis bekommen während ihrer Ausbildung sowohl metaphorisch als auch praktisch das Handwerkszeug, also Handlungsoptionen aufgezeigt, mit Problemen umzugehen. Ziel ist demnach die Erweiterung ihrer Handlungsfähigkeit im Umgang mit Herausforderungen.

7.1.2 Die Herstellung eines Dialogs

Das Sichtbarmachen der jungen Frauen verläuft im Fall von *Die Figurine* über Kleidung und Mode. Die weitestgehend unbenannte als selbstverständlich und normal erscheinende Seite, die das Verwenden von „inter-" sowie „Dialog" impliziert, ist in diesem Fall scheinbar das *Hier*, das *Eigene* aus der Perspektive der sogenannten Mehrheitsgesellschaft in Deutschland. Einige der Mitarbeiterinnen, aber v. a. auch die Leitungsperson sehen das verstärkt in Form regionaler Zugehörigkeit und Verbundenheit mit der Stadt und der Region, in der sich die Einrichtung befindet. Deutlich wird diese Betonung von „inter-" an dem hier analysierten Artefakt *Knödelkochbuch*:

> Das Knödelkochbuch ist ein Geschenk an Personen, die mit der Einrichtung in Verbindung stehen. Es handelt sich um ein hochwertig gedrucktes und professionell gestaltetes sowie ästhetisch ansprechendes Heft, in welchem die Einrichtung unterschiedliche Rezepte von Knödeln zusammengetragen hat. Jedes Knödelrezept scheint von einer Person aus der Einrichtung präsentiert zu werden und eine bestimmte Region der Welt zu vertreten. Illustriert wird die Darstellung mit einem professionell gemachten Bild der jeweiligen Person in einer der Region scheinbar entsprechenden Kleidung, vor einem für die Region typisch scheinenden Hintergrund und einem Bild des fertigen Knödelgerichts. (Beschreibung des Knödelkochbuchs)

Durch das Knödelkochbuch findet eine Verknüpfung im Sinne von „inter-" statt: Knödel werden mit Süddeutschland, der Schweiz und/oder Österreich verbunden, also in einen vorwiegend deutschsprachigen Raum verortet. Das Kochbuch vermittelt allerdings, dass das eine verkürzte Sichtweise ist und sich *das Eigene* (hier der Knödel) aus dominanter Mehrheitsperspektive überall auf der Welt finden lässt. Die Message scheint folgende zu sein: Das *Eigene* ist dem *Anderen* unter Umständen also nicht so fremd, wie wir auf den ersten Blick annehmen. Auch hier steckt der Appell, einen Perspektivenwechsel vorzunehmen. Adressatin ist die Gesellschaft. Das Herstellen von Gemeinsamkeit mithilfe eines Perspektivenwechsels scheint notwendige Voraussetzung zu sein, um „inter-" oder den „Dialog" *zwischen* der Gesellschaft und den Azubis aufzubauen. So findet eine Nivellierung des *Eigenen* und *Anderen* durch den Hinweis auf Gemeinsamkeiten statt. Hier werden sowohl das *Eigene* als auch das *Andere* sowie das „inter-" sichtbar gemacht, ohne Machtverhältnisse explizit darzustellen oder zu thematisieren. Möglich ist das, indem Mitarbeiterinnen der Einrichtung harmlose Inhalte wie Knödel darstellen. Statt Machtverhältnisse zu thematisieren, scheinen sie hierbei auf ihren „slogan" (Interview) zurückzugreifen,

„dass es wenn es schwierigkeiten (.) wenn es unterschiede gibt, (.) dass si_e (.) so zu lösen sind, dass: (.) was schönes. konstruktives (3) die persÖnl- äh äh- die frau persönlich (.) f:Örderndes (.) rAuskommt" (Interview).

In diesem Ausschnitt formuliert Brigitte sehr deutlich, wie sie vorgeht, wenn „Schwierigkeiten [auftreten], wenn es Unterschiede gibt". Ihr geht es um einen konstruktiven Umgang mit diesen: Die Azubis sollen davon profitieren. Das verdeutlicht die folgende Szene.

> Brigitte erzählt beim Besprechen des Tagesablaufes, dass sie ein wundervolles Geschenk von Saida bekommen habe, was ein Symbol für Weiblichkeit, Gesundheit und Schönheit sei. Saida habe es aus ihrer Heimat mitgebracht. Sie sagt, es seien Granatäpfel, und bittet Saida ihnen allen um 11:45 zu zeigen, wie diese richtig geschält werden, da die meisten, die hier säßen, das wohl nicht können. (Beobachtungsprotokoll)[48]

Brigitte beginnt mit einem Lob („wundervolles Geschenk"), geht dann dazu über, ihre eigene Lesart („Symbol von Weiblichkeit, Gesundheit und Schönheit") transparent zu machen und knüpft daran eine Fremdheitskonstruktion von Saida („aus ihrer Heimat"). Sie schließt mit einer Besonderung, einem Othering, von Saida: Saida soll „zeigen", „wie [Granatäpfel] richtig geschält werden". Sie fordert sie dazu auf, etwas vermeintlich *Eigenes* vorzuführen, was für die restlichen Auszubildenden als das *Andere* markiert und konstruiert wird („die meisten, die hier säßen, das wohl nicht können").

Darin deutet sich das Herstellen von „inter-" und „Dialog" an. Das Eröffnen eines Raums, in dem zum Sprechen angeregt werden soll, geht an dieser Stelle mit Adressierungen einher, die stark kulturelle Zugehörigkeiten an nationale Zugehörigkeiten koppeln. Wird Saida als diejenige konstruiert, die *weiß*, wie Granatäpfel geschält werden, werden alle anderen Anwesenden als diejenigen konstruiert, die das nicht wissen *können*. Denn sie haben nicht dieselbe „Heimat" wie Saida. Was an dieser Strategie wiederum deutlich wird, ist ein Bewusstsein dafür, dass es notwendig ist, diesen Raum für die Azubis zu schaffen: Auch wenn Machtverhältnisse hier nicht explizit benannt werden, scheint dafür – für machtvolle und nicht-machtvolle Positionierungen – ein Bewusstsein vorhanden zu sein. Die Einrichtungsleitung sieht einen Bedarf darin, Saida im Kontext der Sprachförderung zum Sprechen aufzufordern. Die anderen Auszubildenden werden gebeten zuzuhören.

---

48 Auf die Analyse dieser Situation und auf das Spannungsfeld im Umgang mit Differenzkonstruktionen gehe ich ausführlicher in „Differenzen (be)schreiben? Vom Umgang mit Differenzen in sozialpädagogischer Praxis und ethnografischer Forschung" (2016) ein.

Ausgangspunkt ist in der beschriebenen Situation die Ankündigung des Granatapfelschälens, das das zugeschriebene und konstruierte *Eigene* der *Anderen* und das *Andere* für das jeweilige Gegenüber ist. Saida wird als für die anderen fremd positioniert und Brigitte inszeniert sich in der Position, eine Beziehung zwischen Personen herzustellen, die sie als einander Fremde konstruiert. Ziele scheinen dabei zu sein, Saida zum Sprechen zu bringen und so *ihre* Perspektive darzulegen. Daneben sollen die Azubis zum Austausch angeregt werden. Ein weiteres Ziel dieser Gesprächssituationen, die zur alltäglichen Praxis der Einrichtung gehören, besteht darin, dass die Azubis auch das von Brigitte als ihr *Eigenes* Konstruiertes – auch als Vertreterin einer bestimmten Region – kennenlernen und dadurch eventuell als *ihr Eigenes* empfinden können. Diese drei Ziele entsprechen dem übergeordneten Ziel der Einrichtung und dem der Leitung, „für den gesellschaftlich sozialen Frieden" einzutreten.

7.1.3 „Weil ich ein Mädchen bin" – Subversion und Transformation in Adressatinnenkonstruktionen und Adressierungsprozessen

Ging es bisher mehr um die Strategien und die Ziele der Einrichtung, wird im Folgenden die Adressierung beschrieben. Zunächst gibt mein Material keinen Hinweis darauf, dass bei der direkten Ansprache der Zielgruppe ein bestimmtes Alter oder ein bestimmter Bildungsabschluss für die Teilnahme vorausgesetzt wird. Die Eingrenzung der Zielgruppe erfolgt eher über Umschreibungen von Lebenssituationen, Bedürfnissen und die Verwendung von Metaphern als über die explizite Benennung von Kriterien. Was klar formuliert wird, ist, dass die Adressatinnen weiblich sind. Alle anderen Bezugnahmen auf die Eingrenzung einer Adressatinnengruppe beschreiben eine Tendenz (bspw. „junge" anstatt eine Altersspanne zu benennen). Auf der HP unter dem Reiter „Ausbildung" wird deutlich, dass das Angebot an Frauen einer bestimmten Altersgruppe gerichtet ist. In der weiteren Definition der Formulierung der Zielgruppe verbleibt die Adressatinnenbeschreibung vage: „die dringend eine Chance und Unterstützung zur beruflichen Integration brauchen." (HP) Über den Weg der HP erfahren Interessierte demnach erst einmal *nicht*, an wen sich das Angebot *genau* richtet. Es wird nicht klar, worauf mit „Chance" und „Unterstützung" reagiert wird. Diese Thematisierung des Anlasses einer sozialpädagogischen Begleitung und die formale Abklärung dessen, werden in die Verantwortung des Jobcenters und des Sozialbürgerhauses gelegt.

Unter dem Registerblatt „Ausbildung" gibt zudem ein Gedicht Aufschluss über die Adressatinnen. Es ist aus der Perspektive eines „Mädchens"[49] geschrieben, das

---

49 In der Einrichtung werden die Azubis als „Mädchen" bezeichnet sowie angesprochen.

bei *Die Figurine* ihre Ausbildung absolvieren will. Es macht den Anschein, als könnte es einer Bewerbung beigelegt sein, da es einem Motivationsschreiben ähnelt. Im zweiten Teil des Gedichts adressiert das lyrische Ich die Mitarbeiterinnen der Einrichtung scheinbar direkt.

Das Gedicht vermittelt eine bestimmte Strategie der Einrichtung, nach der die dominante Sichtweise transformiert werden soll: Eine Person, die „eine Chance und Unterstützung zur beruflichen Integration" braucht und gleichzeitig in der Lage ist, ein inhaltlich und reflexiv sehr anspruchsvolles Gedicht zu verfassen, entspricht nicht einem dominanten gesellschaftlichen Bild von jungen Frauen, die von der JBH gemeinhin adressiert werden (müssen). Die junge Frau im Gedicht wird trotz Hilfebedürftigkeit als Ressourcenträgerin dargestellt. Insgesamt kann die Platzierung des Gedichts auf der HP als Widerspiegeln des pädagogischen Handelns innerhalb der Einrichtung verstanden werden.

Bei dem Gedicht handelt sich um eine stark vergeschlechtlichte Perspektive. Die Adressierung der Azubis als „Mädchen" legt sie auf eine bestimmte Position fest. Mit „Mädchen" werden bestimmte Attribute assoziiert: weiblich, jung, Kind, (noch) nicht selbstständig, eine Vorstufe zu Frau, spielerisch, niedlich etc. Diese Liste könnte fortgesetzt werden. Dass das Gedicht allerdings den Titel trägt „Weil ich ein Mädchen bin" zeigt auf, dass all das, was darin folgt, auf Mädchensein zurückgeführt werden kann: Es geht um Auswirkungen von Mädchensein. Die anschließende Parallelisierung von „Weil ich ein Mädchen bin" und „Loserin" stellt einen Zusammenhang her. Es wird demnach Bezug genommen auf die gesellschaftliche Positionierung als „Mädchen". Das vermittelt den Eindruck, dass die Einrichtung mit all den beschriebenen Gefühlen und Erfahrungen von Deprivilegierung und Diskriminierung umgehen kann und verspricht dahingehend Lösungen.

Adressatinnen werden als in einer möglichen ambivalenten Positionierung dargestellt. Sie werden angesprochen, wobei die Subjektivierung in der Ambivalenz Handlungsräume eröffnet, die durch Homogenisierungen und Essentialisierungen eingeschränkt werden. Den Azubis wird die Möglichkeit zugestanden, vulnerabel und handlungsfähig zugleich zu sein, im dominanten Diskurs meist als Gegensätze dargestellt. Dadurch werden Handlungsräume freigehalten.

7.1.4 „Die sprachlichen Spiele machens ja dann leichter." – Sprache und Sprechen in der Einrichtung

In der Einrichtung verwendet v. a. die Leitungsperson Brigitte sehr häufig Metaphern, wenn sie ihre Gedankengänge den Mitarbeiterinnen oder Azubis transparent machen möchte. Gleichzeitig scheint es ihre Strategie zu sein, den Auszubildenden eine Stimme zu geben, indem sie ihnen „die sprachlichen spiele" (Interview) vermittelt. Sie bietet ihnen an, es ihr nachzumachen, die eigenen Gedankengänge durch Metaphern auszudrücken. Dabei versteht sie es als *eine* Aufgabe der Einrichtung, die Azubis zu ermutigen, die eigenen Wahrnehmungen in Worte zu fassen. Sie sollen befähigt werden, ihre Beobachtungen von Anderen und deren Stimmung zu benennen, um darüber sprechen zu können. Die Möglichkeit, sich auf diese Weise auszudrücken, sollen sie „auch für sich" nutzen: „warum gehts mir heute so? [...] warum regt mich des an der anderen so auf?" Sie versetzt sich in die Lage der Azubis und spricht mit deren Stimme: „aber wenn ich jetzt nicht diese Sprache nicht zu meinem Medium hab. [...] Genau die ähm sprachlichen Spiele machen ja dann leichter." Brigitte folgt demnach der Annahme, dass die Verwendung von Metaphern, die sie als „sprachliche Spiele" bezeichnet, es einfacher macht, eigene und andere Befindlichkeiten zu thematisieren.

7.1.5 „…gerade zum Herzeigen in der Familie um zu zeigen, was sie machen" – das Durchbrechen machtvoller Sichtweisen durch Sichtbarkeit

Das Anschauungsmaterial, das die Einrichtung veröffentlicht, umfasst diverse Artefakte, wie oben angeführt. Ihnen ist gemeinsam, dass sie einen personalisierten Eindruck der Einrichtung vermitteln. So lassen sich viele Fotos (vermeintlich) aus dem Alltag in der Einrichtung, (vermeintliche) Zitate von den Auszubildenden, Fotos ihrer Produkte, Fotos aus den Produktionsphasen, Berichte aus der Lebenswelt der Azubis, Ausschnitte aus deren Biografie usw. finden. Zudem gibt es die Gemeinsamkeit, dass alle Fotos, Gestaltungen und Designs den Anschein erwecken, auf professionelle Weise hergestellt worden zu sein. Aus Beobachtungen und Gesprächen wird klar, dass die Herstellung und Umsetzung meist mit professioneller Unterstützung geschehen: Die Modenschauen werden mit Choreografinnen einstudiert, die Fotos werden von einer Fotografin gemacht, die Gestaltung der Broschüren, der Postkarten, der Jahresdokumentationen übernehmen in den meisten Fällen Grafikerinnen. Diese Art der Umsetzung und Herangehensweise scheint das Ziel zu haben, die Arbeit, die Person und die Erfahrungen der Azubis wertzuschätzen. Auf diese Art wird ihnen vermittelt, dass es ihre Arbeit wert ist, von Professionellen in Szene gesetzt zu werden. Eine dritte Gemeinsamkeit all der Produkte ist, dass sie viele Metaphern aufweisen.

Die Darstellungsformen in professionalisierter Form und die Gespräche darüber lassen vermuten, dass v. a. die Einrichtungsleiterin einen Zusammenhang zwischen der Fremd- und der Selbstpositionierung der Azubis herstellt. Es scheint pädagogisches Ziel zu sein, die Selbstpositionierung durch positive Erfahrungen mit der Fremdpositionierung aufzuwerten. Gleichzeitig wird durch das „Herzeigen" der durch die Einrichtung vertretene Berufszweig, die Maßschneiderei, aufgewertet, der häufig als weiblich konnotierte und wenig wertgeschätzte Arbeit herabgesetzt wird. Dominante Diskurse werden dadurch aufgebrochen, dass eine Einrichtung der JBH, also der Sozialen Arbeit, hochwertige Produkte vorzuweisen hat, sie zudem auf eine professionelle Art und Weise in Szene setzt und darüber hinaus mit Partner_innen aus der Wirtschaft kooperiert, die hohes Ansehen genießen. Durch diese nicht immer widerspruchsfreien Brüche mit der hegemonialen Sichtweise auf eine Einrichtung der Sozialen Arbeit sowie deren Adressatinnen engagiert sich die Einrichtung für eine transformierende Sichtweise. Adressiert werden die Gesellschaft und das nahe Umfeld der Azubis selbst.

7.1.6 Hierarchisierungen in der Einrichtung und ihre Folgen

Die Besonderheit in der Einrichtung, dass Ausbilderinnen / Handwerksmeisterinnen sowie Pädagoginnen gleichberechtigt zusammenarbeiten und Ansprechpartnerinnen für die Auszubildenden sind, geht mit bestimmten Positionierungen und Hierarchien einher.

In der Art, miteinander zu sprechen und miteinander umzugehen, fällt auf, dass Hierarchien und unterschiedlich gelagerte Machtpositionen zwischen Mitarbeiterinnen und Azubis nicht so sehr aufrechterhalten werden, wie das in anderen Ausbildungsbetrieben der Fall ist. Hier ist es selbstverständlich, dass alle in der Einrichtung Verantwortung für die Aufgaben übernehmen, die alltäglich anstehen – seien sie noch so banal. Dazu gehört bspw. aufzuräumen, die Spülmaschine aus- und einzuräumen, Kaffee zu kochen, den Tisch zu decken, Stoffe zu ordnen und Ähnliches. So ist es auch selbstverständlich, dass die Meisterinnen und Ausbilderinnen Kaffee kochen. Corinna, eine Auszubildende setzt sich an den Tisch und schenkt mir ganz selbstverständlich einen Becher Kaffee ein. Ihr Verhalten erinnert dabei an eine Gastgeberin. Dass sich eine Azubi in ihrem Ausbildungsbetrieb oder eine Adressatin der JBH in ihrer Einrichtung einer fremden Person gegenüber mit dem von der Meisterin gekochten Kaffee als Gastgeberin positioniert, ist nicht üblich. Umgangsweisen wie diese können so ausgelegt werden, dass sie auf subversive Weise das klassische Gefüge von Hierarchien auflockern – wie hier zwischen einerseits Ausbilderin und Azubi und andererseits in Bezug auf das Zugehörigkeitsgefühl zur Einrichtung.

7.1.7 „Ich hätte gesagt, ich hätte gesagt, dass es schön ist, dass Du gut lernst." – Anerkennung und der Zusammenhang mit Situierung

Anerkennung und Wertschätzung sind ein großes Thema in der Einrichtung der JBH: Den Azubis zu ermöglichen, sich selbst positiv zu erfahren und zu erleben, scheint in der Einrichtung eines der größten Anliegen zu sein. Im Umgang der Mitarbeiterinnen – insbesondere der Leitung – mit den Azubis lässt sich beobachten, dass sie über Lob einen Perspektivenwechsel in ihrer Selbstwahrnehmung von sich selbst erreichen. Das geht mit der Gleichzeitigkeit von Anerkennung und Zuschreibung unter Rückgriff auf v. a. Kulturalisierungen einher. Der Blick auf die Folgen sozialer Ungleichheiten, vor dem Hintergrund von Machtverhältnissen, stellt sich in Bezug auf die Azubis als sehr differenziert dar, schließt deren Familien allerdings schon nicht mehr mit ein.

Auf die Frage, was ihr bei der Projektarbeit wichtig sei, antwortet Brigitte „Lob, fachliches und psycho-soziales." (Beobachtungsprotokoll) Das beschreibt ihre Herangehensweise als Leitungsperson, die ihre Prioritäten an ihre Mitarbeiterinnen weitergibt, indem sie sie transparent macht. Durch „psycho-soziales Lob" können Azubis Erfahrungen der Wertschätzung und Anerkennung machen. Es bezieht sich in dieser Art der Formulierung auf die Azubis selbst („psycho") und auf die Wahrnehmung in einem gesellschaftlichen Gefüge („soziales"). „Psycho-sozial" kann hier als Platzhalter für viele Assoziationen in diesem Kontext verstanden werden. Es handelt sich dabei um einen Fachbegriff, v. a. aus der Psychologie, der weitgehend offen für vage Definitionen ist. Daneben erwähnt Brigitte auch „fachliches" Lob und adressiert hierbei v. a. die als Meisterinnen angestellten Mitarbeiterinnen. Sie selbst kann als Sozialpädagogin diese Art des Lobes nicht authentisch leisten, da ihr die Fachkompetenz der Meisterinnen fehlt. Die Attribute „psycho-sozial" und „fachlich" können als die beiden Säulen der Einrichtung verstanden werden. Neben einer sozialpädagogischen Begleitung steht die Berufsausbildung, die nach drei Jahren mit der Gesellinnenprüfung zur Maßschneiderin abschließt. Auch hier wird der Zusammenhang der gesellschaftlichen Ebenen von Subjekt und Diskurs deutlich: Soziales Lob erscheint in dieser Verquickung nur durch eine transformierte Sichtweise hegemonialer Diskurse möglich zu sein.

Hervorzuheben ist in diesem Zusammenhang, dass die Möglichkeit, Lob auszusprechen, mit einer Machtungleichheit zusammenhängt: Die Person, die ein Lob aussprechen kann, hat die Position inne, etwas an der anderen Person(engruppe) oder die Person selbst als positiv oder negativ zu bewerten. Im vorgestellten Setting besteht eine Machthierarchie zwischen Azubis und Ausbilderinnen, die für „fachliches Lob" zuständig sind. Auch die Sozialpädagogin, die die Zuständigkeit für „psycho-soziales Lob" übernimmt, steht darin über den Azubis. Eine Hierarchie besteht zudem zwischen den Anwesenden als Vertreterinnen der Dominanzgesellschaft und den Azubis, *über* die gesprochen wird. Eine weitere, vielleicht weniger sichtbare Machtdemonstration zeigt sich zudem dann, wenn die Leitungsperson Brigitte die Führung der Gesprächssituation übernimmt.

Zwar sind diese Adressierungen keine *explizite* Art, Macht zu demonstrieren. Doch durch die Adressierung, die im konjunktiven Erfahrungsraum geschieht und sich in der Praxis der Einrichtung wiederholt, verweist die jeweilig beteiligten Personen immer wieder an ihren gesellschaftlichen Platz. In pädagogischen Zusammenhängen – wie auch in dominanzgesellschaftlichen, beruflichen sowie Ausbildungszusammenhängen – ist es im Verhältnis der adressierenden Person zur Adressat_in Sozialer Arbeit zudem schwierig, aus dieser Art von Machtasymmetrie herauszukommen.

Der Umgang mit Lob in der Einrichtung steht bisweilen im (starken) Kontrast zu dem in der Familie. In einem Interview lässt Brigitte eine Bewertungsmatrix anklingen, die die Einrichtung übernimmt. Dabei geht es darum, den Jugendlichen neben den alltäglichen Erfahrungen in der Familie eine alternative Wahrnehmung zu ermöglichen. Sie kritisiert klar das Verhalten der Familien gegenüber den Azubis – die Kritik wirkt homogenisierend. Diese alternative Lesart bietet sie ihnen an. Auf diese Weise sucht die Einrichtung auch hier einen Perspektivenwechsel herbeizuführen.

> B: nicht. das tolle essen, dass dann eine ehemalige aus afghanistan (.) zubereitet hat. nicht (.) ä:hm. (2) neue gewü:rze, kräute:r, oder schau die schö:nen, das schöne schaufenster, dass äh (.) die tochter gestaltet hat. (.) und wir hatten da (.) ein sehr schönes afrikanisches schaufenster mit denen gemAcht und auch mit rezEpten. und eben so diese sinnlichkeit und diese verschIedenheit. (2) also die freude daran, die leidenschaft dafÜr. bei den eltern zu reizen. (.) n schmarrn. (.) es ging. @nur@. ums. geld. (Interview)

Die Idee des anerkennenden Miteinanders und die Adressierungsstrategien von Brigitte scheinen aus ihrer Perspektive als Gegenpole zu sonstigen Erfahrungen der Azubis entstanden zu sein. In der hier zitierten Passage geht sie darauf ein, wie die Eltern sich auf dem ersten Elternabend verhalten haben, was sie folgendermaßen einleitet: „wissen sie was gezählt hat? (2) wieviel geld die [Azubis] kriegen" (Interview). Der hier zitierten Schilderung geht voraus, dass sie eine vielfältige kulturelle oder nationale Zusammensetzung der Azubis aufgrund der ihr so dargestellten kulturellen, geografischen und nationalen Herkunft aufzählt. Ihre Erzählung von der Enttäuschung über das Verhalten der Eltern scheint den Wunsch zu beinhalten, dass die Azubis andere Erfahrungen machen („war sehr ernüchtert.", Interview). In der Schilderung ihrer Art damit umzugehen („und darüber haben wir gestritten.", Interview) macht sie einen Gegenpol auf: Das schöne Schaufenster der Tochter *würde* sie bewundern, sie *würde* die Sinnlichkeit und die Verschiedenheit und die Freude an der Vielfalt und die Leidenschaft dafür wahrnehmen. Sie stellt sich selbst im Kontrast zu den Eltern dar, denen sie unterstellt, dass sie sich ausschließlich für das Geld interessieren. Es geht um „Geld", was in dieser Situation auch als eine Form von Anerkennung interpretiert werden kann. Das wollen die Eltern aus ihrer Sicht den Azubis nicht lassen. Sie setze sich in der Zusammenarbeit mit den jungen Frauen dafür ein, dass sie Anerkennung und Wertschätzung erfahren.

In Brigittes empowernder Strategie stecken allerdings Momente der machtvollen Zuschreibung aus ihrer, einer privilegierten Position als *weiße* Deutsche, als

Leitung der Einrichtung, als Sozialpädagogin: In ihrer Erzählung handelt es sich um ein „*wir* [...] mit denen" („und wir hatten da (.) ein sehr schönes afrikanisches schaufenster mit denen gemAcht", Interview), das das Schaufenster gestaltet hat. Durch die Gestaltung des Schaufensters sollen die Azubis Wertschätzung und Anerkennung erfahren. Allerdings haben nicht die Azubis das Schaufenster gestaltet, sondern die Mitarbeiterinnen („wir") mit den Azubis („mit denen"). In dieser Art des Erzählens wird deutlich, dass es nicht ausschließlich um die direkte Anerkennung der Azubis geht, sondern auch um die Anerkennung der Arbeit, die die Mitarbeiterinnen der Einrichtung leisten („und eben so diese sinnlichkeit und diese verschIedenheit. (2) also die freude daran, die leidenschaft dafÜr. bei den eltern zu reizen.", Interview). Die Eltern, die sich nach Brigittes Erzählung nur für das „Geld" interessieren, verkennen aus ihrer Sicht den Wert ihrer pädagogischen Leistung. Darin steckt nicht nur die Gestaltung des Schaufensters, sondern auch das, was Brigitte als Kenntnis der Lebenswelt und kultureller, geografischer und regionaler Zugehörigkeiten darstellt.

Diese Darstellung pädagogischer Professionalität geht mit machtvollen Zuschreibungen einher. Anerkennung und Wertschätzung, die die Azubis erfahren sollen, beziehen sich in der hier verhandelten Forderung Brigittes auf kulturalisierende und nationalisierte Besonderung. Sie exotisiert die Azubis und gleichzeitig deren Familien. Die Anerkennung und Wertschätzung, die sie den Azubis entgegenbringt, funktioniert über ethnisierende und kulturalisierende Zuschreibungen – aus ihrer privilegierten Position heraus. Die Azubis werden als rassialisierte Subjekte dargestellt, die Stellvertreterinnen für Kulturen sind.

Neben kulturalisierenden Zuschreibungen, die ausschließlich unter rassistischen Strukturen innerhalb der Gesellschaft möglich sind, stehen klassistische Zuschreibungen, was sich in Brigittes Klage darüber ausdrückt, den Eltern würde es ausschließlich ums „Geld" gehen. Im Rahmen dieser Erzählung werden Lebensumstände und Hintergründe nicht berücksichtigt oder reflektiert.

Die Gleichzeitigkeit von Empowerment und Zuschreibungen, von Thematisierung gesellschaftlicher Machtverhältnisse und Verklärung der Vielfalt als ausschließlich bereichernd, von Wertschätzung den Azubis gegenüber und Wertschätzung ihrer eigenen pädagogischen Arbeit – die ja letztendlich die Wertschätzung der Azubis ergänzt – zeigt sich in der folgenden Sequenz:

```
B:         des  heißt.  (.)  für  (4)  gU:te  (.)  AUFmerksamkeit.  für  unterschiede.
           (.)  und  der  freude  an  vielfalt.  braucht  es  tatsächlich  ressourcen.  also  (.)
           wenn  immer  alles  knapp  ist.  oder  es  gibt  ein  mangelbewusstsein.  (.)  ja?  (.)
           es reicht NIE und wir sowieso nicht und wir die schlechteste wohnung
I:                                                          ⌊mhm.
B:                            ⌊und  wir  sowieso  zu  wenig  ge:ld  und
           hartz  vier  is  eh  so  gemEIn.  und  so  weiter  und  so  weiter.  (.)  ist  das  einfach
           im  zentrum.  (.)  der  aufmerksamkeit.  und  des  braucht  ganz  ganz  viele  lange
           schritte  oder  (.)  oder  dieses  rauskommen  aus  dem  mAngelbewUSStsein.
           bis eine vielfalt in freude erlEbt werden kann, (5) (Interview)
```

Daraus geht hervor, dass Brigitte ein Bewusstsein für gewisse Widersprüchlichkeiten und Machtverhältnisse in gesellschaftlichen Konstellationen hat, für die deprivilegierte Positionierung der Familien der Azubis („wenn immer alles knapp ist") wie auch für ihr dadurch eingeschränktes Verhaltensrepertoire oder den eng gesteckten Möglichkeitsraum („°und des ganz ganz viele lange schritte°"). Doch bewertet sie das Verhalten der Eltern weiterhin negativ: Sie schreibt ihnen ein „Mangelbewusstsein" statt eines Mangels zu und ihr Ziel ist es, nicht mit Mangel umzugehen, sondern „dieses rauskommen aus dem mAngembewUSStsein". Außerdem ahmt sie in ihrer Darstellung deren Empfinden von Mangel nach:

„es reicht NIE und wir sowieso nicht und wir die schlechteste wohnung [...] und wir sowieso zu wenig ge:ld und hartz vier is eh so gemEIn. und so weiter und so weiter."

Diese von mir als Parodie wahrgenommene Sequenz zeigt auf, dass sie die Wahrnehmung der Eltern von ökonomischem Mangel vor dem Hintergrund der Nicht-Wertschätzung ihrer Töchter, der Azubis, in diesem Falle nicht ernst nimmt. Zwar erkennt sie die belastende und überfordernde Situation der Eltern und Familien an („braucht es tatsächlich ressourcen. also (.) wenn immer alles knapp ist."), doch versteht sie auch das als eine Frage der Perspektive oder des Reflexionsniveaus („oder es gibt ein mangelbewusstsein. (.) ja? (.) es reicht NIE [...] ist das einfach im zentrum. (.) der aufmerksamkeit."). Ihrer Auffassung nach können Einzelne für sich diese Punkte beeinflussen („und des braucht ganz ganz viele lange schritte°"). Indirekt fordert sie von den Eltern ein, ihr „Zentrum der Aufmerksamkeit" von einem „Mangelbewusstsein" dahin zu verlagern, wo „eine vielfalt in freude erlEbt werden kann". Das scheint sie als großes Ziel ihrer Arbeit zu sehen. Machtverhältnisse in der Vielfalt blendet sie in dieser Formulierung allerdings aus. Es handelt sich um eine euphemistische Beschreibung von sozialer Ungleichheit, Machtungleichheit sowie ihren Folgen. Diese Sichtweise kann sehr deutlich als eine privilegierte gedeutet werden. Trotz einer immer anerkennenden Haltung den Azubis gegenüber, die als Parteilichkeit beschrieben werden könnte, kommt Brigitte nicht aus Verhältnissen von Macht und Ungleichheit, ihrer eigenen hegemonialen Positionierung und dem damit verbundenen situierten Wissen heraus: Ihr situiertes Wissen bezieht sich auch auf ein situiertes Nicht-Wissen bezüglich der

Erfahrungen von Armut oder prekären Lebenssituationen. Diese Situierung ist höchst widersprüchlich in Bezug auf die Azubis einerseits und auf die Familien der Azubis andererseits.

7.1.8 Logik des Feldes

Mit Blick auf die forschungsleitende Fragestellung, inwiefern Professionelle in der Sozialen Arbeit mit Differenzkonstruktionen vor dem Hintergrund von Macht- und Ungleichheitsverhältnissen umgehen, lassen sich folgende fallbezogene Ergebnisse zusammenfassen. Dazu gehe ich kurz auf dominante Strategien der Einrichtung ein und darauf, dass sie implizit und explizit Teil der Differenzreproduktion, aber auch -transformation sind.

In der Praxis der Einrichtung lässt sich beobachten, dass immer wieder dominante Differenzmarker thematisiert werden: *Geschlecht*, da sich die Einrichtung ausschließlich an „junge Frauen" (im Titel des Vereinsnamens) wendet. Diese Differenzmarkierung findet weniger in der konkreten Thematisierung und Auseinandersetzung statt, sondern in Verweisen in schriftlichen Materialien, in der Benennung und Anerkennung der jungen Frauen als „Mädchen" sowie in impliziten Adressierungen. Dabei verbleiben die Adressierung und Thematisierung immer innerhalb einer heteronormativen Matrix. Ferner wird immer wieder *kulturelle, nationale und religiöse Herkunft* benannt. Die Benennung von *Herkunft* geschieht auf sehr unterschiedliche Weise. Es wird z. B. auf nationalstaatliche Zugehörigkeiten, auf kulturelle Praxen, auf Sprache, auf Migration selbst sowie ihre Folgen und auf religiöse Zugehörigkeiten verwiesen. Unterschiede werden dabei als selbstverständlich vorausgesetzt. Rassismus findet keine explizite Thematisierung. Differenziert wird häufig durch *Klasse* und *soziale Herkunft*: sei es in Gesprächen zu Wohnsituationen, zur Antragstellung auf Transferleistungen oder zur Einwerbung von zusätzlichen Finanzen, mit denen die Einrichtung Dinge finanziert, die den Azubis zugutekommen. In Bezug darauf wird auch über *psychische Gesundheit* gesprochen: Allen Azubis wird der Platz bei einer Therapeutin angeboten – thematisiert wird das allerdings nur am Rande und in Einzelgesprächen.

Der Fokus der Einrichtung liegt auf Transformation und Perspektivenwechsel. Dominante Sichtweisen auf die Azubis, die gleichzeitig Adressatinnen der JBH sind, will die Einrichtung verändern. Dazu nimmt sie eine Einteilung in ein *Innen* und ein *Außen* vor. Ziel scheint es zu sein, das *Innen* auch ins *Außen* zu bewegen: Die Azubis sollen zum einen dazu befähigt werden, die transformierte Sichtweise auf sich selbst einzunehmen und für ihr Leben „draußen" zu nutzen. Zum anderen soll auch das *Außen* Einblicke in diese transformierte Sichtweise erhalten, um sie übernehmen zu können. Der Raum, die Folgen sowie Faktoren der sozialen Ungleichheit und Machtverhältnisse als mit der Subjektpositionierung der

Azubis verwoben zu sehen, ist dabei knapp bemessen. Machtstrukturen, dominanzkulturelle Vorstellungen sowie Deprivilegierung werden nicht thematisiert. Rassismus, (Hetero-)Sexismus, Ableismus, Bodyismus sowie Klassismus bleiben unerwähnt – werden aber bearbeitet. Es wirkt, als würden die Mitarbeiterinnen auf die Thematisierung des Ist-Zustands zugunsten der Thematisierung des Soll-Zustands verzichten.

Die Sichtweise auf die jungen Frauen zu transformieren und sich so einer dominanzkulturellen Lesart der Subjekte entgegenzustellen, geschieht nicht allein auf der Praxisebene. Strukturell besteht die Besonderheit der Einrichtung darin, dass junge Frauen hier nicht nur auf die Arbeitswelt vorbereitet werden oder eine Berufsausbildung absolvieren können. Vielmehr ist die Ausbildung selbst Teil eines Veränderungsbestrebens der Einrichtung: Die jungen Frauen können im Kontext von Sozialer Arbeit umgehen, soziale Ungleichheit durch Zuschreibung zu reproduzieren, und sich – wie ich es in der Darstellung der Ergebnisse auch getan habe – als Auszubildende bezeichnen und positionieren. Dass sie Adressatinnen Sozialer Arbeit sind, kann somit unsichtbar gemacht werden und deprivilegierende Zuschreibungen bleiben ihnen erspart. Sie erfahren dahingehend keine Besonderung, sondern können sich unter dem Label der Normalität als „Auszubildende" subjektivieren. Auch diese Strategie wird so nicht benannt, sondern bleibt im Verborgenen – mir hat sich nicht erschlossen, wem sie bewusst oder zugänglich ist.

Auch in Bezug auf Diskurse und Praxis setzt die Einrichtung auf die Transformation von Zuschreibungen, die mit Deprivilegierung einhergehen. Ihr Motto „Probleme sind verkleidete Möglichkeiten" vermittelt klar ihre Strategie: Negative Zuschreibungen werden aufgegriffen und innerhalb der Einrichtung mithilfe einer alternativen Bedeutung oder Bewertung umgelenkt. Häufig bleiben allerdings die Bedeutungen gleich, nur die Bewertungen verändern sich: Kulturalisierungen und ihre Bedeutung im Othering werden zwar aufrechterhalten, erhalten aber eine positive Bewertung. So wird die (zugeschriebene) Andersheit sowohl im Innen als auch nach außen zelebriert. So wird bspw. das Granatapfelschälen als besondere Kunst dargestellt, die nur wenige Personen beherrschen. Adressierte Personen werden wiederum kulturalisiert. Das setzt eine rassistische Gesellschaftsordnung voraus. Doch braucht eine rassistische Gesellschaftsordnung auch Diskurse und Subjekte, die auf sie zurückgreifen. Mit dieser Aussage will ich auf die Verwobenheiten der unterschiedlichen gesellschaftlichen Ebenen aufmerksam machen. Die Umgangsweise zeigt sich also in ihrer Ambivalenz in der Gleichzeitigkeit von Affirmation und Transformation.

Da die Umkehrungen und „sprachlichen Spiele", die Verwendung von Metaphern in der Einrichtung so selbstverständlich erfolgen und sich durch ihre Performativität stets wiederholen, erscheinen sie auch neuen Azubis/Mitarbeiterinnen/Forscherinnen als selbstverständlich: Alle habitualisieren diese Praxis – ein reflexiver Zugang zu dieser Praxis ist somit erschwert. Es ist möglich, dass die

Leitung diese Praxis mit dem Gedanken eingeführt hat, den jungen Frauen, die in den meisten Fällen von Deprivilegierung auf unterschiedlichen Ebenen stark betroffen sind, einen Raum zu geben. Dieser birgt neben einer von Parteilichkeit geprägten Adressierung und Umgangsweise mit den Azubis die Chance, sich *nicht* mit Aspekten zu beschäftigen, die als negativ erachtet werden. Dieser Raum könnte dementsprechend als Schutzraum bezeichnet werden wie auch als Funktion der Dethematisierung von sozialer Ungleichheit.

Trotz des zuschreibenden Charakters der Herstellung eines Perspektivenwechsels, der innerhalb des dominant verwendeten Bewertungsschemas mit seinen Ungleichheits- und Machtimplikationen verbleibt, bewirkt diese Praxis das Empowerment der Azubis. Das ist v. a. an dem Verhalten der Azubis abzulesen, das je nach Lehrjahr, also je nach Dauer der Anwesenheit in der Einrichtung, unterschiedlich weit entwickelt ist. So wirkt es, als hätten die Azubis aus den höheren Lehrjahren einen erweiterten Handlungsspielraum entwickelt, mit Erfahrungen und Erlebnissen von Deprivilegierung umzugehen. Es handelt sich demnach um eine Gleichzeitigkeit von Zuschreibung sowie Anerkennung als junge deprivilegierte Frauen und einer empowernden sozialpädagogischen Praxis.

Das Vorgehen der Mitarbeiterinnen der Einrichtung ist dabei so ausgelegt, dass es sich an dominanzkulturellen Ausgangspunkten orientiert, die sie nicht offensiv infrage stellen. Das Knödelkochbuch bietet zwar eine Lesart zu Knödeln an, die eine alternative zur rein dominanzkulturelle ist, allerdings bricht es auch nicht komplett mit diesen machtvollen Diskursen. Es rüttelt nicht an den Macht- und Ungleichheitsverhältnissen. Ähnlich verhalten sich auch die Mitarbeiterinnen gegenüber Vertreterinnen eines renommierten Autoherstellers und einer renommierten Modefirma, mit denen die Einrichtung kooperiert: Sie thematisieren erst in der Nachbereitung der Besprechung, wie sie den Auftritt bei der öffentlichen Charity-Veranstaltung *nicht* gestalten wollen – nicht im Gespräch mit den Vertreterinnen. Die Darstellung der Einrichtung nach außen und auch für die Azubis nach innen fordert die gesellschaftlichen Machtverhältnisse nicht heraus und fordert auch nicht explizit einen *extremen* Perspektivenwechsel. Der Weg der Einrichtung kann als eine vereinnahmende Strategie verstanden werden. Durch einen charmanten Auftritt, der in den Grundannahmen einer dominanzkulturellen Sichtweise entspricht, hat die Einrichtung viele Organisationen auf ihrer Seite. Die Strategie der Einrichtung könnte mit dem Anliegen umschrieben werden, einen Perspektivenwechsel und eine alternative Lesart zu entwickeln, zu versuchen, eine angepasste evolutionäre anstelle einer radikalen revolutionären Herangehensweise umzusetzen. Anders als Empowerment in sozialen Bewegungen, die die Strukturen explizit angingen (Herriger 2014, S. 21 ff.), ist hier die Vorgehensweise eher eine sanfte – was eine Transformation von Strukturen und Diskursen letztendlich nicht ausschließt.

Insbesondere die Leitung der Einrichtung, allerdings auch die anderen Mitarbeiterinnen der Einrichtung, haben ein gutes Gespür für die Wahrnehmung von Diskriminierungserfahrungen der Auszubildenden. Häufig sind diese Erfahrungen der jungen Frauen Thema in den Gesprächen und es wird darüber beratschlagt, wie damit umzugehen ist. Allerdings bleibt die Thematisierung der Differenz und der Verhältnisse von Macht meist implizit. Hier zeigt sich das Spannungsfeld der pädagogischen Praxis: In der Sozialpädagogik tätige Personen haben sehr wohl ein Bewusstsein oder ein Gefühl zu Erfahrungen von Diskriminierung und Stigmatisierung. Allerdings haben sie in der Kommunikation mit den Adressatinnen nicht immer sprachlich einen reflexiven Zugang zu diesen. Das bedeutet jedoch nicht, dass sie nicht damit umzugehen wissen. Der Rahmen, den *Die Figurine* als Einrichtung bereitstellt, ermöglicht den Mitarbeiterinnen eine inklusive, nicht defizitorientierte sowie subjektorientierte Umgangsweise mit den Auszubildenden. Dabei bleiben Differenzkonstruktionen wie Geschlecht und kulturelle Zugehörigkeit häufig zentrale Anknüpfungspunkte der Arbeit in der Einrichtung.

7.2 „Ob man hier Bewerbung schreiben könne ..." – *die Berufsvorbereitende Bildungsmaßnahme*

Das Konzept der BVB ist ein typisches Beispiel für die JBH. Entsprechende Einrichtungen bewerben sich bei den jeweils zuständigen Behörden um sogenannte Lose und erhalten nach Kosten-Nutzen-Verhältnis den Zuschlag für bestimmte Projekte. Die meisten bieten – aufgrund ihrer Orientierung an einer marktwirtschaftlichen Logik – mehrere Konzepte an, die Jugendliche in unterschiedlichen Lebenssituationen dabei unterstützen sollen, in den Arbeitsmarkt vermittelt zu werden. Auch die beforschte Einrichtung und Maßnahme sind rechtlich dem §13 SGB VIII (Kinder- und Jugendhilfe), dem SGB II (Grundsicherung für Arbeitsuchende) sowie dem SGB III (Arbeitsförderung) zugeordnet und stehen damit in einem rechtlichen Konkurrenzverhältnis. Die Leistungskonkurrenz und die Nachrangigkeitsregelung, die verantwortet, dass BVBs nicht mehr dem KJHG verantwortet sind, bildet auch die gesellschaftliche Entwicklung und die Orientierung am aktivierenden Sozialstaat ab.

Die Einrichtung, in der sich die beforschte Maßnahme befindet, liegt im ländlichen Raum, in der Nähe einer größeren Stadt. Zu ihr kommen die meisten Jugendlichen mit dem Zug aus umliegenden, teilweise auch weiter entfernten Orten. Sie beherbergt neben der BVB, aus der die Daten stammen, einige weitere Maßnahmen, die von der Bundesagentur für Arbeit finanziert werden. Dazu zählen bspw. Ausbildungsbegleitende Hilfen (AbH) sowie Berufseinstiegsbegleitung (BerEb). Sie erfolgen in derselben strukturellen Form, die für solche

Maßnahmen in Deutschland üblich ist. Andere Angebote sind bundeslandspezifisch. Das Angebot der BVB hat bundesweit überall denselben Aufbau, dieselbe Dauer und Professionelle übernehmen dieselben Rollen: als Bildungsbegleiter_in und als Sozialpädagog_in. Sie arbeiten jeweils in einem Team zusammen. Beide sind Ansprechpersonen der Jugendlichen. Zudem gibt es Gewerke, die die Berufsrichtungen abdecken, dort sind Praktiker_innen mit der Qualifikation Meisterbrief oder Ausbildereignungsprüfung für die fachliche Ausbildung zuständig. In manchen BVBs sind zudem Lehrkräfte eingestellt, die neben den Bildungsbegleiter_innen und den Sozialpädagog_innen theoretischen Unterricht in Schulfächern übernehmen.

Entsprechend der Systematisierung von Andreas Walther und Barbara Stauber lässt sich das Programm der BVB der Kategorie „Berufsvorbereitung" (dies. 2015, 1814) zuordnen.

Der Zeitumfang der Maßnahme liegt bei zehn Monaten mit 39 Stunden pro Woche. In dieser Zeit besuchen die jungen Erwachsenen, die einen Schulabschluss mitbringen müssen, allgemeinbildenden Unterricht wie Mathe und Deutsch, Bewerbungstraining sowie die Fächer Allgemeinbildung und Sozialkompetenz. Zudem entscheiden sich die jungen Erwachsenen zu Beginn für ein Gewerk und damit für eine bestimmte Berufsorientierung. Angeboten werden u. a. Metall, Holz, Lager/Handel sowie Hauswirtschaft. Dieser Teil umfasst sowohl praktische als auch theoretische Komponenten. Nach Angaben der Einrichtung orientiert sich das Angebot an dem Inhalt des ersten Lehrjahres einer Ausbildung. Außerdem wird den jungen Erwachsenen regelmäßig Zeit eingeräumt, sich um Praktika zu bewerben. Ziel ist es, dass sie über Praktikumsstellen an einen Ausbildungsplatz gelangen.

Der Aufbau des Tagesablaufs erweckt den Eindruck, dass sich die Angebote grob aus zwei Bausteinen zusammensetzen. Zum einen wird Unterricht in den Fächern Deutsch, Mathe sowie Sozialkompetenz angeboten. Zum anderen gibt es die Einheiten „Bewerbungstraining" und „Praktikumssuche" (PS). Die Bereiche unterscheiden sich insofern, dass der erste in einem klassischen frontalen Unterrichtssetting stattfindet, wohingegen der zweite Bereich an selbstgesteuertes Lernen oder an ein offenes Angebot erinnert.

Die Mitarbeiter_innen sind in diesen Situationen zwar anwesend und auch ansprechbar, haben jedoch kein Programm oder Ähnliches geplant. Von den Teilnehmer_innen der Maßnahme (TN) wird erwartet, verantwortungsvoll mit dieser Zeit umzugehen. Die jungen Erwachsenen scheinen zu wissen, was ihre Aufgabe in dieser Zeit ist. Sie werden nicht dahingehend kontrolliert, ob sie der Praktikumssuche nachgehen. Diese Zeit erlebe ich als Beobachterin immer als sehr entspannt, allerdings einige Male auch so, dass die Jugendlichen sich langweilen. In diesen Fällen bekommen sie von Mitarbeiter_innen immer wieder Anstöße, was sie tun könnten, um sich dem Arbeitsmarkt anzubieten.

Die jungen Erwachsenen haben Zeit, sich am PC über alles zu informieren, was ihre Ausbildung betrifft. So unterhalten sich an einem Tag zwei junge Frauen über unterschiedliche Schulen, die sie eventuell besuchen wollen und deren Internetseiten sie aufgerufen haben. Sie stellen der Sozialpädagogin Eva dazu eine Frage, beschließen dann zu gehen, besprechen aber vorher noch, was sie am Nachmittag tun werden. Gespräche in Bezug auf den weiteren (Aus-)Bildungsweg und die Recherche dazu im Internet sind während der Zeit legitim, die als „PS" bezeichnet wird. Außerdem entscheiden die TN selbst, wie sie weiter vorgehen und welche Schritte dafür notwendig sind, solange sie nicht auf Unterstützung der Pädagog_innen angewiesen sind. Die Sozialpädagoginnen und Bildungsbegleiter lassen diese freien und selbstgesteuerten Entscheidungen zu. Das liegt einerseits sicherlich daran, dass sie den jungen Erwachsenen zutrauen, Verantwortung zu übernehmen. Andererseits liegt es auch daran, dass die offizielle Zeitvorgabe von 39 Wochenstunden für eine BVB aus Sicht der Mitarbeitenden sehr großzügig bemessen ist und es ihnen nicht immer sinnvoll erscheint, dass die Jugendlichen diese Zeit vollständig dafür aufwenden.

Die Mitarbeitenden besprechen den jeweiligen Stand der Jugendlichen in Bezug auf Ausbildungssuche und ihren weiteren beruflichen Weg nicht nur während der Teamsitzung, sondern auch immer wieder zwischendurch. Die Mitarbeitenden führen einen Klassenbuchordner, in den sie regelmäßig hineinsehen. Das verrät, dass sie einen transparenten Überblick darüber haben, was die TN in der Zeit, in der sie in der Einrichtung sind, tatsächlich tun, um sich in den Arbeitsmarkt zu integrieren. Dass genau Buch geführt wird, könnte damit zusammenhängen, dass die Mitarbeiter_innen über die einzelnen TN Berichte anfertigen müssen, die auch für die Arbeitsagentur einsehbar sind. Umgekehrt werden sie von der Arbeitsagentur darauf kontrolliert, ob sie diese schreiben. Hierüber wird der Erfolg oder Misserfolg der jungen Erwachsenen geprüft. Erfolge werden als Bemühungen und Maßnahmen verstanden, die mit der Vermittlung der Jugendlichen in weiterführende Schulen oder in einen Ausbildungsplatz enden. Misserfolg ist alles andere. Berücksichtigt wird aus der Perspektive der Arbeitsagentur dabei nicht, in welcher Verfassung die Jugendlichen außerhalb der Arbeitsmarktorientierung lebensweltlich, psychisch und sozial sind.

An der Praxis der Mitarbeiter_innen der Einrichtung wird immer wieder deutlich, dass sie sich in Spannungsfeldern bewegen. Auf der einen Seite entsprechen sie der Logik der Einrichtung, die durch Strukturen und Diskurse aufrechterhalten wird. Auf der anderen brechen sie aus dieser Logik immer wieder aus. Die Praxis der Professionellen steht in Wechselwirkung mit dem eigenwilligen Handeln der Adressat_innen. Durch die enge Zieldefinition dieses Programms und dem nicht planbaren Verhalten der Adressat_innen wird das Handeln der Professionellen zu einem Handeln in Verunsicherung. Die einzelnen Mitarbeiter_innen haben unterschiedliche Arten entwickelt, wie sie damit umgehen.

In der Analyse habe ich für diese Einrichtung unterschiedliche Spannungsfelder herausgearbeitet, mit denen sich jeweils Mitarbeitende in einzelnen, aber in ihrer Art wiederkehrenden Situationen konfrontiert sehen. Im Vordergrund steht dabei immer die Ambivalenz in der Handhabung struktureller Vorgaben, die im Kontrast zu eigenen pädagogischen Überzeugungen stehen. Diese führen zu offenen und eher verdeckten Konflikten. Im Folgenden stelle ich die Umgangsweisen der Professionellen in diesen von Spannung geprägten Situationen und ihre Auswirkungen dar.

7.2.1 Handlungsmöglichkeiten der Professionellen und strukturelle Vorgaben[50]

Um zu veranschaulichen, wie die Handlungsmacht der Mitarbeiter_innen innerhalb der Maßnahme der BVB mit Strukturen, Subjektpositionierungen und Situationen zusammenhängt, stelle ich zwei Situationen vor. In der ersten Situation werden die strukturell vorgegebenen Grenzen in der Praxis reproduziert und bestätigt. In der zweiten werden Grenzen performativ transformiert. Gemeinsam mit den TN wird daraufhin ein Raum geschaffen, der von Vertrauen geprägt ist.

In der folgenden Szene versucht eine junge Frau, die Adressat_in sein *könnte*, die institutionelle Grenze zur Einrichtung zu überschreiten, was ihr allerdings nicht gelingt. Daran wird deutlich, *wie* Zugänge zur JBH reguliert sind und welche Konsequenzen das für potenzielle Adressat_innen haben kann. Die Situation verdeutlicht zudem, *wie* Professionelle in diesem Feld strukturelle Vorgaben für selbstverständlich halten und sie in ihrem Handeln bestätigen. Professionelle sozialpädagogische Überzeugungen rücken zu strukturellen Vorgaben unterdessen in ein konfliktreiches Spannungsverhältnis.

Für die Maßnahmen BVB müssen die Jugendlichen oder jungen Erwachsenen von der Arbeitsagentur angemeldet werden. Das Gespräch zwischen der Sozialpädagogin und Angestellten Eva Kater und der jungen Frau findet im Türrahmen zum Flur statt, wobei die Sozialpädagogin im Raum der JBH und die junge Frau im Flur steht. Der Flur ist wenig einladend, dunkel, eine verschlossene Tür reiht sich an die nächste. Die junge Frau fragt durch einen Türspalt, den die Sozialpädagogin aufhält, „ob man hier Bewerbung schreiben könne" (Beobachtungsprotokoll). Mit der Frage signalisiert sie, dass sie Unterstützung beim Bewältigen eines Übergangs braucht. Sie wird jedoch aufgrund institutioneller Grenzziehungsprozesse zurückgewiesen, was diese strukturelle Grenze in der Praxis festigt. Zwar

---

50 Ein Teil der Analyse in diesem Kapitel entspricht inhaltlich dem Artikel von Paula Bock und mir „Methodologische Überlegungen zur Denkfigur ‚Soziale Arbeit als Grenzbearbeitung' – Eine intersektional informierte Grenzbearbeitung als Reflexions- und Analyseinstrument im Kontext von Jugendberufshilfe" (2018).

kann die junge Erwachsene „kompetent ihre Übergänge und deren Problematiken beschreiben" (Stauber/Truschkat 2013, 226) und beweist sich auf diese Weise als kompetentes Subjekt. In ihrer Interaktion mit der Sozialpädagogin Eva wird ihr dennoch der Zugang verwehrt. Als Referenz gibt sie die Empfehlung ihrer Mutter an, woraus zu schließen ist, dass die Mutter sich selbst als nicht kompetent einschätzt, sie beim Schreiben der Bewerbungen zu unterstützen. Gleichzeitig zeichnet sich eine gesellschaftliche Positionierung zu Bildungsaspiration des familiären Kontextes ab. Und doch weist die Sozialpädagogin sie darauf hin, dass der Zugang zu diesem Angebot nicht in der Interaktion zwischen ihnen beiden reguliert wird, sondern dass sie „vom Arbeitsamt hätte geschickt werden müssen" (Beobachtungsprotokoll). Diese Formulierung entbindet die junge Erwachsene von jeglicher Handlungsfähigkeit und weist auf eine Objektivierung oder Ent-Subjektivierung hin: Sie muss geschickt werden. Das bedeutet, dass sie sich zuerst mit dieser Voraussetzung einverstanden erklären muss, bevor sie bei der Bewältigung des Übergangs Unterstützung erwarten darf.

Die Sozialpädagogin befindet sich in der Position der Gatekeeperin. Damit hat sie die Aufgabe „die Individuen durch diesen Übergang zu geleiten und gleichzeitig sicher zu stellen, dass sie dort landen, wo sie entsprechend der gesellschaftlichen Arbeitsteilung nach Alter, Geschlecht, Zugehörigkeit oder Bildung auch landen sollen" (Walther 2013, S. 20). Allerdings muss die Fachkraft erst den Auftrag erhalten, der in einer BVB ausschließlich von einer staatlich regulierten Institution ausgehen kann – nicht von den Subjekten selbst. Es kann keine Anerkennung bezüglich ihres Alters, ihres Geschlechts, ihrer Zugehörigkeit oder ihrer Bildung erfolgen – ihnen wird der Subjektstatus abgesprochen. Aus einer intersektionalen Perspektive werden hier „die sozialen Positionierungen von Individuen in der Gesellschaft" (Riegel 2013, S. 1080) deutlich, die von „interdependenten Herrschaftsverhältnissen [geprägt sind], wie sie strukturell auf der Ebene der gesellschaftlichen Bedingungen und der sozialen Repräsentationen und Bedeutungen wirksam sind" (ebd.). Strukturell ist der Ablauf des Vorgangs streng geregelt. Nun stehen sich hier zwei Personen gegenüber, die *theoretisch* miteinander arbeiten könnten (und das eventuell in Zukunft auch tun werden), ohne einen Auftrag vom „Arbeitsamt". Durch die jeweilige Positionierung der beiden scheint klar, dass sie diese Entscheidungen selbst nicht treffen können – allerdings mit unterschiedlichen Folgen. Auch vor dem Hintergrund des institutionellen Machtverhältnisses zwischen den beiden Personen dürfte diese Situation für die junge Frau weitreichendere Folgen haben als für die Sozialpädagogin. Die mit den institutionalisierten Vorgaben einhergehenden Herrschaftsverhältnisse werden in der konkreten Situation der Interaktion nicht thematisiert. Die Sozialpädagogin scheint eine Grenze ernst und wahrzunehmen und den Grenzziehungsprozess weiterhin umzusetzen.

Demnach hat Eva einen reflexiven Zugang zu den Grenzziehungsprozessen der Einrichtung. Allerdings sieht sie für sich keine Handlungsmöglichkeiten mehr und zieht sich auf eine dominante Einschätzung der Zugangsmöglichkeiten zurück. Darin äußert sich eine fehlende „institutionelle Reflexivität" (Walther 2013, S. 29): Die Ordnung, die ihr geboten wird, hat sie internalisiert und handelt dementsprechend. Indem die anfragende Frau darauf hinweist, den vorgegebenen Weg nicht gehen zu wollen, verdeutlicht sie ihren Widerstand dagegen, als Adressatin der Sozialen Arbeit anerkannt zu werden. Ihre Selbsteinschätzung entspricht nicht der Ansprache, die sie erfährt. Dass sie die Regeln, also die Ordnung der Einrichtung, nicht akzeptiert, bedeutet für sie, die Grenze in die Einrichtung, also in das System der JBH, nicht überschreiten zu können. Gleichzeitig verteidigt Eva, die sich generell dafür einsetzt, Grenzen zu lockern, diese. Diese Grenze jedoch zwischen sich als Professioneller und der jungen Frau als Adressatin der Sozialen Arbeit, zwischen einer bereits Berufstätigen und einer (noch) nicht Berufstätigen, zwischen einer bildungserfolgreichen und einer (noch) nicht bildungserfolgreichen Person erhält sie aufrecht.

Im Kontrast zu dieser Situation, in der die Sozialpädagogin entlang institutionalisierter Grenzen handelt, steht folgende: Der Bildungsbegleiter Martin verfügt über das Wissen, wie er seinen Handlungsrahmen innerhalb der mit Sanktionierung verbundenen Strukturen für den Umgang mit den TN erweitern kann. Erscheint in der ersten Situation ein Überschreiten der institutionell vorgegebenen Grenzen nicht möglich, werden in der folgenden Sequenz „die Risse und Löcher" (Tuider 2015, S. 176 f.) genutzt, die das Übergangssystem aufweist.

Der Bildungsbegleiter Martin und ich sind zu zweit in dem Büro, das er sich mit Eva teilt. Dort schreibe ich an einem kleinen Besprechungstisch Protokolle, er sitzt an seinem Schreibtisch. Wir unterhalten uns zwischendurch.

> Es klopft sehr laut an der Tür. Martin reagiert nicht. Erst nach ein paar Sekunden sagt er „ja." Und grinst dabei, ich schaue ihn an und lächle. Es ist Gezime, eine TN, die fragt, ob Martin kurz Zeit habe, sie kommt nicht ganz rein, sondern steht an den Türrahmen innen gelehnt und hat auch die Tür nicht ganz geöffnet. Martin reagiert nicht. Sie sagt, es sei nur eine Frage. Zu mir gewandt, sagt sie freundlich und entschuldigend, dass es wirklich nur kurz gehe. Ich nicke. Martin sagt „ja?". Sie sagt, sie fahre jetzt mit den Mädels nach [nächste Stadt], habe aber keine Monatskarte, ob sie seine haben könne. Er sagt, er habe seine verloren. Sie glaubt ihm nicht, er sagt, dass er sie wirklich verloren habe, das muss er ein paar Mal sagen, bis sie ihm glaubt, sie weist ihn darauf hin, dass man auf so was besser aufpassen müsse. Er sagt ja, er habe jetzt nur eine Stempelkarte. Sie sagt, dass sie Can, ein anderer TN, fragen würde, er sagt, „oder Shirin." Shirin ist Sozialpädagogin in der Einrichtung. Sie verschwindet aus der Tür und geht. (Beobachtungsprotokoll)

Als sie weg ist, frage ich Martin, wieso sie keine Regiokarte habe, sie würden doch eine bekommen. Die Maßnahme sieht vor, dass die TN den Betrag für eine Monatskarte erstattet bekommen. Er erklärt mir, dass Gezime zwar das Geld bekäme, sich das aber spare, sie habe gerade ein Praktikum bei Obi gemacht, da habe sie Glück. Ich frage, ob das bei ihr in der Nähe sei, er nickt. Er wiederholt, dass sie das Geld bekomme, es sich aber spare. Ich nicke. Er ergänzt, dass „bei ihr eh der Papa das Geld" bekäme.

Wie die erste Situation spielt sich auch diese im Türrahmen ab. Die pädagogischen Professionellen befinden sich jeweils *im* Raum, die jungen Erwachsenen in dem *Zwischenraum* des Türrahmens. Diese räumliche Positionierung in Kombination mit dem kurzen Warten nach dem Klopfen sowie in Verbindung mit dem Grinsen vor der Erlaubnis die Tür zu öffnen, deutet auf eine Machtförmigkeit innerhalb der Beziehung der beiden hin.

Die routiniert wirkende Interaktion zwischen den beiden lässt vermuten, dass es sich dabei um eine Praxis in der Einrichtung handelt, die alle als selbstverständlich wahrnehmen. Der Bildungsbegleiter fragt nicht nach, was sie in der Stadt machen, sondern scheint das zu wissen: Eine Gruppe von TN hat sich vormittags dazu entschieden, sich unterschiedliche weiterqualifizierende Schulen anzusehen. Strukturelle Vorgaben zu umgehen, um die Grenze zwischen der Maßnahme und einer weiterqualifizierenden Schule zu überschreiten, ist in diesem Fall eine von allen anerkannte Praxis. Martin weiß, dass Gezime das Geld für die Fahrkarte nicht in eine Fahrkarte investiert.

Der Hintergrund dieser Interaktion ist, dass die TN Geld für eine Monatskarte überwiesen bekommen, die in ihrer Berufsausbildungsbeihilfe (BAB) einberechnet wird. Die Arbeitsagentur kontrolliert allerdings nicht streng, wofür die TN das Geld verwenden. Als der Bildungsbegleiter sich erklärend an die Forscherin wendet, ergänzt er, dass im Fall der spezifischen TN „eh der Papa das Geld bekäme". Er verfügt demnach über weiteres Kontextwissen zur Lebenssituation der TN. Er zeigt sich hier sensibel für das familiäre Beziehungsgefüge, in dem die TN gegenüber ihrem Vater benachteiligt ist, da sie nicht selbst über ihr Geld entscheiden darf. Zudem zeigt er eine Sensibilität gegenüber der sozialen Lage der TN. In der Situation problematisiert er das Vorgehen in keiner Weise.

In der Position des Bildungsbegleiters und als Leitung der Maßnahme, die Teil des Übergangssystems ist, wäre es sicherlich seine Aufgabe, die junge Erwachsene darauf hinzuweisen, dass sie das Geld zurückerstatten müsse. Es handelt sich demnach um eine Praxis des (Ver-)Schweigens, in der eine alltägliche Handlung, das Verleihen von etwas, als normal und selbstverständlich verstanden wird und *nicht* von strukturellen Vorgaben in Verbindungen mit Sanktionierungen kriminalisiert wird.

Die Gemeinsamkeit der ersten und der zweiten Situationen ist, dass es jeweils um Grenzen und damit verbunden um den Zugang zum Übergangssystem überhaupt sowie um das Überschreiten von Grenzen innerhalb des Übergangssystems geht. Die jeweiligen Umgangsweisen der beiden pädagogisch professionell Arbeitenden sind stark von deren Kontext abhängig.

Die vorangegangene Analyse verdeutlicht, dass das Gefühl von Sicherheit der pädagogisch Professionellen für die Wahrnehmung von Handlungsmöglichkeiten eine Rolle spielt, wenn es um Situationen geht, die sie als widersprüchlich erleben. In beiden Situationen widersprechen die strukturellen Vorgaben ihren eigenen professionellen Überzeugungen im Umgang mit Personen, die als benachteiligt positioniert sind. Handlungsfähigkeit leiten sie aus der Praxis ab, d. h. aus der Routine der aufkommenden Handlungssituationen, und aus dem Gefühl der Sicherheit. Diese wird ihnen dadurch vermittelt, dass das Team oder andere Kolleg_innen ihrem Handeln zustimmen. Dass Eva von Kolleg_innen aus einer anderen Einrichtung auf ihre Nachfrage zum Thema Bewerbungsunterstützung eine Absage erhält, hat den Effekt, dass sie sich darin bestätigt fühlt, die institutionellen Strukturen hochzuhalten. Dagegen bestärkt Martin die Sicherheit durch Zustimmung, sein Handeln der Forscherin gegenüber selbstbewusst als richtig darzustellen.

Außerdem spielt auch die Positionierung innerhalb der Einrichtung eine Rolle für die Wahrnehmung von Handlungsfähigkeit und dafür, die Folgen des Handelns für die Adressat_innen zu thematisieren. Die Sozialpädagogin Eva ist sowohl Berufsanfängerin als auch die neueste Kollegin im Team. Dagegen hat der Bildungsbegleiter Martin bereits viele Jahre Erfahrung im Berufsfeld des Übergangssystems und hat die Leitung der Maßnahme inne. Er hätte sich bspw. gegenüber den Kolleg_innen aus der von Eva angefragten Maßnahme anders positionieren können und eventuell der jungen Frau einen unmittelbaren (vorübergehenden) Zugang zum Übergangssystem ermöglichen können. Es besteht also scheinbar ein Zusammenhang zwischen dem Empfinden von Handlungsfähigkeit der Professionellen und dem Ermöglichen von Handlungsfähigkeit der Adressat_innen: Empfinden sich die Professionellen als handlungsfähig, können sie auch den Adressat_innen Handlungsfähigkeit anbieten oder zumindest den Raum zum Handeln eröffnen. Wie sehr die Handlungsmöglichkeiten der Adressat_innen vom Handeln der Professionellen abhängen, erläutere ich im Folgenden.

7.2.2 Handlungsmöglichkeiten der Adressat_innen in Abhängigkeit der Professionellen

Das Handeln der pädagogischen Fachkräfte bestimmt wesentlich die Gestaltung des Programms BVB, die Umgangsweisen, v. a. aber die Handlungsmöglichkeiten der Adressat_innen. Dabei sind Transparenz und Zuverlässigkeit für letztere entscheidend. Sie sind darauf angewiesen, dass die Mitarbeiter_innen sich so verhalten, dass sie sie nachvollziehen und an der Handlungspraxis bzw. Entscheidungsprozessen partizipieren können. Ich will hier aufzeigen, wie Letzteres mit einer fehlenden Diskursivierung der Verhaltensweisen der Mitarbeitenden den TN gegenüber zusammenhängt.

Die Angebote der Einrichtung strukturieren die Mitarbeiter_innen in einem Stundenplan, in den die TN Einblick erhalten. Sie passen ihn nach ihren Terminen und Bedürfnissen für jede Woche neu an. Für die TN bedeutet das zwar Abwechslung, aber auch Intransparenz. Häufig werden die als Unterrichtsstunden bezeichneten Einheiten sogar am selben Tag verschoben oder durch andere ausgetauscht. So findet bspw. anstelle von Sozialkompetenz Matheunterricht statt. Die Umstellung ist in den meisten Fällen krankheitsbedingt, Termine überschneiden sich oder eine mitarbeitende Person hat Urlaub. Den TN wird das in den meisten Fällen im Voraus nicht kommuniziert. Die jungen Erwachsenen erleben dieses Vorgehen als Normalität und so kommt es zu Situationen, in denen die TN direkt vor den Unterrichtsstunden gemeinsam mutmaßen, welcher Unterricht gleich stattfinden wird (vgl. Beobachtungsprotokoll). Auch die (Un-)Zuverlässigkeit der Mitarbeiter_innen beeinflusst die Machtkonstellationen zwischen den als Mitarbeiter_innen und als teilnehmend Positionierten.

Das Machtverhältnis spiegelt sich bereits in der Praxis wider, wie mit Verspätungen umgegangen wird, die sich auf die beiden Parteien unterschiedlich auswirken: Während die pädagogisch Professionellen mit keinen Konsequenzen für ihren Status oder ihre finanzielle Situation rechnen müssen, müssen die TN bei Verspätungen die offizielle Konsequenz befürchten, dass ihnen ein kompletter Tag an Bezug der Berufsausbildungsbeihilfe abgezogen wird. Zwar setzen die Professionellen diese Konsequenz in den meisten Fällen nicht durch, aber allein dadurch, dass sie häufig darauf hinweisen, werden Positionierungen und Machtgefälle bestätigt.

7.2.3 Gruppeneinteilung: Gründe und Folgen

In der Einrichtung ist es Praxis, die TN in Gruppen einzuteilen. Konkret handelt es sich dabei um sogenannte Lerngruppen. Die TN werden während der gesamten Maßnahme, also neun Monate, konstant gemeinsam unterrichtet. Die Einteilung der Gruppen orientiert sich explizit an den Kriterien Leistungsstärke und Geschlecht. Implizit werden allerdings auch weitere Verknüpfungen hergestellt, die für die TN gravierend sind.

Das veranschaulicht eine Situation, die sich während des Matheunterrichts in der geschlechtergemischten und damit der als leistungsstärker eingeordneten Gruppe ereignet. Dabei erklärt der Bildungsbegleiter einem der TN in einer Zweierkonstellation etwas, wobei die anderen TN ebenfalls um den Tisch sitzen und sich mit den Aufgaben des Matheunterrichts beschäftigen. Der Bildungsbegleiter Martin hat den Blick von Stef (TN) so interpretiert, dass er etwas nicht verstanden hat. Darauf spricht er ihn an. Im Anschluss daran, kommt es zur folgenden Interaktion.

> Martin erklärt Stef etwas. [...] Martin fragt Stef, ob er die Wippen auf dem Spielplatz kenne, das sei wie eine Gleichung. Er sagt, wenn ein Kind schwerer sei als das andere, dann gehe es auf der einen Seite hoch, oder auch wenn man das eine Kind runter nehmen müsse. So sei es auch, wenn man auf jede Seite eine Bierkiste stellen würde: nähme man auf der einen Seite ein Bier raus, müsse auf der anderen Seite auch eine rausgenommen werden, so dass das Gleichgewicht wieder hergestellt sei. Stef und Raini lachen. Raini sagt: „Jetzt hast du ihn nur durstig gemacht." (Beobachtungsprotokoll)

Der Bildungsbegleiter Martin scheint mit seiner Art eine mathematische Gleichung zu erklären, Bezüge zum Alltag der TN herstellen zu wollen. Dabei greift er im Beispiel mit den Bierkästen eine vergeschlechtlichte sowie jugendszenespezifische Erklärung auf. Das Trinken von Bier wird nach wie vor dominanzkulturell als männlich gelesen. Der Zusammenhang mit Bier und Spielplatz spricht vermutlich auch eine bestimmte Jugendszene an. Somit kann hier beschrieben werden, dass Martin mit der Herstellung von Männlichkeit und dem Einbeziehen des TN Stef eine bestimmte Anerkennung in Bezug auf Zugehörigkeiten zukommen lässt. Wenn der angesprochene Stef und der TN Raini lachen, signalisieren sie dem Bildungsbegleiter Martin, dass sie seine Anspielung verstanden haben und sich angesprochen fühlen; sie nehmen die Adressierung und Anerkennung an. Die Frage, die sich an diese so stereotyp wirkende Situation anschließt, ist, welche Handlungsoptionen den TN bliebe, um weiterhin als anerkannte Subjekte in diesem Setting zu gelten, ohne die stereotype Anrufung anzunehmen. Die Anrufung in dieser Situation bezieht sich der Analyse nach neben Geschlecht auch auf das Alter der Adressierten (Spielplatz, Bier in der Öffentlichkeit aus der Flasche trinken), auf kulturelle Zugehörigkeit (sowohl dominanzkulturell in einem natio-ethno-kulturellen Zusammenhang als auch in Bezug auf Jugendkultur) sowie auf Zuschreibungen in Bezug auf Klasse.

Aus dem Datenmaterial geht hervor, dass die Einrichtung das Verhalten und die Einschätzung des Verhaltens der TN sowie ihre gesellschaftliche Positionierung aufgrund von Alter, sozialer Herkunft, Geschlecht, jugendkultureller Zugehörigkeit an die Leistungsstärke koppelt. Ein Verhalten, welches von dem Bildungsbegleiter als Fehlverhalten beurteilt wird, wird zugleich mit der Bewertung der Leistung in Zusammenhang gebracht. Gleichzeitig hat die Bewertung der Leistung Einfluss auf die Bewertung des Verhaltens. Bei Rückmeldungen den TN gegenüber, greift der Bildungsbegleiter sowohl auf vergeschlechtlichte als auch auf altersbezogene, schichtbezogene, jugendkulturelle sowie natio-ethno-kulturelle Zuschreibungen zurück. Den Zusammenhang, den der pädagogische Professionelle herstellt, scheint ihm in diesem Moment nicht bewusst zu sein.

Folgenreich sind diese Adressierungen v. a. für die TN, die sich unterschiedlich positioniert wiederfinden.

7.2.4 Ein Projekt diskriminierungskritischer Bildungsarbeit im Kontext der JBH – Widersprüche werden sichtbar

Die Sozialpädagogin Eva führt ein zeitlich begrenztes Projekt im Rahmen diskriminierungskritischer Bildungsarbeit durch. Darin vereint sie ihre praktische sozialpädagogische Tätigkeit mit ihrem Studium der Erziehungswissenschaft. Sie nutzt das Projekt, um Daten für ihre Abschlussarbeit zu erheben. Die Kolleg_innen bekommen von dem Projekt nur dann etwas mit, wenn sie konkret danach fragen. Es wird unter den pädagogischen Professionellen als reguläre Unterrichtseinheit wahrgenommen und eingeordnet.

Das Projekt führt sie im Unterricht der Sozialkompetenz durch. Sie setzt sich dort mit den TN in ihren jeweiligen Unterrichtsgruppen zu den Themen Macht, Differenz und soziale Ungleichheit auseinander. Methodisch macht sie Übungen mit den jungen Erwachsenen, schaut Filme und leitet Diskussionen zum Thema an. Inhaltlich geht sie nacheinander auf unterschiedliche Differenzkonstruktionen und gesellschaftliche Machtverhältnisse wie Geschlecht und Patriarchat sowie race und Rassismus ein. Dadurch, dass das Projekt Teil des Unterrichts ist, nehmen die jungen Erwachsenen nicht freiwillig daran teil. Die TN an der BVB haben die Pflicht, am Unterricht teilzunehmen, andernfalls droht ihnen der Abzug von Leistungen. Auch bei diesem Projekt machen die Mitarbeiter_innen der Einrichtung keine Ausnahme.

Dadurch ist Eva mit bestimmten Herausforderungen in der Durchführung des Projekts konfrontiert. Es stellen sich folgende Fragen: In welchen Spannungsfeldern findet sich die Sozialpädagogin wieder? Inwiefern spielen dabei die gesellschaftlichen Positionierungen sowie die Prozesse von Positionierung während des Projekts eine Rolle? Und inwiefern wirken die jeweiligen Handlungen und Versuche, Handlungsfähigkeit in Verwobenheit mit vorgefundenen institutionellen Grenzen aufrechtzuerhalten im Wechsel zueinander – sind also folgenreich?

Um der Frage der Arbeit nach dem Umgang der Professionellen in der KJH mit Differenzkonstruktionen vor dem Hintergrund von Macht und Ungleichheit nachzugehen, werde ich in diesem Kapitel besonders Aushandlungsprozesse der jungen Erwachsenen fokussieren. Sie verstehe ich als Folge der Aufgabenstellung der Sozialpädagogin im Rahmen des Projekts, das vom Setting der BVB eingerahmt ist. Dabei kommt unweigerlich die Frage nach Machtkonstellationen und Machtverhältnissen auf. Die Art der Aushandlung der jungen Erwachsenen als unintendierte Folge der Aufgabenstellung der Sozialpädagogin stellt diese wiederum vor Herausforderungen, mit denen sie unter Zeit- sowie Handlungsdruck reagieren muss. Das Beispiel betont, dass die Auseinandersetzung mit Diskriminierung in der Maßnahme, also strukturell, nicht verankert ist, sondern von der individuellen professionellen Haltung der Sozialpädagog_innen abhängt.

Im Rahmen ihres Projekts fordert Eva die TN dazu auf, Aufgaben zu Geschlechterrollen zu lösen. Die TN sollen diese reflektieren, indem sie diskutieren, was Männer und Frauen ausmacht, warum ist es gut ein Mann/eine Frau zu sein. Dabei hat Eva den hohen Anspruch, mit den jungen Erwachsenen ins Gespräch zu Formen von Diskriminierung zu kommen. Hier scheint sie einen Bedarf erkannt zu haben. In Anlehnung an Manhart und Rustemeyer (2004) erklärt Jan Düker, dass pädagogische Felder davon gekennzeichnet sind, „dass Personen ein Defizit zugeschrieben wird, das durch Lernen veränderbar sei" (Düker 2013, S. 141). In der Art ihres Vorgehens und der sichtbaren wie verbalisierten Enttäuschung über das Verhalten der Gruppe ist zu erkennen, dass sie davon ausgeht, mit diesem pädagogischen Angebot ihr Ziel nicht erreicht zu haben. Sie reagiert darauf mit Frust: Ihr Ziel scheint gewesen zu sein, Differenzkonstruktionen sowie Deprivilegierung auf eine bestimmte Art und Weise zu thematisieren.

Im zweiten Teil ihrer Unterrichtszeit wagt sie einen erneuten Versuch mit den TN reflektiert über Folgen von Differenzkonstruktionen zu sprechen. Dabei hält sie sie dazu an, Vorteile von Gleichberechtigung aufzuzählen. Ihre Herangehensweise ist nun weniger offen als im ersten Teil. Sie richtet ihren Unterricht nun direkt auf das von ihr scheinbar verfolgte Ziel aus: die jungen Männer dazu zu bewegen, über eine dominante heteronormative Matrix nachzudenken. Langfristig will sie erreichen, dass sie diese Matrix ablehnen. Gleichzeitig greift sie durch die Verwendung des Begriffs „Gleichberechtigung" (Beobachtungsprotokoll) wie in ihrer Aufgabenstellung „Es ist gut ein Junge zu sein, weil ..."/„Es wäre gut ein Junge/Mädchen zu sein, weil ..." (ebd.) genau diese dominante Matrix auf. Damit lässt sie den jungen Erwachsenen kaum Möglichkeiten, diesen Rahmen infrage zu stellen.

Die Verwendung des Begriffes „Gleichberechtigung" kann als Reaktion auf die von den jungen Männern vertretenen patriarchalorientierten und sexistischen Argumentationen im ersten Teil der Unterrichtseinheit gedeutet werden. Da sie den Unterricht als missglückt deutet, scheint sie dazu überzugehen, ihre Fragestellung weniger offen zu formulieren. Sie fragt konkreter danach, was sie im Kontext von Diskriminierungskritik für relevant hält. Sie knüpft nun weniger an das konkret Gesagte der TN an. Es macht den Anschein, als habe sie eine Folie vorliegen, die sie streng abarbeitet. Diese Art des Vorgehens lässt sich damit erklären, dass sie als Sozialpädagogin in der Situation ist, *Unterricht* zu machen. Ihr Vorgehen scheint sich demnach daran auszurichten, wie sie sich *Unterricht* vorstellt bzw. welche Erwartungen sie ans Unterrichten hat. Daher wählt sie für sich einen Rahmen, der ihr Handlungssicherheit verspricht. Sie befindet sich also in der widersprüchlichen Situation einerseits *unterrichten* zu wollen (Sicherheit) und andererseits ein diskriminierungskritisches Bildungsangebot (unsicherer Prozess) durchzuführen. Das Bedürfnis nach Handlungssicherheit und nach

Kontrolle über die Situation scheint dem Bedürfnis danach zu widersprechen, einen Raum zu schaffen, in dem über Macht und Differenz gesprochen werden kann.

Aus ihrer Enttäuschung lässt sich auf bestimmte Erwartungen schließen, die sie an die jungen Erwachsenen stellt. „Gefragt sind spezifische, konforme Formen von Autonomie, die institutionell anschlussfähig sind." (Düker 2013, S. 141) Das bedeutet, dass die jungen Erwachsenen sich mit Verhältnissen von Diskriminierung und Ungleichheit – als Form „autonomer Subjektivität" (ebd.) – auf eine Weise auseinandersetzen sollten, die in den Rahmen einer BVB passt: getaktet nach Unterrichtseinheiten, zu einer bestimmten Zeit, immer mit der Idee der Arbeitsmarktorientierung im Nacken etc. Auch die Sozialpädagogin Eva unterliegt diesen dominanten Sichtweisen auf Unterricht und JBH.

Was ihre Bemühungen außerdem verdeutlichen, ist die Schwierigkeit, als mehrheitsgesellschaftlich *weiß* positionierte professionelle Pädagogin, die dominanz-, macht- und rassismuskritische Ziele verfolgt, Bezeichnungen wie „Heimat" und „zu Hause" als nicht otherned zu verwenden. Diese Begriffe wurden von den TN eingebracht. In der hier analysierten Situation gelingt es nicht, Bilder von Andersheit und Fremdheit reflexiv zu thematisieren. Stattdessen werden an der Art der Thematisierung diese Bilder eher manifestiert und die Positionierungen bestimmter TN als *Andere* angerufen und somit anerkannt. Die jungen Erwachsenen verweigern sich mit Schweigen.

Von ihrem Kollegen bekommt die Sozialpädagogin Zuspruch, das Angebot durchzuführen. Jedoch scheint er inhaltlich und in Bezug auf die Ziele nicht mit ihrer Herangehensweise übereinzustimmen. In einem anschließenden Gespräch kommt es zwar nicht zu einem offenen Konflikt zwischen den beiden, doch interpretieren sie die als schwierig bezeichnete Situation sehr unterschiedlich. Wo der Bildungsbegleiter bei homogenisierenden Zuschreibungen verbleibt, die einer dominanten Sichtweise entsprechen, lässt sich die Sozialpädagogin auf diese schnelle Interpretation nicht ein. Stattdessen zieht sie sich durch Schweigen zurück. Eine Diskursivierung unter Berücksichtigung einer macht- und differenzkritischen Perspektive zwischen den Professionellen scheint in diesem Setting zu dieser Zeit nicht möglich zu sein.

Abschließend ist Eva mit der Herausforderung einer impliziten Verhandlung von Machtpositionen und Handlungsfähigkeit durch die TN konfrontiert. Der Aushandlungsprozess zwischen den jungen Erwachsenen spielt sich explizit auf der Ebene der Geschlechterkonstruktionen ab. Hier schreibt die Sozialpädagogin den TN scheinbar ein „Defizit" (Düker 2013, S. 141) zu. Diese geben allerdings zu verstehen, dass sie die dominanzkulturell verhandelten Regeln zu Geschlechterkonstruktionen sehr wohl kennen – und nehmen gleichzeitig die Defizitzuschreibung durch die Sozialpädagogin wahr. Unter Einbezug der gesellschaftlichen Positionierungen aller Beteiligten, des Kontextes sowie machtstrukturierender institutioneller Vorgaben schließe ich, dass in dem Aushandlungsprozess zwischen den jungen Erwachsenen in erster Linie ihre eigene Handlungsfähigkeit gesichert werden soll: Es scheint um einen Umgang mit deprivilegierenden Zuschreibungen durch die Sozialpädagogin als Handelnde und der BVB als Institution sowie durch eine rassistisch und klassistisch strukturierte Gesellschaft zu gehen und weniger um Geschlechterkonstruktionen selbst. Da diese Aushandlung des Konflikts aber verdeckt und unter Zeitdruck stattfindet, erscheint es fast unmöglich, darauf sozialpädagogisch, in Form einer Grenzbearbeitung zu reagieren.

7.2.5 Logik des Feldes

Die Fragen nach Umgangsweisen mit Differenzkonstruktionen und der Thematisierung von Macht und Ungleichheit sollen auch in der Zusammenfassung dieses Falls im Vordergrund stehen. Ich fokussiere auf feldbezogene Selbstverständlichkeiten und daraus entstehende Widersprüchlichkeiten, auf deren Thematisierung wie Dethematisierung. Ausschlaggebend sind dabei Grenzkonstruktionen und Grenzbearbeitung im Sinne Maurers und Kessls.

Adressat_innen der Jugendhilfe werden in dieser Einrichtung immer wieder auf ihre Position der Lernenden, der *nicht Fertigen*, der *in der Entwicklung Befindlichen*, auf vergeschlechtlichte Positionen, auf die Position der Anderen verwiesen. Sei es in Situationen, in denen sie der Willkür der Bildungsbegleiter und der Sozialpädagoginnen ausgesetzt sind, in Unterrichtssituationen oder in Situationen, in denen sie auf ihre deprivilegierte Position in zukünftigen Ausbildungsverhältnissen hingewiesen werden. Explizit wird diese Veranderung neben den Herausforderungen allerdings nicht verhandelt, mit denen die TN der BVB in Zusammenhang mit gesellschaftlichen Verhältnissen und damit in Wechselwirkung stehenden Normalitäten umgehen müssen.

Die Professionellen befinden sich in mehreren Widersprüchen, die von der Einrichtung selbst und ihrer institutionellen Eingebundenheit oder ihren eigenen Idealen in Bezug auf Soziale Arbeit ausgehen und dominanten Vorstellungen von JBH, von Unterricht oder von pädagogischen Beziehungen. Daher werden institutionelle Grenzen aufrechterhalten, die stellenweise insofern bearbeitet werden, als sie überschritten werden. Das ist dann der Fall, wenn die institutionellen Grenzen nicht den pädagogisch-professionellen Überzeugungen der Sozialpädagog_innen entsprechen. Sie geraten auf diese Weise immer wieder in Konflikte, die unlösbar erscheinen. Inwiefern die Sozialpädagog_innen mit institutionalisierten Grenzen umgehen, steht in Wechselwirkung mit ihrer eigenen Position innerhalb der Einrichtung. Indem bspw. der Leiter der Maßnahme, der Bildungsbegleiter Martin, eine Monatskarte inoffiziell weitergibt, überschreitet er wie selbstverständlich eine Grenze und erwartet ein solches Handeln auch von seinen Kolleg_innen. Gleichzeitig hält sich die Sozialpädagogin Eva, die sonst eine diskriminierungs- und machtkritische Haltung hat, eher streng an die Regeln der BVB und den damit einhergehenden Grenzen: Sie ist die jüngste Sozialpädagogin im Team mit der wenigsten Erfahrung, die zudem noch nicht so lange in der Einrichtung angestellt ist wie ihre Kolleg_innen. Dass die innerstrukturelle Positionierung in der Einrichtung in Bezug auf Grenzbearbeitungsprozesse einen großen Einfluss auf sie zu haben scheint, zeigt ihr Umgang mit der jungen Frau, die auf inoffiziellem Weg Unterstützung bei der Bewerbung haben will.

Eva ist in sowohl dieser Situation als auch in der Situation, in der sie ein diskriminierungskritisches Bildungsangebot in der Einrichtung durchführen will, mit einer Handlungsfähigkeit der Adressat_innen konfrontiert, die sie zu überraschen und zu überfordern scheint. In der einen Situation zieht die junge Erwachsene ihre Anfrage zurück und geht. In der anderen verweigern die TN das Gespräch mit ihr, indem sie schweigen, nachdem sie aufgezeigt haben, dass sie mit dominanten Geschlechterbildern vertraut sind. Sie nutzen Schweigen als machtvolle Strategie, um Handlungsfähigkeit zu erlangen. Gleichzeitig bringen sie die Sozialpädagogin dadurch an die Grenzen, Handlungsmacht zu empfinden – sie zieht sich jeweils auf institutionalisierte Selbstverständlichkeiten zurück. Dabei verlässt sie die Ebene einer reflexiven Grenzbearbeitung, die implizit verhandelte Positionierungen sichtbar und thematisierbar gemacht hätte.

Deutlich wird hier die Herausforderung, die mit der Widersprüchlichkeit einhergeht, in der sich die Sozialpädagogin und auch ihre Kolleg_innen befinden: Es ist eine schwer zu überwindende Herausforderung, eine machtkritische Haltung oder sozialpädagogische Grundlagen wie Anerkennung, kritische Haltung, Subjektorientierung etc. in einem System einzubringen, das starre Strukturen hat und an dominante Vorstellungen von bspw. Unterricht geknüpft ist. Haltungen in Handlung zu übersetzen, ist unter diesen Bedingungen mit vielen Hürden verbunden – die machtvolle und folgenreiche Wechselwirkung wird deutlich. Die Sozialpädagogin hat sich einerseits eine dominante Sicht auf Unterricht angeeignet, in der die *Schüler_innen* das tun, was die Lehrerin sagt, wonach eine Unterrichtseinheit in einer bestimmten Zeit durchgezogen und ein vorher definiertes Ziel erreicht wird. Darin spiegelt sich stark ein hierarchisches Verhältnis wider, das von der Struktur und der Diskursivierungspraxis der Mitarbeiter_innen der BVB getragen wird.

Demgegenüber stehen ihre Erwartungen, die an ein freiwillig organisiertes sowie von weiteren Zielen geprägtes Bildungsangebot geknüpft sind. Als Interaktionsform wird hierbei eine weniger von Hierarchie geprägte Beziehung bevorzugt. Der Widerspruch liegt zwischen institutionalisierten Selbstverständlichkeiten, die auch von der Sozialpädagogin in ihren Handlungen reproduziert werden und ihrer sozialpädagogischen professionellen Haltung. Damit geht ein tiefer Konflikt einher.

Eine kritische und hinterfragende Haltung, wie sie die Sozialpädagogin Eva einnimmt, führt u. a. zu Unsicherheiten. Der Bildungsbegleiter Martin übernimmt wiederum eine Haltung, die Hierarchien vordergründig nicht hinterfragt. Das lässt ihn entschlossen und handlungsmächtig erscheinen: Er macht den jungen Erwachsenen Ansagen, begründet sein Handeln nicht, trifft Entscheidungen, die rational nicht begründet werden müssen. Gleichzeitig hält er eine Beziehung zu den TN aufrecht, die auf vermeintlich freundschaftlicher Ebene liegt. Auf dieser ruft er immer wieder Stereotypisierungen an. Er bedient sich hier des Prinzips von Zuckerbrot und Peitsche, wobei das machtvoll positionierte Subjekt auch die Macht darüber hat, in welcher Beziehungsform interagiert werden kann: Verhalten sich die Adressat_innen angepasst, können sie mit einem freundschaftlichen Verhalten rechnen. Sieht der Bildungsbegleiter aber einen Verstoß – und dabei sind seine Perspektive und Bewertung ausschlaggebend – werden die Adressat_innen zumindest auf mögliche Bestrafungen hingewiesen. Sein Vorgehen ist schlicht, weil es auf Selbstverständlichkeiten zurückgreift: So erklärt er mathematische Unterrichtsinhalte anhand klassistischer, ageistischer, geschlechterstereotypisierender dominanter gesellschaftlicher Bilder. Er trifft Entscheidungen aufgrund des Geschlechts der TN, anstatt die Formulierung von Interessen und Bedürfnissen der Subjekte anzuerkennen. In jedem dieser Momente erkennt er den Personen, die ihm gegenüberstehen, eine ambivalente Subjekthaftigkeit ab und beschränkt ihre Handlungsfähigkeit im Kontext der BVB auf zugeschriebene Stereotype – was sicherlich auch auf den Bereich außerhalb der Einrichtung wirkt. Es ist allerdings nicht davon auszugehen, dass diese Einschränkung der Handlungsmacht und die Form des Ent-Empowerments nicht intentional erfolgen. Durch das Festhalten an Selbstverständlichkeiten ist er in der Lage, schnell zu handeln, und hält seine Handlungsmacht somit aufrecht.

Die Kontrastierung der beiden Arten zu handeln und dass sie dabei im Team zusammenarbeiten und das auch gerne tun, zeigt, dass sie sich wertschätzend gegenübertreten, allerdings nicht von einem gemeinsamen Selbstverständnis ihrer sozialpädagogischen Arbeit ausgehen. Ausgiebiger Austausch findet nur in Bezug auf Themen und Situationen statt, in denen vermeintliche Übereinstimmung herrscht – eine Reflexion der institutionellen Selbstverständlichkeiten bleibt aus, da Kritik nicht verhandelbar ist. Auch gibt es keine Hinweise darauf, dass sie mit den anderen Kolleg_innen explizit ein Selbstverständnis ihrer Arbeit entwickelt haben. Machtverhältnisse, soziale Ungleichheit sowie Differenzkonstruktionen werden im regulären Alltag nicht thematisiert. Das müssen sie als Team insofern nicht, da ausschließlich dominant verhandelte Selbstverständlichkeiten bedient werden – mit Ausnahme des diskriminierungskritischen Projekts. Es entstehen im sozialpädagogischen Alltag in der Einrichtung in Bezug auf dominanzkulturelle Perspektiven keine reflexiven Nachfragen. So werden bspw. Lerngruppen nach Geschlecht eingeteilt, thematisiert wird diese Einteilung nicht. Es wird auch nicht thematisiert, warum und dass die Einteilung nach Geschlechtern mit der Leistungseinschätzung der TN verknüpft wird.

Diese Praxis, zu dethematisieren und sich dominanzkultureller Sichtweisen zu bedienen, steht wiederum im Widerspruch zum Bildungsangebot, das die Sozialpädagogin Eva durchführt: Sie stört mit diesem Bildungsangebot den Konsens (vgl. Kalpaka 2003), den sowohl die jungen Erwachsenen durch sexistische, patriarchale und rassistische Bezugnahmen als auch ihr Kollege durch hegemoniale Bilder wiederherzustellen versuchen. Die Sozialpädagogin kommt in eine Situation, in der sie nicht explizit mit der Ungleichstellung der TN, sondern mit deren diskriminierenden Haltungen konfrontiert ist und mit diesen umgehen muss. Gleichzeitig scheinen die jungen Erwachsenen implizit die deprivilegierenden Positionierungen zu thematisieren. Das ist ihnen allerdings sprachlich und reflexiv zunächst nicht zugänglich. Die Art der Thematisierung wird dagegen zur Herausforderung für die Sozialpädagogin: Mit dem aus ihrer Perspektive widerspenstigen Verhalten der TN scheint sie so nicht gerechnet zu haben. Hier kehrt sich soziale Erwünschtheit und widerständiges Verhalten um: Sozial erwünscht sind nun nicht dominant verhandelte Sichtweisen, widerständiges Verhalten ist vielmehr das, was sonst selbstverständlich ist. So geraten sowohl die TN als auch die Sozialpädagogin in widersprüchliche und nicht leicht aufzulösende Situationen. Die sonst dominante Herangehensweise des Feldes der Dethematisierung ist gestört, zunächst zu Orientierungslosigkeit aufseiten der Sozialpädagogin sowie der TN führt. Das suchen sie mithilfe unterschiedlicher Taktiken durch Handlungsfähigkeit zu kompensieren; beide indem sie auf dominante Selbstverständlichkeiten in Form von Hierarchien zurückgreifen. Hierin bestätigt sich die übliche, von allen akzeptierte Logik des Feldes.

7.3 „Ein crazy Stadtteil" – der *Offene Kinder- und Jugendtreff*

Die nächste Einrichtung gehört zur OKJA wird von den Angestellten als Jugendzentrum (JuZe) bezeichnet. Eine Mitarbeiterin, die meine Gatekeeperin ist, stellt mir den Stadtteil, in dem der Jugendtreff liegt, als „crazy Stadtteil" (Interview) vor: Er hat den Ruf, dass dort eher deprivilegierte Personengruppen leben. Er wird häufig mit Hochhäusern assoziiert, von denen es in der mittelgroßen Stadt anderorts kaum welche gibt. Zum Zeitpunkt der Beobachtungsphase erweitert die Einrichtung eine von der Stadt initiierte Kooperation mit der gegenüberliegenden Grundschule. Innerhalb dieser übernimmt das JuZe die „Flexible Nachmittagsbetreuung" („Flexi") für die Grundschulkinder.

Unter den Einrichtungen, die ich beobachtet habe, ist sie die einzige, in der eine Person im Rollstuhl arbeitet. Es ist sogar die einzige Einrichtung, in der eine Person mit für mich erkennbarer Behinderung arbeitet. Dabei handelt es sich um die Anerkennungspraktikantin, die mir erzählt, „dass sie nicht als Erzieherin arbeiten könne aufgrund ihrer Einschränkungen, höchstens als Alltagsbegleiterin" (Beobachtungsprotokoll). Dass sie in dieser Einrichtung Praktikum machen kann, setzt voraus, dass die Einrichtung zumindest in Teilen barrierefrei ist. So führt bspw. eine Rampe die Eingangstreppe entlang – d. h., dass auch Adressat_innen mit Rollstuhl an Angeboten teilnehmen könnten. Die Kinder benutzen den Rollstuhl der Praktikantin als Spielgerät, als Taxi oder als Transportmittel für Gegenstände und sind dabei immer mit ihr in Kontakt. Ansonsten wird der Rollstuhl nicht thematisiert.

Die Einrichtung ist groß: Es gibt zwei Stockwerke, die sich in einen sehr großzügigen Eingangsbereich, zwei große Säle und einige mittelgroße Räume aufteilen. In einem der Säle wird das Mittagessen für die „Flexi"-Kinder angeboten und im anderen findet ein Angebot zur Hausaufgabenbetreuung für alle Altersstufen statt. Dafür müssen sich die Kinder und Jugendlichen nicht fest anmelden. In den mittelgroßen Räumen im EG finden die „Flexi" und Teamsitzungen statt, es gibt einen Ruheraum und einen weiteren Raum, in dem Gruppenangebote und Hausaufgabenbetreuung sowie Einzelgespräche stattfinden. Die Büros sind kleinere Räume, die direkt neben der Eingangstür liegen. Im unteren Stockwerk, das eine Mitarbeiterin bei einer Begehung durch das Haus als „Keller" bezeichnet, befindet sich ein großzügiger Diskoraum mit großen Spiegeln, Licht- und Musikanlage, ein Toberaum mit Kletterwand, ein Raum mit Theke, Billard und Kicker, ein Raum mit PCs und ein nicht besetzter Raum sowie die Toiletten. Außerdem gibt es eine Werkstatt, in der auch die Möglichkeit besteht, zu töpfern. Bei der Hausbegehung erzählt mir die Mitarbeiterin, „dass sie schon Offene Jugendarbeit seien, aber schon viel in Gruppen machen würden" (Beobachtungsprotokoll). Die Gruppenangebote scheinen am Alter der Kinder und Jugendlichen orientiert zu sein: ein offenes Angebot für die älteren Kinder und Jugendlichen, Gruppenangebote für die jüngeren.

Zwei Personen übernehmen die Leitung. Hinzu kommen eine Erzieherin und ein Erzieher, eine Sozialpädagogin und ein Sozialpädagoge. Einige der Mitarbeiter_innen arbeiten bereits seit über zehn Jahren in der Einrichtung. Zudem sind Honorarkräfte für die hausaufgabenunterstützenden Angebote eingestellt, die keine Anmeldung erfordern, für die „Flexi" und für den Schularbeitskreis (SAK). In den meisten Fällen handelt es sich bei den Honorarkräften um Student_innen. Daneben gibt es die Anerkennungspraktikantin sowie eine Person aus dem Bundesfreiwilligendienst (Bufdi) und eine, die ihr Praktikum im Zuge des Studiums der Sozialen Arbeit macht.

7.3.1 Umbruchstimmung – eine herausfordernde Situation

Der Umbruch, in dem sich die Einrichtung befindet, ist von der Ganztagsschulentwicklung geprägt. Zum Ende des Vorjahres hat die Stadt beschlossen, im Rahmen der „Schulkindbetreuung an öffentlichen Grundschulen" (Beschlussvorlage Schulkindbetreuung) die „Flexi" (ebd.) zu erweitern. Sie wird u. a. von allgemeinen Angeboten der Kinder- und Jugendarbeit übernommen, die in diesem Bereich schon über fundierte Kenntnisse verfügen. Neben der Kooperation mit der Grundschule baut die Einrichtung eine Kooperation mit dem nahegelegenen Abenteuerspielplatz (Abi) (ebenfalls eine Einrichtung der OKJA) auf: Beide Einrichtungen sind Anlaufstelle für die Kinder aus der Grundschule.

Der Umbruch ist deutlich spür- und sichtbar. Währen des regulären Betriebs werden viele formelle sowie informelle Gespräche geführt: Sitzungen des Kernteams, der Leitungsebene auch gemeinsam mit den Kolleg_innen des Abenteuerspielplatzes, große Sitzungen mit allen neben dem Kernteam angestellten Mitarbeiter_innen.

In der folgenden Analyse beziehe ich mich neben weiteren Gesprächen und Beobachtungen v. a. auf ein Interview, das ich mit meiner Gatekeeperin für meine Erhebung geführt habe. Darin erzählt mir die Sozialpädagogin Lisa, die seit vier Jahren in der Einrichtung arbeitet, wie sich die „Flexi" entwickelt hat. Anschließend geht sie auf die damit verbundenen Herausforderungen für die Einrichtung ein.

> „ja zweitausenzenhn zweitausendelf, ham wir angefangen. (.) und am Anfang waren des vierundzwanzig kinder, dann im nächsten schuljahr die doppelte anzahl, (.) dann wurde auf ACHTZIG aufgestockt [...] und jetzt gabs noch mal ne aufstockung [...] jetzt ham mer irgendwie hunterZEHN, oder so, kinder [...] in der flexiblen nachmittagsbetreuung" (Interview).

Das heißt, dass die betreute Gruppe in der Einrichtung der OKJA innerhalb von drei Jahren von 24 Kindern auf 110 Kinder erweitert wurde. Sie halten sich jeden Nachmittag dort auf. Diese Zahl vermittelt die Größe der Einrichtung. Neben den Kindern der Flexi kommen auch Kinder und Jugendliche zur regulären Hausaufgabenunterstützung und zu den Offenen Angeboten. Zu der Entwicklung der Personallage sagt Lisa nichts. Im Laufe meiner Zeit als teilnehmende Beobachterin erfahre ich, dass zunehmend Honorarkräfte eingestellt wurden. Zudem übernehmen die beiden Erzieher_innen mit einer Aufstockung ihrer Arbeitszeit die Koordination der Kooperation.

Der Hintergrund dieser Entwicklung sind Beschlüsse, die die Stadt erlassen hat und die die Grundschule betreffen, die gegenüber des JuZes steht. Das wirkt sich nicht nur auf die Anzahl der Kinder aus, die die Einrichtung besuchen, sondern fordert auch weiteres Fachpersonal, das für die Betreuung der Kinder eingestellt werden muss. Dazu findet sich in einem Rahmenkonzept die Regelung, dass die „Leitung der Schulkindbetreuung [...] durch eine pädagogische Fachkraft" (Rahmenkonzeption Schulkindbetreuung) erfolgen soll. „Es wird angestrebt, dass neue Beschäftigte die Qualifikationsanforderungen gemäß dem Fachkräftekatalog nach §7 Kindertagesbetreuungsgesetz erfüllen." (ebd.) Dort lässt sich nachlesen, dass „Fachkräfte [...] durch weitere geeignete Personen (Zusatzkräfte) unterstützt werden" (§ 7 (1) Kindertagesbetreuungsgesetz) können. Das sind „Personen, die aufgrund ihrer Qualifikation in anderen Feldern die pädagogische Arbeit in einer Einrichtung bereichern" (§ 7 (5) Kindertagesbetreuungsgesetz). Es obliegt dem Träger, geeignete Personen zu finden.

In der Einrichtung der OKJA ist es Praxis, dass alle festangestellten Mitarbeitenden des „Hauptteams" (Interview), d. h. Erzieher_innen und Sozialpädagog_innen, „die auch so auf der metaebene agieren" (ebd.), Ansprechpersonen für die Zusatzkräfte sind. Die Erzieher_innen Robert und Nina haben in der Einrichtung ihr Anerkennungsjahr absolviert und übernehmen jeweils zu 60 Prozent die gesamte Koordination. Nina kümmert sich zusätzlich mit 20 Prozent um die Verwaltung (vgl. ebd.). Das sei mit Verantwortung verbunden, die aus Lisas Sicht allerdings nicht in dem Maß gewürdigt werde, wie es angebracht wäre (vgl. ebd.). Nach Lisa sei es „mal zeit [...] des SO zu beNENNen [...] also, für die selber, als auch für alle drum herum [...] und auch für uns" (ebd.). Sie fordert, dass die beiden Erzieher_innen in ihrer Position als Leitung sichtbar gemacht werden sollten. Damit verbindet die Sozialpädagogin Lisa auch eine Erweiterung und Bewusstwerdung ihrer eigenen Handlungsfähigkeit und Anerkennung als Leitungspersonen. Sie erklärt, dass es eigentlich „ne nummer zu KRASS" gewesen sei, sie mit dieser Aufgabe zu betrauen, aber sie finde, „sie machens sehr GUT" (ebd.). Durch dieses Zugeständnis, das sie den beiden macht, zeichnet sich eine Hierarchisierung im Team ab, in der die Leitungspersonen der Flexi aufgrund ihres Aufgabenbereichs, ihrer Ausbildung, ihrer Berufserfahrung („als berufseinsteiger") und ihres Alters eher als deprivilegiert erscheinen.

Mit der Festanstellung von Zusatzkräften erhoffen sich die Mitarbeitenden mehr Kontinuität, Zuverlässigkeit und Eigenständigkeit unter den Zusatzkräften, sodass sie als Professionelle auch wieder mehr der Arbeit nachgehen können, die sie als ihre *eigentliche* Arbeit begreifen. Dazu zähle die „Flexi" nicht. Die Zeit, in der die Zusatzkräfte vom Träger über Honorarverträge beschäftigt wurden, beschreibt die Sozialpädagogin Lisa als „die HÖLLE, (.) weil ä:h des war geprägt von ner, sag ich mal, sehr großen unzuverlässigkeit [...] und dann mussten wir ständig gucken wie wir diese lücken füllen" (ebd.). Auch hier sieht sie eine Handlungsmacht in ihrem Team, da „wir das ja, quasi bei der geschäftsführung (.) eingefordert. so gesacht haben, es braucht einfach ein anständigen anstellungsrahmen, [...] das hat sich auf jeden fall auch °bewährt°." (ebd.). Das Team in der OKJA bringt den zusätzlichen Mitarbeiter_innen, die dennoch als „Honorarkräfte" bezeichnet werden, demnach durch eine sozialversicherungspflichtige Anstellung Wertschätzung und Anerkennung entgegen. Sie hat das Ziel, dass auch diese sich selbstständig in der Einrichtung bewegen und Entscheidungen selbstständig treffen können. Gleichzeitig bringt das den regulären Mitarbeiter_innen Freiräume sowie Entlastung von kurzfristiger Mehrarbeit.

Aufgrund der langen Wartelisten hatte sich die Einrichtung „halt dafür entschieden NOCHMAL zu ERHÖHEN" (ebd.). Auf die Nachfrage, ob das allein in der Entscheidung der Einrichtung liegt oder die Stadt das erwartet, antwortet die Sozialpädagogin Lisa, es sei

> „BEIDes, im prinzip. Ja, [...] und dann wird in gewisser weise sanfter druck ausgeübt. [...] wenn wir jetzt sagen würden, äh, wir machens NICH [...] dann würden sie sich umgucken nach nem weiteren träger, aber das ist dann einfach, ä:h, viel AUFwendiger für alle beteiligte" (ebd.).

Sie begründet die Entscheidung damit, dass sich die Stadt wünsche, „dass (ähm) in jedem statdtteil EIN träger zuständig ist für die schul[...]betreuung und nich fünf" (ebd.). Weiter führt sie aus, dass sie wahrgenommen haben, dass die Eltern im Stadtteil Bedarf haben, dass deren Kinder betreut werden, und sie

> „ja zu vielen eltern hier schon langjährigen kontakt, weil äh, die ja alle, viele @kinder@ habn [...] is halt auch schwierig zu sagen, äh ne, können wir nich machen [...] deswegen ham wir uns jetzt nochmal für ne erhöhung entschieden" (ebd.).

Deutlich wird hier die Ambivalenz der Entscheidung, mehr Kinder für die Flexi aufzunehmen: Einerseits erkennt sie einen Bedarf und die Wünsche der Eltern an, andererseits hat sie im Blick, was die Stadt von dem Träger verlangt. Nichtsdestotrotz versteht Lisa es als eine *Entscheidung*, die die Einrichtung getroffen hat. Aus ihrer Perspektive liegt also die Handlungsmacht bei ihnen als Mitarbeitende der Einrichtung der OKJA. Neben dem „sanften Druck" der Stadt führt sie die lange Beziehung zu den Eltern im Stadtteil an, die sie ebenfalls als Faktor für Druck empfindet. Den Bedarf, dass auch „geschwisterkinder" (ebd.) in derselben Einrichtung betreut werden und in Bezug auf die Eltern „dass ihre kinder versorgt und beaufsichtigt sind" (ebd.), kann sie nachvollziehen. Hier scheint sie neben dem Verständnis der familiären Herausforderungen ihren sozialpädagogischen Auftrag im Blick zu haben, *alle* Kinder anzusprechen. Die Einrichtung sieht sich demnach dem Druck durch Ansprüche der Stadt und der Eltern ausgesetzt. Aufgrund dieser Argumentationslinien, die die unterschiedlichen Perspektiven wohlwollend zusammenbringt, treffen die Mitarbeiter_innen als Team die Entscheidung, die potenzielle Kinderzahl zu erhöhen. Sie sind sich bei dieser Entscheidung darüber bewusst, dass sie sich in eine widersprüchliche Situation bringen: Mit der Entscheidung für mehr Kinder seien sie „nämlich [von der] basierung auf der FREIwilligkeit ä:h ein ganzes stück entfernt worden" (ebd.). Hier werden Konflikte sichtbar, die auf das Tripelmandat zurückzuführen sind.

Als Sozialpädagogin, die in der OKJA arbeitet, scheint Lisa das Prinzip der Freiwilligkeit für die Einrichtung wichtig zu sein, das „eigentlich" umgesetzt werden sollte (ebd.). Durch die Verwendung des Wortes „eigentlich" wird deutlich, dass aus ihrer Perspektive das Prinzip die OKJA ausmacht und ihr zentraler Bestandteil ist. Gleichzeitig wird dadurch sichtbar, dass sie diese Freiwilligkeit in ihrer Arbeit nicht leben kann. Sie erzählt, dass die beiden Erzieher_innen Nina und

Robert mit diesem Prinzip nicht vertraut seien. „Die haben ne andere (.) BASIS in ihrem denken, wenn wir über unsre arbeit hier sprechen." (ebd.) Das, was sie kritisiert, dass sie „ne aufsichtspflicht" (ebd.) haben, Mitarbeitende „sozusagen, ähm, gezwungen, [sind] die kinder zu zwingen. ja. da mitzugehen, dort teilzunehmen, (.) die müssen rüber mit-mit rüber aufm abi, ob se wollen oder NICH" (ebd.), ist für Robert und Nina Selbstverständlichkeit. Sie unterscheidet zwischen denjenigen Mitarbeiter_innen, die das Prinzip der Freiwilligkeit erlebt haben und denjenigen, für die Angebote wie die Flexi als Normalität erscheinen. Ein weiteres Unterscheidungskriterium, das sie an dieser Stelle eventuell anruft, ist das zwischen Erzieher_innen und sozialpädagogischen Professionellen, die Sozialpädagogik/ Soziale Arbeit studiert haben. Darin lässt sich eine Entwicklung in der OKJA nachzeichnen, die auch an anderen Stellen zu beobachten ist. Das Prinzip der Freiwilligkeit wird teilweise aufgeweicht, wodurch sich der Fokus auf eine bestimmte Altersstruktur verschiebt: hin zu Jüngeren, hin zu Kindern. Diese Entwicklung bedeutet auch eine Verengung des Adressat_innenkreises, der in der OKJA sehr weit gefasst werden kann.

Das Aufgeben des Prinzips der Freiwilligkeit hat allerdings nicht nur für die Kinder und Jugendlichen die Folge, sich festlegen zu müssen, sondern auch für die Sozialpädagogin Lisa selbst. Sie fühlt sich durch den engen Rahmen und die genauen Vorgaben, die Angebote wie die Flexi mit sich bringen, unter Druck gesetzt und empfindet das selbst als Zwang. Für sie scheint es zufriedenstellender zu sein, wenn die Kinder und Jugendlichen aus eigener Motivation an den von ihnen bereitgestellten Angeboten teilnehmen, das beschreibt sie als „ENTSPANNTER" (ebd.). Sie grenzt sich an einer anderen Stelle weiter stark davon ab, der Prämisse von Zwang zu folgen, indem sie als negativen Gegenhorizont „studenten [anführt], die auf lehramt studieren und ähm di:e (2), machen dann da so ganz KRASSE äh:m, (soll ich sagn), so ‚n ganz krasses reglement (.)" (ebd.). Auch hier macht sie eine Unterscheidung zwischen unterschiedlichen Disziplinen und stellt diese kontrastierend dar: Lehramt und Sozialpädagogik.

Sie nimmt sich in ihrer Professionalität als Sozialpädagogin in der OKJA ernst und entscheidet: „und ich sach aber, wenn ich schon, quasi, so arbeiten muss, in anführungsstrichen, (.) dann ähm, (.) will ich da mir selber den druck rausnehmen und auch den kindern, den druck rausnehmen. und wenn ICH merke, ä:h da is nix mit hausaufgaben, dann zwing ich die nich dazu, ja." (ebd.). Der Gegenhorizont des Prinzips der Freiwilligkeit stellt für sie widerspruchsfrei „Zwang" und „Druck" dar. Zudem kristallisiert sich im Gespräch heraus, dass sie als Einrichtung zwar die Entscheidung für die Flexi getroffen haben, diese Art zu arbeiten jedoch als ein „muss" wahrnehmen, wenn auch in „anführungsstrichen".

Wie sehr ihr das Abweichen vom Prinzip der Freiwilligkeit zu schaffen macht, lässt sich anhand einer Erzählung rekonstruieren:

„und ähm, @ es war so witzig. wo wir die vorstellungsgespräche hatten, am (.) montag, hat dann der robert gesacht, äh:m (.) ja der hauptschwerpunkt vom kinder und jugendzentrum is die flexible nachmittagsbetreuung. des hat mich total BETROFFEN gemacht, (.) weil es NICH stimmt, ja. (.) äh:m, es is zwar DAS, was domINIERT IM MOMENT, weil da so viel (.) ORGANISATORISCHes abverlangt. aber es is eigentlich nich der hauptschwerpunkt. eigentlich is es so, EHER so, dass es, ähm ein TEILbereich is, ja, von der arbeit HIER. ja, und des ha-, is au ne sache, die wir unterschätzt raum einnimmt, so viel organisation und auch von uns hauptamtlern so VIEL (.) arbeitszeit abverlangt.//ja.//(.) °ja°. (.) un da hoff ich einfach, dass da auch wieder ne entwicklung stattfindet. das äh:m, (.) °das es eben nich der hauptschwerpunkt is, die flexi°. °sondern auch das viel anderes läuft, auch für die älteren noch laufen kann°.//ja.//(17)" (ebd.).

Eine Erzählung, die sie mit der Beschreibung „witzig" beginnt, endet mit einer Pause von 17 Sekunden. Am Ende scheinen ihr die Worte zu fehlen. Die Verschiebung hin zu den Themen eines hohen Organisationsaufwands und damit verbundener Arbeitszeit, die sie nicht im originären Sinne und Auftrag der OKJA angelegt sieht, führt bei der Sozialpädagogin Lisa zu Unzufriedenheit in Bezug auf ihr professionelles Arbeiten. Sie äußert den Wunsch, „dass da auch wieder ne entwicklung stattfindet". Das bedeutet auch, dass ihre Arbeit sich nicht ausschließlich – wie im Moment des Interviews – auf die Flexi begrenzt und sich auch sonst alle(s) darauf zu fokussieren scheint, sondern dass es wieder ein „TEILbereich" wird und dabei die Arbeit mit den „älteren" mehr Raum erhält. Dass ein Kollege die Flexi als Normalität und „hauptschwerpunkt" der Einrichtung bezeichnet, macht sie betroffen.

Auch die Leitungsperson Katharina berichtet mir während eines Gesprächs davon, wieder ein Gleichgewicht herstellen zu wollen. Sie sagt deutlich, „Flexi und Offene Arbeit würden sich schon beißen, die Jugendlichen würden nicht mehr kommen, wenn hier ständig die ganz Kleinen rumrennen würden" (Beobachtungsprotokoll). Sie fokussiert in ihrer Perspektive, dass sich bestimmte Angebote, Schwerpunktsetzungen und Arbeitsprinzipien der Einrichtung aufgrund der jeweiligen Adressat_innen tendenziell ausschließen würden. Lisa scheint in diesem Zusammenhang das Aufgeben ihres bevorzugten Arbeitsprinzips von Offenheit und Freiwilligkeit zu befürchten.

Gleichzeitig sieht sie in dem Angebot der Flexi auch eine Möglichkeit, die Kinder an das JuZe heranzuführen und sie für die Zeit nach der Grundschule als Besucher_innen für die Offenen Angebote zu gewinnen (vgl. Interview). Darin spiegelt sich ihre Beobachtung und eventuell auch Sorge darüber wider, dass die Besucher_innenzahlen in den letzten Jahren stark gesunken sind und sie als Team unter Druck stehen, ihre sehr gute Ausstattung an Mitarbeiter_innen vor der Geschäftsführung des Trägers zu rechtfertigen (vgl. ebd.). Zudem erkennt sie „den bedarf im stadtteil" (ebd.), dass Eltern auf die Betreuung der Kinder angewiesen seien. Als Sozialpädagogin in der OKJA fühlt sie sich gegenüber dem Stadtteil und seinen Bewohner_innen verantwortlich. Daher versucht sie „so 'n MITTELweg [zu finden], ja. das wir sagen, äh, oder das wir des noch VERTRETEN können, ja, als offene einrichtung" (ebd.). Adressat_innen ihrer Arbeit sind nach dieser Argumentation auch die Eltern der Kinder, die die Einrichtung besuchen. In den Aussagen der Leitung Katharina lassen sich ähnliche Argumente ausmachen, wie sie Lisa vorbringt: Beide scheinen das Ziel zu verfolgen, eine Art Ausgewogenheit herzustellen zwischen dem Bedarf, den sie sehen, und dem Druck, dem sie sich ausgesetzt fühlen. Sie wollen dem Prinzip der Offenheit und der Adressat_innengruppe der Jugendlichen als Besucher_innen gerecht werden.

Nach der letzten Erhöhung auf 110 Plätze für Kinder in der Flexi sei „die kapazität [...] jetzt also wirklich mehr als erreicht so," (ebd.). Lisa sieht die Qualität der sozialpädagogischen Arbeit gefährdet und die Kapazität des Hauses erschöpft. Ihr Urteil ist deutlich: Aus ihrer Perspektive könne keine Erhöhung mehr stattfinden: „ja. wirklich. (also) mehr geht nich mehr." (ebd.). Von der Diskussion des Teams berichtet sie von der Befürchtung, dass ihre Arbeit zu „hier so (.) discountgeschichte, ja. kinder abzufertigen" (ebd.) werde. Neben der räumlichen Kapazität spricht sie auch andere Kapazitäten an: die ihrer professionellen Arbeit. Dazu hätten sie sich klar positioniert und „VIEL diskutiert, so ähm. Wollen wir das, wollen wir das NICH." (ebd.). Demnach sieht sie die Möglichkeit, Kinder für das Haus zu gewinnen. Aufgrund einer zahlenmäßigen Überforderung sieht sie aber auch die Qualität der sozialpädagogischen Arbeit subjektiv an ihren Ansprüchen gemessen bedroht.

Lisa erzählt im Interview, dass offene Angebote für Jugendliche traditionell Schwerpunkt der Einrichtung sind. Sie berichtet von der Entwicklung, dass sich die Besucher_innenzusammenstellung in 30 Jahren sowohl verjüngt als auch zahlenmäßig verringert hat. Bei der Erzählung bezieht sie sich wiederum auf Erzählungen von Andreas, der bereits seit 30 Jahren in der Einrichtung arbeitet. Neben dem Alter trifft Lisa auch Aussagen in Bezug auf die natio-ethno-kulturelle Positionierung der Jugendlichen.

> „da war hier halt die hölle los im haus, da waren jeden tach, n:h in ner offenen tür, irgendwie um die hundert jugendliche, also vor allem auch viele ÄLTere eben, und (.) ä:h, es ging halt voll ab. (3) und vor allem auch viele SINTIS, das is ja jetzt aktuell nicht so, ja und auch so (nh), dieses gefüge, sag ich ma, das verändert sich immer so 'n bisschen, ja, dann sind mehr türkischstämmige jugendliche hier ä:h kinder, oder arabischstämmig:e (.) oder dann eben viele sinti:s und (.) ja, je nach dem, (.) kann das halt äh auch heißen dass ne andere gruppierung NICHT kommt. im moment find ich 's eigentlich ganz gut durchgemischt (.). und äh, als ich angefangen hab, (.) ä:h gabs die flexi noch NICH, und da war 's auf JEDEN fall WESENTlich ruhiger hier." (ebd.)

Die Aussage, dass es im Moment gut durchmischt sei, bezieht sich in dieser Sequenz auf natio-ethno-kulturelle Positionierungen der Jugendlichen. Sie berichtet, dass die Besuchendenstruktur einen ständigen Wandel durchläuft. Relevant erscheint es ihr dabei, zu erwähnen, dass sich teilweise die Anwesenheit der Gruppen von Jugendlichen aufgrund der zugeschriebenen natio-ethno-kulturellen Positionierungen, ausschließen – ähnlich wie sie und die Leitung Katharina es bereits in Bezug auf Alter getan hatten. Bereits 2011 beschreibt Ulrike Graff, dass „offen" selten „für alle offen" bedeute und stattdessen „jeweils bestimmte Gruppen und Cliquen ein Haus als ihres ansehen" (Graff 2011, S. 183). Wie sie als Einrichtung mit diesen Ein- und Ausschlüssen umgehen oder umgegangen sind, thematisiert Lisa in dieser Situation nicht, auch nicht, was „ganz gut durchgemischt" für das Team oder für sie als Sozialpädagogin bedeutet.

In Bezug auf Alter scheint sie dahingehend allerdings sowohl eine Erklärung als auch eine Handlungsperspektive entwickelt zu haben. Das jeweils die Anderen Ausschließende hänge in Bezug auf das Alter damit zusammen, dass sie selbst, die „am anfang fast gar nicht mit den kindern zu ga**NGE**" (Interview) gewesen sei, damit ausgelastet sei, die Flexi und die Einarbeitung der neuen Mitarbeitenden zu übernehmen. Dadurch habe sie keine Zeit mehr für die Jugendlichen. Das beschreibt sie für sich selbst als eine herausfordernde Situation, die bereits zwei Jahre anhält:

> „noch so 'n bisschen ä:h, sag ma mal, ne zerreißprobe, weil ich auch mit den älteren arbeiten WILL, aber ich merk, die fallen einfach so 'n bisschen hinten drunter jetzt grad. die BESCHweren sich auch, die sagen das auch so, das hier, das sind nur KINDER, das is doch kein jugendzentrum mehr, @, und das gilt 's jetzt auf jeden fall äh auch (.) wieder mehr zu beleben, wenn jetzt so die (.) der oktober rum ist, dann (.) will ich mich da wieder au 'n bissl rausziehen und mehr für die jugendlichen (machen). (2) °ja°" (ebd.).

Sie betont, dass es nicht nur der Wunsch der Jugendlichen sei, mehr Aufmerksamkeit in der Einrichtung zu bekommen. Es sei auch ihr eigener Wunsch, die Besuchendenstruktur in Bezug auf Alter wieder vielfältiger zu gestalten. Sie teilt Aufgabenbereiche zwischen sich und ihren Kolleg_innen nach Alter der Kinder und Jugendlichen auf. Dabei will sie mehr mit Jugendlichen arbeiten. Über die Rolle weiterer Differenzmarkierer macht sie keine Aussage, auch wenn in der OKJA bspw. das Geschlechterverhältnis konstant Thema ist (vgl. von Santen/Prein 2013, S. 103; Graff 2011; Güntner/Wieninger 2010, S. 122). Voraussetzung für das Gelingen ihres Vorhabens sei allerdings, dass die Mitarbeiter_innen aus der Flexi „l-längerfristig bleiben und da nich son großer wechsel stattfindet, (.) und wenn die drinne sind, d-dann kann man sich glaub ich auch rausziehen, so 'n bisschen" (ebd.). Das könnten Mitarbeitende aus dem Kernteam tun, die sich wieder mehr darauf konzentrieren, die Besucher_innenstruktur aktiv „durchgemischt" zu gestalten.

Sich auf den Ausbau der Flexi einzulassen, hat für die Mitarbeiter_innen zur Folge, dass sehr viele jüngere Kinder, Grundschüler_innen ab der ersten Klasse, die Einrichtung besuchen. Das war für dieses JuZe zuvor nicht üblich. Dass die Eltern ihre Kinder für das Programm fest anmelden müssen und es Betriebszeiten gibt, unterläuft das Prinzip der Freiwilligkeit. Ferner geht die Einrichtung neben der Kooperation mit der Schule eine Kooperation mit einer anderen nahegelegenen Einrichtung der OKJA ein, einem Abenteuerspielplatz. Dort soll ein Teil der Kinder nach dem Essen und nach den Hausaufgaben den Nachmittag verbringen. Die Mitarbeitenden erklären mir, dass es die Platzsituation in der Einrichtung entlasten und dazu beitragen soll, dass ältere Kinder und Jugendliche das freiwillige Angebot wahrnehmen.

7.3.2 Für Essen sorgen als Teil des Umgangs mit sozialer Herkunft im „Crazy Stadtteil"

Essen für die Kinder bereit zu stellen, unabhängig davon, welches Angebot sie in der Einrichtung besuchen, stellen die Mitarbeitenden immer wieder als die Aufgabe der Einrichtung der OKJA in den Vordergrund. Die Bedürftigkeit oder der Bedarf der Kinder und Jugendlichen nach (gesundem) Essen wird somit stets angerufen und anerkannt. Dabei werden die Kinder und Jugendlichen gleichzeitig als arm oder von deprivilegierter sozialer Herkunft inszeniert. Den Eltern wird unterstellt, kein Bewusstsein für die Notwendigkeit von (gesundem) Essen oder keine materiellen Ressourcen zu haben, ihren Kindern ausreichend (gesunde) Nahrung bereit zu stellen. Die Mitarbeiter_innen haben hier eine einzelne sehr verengte Lesart zum Hunger der Kinder entwickelt.

Gleichzeitig gibt es Tendenzen Hungerhaben zu normalisieren. Bei der ersten Führung durch den Jugendtreff erklärt mir die Mitarbeiterin Lisa die einzelnen Räume. Als wir in einem Raum mit Theke sind, frage ich nach, „ob sie auch etwas dort verkaufen würden",

> [...] sie erklärt mir, dass sie so etwas wie eine Thekengruppe hätten, diese würden mit einer Kollegin von ihr etwas zu essen vorbereiten wie Quark oder ähnliches, das würde zu einem sehr günstigen Preis verkauft werden. Sie betont mehrere Male, dass sie die Dinge, die sie verkaufen würden zu einem sehr günstigen Preis verkaufen würden. Dass die Kinder und Jugendlichen Hunger haben, sei ganz normal, denn sie seien ja den ganzen Nachmittag da. (Beobachtungsprotokoll)

Sie betont mir gegenüber „mehrere Male", dass die Speisen zu einem „sehr günstigen Preis" verkauft würden, andererseits sagt sie auch, dass es „ganz normal" sei, dass die Kinder und Jugendlichen Hunger haben, „denn sie seien ja den ganzen Nachmittag da". Meine Frage, die lediglich den Hintergrund hatte, dass ich mit einer Theke auch den Verkauf von Speisen und Getränken assoziiere, scheint ein relevantes Thema der Einrichtung adressiert zu haben: Essen. Sie reagiert, indem sie sehr ausführlich darauf antwortet, was, wie, von wem und warum dort verkauft werde. Dabei thematisiert sie sehr deutlich einen Zusammenhang zwischen Armut („zu einem günstigen Preis") und Hunger („Hunger haben, sei ganz normal") sowie dem Bewusstsein für gesundes Essen („Quark oder ähnliches"). Unmittelbar darauf weist sie diese Zusammenhänge zurück, versucht scheinbar die Kinder und Jugendlichen, die Hunger haben zu entstigmatisieren, indem sie betont, dass es „normal" sei, dass sie Hunger haben. Es ist also an dieser Stelle eine ambivalente Umgangsweise mit dem Wahrnehmen und dem Umgehen von Differenz, Deprivilegierung und Ungleichheit zu beobachten.

In mehreren Gesprächen berichten mir Mitarbeitende, dass es ihnen wichtig sei, „dass alle Kinder zu Mittag hier warm essen würden" (Katharina, Beobachtungsprotokoll), „dass die Jugendlichen teilweise nur kämen, um etwas zu essen zu bekommen, sie würden auch zu Hause nichts bekommen, man müsse hier mit anderen Maßstäben herkommen, als mit denen an normales Leben" (Sebastian, Beobachtungsprotokoll), dass sie immer Äpfel für alle Kinder und Jugendlichen anbieten, die überall herumständen, „[d]ass die auch mal was richtiges essen" (Ruth, Beobachtungsprotokoll). Die Zitate stammen jeweils von der Leitung der Einrichtung, dem Praktikanten, der Soziale Arbeit studiert, und der langjährigen Mitarbeiterin, die mit einer Stiftung eine wöchentliche Apfelspende organisiert hat. Deutlich wird hier, dass Essen und der Hunger der Kinder und Jugendlichen immer mit einem von den Mitarbeitenden angenommenen Missstand im Zuhause der Kinder und Jugendlichen verknüpft ist. Aus einer dominanzkulturellen Sichtweise thematisieren die Mitarbeiter_innen hier Armut und eine nicht privilegierte soziale Herkunft, indem sie ihren Umgang damit schildern. Gleichzeitig definieren sie, was sie für normal halten und was sie als Abweichung interpretieren – für sie scheint klar zu sein, dass sie mit der Abweichung umgehen müssen. Dabei positionieren sie sich selbst als gesunde Esser_innen, als nicht deprivilegiert, als nicht arm. Sie sehen ihre Aufgabe darin, das *Jenseits der Grenze* zu bearbeiten, nicht den Grenzziehungsprozess selbst. Es scheint für sie in den Erzählungen selbstverständlich zu sein, dass ich als Zuhörerin im Gespräch ihren Aussagen zu Armut und sozialer Deprivilegierung zustimme und diesen Anlass für Hilfe so bewerte wie sie. Auch wenn sie ihre Aussagen über Formulierungen wie „teilweise" relativieren, wirken sie im Gespräch homogenisierend. Die Kinder und Jugendlichen bekommen alle Armut attestiert, die sich aus Sicht der Mitarbeitenden darin auszudrücken scheint, dass sie von ihren Eltern oder anderen Sorgeberechtigten nicht ausreichend (gesundes oder warmes) Essen erhalten. Ein normales Leben wird ihnen abgesprochen. Klassismus äußert sich hier darin, Essen bereitzustellen.

Diese Zuschreibung von Armut geht mit einer Veranderung einher. Die Kinder und Jugendlichen können nicht mittels „Maßstäben […] an normales Leben" (Sebastian, Beobachtungsprotokoll) gemessen werden – hier grenzt der Praktikant „normales Leben" von der Lebenssituation der Adressat_innen ab. Darauf müssen sich die Mitarbeiter_innen explizit einlassen, indem sie von ihrem privaten, dem *normalen* Blick abweichen, um einen professionellen einnehmen zu können. Hier kommet es zu einer deutlichen Veranderung der Kinder sowie ihrer Familien, wo eine differenzierte Sicht auf unterschiedliche Lebenswelten oder -konzepte sowie Lebenslagen oder Erfahrungen von Privilegierung eingenommen werden könnte.

Das veranschaulicht eine Situation beim Mittagessen. Eine Grundschülerin, Rosa, die Teil der Flexi ist, grenzt sich von der ‚Diagnose' einer Sozialpädagogin, die auch die Leitung ist, Katharina, ab. Das Mädchen weigert sich, die Adressierung „Warmesserin" anzunehmen. Sie scheint die Attribute und damit verbunden auch die Positionierung, die damit einhergehen, genau zu kennen und verhält sich zu dieser Besonderung. Wir sitzen gemeinsam am Tisch.

> Ich frage Katharina, ob es ok sei, wenn ich mein Brot essen würde, sie sagt ja, es gäbe auch Kinder, die hätten ihr Brot auch dabei, das seien die Vesper-Kinder, ich sei dann eben ein Vesperkind, dabei lacht sie. Sie erklärt mir, dass sie eigentlich das Ziel haben, dass alle Kinder zu Mittag hier warm essen würden, aber das das Geld nicht reiche, sie haben jetzt auch schon so etwas wie Patenschaften eingeführt, so dass auch die Familien mit 2 bis 3 Kindern sich ein Essen leisten könnten, diese Patenschaften wollten sie im Stadtteil weiter ausweiten. Rosa fragt mich, warum ich Kaltesserin sei, ich sage ihr, dass Katharina sagte, dass ich ein Vesper-Kind sei und deswegen Brot esse, sie fragt Katharina, warum sie kein Vesper-Kind sei. Katharina sagt, dass sie vor den Ferien Warmesserin gewesen sei und dass sie nicht davon ausgehe, dass sich das geändert habe, dass es ihr besonders bei Rosa wichtig sei, dass diese etwas Warmes esse. Rosa hört zu und sagt danach, dass sie nichts mehr essen wolle. Katharina sagt, dass sie sich doch selbst geschöpft habe, warum sie das dann nicht mehr essen wolle. Rosa erklärt ihr, dass sie müde sei und dass ihr eventuell wieder schlecht würde. Das sagt sie mit einem herausfordernden Blick und grinst Katharina an, nachdem sie es gesagt hat. Katharina sagt dazu: „Wenn man es sich lang genug einbildet." Doch als es später Salat gibt, will Rosa auch davon noch, sie sagt über sich selbst, dass sie eine Salattante sei, sie isst ihren Salat von ihrem Teller und dann auch noch den Reis und die Sauce, die übrig geblieben waren. (Beobachtungsprotokoll)

Die Kinder sitzen mit Katharina und mir am Tisch und hören das Gespräch, das wir führen. Katharina zeigt mir im Gespräch auf, dass es „Familien mit 2 bis 3 Kindern" gäbe, die sich kein warmes Essen in der Einrichtung der OKJA leisten könnten und sie deswegen bereits für Essenspatenschaften im Stadtteil werben würden. Pat_innen übernehmen dann den Essensbeitrag, den die Einrichtung für das Essen verlangt, das täglich während der Flexi angeboten werde. Insbesondere

Familien mit mehr als einem Kind seien von dieser Art Armut betroffen. Es wird in dieser Unterhaltung allerdings nicht deutlich, inwiefern die Unterscheidung zwischen Kaltesser_innen und Warmesser_innen aussagekräftig ist: ob die Kinder oder Familien sich aus nicht ökonomischen Gründen entscheiden, dass das Kind warm oder selbst mitgebrachtes Essen isst oder ob es immer an der Finanzierung liegt.

Rosa interessiert sich dafür zu erfahren, wonach unterschieden wird, welche Kinder warm oder kalt essen – sie klinkt sich eigenmächtig in das Gespräch ein. Sie fragt konkret, warum ich „Kaltesserin" sei und anschließend, warum sie „Warmesserin" sei. Die Unterscheidung zwischen mir als „Kaltesserin" und ihr als „Warmesserin" scheint ihr als Differenz mit machtvollen Folgen verbunden zu sein. Zudem beobachte ich, dass die Mitarbeiter_innen nicht mitessen, sondern während des Essens nur mit am Tisch sitzen. Später wird mir auf Nachfrage erklärt, dass sie nicht mitessen dürften, da es sich um subventioniertes Essen handle, das ausschließlich den Adressat_innen zugutekommen soll. Hier wird strukturell eine Unterscheidung vorgenommen, die sich auf der Handlungsebene – während des Essens – als folgenreich für machtvolle hierarchische Beziehungen zwischen Sozialpädagog_innen und Adressat_innen herausstellt.

Auf die Erklärung der Sozialpädagogin hin, dass es ihr insbesondere wichtig sei, dass die fragende Rosa etwas Warmes zu Essen bekomme, verweigert Rosa das Essen. Die Erklärung scheint ihr Unbehagen zu bereiten und sie verwehrt sich. Sie begründet ihre Entscheidung damit, dass sie müde sei und befürchte, wieder Bauchschmerzen zu bekommen. Katharina scheint sich davon herausgefordert zu fühlen und reagiert mit einer inszenierten Gleichgültigkeit. Sie macht mit der Aussage „Wenn man es sich lang genug einbildet" deutlich, dass sie das für eine Ausrede hält. Damit signalisiert sie Rosa, sie nicht ernst zu nehmen. Die Zurückweisung der Positionierung nimmt sie sehr ernst nimmt und weigert sich, sich mit Rosas Sichtweise auseinanderzusetzen. Es kommt kein Gespräch über den Konflikt zustande.

Die Aussage von Katharina enthält eine Deprivilegierung, gegen die sich das Grundschulkind Rosa zur Wehr setzt. Sie nimmt eine Position des Protests gegen diese Besonderung ein, in der ihr ein besonderer Bedarf attestiert wird. Die Besonderung scheint sie als eine Veranderung wahrzunehmen, eine Entnormalisierung. Die Deprivilegierung von Rosa wird auf einer reflexiven Ebene dethematisiert – auf einer impliziten allerdings thematisiert. So bleibt der Konflikt sprachlich schwer zugänglich.

In ihrer Machtposition nimmt die Sozialpädagogin Katharina den Widerstand der Adressat_in nicht ernst, indem sie sich einer Auseinandersetzung im Gespräch entzieht. Dadurch, dass sie sich in ihrer Reaktion auf den Widerstand von Rosa über sie lustig macht und aufzeigt, dass sie nicht weiter mit Rosa darüber sprechen will, wird deutlich, dass sie zwar den Widerstand als Kritik an ihrer eigenen Aussage versteht, aber explizit in dieser Situation nicht auf den darin liegenden Konflikt eingehen wird. Sie wird Rosa weiterhin als *Andere* mit besonderem Bedarf sehen. Im weiteren Verlauf gibt Rosa ihren Protest – aber nicht ihren Widerstand – auf und isst ihren Teller inklusive Nachschub leer. Sie hat als Grundschülerin und als Adressatin der Sozialen Arbeit ihren Widerstand gegenüber einer erwachsenen Sozialpädagogin zum Ausdruck gebracht und zeigt sich damit als handlungsmächtig.

In mehreren Situationen in der Einrichtung ist Essen und der Zugang zu Essen Thema, das stets in einen Zusammenhang mit gesellschaftlichen Machtverhältnissen gebracht wird. Allerdings scheinen die Mitarbeiter_innen mit den Kindern und Jugendlichen Essen nicht als Grenzziehungsprozess innerhalb der Gesellschaft zu thematisieren. Stattdessen konzentrieren sie sich auf die Bearbeitung der Folgen gesellschaftlicher Grenzziehungsprozesse, die sie selbst aufrechterhalten. Bei Gesprächen über Essen finden viele Zuschreibungen und Deprivilegierungen statt, in denen Essen und Klasse miteinander verknüpft werden und die dominante Schlussfolgerung zu sein scheint: zu wenig Geld – kein gesundes Essen. Dass damit weitere Zuschreibungen und Positionierungen einhergehen, wird nicht thematisiert. Das Essverhalten der sozialpädagogischen Professionellen wird in abstrakter Form als „normal" und entsprechend den Anforderungen der dominant verhandelten Vorstellungen darüber dargestellt, was gesundes Essen ist. Dabei werden die Lebensrealitäten der Adressat_innen und deren Familien nicht in ihrer Vielfalt wahrgenommen und berücksichtigt.

7.3.3 Adressat_innen als Teil eines „Crazy Stadtteils"

Die Besonderung der Kinder und Jugendlichen lässt sich auch an anderen Stellen beobachten, etwa in der Bezeichnung des Stadtteils als „crazy".

Lisa bezeichnet den Stadtteil, in dem die Einrichtung liegt, als „crazy". Das wirkt wie ein Kompliment, eine liebevolle zugewandte Beschreibung des Umfelds ihres Arbeitsplatzes. Eine Auszeichnung, die den Stadtteil zu etwas Einzigartigem macht. Gleichzeitig wird eine binäre Aufteilung in *normal* und „crazy" angerufen. Sie stellt den Kontrast her, dass das, was den Stadtteil auszeichnet, eine fehlende Struktur ist. Das hat Folgen für die Arbeit der Professionellen in der Einrichtung. Lisa sieht ihre Arbeit mit dem Stadtteil eng verknüpft. Eine Anforderung, die demnach an die Mitarbeiter_innen im Jugendtreff gerichtet wird, ist Flexibilität und das Aushalten von Chaos.

Auch die Adressat_innen der Einrichtung bezeichnet Lisa als „crazy". Das Attribut wirkt wie eine Diagnose, auf die sie als Sozialpädagogin reagieren, mit der sie in ihrem Handeln umgehen muss, es scheint eine zärtliche Umschreibung für „unberechenbar" zu sein. Sie grenzt in diesem Fall „crazy" von „strukturiert" ab. Eine Folge sei, „flexibel [zu] reagieren auf alles mögliche". Was zunächst wie eine positive Bezeichnung wirkt, verdeckt bei näherem Hinsehen, dass Lebensweisen und Lebenssituationen beschönigt werden, die von Deprivilegierung und Diskriminierung gekennzeichnet sind. Auch wenn die anderen professionell in dieser Einrichtung Tätigen diese Formulierung so nicht verwenden, scheint sich ein Common Sense dahinter zu verbergen, eine Einschätzung, die alle teilen. Sie führt dazu, dass vermieden wird, Macht- und Ungleichheitskonstellationen explizit zu thematisieren.

Die Besonderung des Stadtteils als „crazy Stadtteil" binden die Mitarbeiter_innen an besondere Beobachtungen: der Bedarf der Weiterentwicklung der Schulkindbetreuung, spezielle Wohnsituationen der Menschen, Lebenssituationen der Personen, die im Stadtteil leben, besondere Geschichten, aber auch nonkonformes Verhalten, dass z. B. erwachsene Männer tagsüber auf einen Parkplatz pinkeln (Beobachtungsprotokoll). In der Aussage „crazy Stadtteil" steckt demnach auch der Versuch, Verhalten oder Lebensweisen zu erklären, die sie nicht nachvollziehen können. Sie benutzen den Ausdruck als eine Art Sammelbegriff, der es ermöglicht, den Stadtteil und seine Bewohner_innen zu beschreiben, ohne auf konkrete – eventuell auch schwierige – Themen eingehen zu müssen. Gleichzeitig steckt darin ein Bewusstsein darüber, dass die Kinder und Jugendlichen dieser Unstrukturiertheit ausgesetzt sind und dass damit ein bestimmtes Leiden einhergehen könnte.

Zu einer weiteren *crazyness* des Stadtteils gehört aus der Sicht der Mitarbeiterin auch, dass die Partei REP dort ein Wahlplakat aufgehängt hat, auf dem steht „Das Boot ist voll".

> Lisa schaut zum Fenster raus, wo sie gerade steht und sagt zu Robert, Sascha, Katharina und mir: „Habt Ihr das schon gesehen, das Wahlplakat da drüben?" Wir stehen alle von unseren Stühlen auf und schauen raus. Da hängt ein Plakat der Republikaner mit dem Slogan: „Das Boot ist voll." Lisa sagt: „Dass die sich das trauen hier!" (Beobachtungsprotokoll)

Die Aussage von Lisa „Dass die sich das trauen hier!" zeigt, dass sie Widerstand, zumindest keine Zustimmung zu diesem Plakat im Stadtteil erwartet. Lisas Ausruf bezieht sich wohl darauf, dass die Aussage auf dem Plakat als eine Kritik an dem Stadtteil selbst verstanden werden kann. Der Satz auf dem Plakat der Partei, die sich selbst als rechtskonservativ bezeichnet, allerdings als rechtsextrem einzustufen ist, beinhaltet eine auf Rassismus und Klassismus beruhende Abwertung und Ausschließung von rassistisch markierten Personengruppen. Im Stadtteil wohnen viele Personen, die sich negativ von diesem Plakat angesprochen fühlen könnten. Sie werden als Menschen positioniert, die nicht berechtigt sind, *hier zu sein*, ihnen wird die Verantwortung übertragen, *zu viel zu sein*. Darüber empört sich die Mitarbeiterin. Gleichzeitig sieht sie nicht, dass in dem Stadtteil sicher auch Personen wohnen, die sich sehr wohl positiv von diesem Plakat angesprochen fühlen – eben weil es Personen im Stadtteil gibt, die eine deprivilegierende familiäre Migrationsgeschichte haben.

> Lisa sagt, sie würde es am liebsten abreißen, aber dann bekomme sie Ärger. Katharina sagt, sie könne das ruhig machen, der [Politiker im Wahlkreis] habe auf dem Bauernmarkt auch ein Plakat der Alternative für Deutschland abgehängt und weg geworfen. (Beobachtungsprotokoll)

Die Mitarbeiterin Lisa verteidigt den von ihr als „crazy" bezeichneten Stadtteil und ergreift Partei für die Personen, die sie dort verortet. Sie scheint das Bedürfnis zu haben, sie vor der Konfrontation mit diesem diskriminierenden, rassistischen und entwürdigenden Plakat zu bewahren. Gleichzeitig scheint sie sich nicht dazu berechtigt zu fühlen, das Plakat zu entfernen. Die Leiterin der Einrichtung, die selbst parteipolitisch in der SPD aktiv ist, ermuntert sie allerdings dazu und nennt einen Politiker als Beispiel, den sie sich als Vorbild nehmen könne. Dieser habe bei einer Wahlveranstaltung auf einem Bauernmarkt ein Plakat der AfD entfernt und weggeworfen. Allerdings geht im Anschluss an das Gespräch keine der beiden hinaus, um das Plakat von der Wand zu reißen.

Auch hier erörtern die Mitarbeitenden nicht, was genau an dem Plakat sie empört und warum sie es für richtig halten, es abzuhängen. Explizit wird selten benannt, was sie als Problem erachten. Problematiken werden in einer abmildernden Form umschrieben, z. B., dass eine Familie „Hartz 4" empfängt. Häufig folgt daraufhin gleich die Beschreibung, welche Handlungen und Konsequenzen das für ihre Arbeit hat, in diesem Fall, dass sie sich mit der Familie um Gutscheine kümmern. Thematiken wie Armut im gesellschaftlichen Kontext werden allerdings nicht eingehend diskutiert. Hier scheint es interessant anzumerken, dass zumindest die Leitung ein Bewusstsein für die Verwobenheit von Ungleichheit auf struktureller sowie subjektiver Ebene zu haben scheint, da sie selbst parteipolitisch aktiv ist und sich auf dieser Ebene gegen Benachteiligung, soziale Ungleichheit und für soziale Gerechtigkeit einsetzt.

Auch wenn die Bezeichnung „crazy Stadtteil" als Gegensatz zu „strukturiert" und „planbar" genutzt wird, steht sie doch nicht für ein umfassendes Chaos. Vielmehr geht die Sozialpädagogin davon aus, dass die Menschen im Stadtteil mit den Herausforderungen, die mit ihrer Deprivilegierung einhergehen, einen Umgang gefunden haben. Dazu gehört bspw., dass Familien das Angebot der Einrichtung in Anspruch nehmen und ihre Kinder vertrauensvoll dorthin schicken: zur Flexi, zu den Offenen Angeboten, Freizeitangebote wie Tanzen, Töpfern, Rumhängen, Theater spielen oder Beratung für herausfordernde Lebenslagen bekommen. Hier erleben sich die Mitarbeiter_innen als wichtige Institution im Stadtteil. Mit der Bezeichnung „crazy" verleihen sie sich eine Art Expert_innentum für den Stadtteil: Sie kennen den Stadtteil, die Schwierigkeiten, die Möglichkeiten, die Bewohner_innen, die Herausforderungen, die Besonderheiten. Durch dieses Verstehen grenzen sich die Mitarbeiter_innen von den Personen außerhalb des Stadtteils ab. Auch für die Mitarbeiter_innen scheint es nicht immer selbstverständlich, was sie in dem Stadtteil beobachten. Doch haben sie sich den Expert_innenstatus erarbeitet, über den sie innerhalb des Stadtteils handlungsfähig sind und gegenüber den Bewohner_innen respektvoll agieren können. Dabei akzeptieren sie die Besonderheiten des Stadtteils und reflektieren den eigenen Bewertungshorizont. Das scheint dazu beizutragen, dass sich die Mitarbeiter_innen als handlungsfähig sowie als professionell empfinden.

Gleichzeitig wird in der liebevollen Bezeichnung „crazy" Deprivilegierung thematisiert, allerdings ohne auf *konkrete* Formen der Deprivilegierung einzugehen. Vergleichbar scheint das mit Bezeichnungen wie „mit Migrationshintergrund" zu sein – weniger liebevoll und mehr statistisch. Darin werden ebenfalls diverse Positionierungen zusammengefasst und Machtungleichheiten wie Rassismuserfahrungen unsichtbar gemacht. Der Ausdruck suggeriert, mit Herausforderungen umgehen zu können und versteckt gleichzeitig konkrete Anknüpfungspunkte, auf die konkret nicht reagiert werden kann, da sie nicht benannt werden. Daher wirken solche Bezeichnungen eher homogenisierend und letztendlich stigmatisierend – sie suggerieren Handlungsfähigkeit dort, wo sie eigentlich verstellt ist.

7.3.4 Logik des Feldes

Unter den beobachteten Einrichtungen ist diese die einzige, deren Mitarbeiter_innen mich als Beobachterin explizit darauf hinweisen, dass ich bestimmte Dinge nicht *interpretieren* solle. Zudem machen sie einander warnend auf meine Anwesenheit aufmerksam. Sie haben mir gegenüber ein bestimmtes Misstrauen, was sie mich auch immer wieder spüren lassen. Mein Eindruck ist, dass sie davon ausgehen, ihre Arbeit gut zu machen. Vorstellungen von sozialpädagogischer Professionalität verhandeln sie dabei nicht als dominante. So weist mich ein Mitarbeiter ganz zu Beginn in der Teamsitzung, in der ich mich vorstelle, darauf hin, dass sie hier Alltagssprache verwenden und ich solle nicht notieren, sie würden rassistische Begriffe verwenden, das hätten sie schon einmal gehabt. In einer anderen Situation, in der ich ein vertrauensvolles Gespräch zu stören scheine, das während der Hausaufgabenbetreuung stattfindet, sagt der Praktikant, sie müssten jetzt vorsichtig sein, der „Spion"[51] (Beobachtungsprotokoll) sei da.

---

51 Der Praktikant entschuldigt sich später bei mir dafür, dass er mich so genannt hat. Er erklärt, „dass er etwas ungehalten gewesen sei" (Beobachtungsprotokoll).

Diese Skepsis mir gegenüber scheint sich im Verlauf meines Aufenthalts dort zu verändern. Sie verringert sich, vergrößert sich aber auch wieder[52].

Die Mitarbeiter_innen scheinen ein großes Unbehagen dabei zu spüren, bei ihrer Arbeit beobachtet zu werden, während sie sich selbst in einer Umbruch- und Orientierungsphase befinden. Diese bezieht sich zwar auf die Einrichtung, wirkt sich aber auch auf das Privatleben der Mitarbeiter_innen aus und führt sie in unsichere Lebenssituationen: Bereits während meiner Beobachtungsphase dort, wechselt eine Mitarbeiterin die Stelle und in den Jahren danach scheinen alle Mitarbeiter_innen bis auf das Leitungsteam die Einrichtung verlassen zu haben. Einige treffen in anderen Einrichtungen wieder aufeinander. Die Themen, die sie beschäftigen, scheinen sich nicht zu ändern. So arbeitet die Sozialpädagogin Lisa in einer Einrichtung der OKJA und ist für die Kooperation mit einer Schule zuständig, die Nachmittagsbetreuung organisiert. Auf der HP dieser Kooperation findet sich die Überschrift „Offene Ganztagsschule vs. Offene Kinder- und Jugendarbeit [...] Gemeinsam Schule und Bildung gestalten". Sie scheint konflikthafte Themen aus ihrer Zeit in der Einrichtung in ihre Tätigkeiten als Sozialpädagogin integriert zu haben.

Die Mitarbeiter_innen thematisieren den Anspruch, dass die Flexi erweitert wird, um mehr Kinder aus dem Stadtteil zu erreichen. Einerseits sollen dabei die Familien entlastet werden. Belastungen sind Kinderbetreuung neben der Erwerbsarbeit, die Einnahme gesunden Essens, auf die Überforderung von Familien, zu wenig Wohnraum zur Verfügung zu haben etc. Andererseits soll damit auch das Bestehen der Einrichtung gesichert werden – die Besucher_innenzahlen sanken in den letzten Jahren. Die Erweiterung führt zu einer Umbruchstimmung, die darauf beruht, dass die Mitarbeiter_innen der Einrichtung komplett neue Strukturen erarbeiten, mit einer neuen Anzahl von zum Teil nicht professionellen Mitarbeiter_innen umgehen (müssen), neue Kooperationen koordinieren sowie gleichzeitig ein neues gemeinsames Selbstverständnis entwickeln müssen, das zur Zeit der Beobachtung stark erschüttert zu sein scheint. Einige Mitarbeiter_innen beschäftigen sich mit dem Widerspruch zwischen der OKJA und ihrem Prinzip der Freiwilligkeit bzw. der Anmeldesituation zur Flexi wie auch den Folgen für ihre Arbeit. Diese Situation und die Herausforderungen erfordern Zeit, die nicht zur Verfügung steht, denn die Adressat_innen kommen bereits in die Einrichtung und fordern das Angebot ein. Daher stehen die Professionellen unter extremem Handlungsdruck. Dieser kennzeichnet jede pädagogische Situation, in der Situation der Umbruchstimmung aber, die nicht vorbereitet zu sein scheint, steigt dieser weiter an.

---

52 An einer anderen Stelle erzählt mir Lisa, dass sie gar nicht merke, wenn ich da sei und sie beobachte, und dass es sogar so sei, dass sowohl Mitarbeiter_innen als auch Kinder und Jugendliche nach mir fragen, wenn ich mal nicht da sei.

Die Weiterentwicklung der Flexi geht mit der Sorge einher, dass sich die Altersstruktur des Hauses verändert: Es wird befürchtet, dass die älteren Jugendlichen von der Anwesenheit der jüngeren Kinder abgeschreckt werden und gar nicht mehr kommen. Insbesondere die Mitarbeiter_innen, die tendenziell gegen die Erweiterung eingestellt sind, sehen diese Entwicklung als negativ. Allerdings scheinen sie in dieser akuten Umbruchstimmung nicht in der Lage zu sein, konzeptionell damit umzugehen und eine Idee von Gleichzeitigkeit der Besucher_innengruppen zu entwickeln. Da das Team im Umgang mit einer diversen Besucher_innenstruktur weder Konzept noch Sprechkultur entwickelt hat, kann es in der krisenhaften Zeit auf ein solches nicht zurückgreifen. Es gibt einen nicht thematisierten Konsens darüber, wie mit unterschiedlichen Gruppen innerhalb der sehr großen Einrichtung umgegangen wurde. Feste Gruppenangebote wurden bspw. für einzelne Gruppierungen angeboten, für die Zeiten festgelegt wurden. Diese Gruppen waren aus einer Perspektive der OKJA zwar vom Prinzip der Freiwilligkeit geprägt, doch die Anwesenheit der Gruppe und ein enges Zeitfenster von zwei Stunden pro Woche begrenzten es wiederum.

Eine dieser Gruppen scheint eine Reaktion auf dominanzkulturelle Defizitzuschreibungen zu sein. Sie wird homogenisiert mit „türkische" und „kurdische Jungen" beschrieben, ihnen wird unzivilisiertes Verhalten, Maßlosigkeit in Bezug auf Essen sowie „Deutschenfeindlichkeit" entweder explizit oder implizit attestiert. Das sind die Punkte, an denen die Sozialpädagogin sowie der Praktikant die Notwendigkeit festmachen, sozialpädagogisch zu handeln. Dabei ist v. a. die Sozialpädagogin weniger im Gespräch mit den Jugendlichen, sondern spricht eher *über* sie. Diese Beobachtung legt nahe, dass ihre Beschreibungen und Erklärungen zur Gruppe aus Beobachtungen mit einer dominanzkulturellen Perspektive stammen und nicht Ergebnis reflexiver Auseinandersetzungen mit der Gruppe, ihren TN, ihren Geschichten und Erlebnissen sind. Ungleichheits- und Machtverhältnisse sowie Erfahrungen von De-/Privilegierung dethematisiert die Sozialpädagogin.

Eine weitere Folge aus der Umbruchstimmung ist die Sichtbarkeit der unterschiedlichen Positionen im Team, entweder aufgrund der Machtstellung oder/und aufgrund einer disziplinären Zugehörigkeit. So argumentieren die Erzieher_innen, die die Organisation der Flexi übernommen haben, die Sozialpädagog_innen, die sich kritisch gegenüber der Flexi positionieren, und die beiden Leitungspersonen jeweils aus ihren Perspektiven mit dem jeweiligen Hintergrund. Während die Erzieher_innen Begriffe wie „Aufsichtspflicht" verwenden und die Perspektive der Kinder betonen, damit ihre eigene Stelle rechtfertigen und handlungsorientiert mit den Herausforderungen umgehen, beurteilen die Sozialpädagog_innen die Entwicklungen kritisch. Sie identifizieren sich mit den Merkmalen der OKJA und sehen, dass die Entwicklungen von den Prinzipen OKJA abweichen. Eine Perspektive, die aus einer scheinbar weniger dringenden Betroffenheit ausgeht, ist die des Leitungsteams: Sie gehen davon aus, dass sich mit der Zeit die Herausforderungen auflösen werden – sie sehen die Krise als zeitlich begrenzt. Daher erkennen sie in mehreren praktischen Problemen weder Handlungs- noch Diskussionsbedarf. Sowohl die Befürworter_innen als auch die Kritiker_innen der Flexi konstatieren ihn, wenn auch auf unterschiedlichen Ebenen. Sie bleiben mit ihrer Unzufriedenheit auf sich gestellt.

Die Einrichtung hat scheinbar keine Gesprächskultur über kontroverse Meinungen im Team entwickelt. So organisiert die Sozialpädagogin Lisa „Visionstage", die dazu dienen sollen, dass sich das Team über die unterschiedlichen professionellen Positionen und deren Berechtigung und Folgen daraus austauschen können. Der Raum, der bisher zum Austausch vorgesehen war, für Besprechungen im kleinen sowie im großen Team, scheint zu eng geworden zu sein: Teamsitzungen wirken auf mich stressig und zu kurz. Stets werden Sprecher_innen aufgefordert, sich kurz zu fassen, Themen an anderen Stellen zu platzieren, etwas unbearbeitet zu lassen, Relevanzen anders zu setzen etc. Anliegen bleiben aus meiner Beobachtung heraus häufig ungehört. Eine Erzieherin bringt bspw. mehrmals das Thema ein, die Perspektive der Grundschulkinder ernst zu nehmen. Als eigener Punkt in der Teamdiskussion wird das allerdings nie aufgegriffen. Die Priorität scheint darauf zu liegen, dass Abläufe funktionieren, ohne auf die jeweiligen betroffenen Subjekte und ihre Bedürfnisse zu achten.

Das Relevant-Setzen des *Funktionieren von Abläufen* könnte Folge der strukturellen Zusammenarbeit sowohl mit der Stadt als auch der gegenüberliegenden Grundschule sein. Hier haben die beiden kooperierenden Einrichtungen der OKJA wenig gleichberechtigtes Mitspracherecht in der Entwicklung von Lösungen oder werden mit der Entwicklung von Lösungen allein gelassen. Sowohl von der Stadt als Auftraggeberin als auch von der Schule als Kooperationspartnerin kommen nur Vorgaben, aber keine Einladung zum gemeinsamen Entwickeln einer Vorgehensweise. Schule und Stadt werden mehr als Kontrollinstanzen denn als gleichberechtigte Kooperationspartnerinnen empfunden. Das Leitungsteam scheint sich damit abgefunden zu haben und gibt diese Verantwortung an das Team weiter. Erst nach einigen misslichen Situationen und mehrmaligem Bitten tauschen sich die Leitungen der beiden Einrichtungen der OKJA über die Übergänge zwischen den beiden nahe gelegenen Einrichtungen aus.

Eine weitere Thematik, die die Einrichtung begleitet, ist das Angebot von Essen – entweder in Form eines Mittagessens für die Grundschulkinder der Flexi oder auch in Form von Zwischenmahlzeiten für alle Kinder und Jugendlichen. Die Kinder der Flexi bekommen eine gekochte Mahlzeit, für die die Familien zahlen. Das warme Essen verstehen die Mitarbeiter_innen nicht als selbstverständliches Angebot, sondern als Reaktion auf ihre Einschätzung darüber, wie gut die Kinder ernährt sind. Es wurde ein Defizit erkannt, worauf sie mit dem Angebot des Mittagessens reagieren. Die Thematisierung mit den Kindern verläuft ebenfalls defizitorientiert. Die Verknüpfung von Essen/Hunger und sozialer Herkunft verdeutlicht, wie machtvoll die Defizitzuschreibung durch die Sozialpädagogin als

Grenzziehungsprozess wirkt. Dass sich ein Kind gegenüber dieser Art der Thematisierung sowie ihrer Positionierung als deprivilegiert verwehrt und damit widerständig handelt, zeugt von Handlungsmacht und Subjektivierung. Grenzziehungsprozesse aufgrund von Essen stößt die Sozialpädagogin Ruth auch in der Jungengruppe an. Auch dort beobachte ich Defizitzuschreibungen mit Blick auf das Essverhalten der Jugendlichen, das ins Verhältnis zu Körpernormen, Klasse sowie natio-ethno-kulturellen Zuschreibungen gesetzt wurde.

Deutlich wird, dass sich die Einrichtung durch die Veränderungen in einer krisenhaften Umbruchstimmung befindet, in der sich sowohl für die Mitarbeiter_innen als auch für die Kinder und Jugendlichen Vieles neu zu ordnen scheint. Allerdings zeigen sich auch Themen der Einrichtung, die vor dem Umbruch bereits bestanden wie bspw., dass alle Mitarbeiter_innen freundschaftlich zusammenarbeiten, es ihnen dabei allerdings schwerfällt, unterschiedliche professionelle Haltungen zu thematisieren und damit umzugehen. Ein weiteres Thema ist eine andere Art der Dethematisierung: die Taktik, liebevolle Umschreibungen der Adressat_innen zu verwenden, anstatt Formen der Deprivilegierung sichtbar und damit bearbeitbar zu machen. Es bilden sich Allianzen zwischen Mitarbeiter_innen, die auch darauf zurückzuführen sind, dass Thematisierungen im Raum, der dafür vorgesehen ist, in den Teamsitzungen, v. a. vom Leitungsteam, stark eingeschränkt werden. Umgangsweisen mit Herausforderungen werden dann zwischen einzelnen Mitarbeiter_innen entschieden, ohne das gesamte Team einzubeziehen oder auch nur zu informieren. Häufig werden dabei dominanzkulturelle sowie defizitorientierte Perspektiven eingenommen, die die Gruppe der Kinder und Jugendlichen homogenisieren.

7.4 „Brauchst Du Hilfe?" – der *Internationale Mädchentreff*

Der IMT, eine Einrichtung der OKJA, liegt in einem Stadtteil, der sich aufgrund von Gentrifizierung stark verändert. Die Einrichtung befindet sich im Hinterhof des Büros des Quartiersmanagements und ist historisch mit dem Stadtteil verbunden. Zu Beginn der 1990er Jahre baute die Gründerin einer Hausaufgabenhilfe diese zum IMT aus. Die *Hausaufgabenhilfe International* war lange eine zentrale Aufgabe des städtischen Trägers. Sie fand an mehreren Orten meist in Kooperation mit Grundschulen statt. Diese entstanden im Zeitgeist des Multikulturalismus. Diese Orientierung an Hausaufgaben hat die Einrichtung der OKJA bis heute beibehalten. Die Gründerin beschreibt die Einrichtung retrospektiv als „Ort der

Freiheit", an dem Mädchen[53] ein geschützter Raum zur Verfügung steht, in dem sie sich „entfalten" können.

In der Einrichtung sind eine Leitungsperson in Vollzeit und eine weitere Sozialpädagogin zu 50 Prozent festangestellt. Die Leitung Zeynep arbeitet seit gut 20 Jahren als Sozialpädagogin in der Einrichtung, die Sozialpädagogin Steffy seit einem Jahr. Zuvor war sie als Honorarkraft in der Einrichtung tätig. Die meisten Mitarbeiterinnen sind Honorarkräfte und werden von den hauptamtlichen Mitarbeiterinnen als Ehrenamtliche bezeichnet. Sie bekommen eine sogenannte Aufwandsentschädigung. Der Aufgabenbereich der Honorarkräfte ist die Unterstützung der Adressatinnen bei schulischen Aufgaben wie beim Erledigen von Hausaufgaben oder beim Lernen. Stets wird folgende Frage gestellt: „Brauchst Du Hilfe?" Die Mädchen_ werden in dieser Situation immer wieder als Hilfesuchende adressiert und müssen dieser Zuschreibung zustimmen, wenn sie Unterstützung bei den Hausaufgaben erhalten wollen. Einige der Honorarkräfte übernehmen noch weitere Aufgaben, die einen bestimmten Bereich der Einrichtung betreffen. So setzt eine Honorarkraft ein wöchentlich stattfindendes Kreativangebot um, eine andere ist Ansprechpartnerin für die festangestellten Sozialpädagoginnen bei Fragen rund um den PC (bestimmte Programme, Gestaltung der HP, Gestaltung der Facebook-Seite, bestimmte Handgriffe, Installation des Druckers etc.). Es entsteht der Eindruck, dass die Mitarbeiterinnen, die eine weitere Aufgabe als die Begleitung im Hausaufgabenbereich übernehmen, hierarchisch höhergestellt sind.

Die Einrichtung adressiert ausschließlich „Mädchen". Im Titel trägt sie das Wort „international". Dadurch wird auch die Besucherinnen_struktur beeinflusst: nur wer sich als „international" wahrnimmt, fühlt sich auch von der Einrichtung angesprochen. Die Besucherinnen_ sind zwischen 8 und 18 Jahren alt und kommen vordergründig meist, um Hausaufgaben zu machen. Die meisten von ihnen kommen aus dem Stadtteil selbst, allerdings suchen auch Mädchen_ aus weiter entfernten Stadtteilen die Einrichtung auf. In Gesprächen erfahre ich, dass das damit zusammenhängen könnte, dass der Fokus darauf liegt, bei den Hausaufgaben zu helfen. Eltern begrüßen dieses Angebot. Zudem dürfen nur Mädchen den Treff besuchen: Manche Eltern scheinen es zu befürworten, dass keine Jungs_ in den Treff kommen (dürfen).

Den meisten Mädchen_, die die Einrichtung besuchen, wird ein Migrationshintergrund zumindest unterstellt. Mädchen_, die den Treff besuchen wollen, müssen ein Anmeldeverfahren durchlaufen, in dem sie u. a. ihren Namen, die Namen und Telefonnummern der Eltern, die Nationalität der Eltern, das Geburtsdatum angeben müssen und auch, ob sie noch weitere Angebote besuchen

---

53 In diesem Kapitel schreibe ich sowohl Mädchen_ als auch Mädchen. Das ist dem geschuldet, dass ich in der Einrichtung keinen Hinweis darauf finden konnte, ob sie Mädchen oder Mädchen_ adressiert.

wollen. Als zwei jüngere Mädchen einen Anmeldebogen ausfüllen, fragen sie sich, warum sie „Nationalität" und „Kultur" angeben sollen.:

> Sie sagen, dass sie die Nummer 6 nicht verstehen. Zeynep steht auf und geht zu ihnen hinüber. Sie sagt währenddessen, dass das kein Problem sei, dass sie deswegen ja da seien. Zeynep setzt sich zu ihnen. Sie fragen, was Nationalität und Kultur seien. Zeynep sagt, dass die beiden Mädchen bestimmt hier geboren seien, aber wo ihre Eltern geboren seien. Sie sagen, dass sie hier geboren seien und auch ihre Eltern hier geboren seien. *Ich bekomme nicht alles so gut mit, weil ich gleichzeitig mit Sila rede.* Ich höre, dass Zeynep den Mädchen erklärt, warum sie eine Telefonnummer ihrer Eltern bräuchte. Sie erzählt, dass sie schon mal den Krankenwagen hier hatte und ein Mädchen mitgenommen werden musste und fragt dann, wen sie dann informieren sollten. Die Mädchen schauen sie an, eines der Mädchen sagt, „Die Eltern." Zeynep sagt, dass das der Grund sei, warum sie die Nummer der Eltern bräuchten. (Beobachtungsprotokoll)

Den Familien der Mädchen wird demnach generationenübergreifend eine *andere* „Nationalität" und „Kultur" unterstellt und die Mädchen werden in eine Situation gebracht, in der sie sich positionieren *müssen*. Jedes Mädchen, das den IMT besucht, muss diese Fragen aus dem Formular beantworten. „Dabei ist zentral, dass in organisationsspezifischen Praktiken auch die Subjekte von Organisationen auf je spezifische Weise hervorgebracht werden." (Machold 2015b, S. 38) So wird in dieser Praxis der Anmeldung – allein schon dadurch, dass es ein Formular gibt – eine natio-ethno-kulturelle Zugehörigkeit[54] der adressierten Subjekte hergestellt, die thematisierenswert erscheint. Diese Praxis ist nur unter Rekurs auf einen gesamtgesellschaftlichen rassistischen Diskurs möglich, in dem *Andere* in der Sozialen Arbeit als besonders unterstützenswert gelabelt werden[55].

Einige der Mädchen bleiben über das Hausaufgabenmachen hinaus in der Einrichtung und treffen sich in der Küche, um Kleinigkeiten zu kochen: In der Zeit, in der ich die Einrichtung beobachte, bereiten sie sich am häufigsten die YumYum-Tütensuppe zu. In der Küche ist Raum, um sich zu unterhalten und sich zu treffen. Im PC-Raum nutzen die Mädchen_ die PCs. Zudem werden Ak-

---

54 „Wenn in Deutschland von ‚Migrant/innen', ‚Ausländern', ‚Polen', von ‚Migrantenkindern', von ‚Deutschen' oder ‚Brasilianer/innen' die Rede ist, dann – so die hier formulierte These – ist in der Regel nicht allein von *Kultur, Nation* oder *Ethnizität* die Rede, sondern in einer diffusen und mehrwertigen Weise von den auch begrifflich aufeinander verweisenden Ausdrücken *Kultur, Nation* und *Ethnizität*. Der Ausdruck natio-ethno-kulturell zeigt dies an. Er ruft in Erinnerung, dass die sozialen Zugehörigkeitsordnungen, für die Phänomene der Migration bedeutsam sind, von einer diffusen, auf Fantasie basierenden, unbestimmten und mehrwertigen ‚Wir'-Einheit strukturiert werden." (Mecheril/Castro Varela/Inci/Kalpaka/Melter 2010, S. 14)

55 Denn sicherlich bezieht sich die Praxis, das Formular auszufüllen, auf strukturelle Anforderungen, was Förderung und Finanzierung der Einrichtung sichert und somit auch notwendig für ihr Bestehen ist. Es bleibt allerdings die Frage, wie die Fachkräfte das Ausfüllen begleiten.

tivitäten wie Kochen oder Basteln angeboten. Außerhalb der Einrichtung gehen die Honorarkräfte mit den Mädchen_ auf den Spielplatz oder unternehmen v. a. in den Schulferien auch größere Ausflüge mit ihnen. Die Einrichtung öffnet täglich von 15 bis 19 Uhr.

Die Markierung des Alters wirkt sich ebenfalls darauf aus, wie in der Einrichtung der KJH gelebt und gearbeitet wird: Als Pendant hatte sich im selben Stadtteil in unmittelbarer Nähe zu der Einrichtung der OKJA ein Café für Frauen gegründet. Dieses allerdings wurde nach einer kurzen Zeit wieder geschlossen. Am Alter der Adressatinnen_gruppe wird besonders die Aufgabe der formalen Bildungsqualifikation und die Vorbereitung auf formalisierte Übergänge in diesem Bereich. Operationalisiert hat die Einrichtung das dadurch, dass sie das Unterstützen bei schulischen Aufgaben priorisiert: Lernen, Hausaufgaben, Bewerbungen für den weiteren Bildungsweg.

Die Einrichtung befindet sich in einem alten Gebäude im Hinterhof. Das Gebäude und die Räume der Einrichtung sind nur bedingt geeignet für eine Einrichtung der OKJA. Die Mädchen_ erreichen die Räume über eine steile Treppe. Um unteren Raum ist es meist dunkel und kalt. Zwar wurden einige Maßnahmen in die Wege geleitet, die baurechtlich sinnvoll sind, aber nicht zur Wohnlichkeit der Räume beitragen. So erzählt bspw. die Leitung, dass eine Brandschutztür eingebaut werden musste, was zur Folge hatte, dass im unteren Bereich ein „Kälteloch" (Beobachtungsprotokoll) entstand. Sie befürchte nun, dass neben der Kälte auch Schimmel einziehe. Auch für die Einrichtung habe sie wenig oder kein Geld zur Verfügung, weswegen in den Räumen nur alte Möbel stünden. Sie kümmere sich daher immer wieder um gebrauchte Sachen, die sie geschenkt bekommen. Aktuell seien sie dabei, umzuräumen und in Zusammenarbeit mit z. B. der Grünen Jugend zu streichen oder Ähnliches. Gleichzeitig habe sie das erste Mal seit 20 Jahren etwas Geld. Im Anschluss an eine Neubesetzung in der Stadt entschied diese, dass mehr Geld in die Einrichtung fließen müsse. Schwierigkeiten bereite ihr bei dieser Aktion immer wieder die Vermieterin, eine kommunale Wohnungsbaugesellschaft, die bauliche Maßnahmen verhindert wie größere Heizkörper in den größeren Räumen zu installieren und zu große Heizkörper aus den kleineren Räumen zu entfernen. Die Einrichtung befindet sich demnach rein materialisiert-räumlich in einem prekären Zustand, wofür die Leitung äußere Umstände und fremde Zuständigkeiten verantwortlich macht.

In der Zeit, in der ich am Alltag der Einrichtung teilnehme und sie beobachte, fällt mir auf, dass sich die beiden hauptamtlichen Mitarbeiterinnen, die als Sozialpädagoginnen eingestellt sind, vorwiegend um organisatorische Dinge zu kümmern scheinen. Sie wirken eher wie Managerinnen der Einrichtung, die mit Arbeit überlastet sind. Die Tätigkeiten, die im direkten Kontakt mit den Mädchen_ und jungen Frauen_ stattfinden, übernehmen größtenteils die überwiegend im sozialpädagogischen Bereich unausgebildeten Honorarkräfte. Die Schreibtische der beiden Hauptamtlichen stehen im Hauptraum der Einrichtung, in dem auch die Hausaufgaben gemacht und begleitet werden. Ihre Schreibtische stehen in einer Linie und sie blicken beide in den Raum hinein. Auf diese Weise bekommen sie alles mit. Häufig kommentieren sie Geschehnisse, Aussagen, Praxen, die sich zwischen den Mädchen_, zwischen den Honorarkräften sowie zwischen den Mädchen_ und den Honorarkräften abspielen. Durch ihre Präsenz hinter den beiden nebeneinanderstehenden Schreibtischen und dem Blick, der in den Raum gerichtet ist, sind sie immer wahrnehmbar und als Ansprechpartnerinnen der Adressatinnen_ bei organisatorischen Fragen und Anliegen gut zu erreichen. Gleichzeitig stellt das Sitzen hinter den Schreibtischen räumlich eine Art Barriere her, die nicht ohne Weiteres durchbrochen wird. Häufig habe ich den Eindruck – auch aus meiner Perspektive der Beobachterin und des Gasts in der Einrichtung –, dass die Anordnung im Raum dazu führt, dass die beiden Sozialpädagoginnen nur bei *wichtigen* Dingen angesprochen werden und das Gefühl vermitteln, nicht gestört werden zu wollen.

Im Folgenden möchte ich darauf eingehen, welche Ordnung in der Organisation der Sozialen Arbeit dominant ist und wie jeweils Akteurinnen_ darin positioniert werden und sich positionieren. Insbesondere werde ich mein Augenmerk auf Widersprüchlichkeiten lenken, die sich aus dem Material ergeben haben und auch in und durch die Analyse nicht aufzulösen sind. Sowohl bei der Erhebung als auch bei der Analyse habe ich meinen Fokus stärker auf die hauptamtlichen Mitarbeiterinnen als *Gestalterinnen* der Einrichtung verschoben.

7.4.1 Der Standort der Einrichtung

Die Stadt, in der die Einrichtung liegt, gilt als Vorreiterin, was interkulturelle Bemühungen angeht. Sie wird im politischen Diskurs als Arbeiterstadt gehandelt und häufig mit *multikulti* assoziiert. In ihrer Außendarstellung über bspw. das Stadtmarketing spielt Migration eine große Rolle. Der Diskurs bezieht ebenfalls Filme, Ausstellungen, das Programm des Theaters etc. ein. In dieser Darstellung finden sich einerseits dominanzkulturelle Zuschreibungen, die auch als rassistisch zu bezeichnen sind, da immer wieder auf Kulturalisierungen, Ethnisierungen und Nationalismen zurückgegriffen wird. Denn sie waren v. a. Teil der vergangenen Auseinandersetzung aus dominanzkultureller Perspektive[56]. Andererseits kann die Stadt viele sehr progressive, transformative Projekte vorweisen,

---

56 Zu dem Stadtteil gibt es aus unterschiedlichen Richtungen schon einiges an Forschungsprojekten und Ergebnisdokumentationen aus postkolonialer, aus städtebaulicher, aus einer gentrifizierungskritischen und ethnologischen Perspektive. Zugunsten einer Anonymisierung verzichte ich darauf, die Titel der Publikationen aufzuzählen. Vielmehr berufe ich mich auf sie wie auf Datenmaterial, das mir zur Kontextualisierung meiner Beobachtungen und Interviews dient.

die über diese vereinheitlichenden Zuschreibungen hinausgehen. In die Widersprüchlichkeit ist auch der Stadtteil involviert, um den es im Folgenden geht.

Er befindet sich am Rand des Innenstadtbereichs der Großstadt. Zudem ist er dichtbesiedelt und von einer künstlerischen und studentischen Szene geprägt. In den 1970er Jahren entstand in dem Stadtteil ein Rotlichtbezirk, der bis in die frühen 2000er Jahre Bestand hatte. Zu dieser Zeit wird er häufig als „Amüsierviertel", „Ausländerviertel" und „sozialer Brennpunkt" beschrieben. Mittlerweile gilt er als kultig und hip. Auffällig ist, dass die Straßen sehr lebendig sind, tagsüber halten sich dort viele Kinder auf. Der Stadtteil gilt als benachteiligt. Bei der Gründung der Einrichtung, die ca. 30 Jahre liegt, sind diese Zuschreibungen sehr stark: Das Straßenbild ist geprägt von Geschäften, die einen türkischen Namen haben, einer Bewohner_innenstruktur, der Migrationshintergrund zugeschrieben wird, die Mieten sind günstig, Sprachen, die man hört, sind vielfältig. Es ist ferner von Männern bestimmt. Am Übergang in die Innenstadtsicht steht eine Moschee, neben der ein kleiner Lebensmittelladen mit der Werbung für halal steht. Unmittelbar daneben befindet sich eine christliche Kirche, ein Stück weiter ein stadtbekannter Nachtclub.

Seit einigen Jahren erfährt der Stadtteil einen Wandel: Mit dem Bau mehrerer kultureller Einrichtungen wie einer Hochschule und Kunstausstellungsräumen im Stadtteil selbst oder in der Nähe werden weitere Veränderungen sichtbar. Die Bewohner_innenstruktur wird vielfältiger. Dort leben mittlerweile einige Student_innen und Kunstschaffende, einige Räumlichkeiten werden neu oder wieder genutzt als Cafés und kleine Restaurants, die Mieten steigen, Büros für bspw. Marketingagenturen, weitere Ausstellungsräume, Räume zur Nutzung von Partys. An einem Wochenende im Jahr findet ein stadtteilweites Kunst- und Feierevent statt, dessen Besucher_innenzahlen von Jahr zu Jahr steigen. Der Nacht- und Stripclub ist eine angesagte Diskothek geworden. Der Stadtteil unterliegt also Gentrifizierungsprozessen wie auch andere einstmals als benachteiligt stereotypisierte Stadtteile, die eine gewisse Anziehungskraft entwickelt haben.

Der Quartiersmanager des Stadtteils sieht neben Anderen die Entwicklung des Stadtteils mit Bedenken. Er spricht von einem „Austausch der Bevölkerungsgruppen" (aus der Stadtteilzeitung) und macht die stark steigenden Mieten dafür verantwortlich. Er nimmt wie auch ein Vertreter des Mietervereins diese Entwicklung allerdings auch in ihrer Widersprüchlichkeit wahr: Denn der Stadtteil hat durch die Ansiedlung von „Kreativen und Studenten" (Beobachtungsprotokoll) sehr an Attraktivität und das Wohnen an Attraktivität und Komfort gewonnen. Viele Häuser, die in einem schlechten Zustand waren, sind bspw. inzwischen saniert.

7.4.2 Die Adressierung „international" und ihre widersprüchlichen Folgen

Wie bereits beschrieben, müssen Interessierte, um am Angebot der Einrichtung teilnehmen zu können, einen Anmeldebogen ausfüllen. Darin werden viele biografische Daten abgefragt, bspw. wo die Eltern geboren sind. Die Einrichtungsleitung Zeynep wendet sich in der bereits beschriebenen Situation zwei Mädchen zu, die über die Fragen diskutieren. Dass Zeynep den Geburtsort der Eltern abfragt, signalisiert ihre selbstverständliche Annahme, dass diese *nicht* „hier" geboren sind. Warum die beiden Mädchen_ ihre „Nationalität" und „Kultur" mit Bezugnahme auf ihre familiäre Biografie angeben sollen, erklärt Zeynep nicht. Ihre Annahme schreibt die beiden Mädchen_ fest. Sie werden in dieser Situation damit konfrontiert als *fremd* wahrgenommen zu werden. Die Markierung als *fremd* bzw. *anders* scheint so relevant zu sein, dass Entsprechendes in einem Formular abgefragt wird. Das kann für die Selbstpositionierung und -wahrnehmung nicht ohne Folgen bleiben. Auch wenn Zeynep einschiebt, dass sie sicher in Deutschland geboren seien, bemüht sich die Leitung der Einrichtung gemeinsam mit den Mädchen_ zumindest einem kleinen Beweis von Fremdheit in ihrer Familiengeschichte zu finden. „Vermittelt von dieser Unterscheidungspraxis ist Soziale Arbeit in historisch wechselnden Fokussierungen staatlicher und sozialarbeiterischer Aufmerksamkeit auf bestimmte ‚Andere' bezogen und bringt diese ‚Andere' als Andere (z. B. kooperationsbereite Mädchen und unterstützenswerte MigrantInnen) hervor." (Mecheril/Melter 2010, S. 128) So bleibt den Mädchen_ in diesem sozialpädagogischen Kontext als „kooperationsbereite Mädchen und unterstützenswerte[...] und MigrantInne[...]" (ebd.) nichts Anderes übrig, als innerhalb dieser Adressierung zu agieren. Sie positionieren sich *innerhalb* dieses gesteckten Rahmens. Zumindest wird von Adressatinnen_seite durch das Nachfragen die Praxis infrage gestellt und thematisiert.

Das Handeln der Professionellen lässt allerdings vermuten, dass sie die Legitimationsfunktion der Benennung von *anderer Nation* und *anderer Kultur* ihrer pädagogischen Arbeit bereits verinnerlicht hat und sie aus diesem Grund nicht reflexiv und kritisch mit den Adressatinnen_ bearbeitet oder bearbeiten kann. Dieser „Herkunftsdialog" (Battaglia 2000 zit. nach Akbaba 2014, S. 281) positioniert die Mädchen als *anders* und lässt nur eine bestimmte Antwort zu, die nicht zu Irritation führt (vgl. ebd.). Es handelt sich dabei um eine Differenzmarkierung, die die Mädchen als rassistisch erfahren können. Sie geht mit Abwertung einher und hat für sie als Adressatinnen_ Folgen (vgl. Scharathow 2014, S. 49 ff.). In dem Formular wird demnach Bezug genommen auf *Probleme*, die aufgrund *anderer Nationalität* und *anderer Kultur* entstehen, und so die Adressatinnen_ erst zu Adressatinnen der Einrichtung machen. Denn darüber legitimiert sich die Einrichtung in ihrer Ausrichtung. Das entspricht einer dominanzkulturellen Sichtweise, die historisch in der BRD mit dem Anwerben der Gastarbeiter_innen und der anschließenden Problematisierung dessen erhöhten Zuspruch fand. Die Sozialpädagogin und die Adressatinnen_ sind in dieser Logik diejenigen, die das *Problem* zu bearbeiten und zu beheben haben. Bei dieser Analyse sind nach wie vor die Ergebnisse von Franz Hamburger aus dem Jahr 1982 ausschlaggebend. Er problematisiert Erklärungen dieser Art, die den Begriff „Kultur" diffus verwenden (Hamburger 1982, S. 15 f.). Die Sozialpädagogin allerdings thematisiert mit den Adressatinnen_ nicht das Problematische an der Frage nach Nationalität und Kultur, sondern verbleibt im Gespräch mit ihnen auf der Ebene der Problematisierung von *anderer Nationalität* und *anderer Kultur* selbst.

Zunehmend ambivalent wird diese Praxis des Othering insbesondere dadurch, dass sich die Sozialpädagogin immer wieder als Vorbild präsentiert und sich positioniert, selbst von ihren Eltern als Kind migriert worden zu sein. Über die Frage nach der Herkunft der Eltern betont sie einerseits die Fremdheit der Mädchen_, andererseits stellt sie eine Gemeinsamkeit zu ihnen her. Dieses Vorgehen funktioniert allerdings nur dann, wenn die Mädchen sich selbst als *mit* Migrationsgeschichte positionieren. Die Suche nach einer Migrationsgeschichte in der Familie der Adressatinnen_ könnte dazu dienen, ihre sozialpädagogische Routine aufrechtzuerhalten, die mehr mit ihrer Selbstpositionierung und ihrem Verständnis der eigenen professionellen Positionierung zusammenhängt. Nichtsdestotrotz werden die Mädchen_ von ihr als anders positioniert – wenn auch in solidarischer Absicht.

Gleichzeitig zeigt das Formular auf, dass es sich bei der Einrichtung weniger um ein „internationales" Angebot handelt als um ein Angebot, das sich an als anders markierte Adressatinnen_ richtet. Allein die Frage nach Nationalität und Kultur würde höchstwahrscheinlich in einem nicht-„international" markierten Kontext nicht gestellt werden. Dass die Sozialpädagogin nach kultureller oder nationaler Andersheit sucht, stützt diese Vermutung. Im Resümee der Projektbegleitung eines *Treff International* von 1980 bis 1982 konstatieren Inge Heußner-Enderle und Franz Hamburger, dass der „Anspruch *multinationaler* Jugendarbeit mit deutschen Jugendlichen [...] sich auch in einer zweieinhalbjährigen Projektarbeit nicht verwirklichen" (dies. 1985, S. 29) ließ. Nach der Feldphase und der Analyse der Arbeit in dieser Einrichtung komme auch ich zu diesem Ergebnis: Fast alle Mädchen_, die die Einrichtung in dieser Zeit besuchen, sind oder werden in einem natio-ethno-kulturellen Kontext als anders markiert. Das zeigt, dass sich ausschließlich Kinder und Jugendliche angesprochen fühlen, die bereits in einem „internationalen" Kontext verortet werden. Formulare wie das erwähnte bestätigen diese Adressierung.

Das Wort „international" stammt von einer früheren Bezeichnung der Einrichtung, *Hausaufgabenhilfe International*. Die Installation dieser Angebote entspricht dem Zeitgeist der 1970er Jahre, in denen die Soziale Arbeit und Bildungsinstitutionen eine Reaktion darauf waren, dass sogenannte Gastarbeiter_innen sowohl in Partner_innenschaften lebten als auch Kinder hatten, die – anders als angenommen (oder gehofft?) – mit nach Deutschland migrierten und – anders als angenommen (oder angewiesen?) – blieben. „Im Reformgeist der siebziger Jahre waren 1976 auch die ‚hilfebedürftigen' ausländischen Jugendlichen in die ‚Benachteiligungsprogramme' des Bundesministeriums für Jugend, Familie und Gesundheit aufgenommen worden." (Hamburger 1985, S. 25) Diesen Kindern und Jugendlichen wurde aufgrund ihres Status' ein besonderer Bedarf zugeschrieben, der mit Bildung bedient werden sollte. „[Die ‚Ausländerpädagogik'] hat mit vereinzelten Maßnahmen von Amateuren, den Initiativgruppen, die Hausaufgabenhilfen, organisieren, begonnen (vgl. Apkinar / López-Blasco / Vink 1977); deren Arbeit war nicht therapeutisch, sondern politisch oder humanistisch begründet, richtete sich überwiegend auf den Erwerb praktischer Kompetenzen und sozialer Fähigkeiten." (Hamburger 1982, S. 7) Die Anzahl der Angebote wuchs. Daher wurden sie institutionalisiert und es entstand ein neues professionelles Handlungsfeld (vgl. ebd.).

Der Status der Kinder und Jugendlichen wurde zu dieser Zeit stark an einer nationalen Zugehörigkeit und dadurch an einer deutschen Nicht-Zugehörigkeit festgemacht. Es entwickelten sich Begriffe wie „Ausländerpädagogik" (kritisch dazu Hamburger 1982, S. 7[57]). Dieser Zustand wurde sowohl gesellschaftlich als auch pädagogisch als Problem und somit als etwas definiert, das es pädagogisch zu bearbeiten gilt: „Damit wird – oft gegen die Intention der Vertreter der Ausländerpädagogik ein Beitrag geleistet zur Definition des ‚Ausländerproblems' als soziale Bedrohung und zur Definition des Ausländischen Kindes und Jugendlichen als hilfebedürftig, defizitär und therapiebedürftig im weiteren Sinn." (a. a. O., S. 8) „Sozialstrukturelle Problemlagen" wurden laut Hamburger in „Kulturprobleme" (a. a. O., S. 7) umgedeutet. Benachteiligungen der Kinder und Jugendlichen anderer Art wurden in dieser Lesart demnach nicht berücksichtigt. Das pädagogische Handeln vor diesem Hintergrund war damals in seinen Folgen widersprüchlich (vgl. ebd.). Diese Widersprüchlichkeit bleibt allerdings mit der Bezeichnung „international" bis heute bestehen – wie in der vorliegenden Analyse zu sehen ist.

Die Adressierung als „international" wird in der Praxis der Einrichtung und auch in Diskursen um die Einrichtung und den Stadtteil ganz deutlich mit einer sehr präzisen Auslegung von „international" belegt. Es handelt sich hierbei um insgesamt natio-ethno-kulturelle Zuschreibungen, mit denen bestimmte (dominanzkulturelle) Bilder verknüpft sind, weniger um eine Bezeichnung, die sich tatsächlich auf Nationalitäten bezieht. Eines dieser Bilder ist die klare Zuschreibung von Hilfebedürftigkeit. Das zeigt auch die Szene zwischen Zeynep und den Mäd-

---

57 Franz Hamburger (1982) kritisiert 1982, dass ein Begriff wie *Ausländerpädagogik* eine dominante gesellschaftliche Sichtweise von „Ausländerfeindlichkeit" aufgreife. In Konzepten, die „Ausländer" als Problem definieren, dominiere eine Sichtweise „Adressaten nach einem ethnozentrischen Muster [zu] definieren und sozialstrukturelle Problemlagen in Kulturprobleme um[zu]deuten" (Hamburger 1982, S. 7).

chen_. Sie sagt ihnen, es sei kein Problem, dass die Mädchen „die Nummer 6 [Frage] nicht verstehen", dass sie als Sozialpädagoginnen dafür „da seien", um etwas zu erklären. Umgekehrt scheinen die Mädchen_ als diejenigen verstanden zu werden, die da sind, um Fragen zu stellen und Hilfe zu bekommen. So beginnt auch meist der Aufenthalt der Mädchen in der Einrichtung mit der Frage: „Brauchst Du Hilfe?", die sich auf das Erledigen von Hausaufgaben bezieht. Hiermit scheint eine Idee des Bildungsaufstiegs verknüpft zu sein, die den Adressatinnen_ als *Behandlung verschrieben* wird.

Solidarisiert sich die Leitung der Einrichtung mit den Mädchen_ in der Zuschreibung von „international" und Migrationsgeschichte, grenzt sich die zweite Sozialpädagogin Steffy von dieser Positionierung stark ab. Sie wertet das als *anders* Markierte ab und sieht darin den sozialpädagogischen Auftrag mit *Defiziten* der Zielgruppe umzugehen, die sie als solche feststellt.

Dabei konstruiert sie eine Hilfebedürftigkeit der Mädchen_, die sie an natio-ethno-kulturellen Zuschreibungen festmacht und die für sie die „Legitimation Sozialer Arbeit" (Mecheril/Melter 2010, S. 119 f.) begründen. Die Differenzpraktik, die Steffy alltäglich wählt, stellt eine für die Soziale Arbeit besonders starke Form dar: Für sie scheint es Defizite zu geben, die aus ihrer Sicht so weit von der Normalität und dem Erwartbaren abweichen, dass sie es nicht mehr als ihre Aufgabe erachtet, sie zu bearbeiten. Sie geht davon aus, dass die Wertschätzung, die den Mädchen_ im Kontext des als „international" markierten Angebotes der OKJA entgegengebracht wird, zu hoch ist. Sie vergleicht sie mit der, die ihr selbst entgegengebracht wird. Das ist eine extreme Form des Othering in der Sozialen Arbeit.

Weitere othernde Positionierungspraktiken drücken sich in der folgenden Situation aus. Zwei der jüngeren Mädchen_, die ca. acht oder neun Jahre alt sind, gehen zu Steffy und stellen eine inhaltliche Frage zum Ferienprogramm der Einrichtung.

> Emine und Aynur II kommen aus dem PC-Raum. Die beiden strahlen. Emine strahlt immer, wenn ich sie sehe. Sie sieht dabei kindlich und unsicher aus. Sie gehen zu Steffy an den Schreibtisch und fragen sie: „Was ist eine Schnitzeljagd?", sie grinsen dabei. Steffy fragt sie ungläubig: „Was eine Schnitzeljagd ist?! Ich habe heute ganz schlechte Laune, ich kann es heute echt nicht erklären. Kannst Du das erklären?", dabei schaut sie in meine Richtung. Auch die Mädchen drehen sich nach mir um, ich beginne zu sprechen, da redet Steffy weiter. Sie schmeißt sich nach hinten in ihren Bürostuhl: „Das weiß man doch!", sie sagt ihr falle auch kein anderes Wort dafür ein, dafür gäbe es auch kein anderes Wort, das sei eben eine Schnitzeljagd. Die Mädchen bleiben vor ihrem Schreibtisch stehen. Ich sehe ihre Gesichter nicht, da sie mit dem Rücken zu mir stehen. Während Steffys Monolog, in dem sich ihre Aussagen wiederholen, fordert sie mich mehrere Male auf, es zu erklären und redet dann aber immer gleich weiter. Als Steffy ihnen vorschlägt es zu googlen, gehen die Mädchen. Als sie an mir vorbeikommen, frage ich sie, ob sie es nun wüssten. Sie schütteln den Kopf.

Steffy sagt in meine Richtung, dass sie das auch gar nicht organisieren würde, sie wisse es auch nicht genau, was da gemacht werde.
Nachdem ich den Mädchen_ versucht habe zu erklären, was eine Schnitzeljagd ist, melden sie sich an. Sie scheinen keine Reaktion auf die unfreundliche Behandlung durch die Sozialpädagogin zu zeigen. (Beobachtungsprotokoll)

Später versucht Steffy sich und ihr Verhalten zu erklären, als müsse sie sich vor mir rechtfertigen:

Steffy und ich sind alleine im großen Raum. Sie sagt zu mir: „Manchmal stellen die auch einfach dumme Fragen und an so Tagen wie heute halte ich das nicht aus." „Hattest Du ein schlechtes Wochenende?", frage ich sie. „Ja. Ich war krank. Bin es immer noch und musste heute Morgen schon arbeiten. Es reicht ja schon so unter der Woche, aber an so Tagen wie heute." (Beobachtungsprotokoll)

Am Ende des Tages sagt sie zusammenhangslos zu einem anderen Mädchen:

„Aber Du weißt doch, was eine Schnitzeljagd ist oder?" „Ja." „Dich mag ich." (Beobachtungsprotokoll)

Steffy beschämt die beiden Mädchen_, weil ihnen ein Wissen fehlt, das die Sozialpädagogin für selbstverständlich hält. Sie gibt sich so empört, dass die fragenden Mädchen_ nicht nur als Unwissende, sondern als unzureichend, überdurchschnittlich ungebildet und dadurch als nicht zugehörig positioniert werden: In der Aussage „Das weiß man doch!" stellt sie eine verallgemeinerbare Regel über Normalität auf. Neben dieser Beschämung und Veranderung macht die Sozialpädagogin deutlich, dass sie trotz ihrer Rolle als angestellte Sozialpädagogin nicht konstruktiv und im Sinne der Adressatinnen mit deren Frage umgehen wird. Sie stellt ihrer eigene Konstitution („Ich hab heute ganz schlechte Laune!") hierbei in den Vordergrund und führt diese als Grund an, warum sie nicht antworten könne. Das ist eine überaus machtvolle Praxis, die resolut verdeutlicht, dass sie den Adressatinnen_ nicht antworten *muss*: Ihre Handlungsmacht schließt ein, nicht zu handeln und dieses Nicht-Handeln im professionellen Kontext mit ihren persönlichen Bedürfnissen begründen zu können. Stellt man sich ein anderes Gegenüber vor – etwa die Leitung der Einrichtung oder eine Kollegin – wäre die wahrscheinlichste Reaktion auf das Verweigern einer Antwort Irritation. Die beiden Mädchen_ hingegen wirken nicht besonders irritiert. Eine derartige Machtdemonstration und damit der Verweis auf „one's place" (Bourdieu 1992, S. 141) den Adressatinnen_ gegenüber scheinen sie gewohnt zu sein. Gleichzeitig *lernen* die Mädchen_ ihren „sense of one's place" (ebd.).

Als wir allein sind, erklärt mir Steffy, dass sie seit dem Wochenende krank sei und „an so Tagen wie heute das" nicht aushalte. Was sie mit „das" meint, führt sie nicht aus, scheint davon auszugehen, es nicht ausführen zu müssen. Sie stellt damit zwischen mir und sich selbst eine Gemeinsamkeit her: Wir sind diejenigen, die die Frage der beiden Mädchen als „dumme Fragen" erachten. Gegen Ende des Tages scheint sie diese Frage noch immer zu beschäftigen und spricht eine ältere Jugendliche an, die ich auf ungefähr 17 Jahre schätze und die die Situation selbst nicht mitbekommen hat. Sie stellt ihr gegenüber klar, dass sie sie möge, weil sie wisse, was eine Schnitzeljagd ist. Sie macht die Jugendliche zu einer Verbündeten, ohne dass die davon weiß; es wirkt, als habe sie nach wie vor das Bedürfnis ihr Verhalten zu rechtfertigen.

Steffy positioniert sich selbst als Angehörige der Mehrheitsgesellschaft und die beiden fragenden Mädchen_ als *Andere*. Sie berücksichtigt dabei nicht deren Alter und auch nicht, dass Deutsch nicht ihre Erstsprache ist oder macht das bewusst zu einem selbstverantworteten Defizit. Damit erhält sie das Machtgefälle aufrecht, das angesichts des Verhältnisses zwischen ihr als sozialpädagogische Professionelle und den Mädchen als Adressatinnen_, ihr als Angehörige der Mehrheitsgesellschaft und den Mädchen als Nicht-Angehörige, ohnehin besteht. Sie verlässt die professionelle Ebene und reagiert auf persönlicher Ebene auf eine Konfliktsituation, die sie selbst hergestellt hat: Dabei lässt sie sozialpädagogische Grundlagen (der Mädchen_arbeit) wie Parteilichkeit, Lebensweltorientierung, Erweiterung von Möglichkeiten etc. vollständig außer Acht. Sie positioniert die Mädchen_ innerhalb des Machtgefälles, indem sie sie stark beschämt und ihnen eine Antwort sowie eine sozialpädagogische Handlung verweigert.

„Mitgefühl und Einfühlungsvermögen verteilen sich nicht zufällig. Sie werden in erster Linie denjenigen gewährt, die einem nahestehen, und denen, die die etablierte Ordnung repräsentieren. [...] Die unterschiedliche Bereitschaft, mitzufühlen hat also oft System im Sinne der Bestätigung der bestehenden Ordnung. Verständnis wird zumeist viel eher denen entgegengebracht, die zu *uns* gehören, und denjenigen, die hier das Sagen haben. Gefühle werden zu Kollaborateuren der Macht." (Rommelspacher 1998, S. 94) In der Situation bringt die Sozialpädagogin den Adressat_innen der Einrichtung keinerlei Verständnis, Mitgefühl oder Wertschätzung entgegen. Die hegemoniale Ordnung an Bewertungen, die über Sprachwissen konstruiert wird und entscheidet, was notwendiges und legitimes Wissen ist, wird durch die Reaktion der Sozialpädagogin den Adressat_innen sowie mir als Beobachterin gegenüber aufrechterhalten.

Im Kontext von Positionierungen in Bezug auf das „international" im Titel der Einrichtung kann diese Praxis zunehmend irritieren, deutet „international" doch auf ein *Zwischen* der Nationalitäten und auf eine Verständigung hin. Es irritiert auch, wenn damit eine mit binären Einteilungen verbundene Auf- und Abwertung der beiden Seiten einhergeht und „national" eher ein Platzhalter für die Zuschreibung von *Andersheit* und deren Aufrechterhaltung zu sein scheint. In der Praxis der Einrichtung scheint die Sozialpädagogin Steffy eine dominanzkulturelle Ordnung zu festigen. Auf diese deuten zudem ein paternalistisch verwendetes „international" als Form des Othering und die Aufrechterhaltung diskursiv machtdurchzogener Grenzziehungsprozesse hin. Die Sequenzen zeigen, dass natio-ethno-kulturelle Zuschreibungen dazu eingesetzt werden, eine von dominanten Machtverhältnissen durchzogene Ordnung herzustellen, die *Andersheit* entweder markiert oder sogar abwertet. Was „international" bedeutet, wird ausschließlich auf dieser Ebene thematisiert. In einer historischen Betrachtung der Einrichtung scheint der Zeitgeist der 1970er Jahre auch mit Blick auf die Namensgebung nach wie vor aktuell[58].

7.4.3 Widersprüche in der sozialpädagogischen und gesellschaftlichen Positionierung der Leitung und ihrem Handeln

In diesem Kapitel arbeite ich heraus, inwiefern Zeyneps Positionierung ambivalent ist. Das leitet sich aus der Interpretation ihrer Selbstpositionierung ab, die neben ihrer Rolle als Leitung umfasst, dass sie Sozialpädagogin und eine parteipolitisch engagierte Frau ist.

Zeynep positioniert sich immer wieder als *„authentische* Stimme" (Castro Varela/Dhawan 2016, S. 24). In diesem Bild der drückt sich die ambivalente Haltung und daraus resultierende „Politik der Repräsentation" (ebd.) aus: Einerseits sagt die Stimme das, was dominant als normal gilt. Hegemoniale Vorstellungen von *der* Migrantin werden also reproduziert. Andererseits verfolgt sie das Ziel, Menschen, die Minderheiten zugeordnet werden, eine „eigene, eben authentische Stimme" (ebd.) zu verleihen. Dabei bewegt sie sich ununterbrochen in einem Spannungsfeld: Sie stützt sich auf eine natio-ethno-kulturelle Zugehörigkeitsordnung, während sie diese aufbrechen will. Denn sie versucht aufzuzeigen, dass diese Zugehörigkeitsordnungen und entsprechende Zuschreibungen *nicht* den dominanzkulturellen Vorstellungen entsprechen.

Zeynep nimmt dabei immer Bezug auf die Positionierung als weiblich Gelesene und eine Person, die aufgrund dieser Zuschreibung benachteiligt ist. Mit ihrer Arbeit für die KJH sucht sie, Mädchen_ dabei zu helfen, formale Bildungswege erfolgreich zu gehen. Darin liegt die Legitimation für die Fokussierung der Einrichtung, nämlich auf das erfolgreiche Erledigen von Hausaufgaben. In vielen Situationen führt sie ihre eigene nach dominanzkulturellem Maßstab als erfolgreich bezeichnete (Bildungs-)Biografie an. In diesem Zusammenhang verweist sie auf die eigene Handlungsfähigkeit, die nicht mehr an (von ihr) religiös und kulturell verortete Bräuche und Verbote aus ihrer Herkunftsfamilie gebunden ist. Auf ei-

---

58 Erst die Nachfolgerinnen der beiden Sozialpädagoginnen scheinen mit dieser Benennungspraxis und deren Folgen reflexiv umzugehen. Im Jahr 2020 heißt zumindest der Facebook-Auftritt der Einrichtung „Mädchentreff im [Stadtteil]". Mit dieser Bezeichnung wird die Verwendung von „international" vermieden und der Zugang zur Einrichtung – und daher auch das Labeling – anders geregelt.

ner Tagung treffe ich Zeynep einige Monate nach der Beobachtungszeit wieder. Dort erzählt sie in einem Kreis von Menschen, zu dem neben mir eine kopftuchtragende Bildungsarbeiterin und eine Journalistin gehören, aus ihrer Biografie:

> Sie erzählt, dass sie Jeans tragen wollte, dass ihre Mutter es ihr aber verboten habe. Da habe sich ihr großer Bruder eingemischt und habe zu der Mutter gesagt, sie solle doch selbst mal eine Jeans anprobieren. Da sei ihre Mutter in die Stadt gefahren und habe sich eine Jeans gekauft, sie habe bemerkt, dass das bequem sei und da durfte auch Zeynep eine Jeans tragen. Sie erzählt, dass auch sie schon versprochen war und das dann selbst irgendwann aufgelöst habe. (Beobachtungsprotokoll)

Sie berichtet von eigenen Emanzipationserfahrungen. Es handelt sich dabei um Situationen, in denen sie sich als die junge Generation gegen Selbstverständlichkeiten der älteren Generation durchgesetzt und Handlungsmacht demonstriert hat. Damit hat sie einen Schritt weiter in Richtung Integration im Sinne der Anpassung an dominanzkulturelle Vorstellungen von Fortschritt gemacht. Die Tagung widmet sich der Transformation der Vorstellung von „Heimat" und verwendet dabei den Plural des Wortes. Zeynep erzählt dort auch anderen Personen ihre eigene Erfolgsgeschichte, in der sie handlungsmächtig Entscheidungen getroffen hat, die aus ihrer Sicht zu einem weiteren erfolgreichen Verlauf ihres Leben geführt haben. In ihrer Erzählung spielen ihr älterer Bruder und ihre Mutter eine große Rolle, die sie beide als fortschrittlich positioniert. Der Bruder unterstützt von Anfang an ihren Wunsch, Jeans zu tragen, und die Mutter lässt sich auf Argumente ein. Eine Jeans tragen zu wollen, kann als Wunsch nach Fortschrittlichkeit und Abwendung von Traditionen gelesen werden, die sie als *anders* markieren könnten. Auch ihre eigene Handlungsmächtigkeit thematisiert sie in diesem Kontext, wenn sie erzählt, dass sie das Versprechen zu einer Heirat „selbst irgendwann aufgelöst" habe. Dass sie versprochen war, deutet auf eine traditionelle Herkunftsfamilie hin, in der die Handlungsmächtigkeit in Form von Subversion der Tochter nicht vorgesehen war. In ihrer Erzählung macht sie jedoch ihr eigenes subversives, d. h. auch riskantes Verhalten sichtbar. Sie positioniert sich als Subjekt, das eine Transformation durchlaufen hat. Damit legitimiert sie gleichzeitig ihr sowohl politisches als auch sozialpädagogisches Agieren als „authentische Stimme", der Glauben geschenkt werden müsse.

Diese biografizierten Erlebnisse und Erfahrungen tragen zu ihrer Positionierung im sozialpädagogischen (und auch parteipolitischen) Kontext bei. Mehr als andere thematisiert sie sie im Kontext von Sozialer Arbeit und der Arbeit mit den Mädchen_. Sie markiert sich als eine Person, die nicht mehr *anders*, sondern *eigen* ist. Das bewertet sie als durchweg positiv und für sich als einen Gewinn von Handlungsmächtigkeit innerhalb dominanzkultureller Strukturen, Diskursen und unter dominanzkulturellen Subjekten. Gleichzeitig positioniert sie sich als eine Person, die ihre Andersheit *in* die Mehrheitsgesellschaft trägt – also die Perspekti-

211

ve und die Stimme einer *Anderen* beibehalten hat. So erzählt sie, dass sie ihren Freund_innen zwar immer frohe Weihnachten wünsche, ihr aber niemand zum Ende des Ramadans, dem Şeker Bayramı, gratuliere. Diese Aussage suggeriert, dass sie sich auch in der Position sieht, das zu verändern oder gar es verändern zu müssen. Sie macht ihr Umfeld auf diese dethematisierende und ignorante Praxis aufmerksam und übernimmt diese Verantwortung. Sie inszeniert ihre Transformation von der als Migrantin markierten Person zur „authentischen" (Castro Varela/Dhawan 2016, S. 24) Expertin für die *Anderen*, durch die sie aufgestiegen ist und an Handlungsmacht gewonnen hat. Diese spiegelt sich auch in ihrem sehr ausgeprägten parteipolitischen Engagement wider, in dem sie sich für die Besserstellung von Frauen_ und Mädchen_ einsetzt, insbesondere als *migrantisch* markierte Frauen_ und Mädchen_. Auf vielen Plakaten einer der großen Parteien ist sie als Kandidatin zur Wahl der Stadträtin zu sehen.

Dass sich die Leitung selbst als ambivalent darstellt, könnte eine gesellschaftliche Sicht auf sie widerspiegeln, mit der sie sich auch parteipolitisch auseinandersetzt.

> Als Steffy noch etwas auf ihrem Schreibtisch ordnet, schaue ich mir Zeyneps Schreibtisch an, da hängen einige Postkarten, auf einer ist eine Frau mit Kopftuch zu sehen. Dem Sinn nach, steht da so etwas wie: „Ich trage Kopftuch. Ich bin Türkin. Ich bin Muslimin. Ich bin Frau. Noch Fragen?" Ich muss schmunzeln. (Beobachtungsprotokoll)

Sie positioniert sich als Türkin, als Muslimin und als Frau, die sich gegen viele Diskriminierungen und Abwertungen durchgesetzt hat und sowohl bildungserfolgreich ist als auch gesellschaftlich aufgestiegen. Sie erzählt häufig von der Art, wie ihre Herkunftsfamilie gelebt hat und welche Bedeutung sie Geld beigemessen hat. Das vergleicht sie mit dem, wie sie jetzt lebt. Sie spricht immer wieder türkisch in der Einrichtung und zeigt ihr Expertinnentum auf, das aus ihrer Sicht darin besteht, über türkische Speisen, Gepflogenheiten, Einstellungen und Lebensarten, aber auch die Vielfalt der türkischen Community in der Stadt Bescheid zu wissen.

Sie nutzt ihre Positionierung als Expertin und Vermittlerin als Möglichkeit in dominanzgesellschaftlich geprägten Kontexten und Argumentationslinien auch Alternativen zu Deutungen zu bieten. Es handelt sich dabei um einen strategischen Umgang mit ihrer eigenen Biografie und Positionierung, um ihre eigenen Interessen v. a. in Bezug auf die gesellschaftliche Stellung von Frauen und Mädchen durchzusetzen, die von antimuslimischer rassistischer Diskriminierung betroffen sind.

Gleichzeitig grenzt sie sich auch von einer aus hegemonialer Sicht *rückständigen* und im Gegensatz zu einem scheinbar westlichen Ideal stehenden Herkunft ab. Dabei wertet sie das Verhalten, Auftreten, familiäre Verhältnisse der Mädchen ab, die ihr traditionell erscheinen. Das macht sie bspw. an dem Auftreten der Mädchen_ fest, wenn diese nicht den dominanzgesellschaftlichen Vorstellungen entsprechen. Dahinter vermutet sie, dass sie diskriminiert werden, z. B. wenn Mädchen ein Kopftuch tragen. Sie spricht mit mir über ein elfjähriges Mädchen, das immer, wenn ich es sehe, Kopftuch trägt. Sie ist damit eine Ausnahme in der Einrichtung. Anlass dafür, dass sie mich auf *dieses* Mädchen anspricht – und sonst auf kein anderes – könnte sein, dass sie häufig beobachtet, wie ich mit diesem Mädchen zusammenarbeite und wir uns unterhalten.

> Zeynep sagt: „Ich kenne ja das Elternhaus gar nicht. Aber so wie sie hier reinkommt- Mit Kopftuch, also eher konservativ. Da wird kein ‚Ich' entwickelt, da gibt es nur ein ‚Wir'. Das ist natürlich nicht immer so. Klar. Es gibt Unterschiede." Sie fragt mich, was sie auf mich für einen Eindruck machen würde. Ich sage, dass sie manchmal wie in ihrer eigenen Welt wirke. Zeynep nickt und sagt, dass sie auch verängstigt auf sie wirke. Wir wechseln das Thema – *wie, weiß ich nicht mehr* – [...] (Beobachtungsprotokoll)

Zeynep, die sich selbst als beispielhaft integrierte Migrationsandere positioniert und auch von außen so positioniert wird, analysiert und interpretiert für die Beobachterin an dieser Stelle das Auftreten einer der Adressatinnen. Sie inszeniert sich mir als Beobachterin und Angehörige der Mehrheitsgesellschaft gegenüber als Stimme der *Anderen* in einer westlichen Frauenbewegung. Ihre Analyse wird durch ihre Positionierung als gläubige Muslima und Türkin für die nicht-muslimische und nicht-türkische Beobachterin verifiziert. Das verleiht ihr eine Art Expertinnenstatus als „authentische Stimme" (Castro Varela/Dhawan 2016, S. 24). In ihrer Aussage ist die Leitung der Einrichtung allerdings wenig differenziert und bedient mehr Stereotype. Durch die scheinbare Relativierung ihrer Aussage am Ende „Das ist natürlich nicht immer so. Klar. Es gibt Unterschiede." scheint sie ihre Bewertung nicht zu differenzieren, sondern sich selbst in ihrem Expertinnenstatus zu versichern. Sie scheint sich durch meine Aussage als Beobachterin bestätigt zu fühlen. Meine Formulierung „wie in ihrer eigenen Welt", was als *verträumt* oder als *bei sich sein* verstanden werden kann, übersetzt sie mit „verängstigt". Das ist eine Beschreibung, die an eine dominanzkulturelle Sichtweise auf kopftuchtragende Mädchen und Frauen als von Gewalt betroffen anschließt.[59] Allerdings erweckt das Gespräch nicht den Anschein, als könne daraufhin eine differenzierte Auseinandersetzung über die Stellungen von Mädchen_ in Communitys stattfinden, die als migrantisch gelabelten sind.

Zeyneps Handlungsstrategie bedeutet, sich den Mädchen_ gegenüber als assimilierte Deutsche zu positionieren, was auch die Abwertung der natio-ethno-

---

59 Es ist wichtig, nicht den Fehler zu machen, auf die Thematisierung von Gewalt gegenüber Frauen und Mädchen zu verzichten, weil man der Gefahr entgehen will, „dass dieses Sprechen gewalttätigen Hass schürt." Andersherum kann „ein Verschweigen sinnvoll sein, wenn dabei doch die faktische Geschlechtergewalt relativiert wird" (Castro Varela/Dhawan 2016, S. 18).

kulturellen Zuschreibungen beinhaltet (Sprache, Kopftuch, Verhaltensweisen). Erwachsenen gegenüber positioniert sie sich allerdings als Migrationserfahrene, die sich virtuos in unterschiedlichen natio-ethno-kulturellen Zusammenhängen bewegen, als Expertin für das *Andere* und somit als Übersetzerin fungieren kann. Widersprüchliche Anforderungen an ihr Handeln durch den ordnenden Macht-Wissen-Komplex Migrationshintergrund scheint sie für sich aufzulösen, um handlungsfähig zu bleiben.

7.4.4 Logik des Feldes

Der Umgang mit Differenz vor dem Hintergrund von Macht- und Ungleichheitsverhältnissen bedeutet im beschriebenen Fall eine Ambivalenz zwischen theoretischem Wissen sowie Haltung und ihrer Übersetzung in Praxis. Die Einrichtung der OKJA steht vor dem Hintergrund eines feministisch-postkolonial geführten Diskurs in Bezug auf Gewalt. Reagiert wird demnach auf die Konstruktion der *anderen* Mädchen, die von Diskriminierung betroffen sind, und somit auf „gewaltförmige soziale Strukturen – beispielsweise Bildungssysteme, die nach wie vor insbesondere proletarische Migrant_innen diskriminieren und ausgrenzen" (vgl. Castro Varela 2015 nach Castro Varela/Dhawan 2016, S. 16). Hierbei befindet sich die Einrichtung und die Idee dahinter in der widersprüchlichen Position einerseits die Strukturen und Diskurse zu stabilisieren, in denen dominant diskutiert wird, dass diese Mädchen Unterstützung brauchen. Andererseits kann es sich dabei um einen Weg Richtung Emanzipation handeln, wenn den Mädchen das im Bildungssystem erforderliche Wissen zugänglich gemacht wird („Welches Wissen findet Anerkennung? Wer profitiert von welchem Wissen? Und wie wird nicht-hegemoniales Wissen disqualifiziert?" (Castro Varela/Dhawan 2016, S. 16)).

In der Einrichtung erscheint es, als habe die Leitung dieses Wissen um den Widerspruch, in dem die Einrichtung agiert, auch theoretisch durchdrungen. Darauf deutet ihre parteipolitische Praxis hin, aber auch Gespräche verdeutlichen das. Allerdings bleibt offen, inwieweit Austausch zwischen der Sozialpädagogin und den ehrenamtlich Tätigen dahingehend stattfindet, der konstruktiv dazu führen könnte, dass dieses Wissen in die alltägliche sozialpädagogische Praxis einfließt. Die analysierten Situationen deuten eher darauf hin, dass die Leitung ihr Wissen und ihre Reflexivität dahingehend nicht mit ihren Kolleginnen auf eine Art teilt, die zur Veränderung der Praxis führt. Auch in ihrer eigenen Praxis deuten sich eher vereindeutigende Positionierungspraktiken und Zuschreibungen an als ein Umgang, der die Widersprüchlichkeit der Situationen transparent macht.

Die organisationsspezifischen Differenzen der Einrichtung der OKJA für Mädchen ergeben sich aus dem Wechselspiel unterschiedlicher Differenzmarker: Die Zielgruppe definiert sich über das Alter, das Geschlecht und die Markierung als „international". Es handelt sich dabei – zumindest in Bezug auf die Verquickung von Geschlecht und race – um eine in feministisch-postkolonialen Diskursen historisch sehr nachvollziehbare Form der Unterdrückung und Deprivilegierung (vgl. Castro Varela/Dhawan 2016, S. 18 ff.). Allerdings finden mit den Adressatinnen dahingehend keine Gespräche oder Aktionen statt, in denen diese Sichtweise und damit verbundene Ambivalenzen und Herausforderungen thematisiert werden würden. Die explizit aufkommenden Konflikte, in denen sich sowohl die Sozialpädagoginnen als auch die Adressatinnen_ befinden, werden nicht als Anlass genommen, sozialpädagogisch damit umzugehen.

Insbesondere die Adressierung als „international" ist in diesem Zusammenhang komplex: „International" meint prinzipiell *alle* – alle Nationalitäten. Die Verwendung des Begriffs und somit die Betonung von *Nation* legt jedoch nahe, dass nicht *alle* adressiert sind, sondern nur diejenigen, die sich als „international" empfinden. Damit könnte nun das Internationale an einer Person gemeint, also Migration und somit die Positionierung als mehrfachzugehörig. Im Zusammenhang mit der Bewohner_innenstruktur und dem Bild des Stadtteils, in dem sich die Einrichtung befindet, als *multikulturell* ergeben sich „natio-ethno-kulturelle Zugehörigkeitsordnungen" (vgl. Mecheril/Castro Varela/Dirim/Kalpaka/Melter 2010, S. 13), die durch die Begriffsverwendung der Einrichtung der OKJA relevant gesetzt werden. In diesen „organisationsspezifischen Unterscheidungspraktiken" (Machold 2015b, S. 38) werden Adressatinnen_ angesprochen und „dabei als spezifische Subjekte hervorgebracht" (ebd.). Im Zusammenspiel mit herrschenden Dominanzverhältnissen und dominanten Diskursen, die nicht genauer definiert werden müssen, wissen die Adressatinnen_ aufgrund eines „sense of one's place" (Bourdieu 1992, S. 141) ohne Benennung und genauerer Definition, dass sie gemeint sind – genauso wissen andere, dass sie *nicht* gemeint sind. Damit findet allein durch „international" im Namen eine Subjektpositionierung statt. Die Adressatinnen_ ordnen sich dieser Zuschreibung zu oder sogar unter und tragen auf diese Weise zu ihrem Konstruktionsprozess bei.

„International" im Namen der Einrichtung stammt vom Namen eines anderen Angebots desselben Trägers, das seit vielen Jahrzehnten an mehreren Schulen geschlechterübergreifend stattfindet. Ausgehend von der Beobachtung, dass „insbesondere die türkischen Mädchen mit Erreichen des Pubertätsalters einfach aus den gemischten Gruppen weggeblieben sind" (Baumgärtner 2009, S. 216), wurde der Bedarf eines eigens für Mädchen konzipierten Raums abgeleitet. Diesen leitet nun eine Sozialpädagogin, die sich explizit als mit türkischem Migrationshintergrund, als gläubige sowie aufgeklärte Muslima, als Politikerin einer der größeren Parteien, die sich für die Rechte von Frauen v. a. mit Migrationshintergrund einsetzt sowie als Expertin für die Lebenslage und Lebenswelt anderer Migrant_innen positioniert. Es wurde also in der Entstehungsgeschichte ein Zusammenhang zwischen Geschlechterverhältnissen und natio-ethno-kulturellen Zugehörigkeitsordnungen hergestellt, die für die jeweiligen Subjekte Folgen zu haben scheinen. Diese dominanzkulturelle Konstruktion eines Zusammenhangs wird seither beibehalten. Dabei wird anderen mit Benachteiligung im Zusammenhang stehenden Differenzkonstruktionen (noch) keine Beachtung geschenkt. Es entsteht der Eindruck, dass diese Argumentationslinie das weitere Nachdenken über Erfahrungen von Diskriminierung sowie Macht- und Ungleichheitsverhältnissen versperrt.

In der Argumentation, dass Mädchen im Stadtteil keine Sichtbarkeit erhalten und daher auch keine Angebote der KJH besuchen, erinnert an die Argumentation von Constance Engelfried, Nicole Lormes und Birgit Schweimler (2012) zur Entstehung einer ähnlichen Einrichtung. Sie gehen in ihrem Praxisforschungsprojekt der Frage nach, was die Belange der Frauen und Mädchen sind und wie die Stadt in Form des Jugendamts darauf eingehen kann (vgl. Kurz-Adam 2012, S. 10; Lormes 2012, S. 212). Anders als die Leitung des Mädchentreffs allerdings stellen sie nicht deduktiv eine bestimmte Nationalität in den Vordergrund, sondern fragen zuerst nach den „Lebenslagen der 12- bis 20-jährigen Mädchen" und daran anschließend nach „genauen Angeboten/Unterstützungsleistungen", die die Mädchen und jungen Frauen benötigen (Engelfried/Lormes/Schweimler 2012, S. 13 f.). Zeynep, die Leitung der Einrichtung der OKJA, entwickelt ihre Argumentation allerdings aus einer Erklärung, ohne erst Fragen zu stellen – zumindest erwähnt sie in ihrer retrospektiven Erzählung keine Fragen. Ihre Erklärungen leitet sie aus eigenen biografischen Erfahrungen und ihrem Expertinnenstatus aufgrund eigener Zugehörigkeiten ab. Nicole Lormes weist darauf hin, dass allein die Unterscheidung von „Mädchen mit und ohne Migrationshintergrund" (Lormes 2012, S. 234) zwar an einigen Stellen sinnvoll erscheint, gleichzeitig allerdings immer auch eine Festschreibung bedeutet und auf *Migrationshintergrund* nicht ohne einen zugeordneten Diskurs Bezug genommen werden kann (vgl. Lormes 2012, S. 234 f.).

Der Diskurs um Migrationshintergrund kann als rassistisch geführter Diskurs bezeichnet werden, genauso wie die Bezeichnung der Einrichtung als „international". Diese Einordnung geschieht dann unabhängig davon, was die Intention jeweils ist oder war. Als rassistisch können Differenzkonstruktionen verstanden werden, die sich auf nationale, ethnische, kulturelle und religiöse Unterscheidungen beziehen und „mit der Tendenz einhergehen jene, die als ‚Andere' markiert werden, zu degradieren, herabzuwürdigen, zu beschämen, anzugreifen" (Mecheril 2003, S. 70 zit. nach Scharathow 2014, S. 52). Rassismus ist als unabhängig von den Motiven zu verstehen und an den Folgen festzumachen (vgl. Scharathow 2014, S. 52). Innerhalb dieses rassistischen Diskurses und der rassistischen Praxis bleibt es den Mädchen überlassen, sich in Bezug darauf zu positionieren, was mit dem Zwang von Vereindeutigungen einhergeht.

Durch die Fokussierung auf das Bestehen in formalen Bildungseinrichtungen wird ein Zusammenhang zwischen der adressierten Gruppe, international, weiblich, jung, und Bildung hergestellt. Dem geht eine Annahme voraus, die Bildung in Bezug auf die adressierte Gruppe problematisiert. Auch in der sozialpädagogischen Praxis der Einrichtung wird der adressierten Gruppe vermittelt, dass Bildung für sie wesentlich dafür ist, ihre Handlungsmöglichkeiten zu erweitern. Diese zukünftige Erweiterung von Handlungsmacht geht allerdings mit einer gegenwärtigen Einschränkung von Handlungsmacht einher. Die Adressatinnen werden aufgrund des Zusammenhangs von Alter, Geschlecht, race und sozialer Herkunft als *nicht fertig* adressiert, als *noch im Werden*. Ihnen wird suggeriert, dass sie erst durch das erfolgreiche Erreichen eines formalen Bildungsabschlusses und im Anschluss daran eine Ausbildung zu Subjekten werden. Die Praxis der beiden Sozialpädagoginnen lässt erkennen, dass sie es als ihre Aufgabe sehen, den Adressatinnen dabei zu helfen, mit den Einschränkungen – von Freizeit, von Sprache, von Sprechen, von Tätigkeiten, von Wünschen, Kleidung, Geld, Raum etc. – umzugehen und diese zu akzeptieren. Was sie ihnen bieten, ist der Ausblick auf später. Hier finden Vereindeutigungen statt, ohne Ambivalenzen und Konflikte an sich zu beleuchten.

8 Fallübergreifende Ergebnisse

Im folgenden Kapitel will ich auf eine fallübergreifende Ebene wechseln und die vier Einrichtungen (Fälle) *Die Figurine, BVB, JuZe* und *IMT* miteinander vergleichen. Die Kontrastierung bietet die Möglichkeit, Besonderheiten und daraus verallgemeinerbare und theoretisierte Ergebnisse abzuleiten (vgl. Kruse 2014, S. 458 ff., 632 f.). Zu diesem Zweck werden die Fallrekonstruktionen kontrastiert und reflektiert. Die Perspektiven der Grenzbearbeitung, Macht und Intersektionalität sind für die Analyse grundlegend.

Ziel des Kapitels ist es, aufzuzeigen, wie die Einrichtungen der KJH über Differenzkonstruktionen sprechen und wie sie mit Macht- und Ungleichheitskonstruktionen umgehen. „Die Arbeit am Sozialen geschieht häufig an und entlang höchst umstrittener Grenzen: Wer bestimmt, dass sie so verlaufen und nicht anders? Welche bestimmten, also hegemonialen, Kräfte sind hier wirksam? Wo werden entsprechende Grenzen für Fachkräfte wie Nutzer/innen auch als veränderbar erkennbar?" (Kessl/Maurer 2009, S. 94). Besonders relevant erscheint es bei dieser Zielsetzung und den Fragen, die Kessl und Maurer dazu formuliert haben, den Blick darauf zu richten, was wie nicht gesagt wird oder womit wie nicht umgegangen wird. So rückt v. a. Dethematisierung – also das, was nicht als legitim oder als nicht anerkannt gilt – in den Fokus der Ergebnisdiskussion. Eine grenzanalytische Perspektive ermöglicht es, Soziale Arbeit als „Grenzzieherin und auch Grenzverteidigerin" (Kessl/Maurer 2009, S. 94) zu sehen und ihrer ambivalenten Position (vgl. Mecheril/Melter 2010) gerecht zu werden.

Für die Fragestellung nach (De-)Thematisierung von Differenz habe ich die Analyseheuristiken in Form von Fragen nach Positionierungen, Kontextualisierungen sowie nach Geschichte (bspw. von Einrichtungen) entwickelt. Die Perspektive von Intersektionalität ermöglicht es, „selbstverständliche Kategorisierungen, Differenzkonstruktionen und Grenzziehungen und damit verbundene Dominanzverhältnisse infrage zu stellen und ihre Folgen für die Einzelnen und die hegemoniale gesellschaftliche Ordnung sowie mögliche Veränderungen aufzuzeigen" (Riegel 2016, S. 145). Folgende Fragen stehen im Vordergrund: Wie positionieren die KJH-Tätigen[60] Adressat_innen oder potenzielle Adressat_innen ihres Angebots? Was ist dabei sagbar und was bleibt unsagbar? Mithilfe der intersektionalen Analyseperspektive kann ich auch uneindeutige Ergebnisse aufzeigen und zur Diskussion stellen (vgl. Riegel 2016, S. 144 f.). Während der

---

60 Dazu gehören im vorliegenden Sample neben sozialpädagogischem Fachpersonal auch Ehrenamtliche sowie Honorarkräfte, die bisher keine fachlichen Kompetenzen im Bereich der Sozialpädagogik erworben haben.

Analyse hat sich eine weitere Perspektive für die Rekonstruktion der Ergebnisse ergeben, nämlich die der Konfliktorientierung in der Sozialen Arbeit (vgl. bspw. Stövesand/Röh 2015; Stehr/Anhorn 2018; Eichinger/Schäuble 2018; Schäuble 2020).

Konfliktorientierung als *sensitizing concept* in die fallübergreifende Analyse einzubeziehen, war bereichernd, insofern es zu Ergebnissen geführt hat, die ich andernfalls nicht erzielt hätte. Bei der Fallrekonstruktion fiel auf, dass die Einrichtungen interne Konflikte in der Tendenz lösungsorientiert behandeln oder Interaktionen konfliktvermeidend gestalten. So fokussieren bspw. zwei Kolleg_innen aus der Einrichtung der JBH im Gespräch mehr auf ihre gegenseitige Sympathie als darauf, ihre inhaltlichen Diskrepanzen aufzugreifen und zu erörtern. Anhand des Konzepts der Konfliktorientierung konnte ich irritierende Beobachtungen besser verstehen und greifen. Konflikte werden demnach für die Soziale Arbeit als sehr vielfältig sowie facettenreich erachtet (vgl. Schäuble 2020, S. 59). Dabei rücken auch die unter Grenzbearbeitung thematisierten Ambivalenzen zu Adressierung und der Gefahr von Homogenisierung in den Blick, die für die Soziale Arbeit konstitutiv sind. Laut Konzept hängen Konflikte zwischen Adressat_innen und Fachkräften in der Sozialen Arbeit, die situativ oder individuell wahrgenommen werden wie auch anders gelagerte Konflikte mit gesellschaftlichen Verhältnissen (vgl. dazu Stövesand/Röh 2018; Stehr/Anhorn/Rathgeb 2018) und „grundlegender Ungleichheit" zusammen (Schäuble 2020, S. 62). Konflikte bewusst zu bearbeiten, bedeutet demnach, die Handlungsmöglichkeiten der Adressat_innen und der Fachkräfte auf institutioneller Ebene zu erweitern. Konflikte zu reflektieren, ermöglicht es zu analysieren, inwiefern erstens Strukturen und Handeln aufeinander bezogen sind und zweitens vor diesem Hintergrund zu handeln (vgl. Schäuble 2020, S. 62; Eichinger/Schäuble 2018). Umgekehrt verdeutlicht diese Perspektive, wie groß der Impact auf pädagogisches Handeln im Umgang mit Differenz und Ungleichheit ist, wenn Konflikte in Einrichtungen der KJH nicht thematisiert werden.

Im Folgenden gehe ich zunächst darauf ein, inwieweit die Kooperation zwischen Schule und insbesondere OKJA die offene und umfassende Herangehensweise der KJH eingeschränkt wird. Im zweiten Unterkapitel thematisiere ich, inwiefern Zielgruppenorientierung in der OKJA und der JBH auch eine homogenisierende Adressierung bedeutet. Ich zeige auf, wie es dazu kommt, dass die Verantwortung für gesellschaftliche Transformationsprozesse auf die Adressat_innen übertragen wird (Responsibilisierung). Daran schließe ich im dritten Unterkapitel mit dem Widerspruch an, dass bestimmte Arten von Deprivilegierung in Bezug auf die Adressat_innen zugunsten einer Konfliktvermeidung nicht thematisiert werden. Im vorletzten Unterkapitel zeige ich Positionierungen jenseits der Grenze im Sinne einer grenzerhaltenden Praxis in der KJH auf. Im fünften Unterkapitel geht es schließlich um fehlende Aushandlungsprozesse in Bezug auf eine institutionelle Haltung. Diese Dethematisierung verstehe ich wiederum als

Konfliktvermeidung und beziehe die fehlenden Aushandlungsprozesse und deren Folgen für eine institutionelle Haltung auf die sozialpädagogische Professionalität.

8.1 Eine Verengung des Handlungsspielraums – die Zusammenarbeit mit der Schule

In diesem Kapitel rücken besonders die Einrichtungen in den Fokus, die mit Schule interagieren. In meiner Analyse konnte ich herausarbeiten, inwiefern Grenzziehungsprozesse in der KJH wirksam werden. Ich konnte beobachten, dass die Kooperation der Einrichtungen mit Schule Grenzen sehr eng steckt, was die KJH unter Handlungsdruck stellt. Sowohl bei den Einrichtungen der OKJA als auch bei der Einrichtung der JBH, die keinen expliziten Bezug zu Differenzen oder Machtkonstruktionen herstellt, scheint die Kooperation mit Schule eher eine Orientierung an den Anforderungen von Schule zu sein, anstatt ein Setting gemeinsamen Lernens (voneinander). Das Verhältnis zwischen Schule und KJH ist asymmetrisch. In der Hierarchie tritt die Institution Schule aufgrund ihrer Machtposition dominanter auf. Daraus leiten sich „Handlungszwänge" (Zipperle 2016, S. 157) für die KJH ab. Die unterschiedliche Positionierung und gesellschaftliche Wahrnehmung der beiden Bildungsinstitutionen tragen zu diesem ungleich strukturierten Verhältnis in den unterschiedlich gelagerten Kooperationen bei.

Die JBH ist klassischerweise an der Gestaltung von und Beratung in Übergängen zum Beruf orientiert (vgl. Mairhofer 2017, S. 9). Dabei fokussiert sie entsprechend ihrem Auftrag Übergänge, die mit formalen Bildungs- und Ausbildungsabschlüssen enden. Daraus ergibt sich strukturell eine Nähe zu schulischen Logiken. In den Einrichtungen der OKJA fällt auf, dass auch sie diese Art von Übergängen zum Teil in den Fokus ihrer Arbeit stellen. Diese Priorisierung entspricht allerdings ihrem gesetzlichen sowie sozialpädagogisch-theoretischen Auftrag nicht wesentlich. In der Praxis scheint die Orientierung an der Schullogik gegenüber dem Prinzip einer umfassenden Bildung den Vorzug zu erhalten (vgl. Rauschenbach 2009; Schwanenflügel/Walter 2016, S. 310; Sting/Sturzenhecker 2021, S. 682 ff.). Das bedeutet eine Hierarchisierung formaler Bildung gegenüber informeller Bildung. Benedikt Sturzenhecker und Lisa Richter sehen durch diese Art der Aktivierung die *Freiheit* der Jugendarbeit gefährdet und befürchten eine Vereinseitigung (vgl. dies. 2013, S. 699 ff.). Das meint eine Unterordnung unter die dominante gesellschaftliche Bewertung dieser beiden Formen von Bildung. So liegt der Fokus des IMT eindeutig auf dem Erledigen von Hausaufgaben. Das steht auf der HP. Diese dominanzkulturelle Ordnung wird auch performativ immer wieder hergestellt, wenn z. B. die Mädchen, die die Räume der Einrichtung betreten, zuerst gefragt werden „Brauchst Du Hilfe?". Diese Frage bezieht sich auf das Erledigen von Haus- und Schulaufgaben. Sie findet in einem konjunktiven Erfahrungsraum statt. Das bedeutet, die Subjekte teilen das Wissen um die Bedeutung dieser Frage und nehmen an den „Wissens- und Bedeutungsstrukturen" (Przyborski/Wohlrab-Sahr 2010, S. 104) teil (vgl. auch Mannheim 1964, S. 100 nach Przyborski/Wohlrab-Sahr 2010, S. 279). Die Priorisierung von Hausaufgaben (machen und dabei unterstützen), Lernen für Klassenarbeiten sowie schulischen Projektarbeiten zieht sich als Selbstverständlichkeit durch die Einrichtung.

Das Aufgabenfeld der KJH umfasst auch die Begleitung und Beratung zu Übergängen, von/in Schule, Ausbildung, Arbeit. Die Analyse der Einrichtungen, insbesondere bei der Begleitung von Hausaufgaben in den beiden Einrichtungen der OKJA, zeigt allerdings: Sie nutzen weniger die Handlungsspielräume, die sie gerade als OKJA haben. Stattdessen passen sie sich an die gegebenen Strukturen oder das im hegemonialen Diskurs als vorgegeben Vermittelte und Wahrgenommene an. Das führt in einigen Situationen zu einem verengten Blick auf die jeweils thematisierten Übergänge: Formalien und Themen der Schule und der formalen Bildung wird eine größere Bedeutung beigemessen, während andere Themen, die Übergänge auch betreffen, wie z. B. familiäre Herausforderungen, weniger Gewicht erhalten. Es wirkt, als würden sich die Professionellen auf die zugänglicheren und scheinbar einfacheren, naheliegenderen Themen von Übergängen zurückziehen. Es werden Fragen wichtig wie: Welche Noten sind für die weiterführende Schule notwendig? Welche Schulen gibt es etc.? Dabei werden bspw. Erfahrungen mit Deprivilegierung sowie Barrieren dethematisiert, mit denen die Adressatinnen über ihre Familie, aber auch über ihre Position in der Gesellschaft konfrontiert sind. Zudem müssen sie mit widersprüchlichen Anforderungen umgehen, die mit strukturellen Verhältnissen zusammenhängen. Nach Maria Bitzan und Franz Herrmann sind das „Konfliktverhältnisse" (dies. 2018, S. 46), die in der Sozialen Arbeit mit der Gefahr einhergehen, dethematisiert zu bleiben. Im IMT sprechen die beiden Sozialpädagoginnen mit einer jungen Frau über ihre Abschlussnoten und den Stand ihrer Bewerbungen. Den familiären Zwang aber, der hinter ihrer Entscheidung für eine bestimmte Schulrichtung steht, thematisiert die junge Frau erst im Anschluss mit einer Freundin. Diese Dethematisierung geschieht, weil sie den notwendigen Raum nicht vorfindet oder weil die Sozialpädagoginnen ausschließlich die Formalien besprechen. Das bedeutet jedoch nicht notwendigerweise, dass die sozialpädagogisch Arbeitenden die Konflikte und Widersprüche nicht wahrnehmen. An anderer Stelle thematisieren und kritisieren sie Zwänge und Herausforderungen, die sich für die Mädchen und jungen Frauen daraus ergeben. Allerdings scheint es an einer Art von Übersetzung in eine pädagogische Praxis zu scheitern. Dadurch äußern die Sozialpädagoginnen ihren Einblick und ihre Kritik, als Teil ihrer Haltung, gegenüber den Adressatinnen nicht deutlich. Es wirkt, als würden sie trennen,

Handlung auf der einen und Reflexion der Verhältnisse auf der anderen Seite. Die Grenze dazwischen bleibt unbearbeitet.

Die Zusammenarbeit mit oder die starke Orientierung an Schule verleitet zu der Vermutung, dass sie die Handlungsmöglichkeiten der KJH erweitert. Jedoch scheint das Gegenteil der Fall zu sein. Kooperationen sind ein „wesentliches Charakteristikum der sozialpädagogischen Tätigkeit im Bereich der Jugendhilfe. [...] Soziale Arbeit überschreitet damit (zumindest zeitweilig) die Grenzen ihrer Organisationen, wodurch professionelle Zuständigkeiten aushandlungs- und legitimationsbedürftig werden." (Bütow/Gries 2013, S. 230) Bei der Aushandlung von Zuständigkeiten ist eine Voraussetzung, den eigenen Auftrag und die damit einhergehenden Kompetenzbereiche zu reflektieren, um diese auch (selbst-)bewusst vertreten zu können. Da in den Einrichtungen diese Zuständigkeiten nicht explizit thematisiert werden, gehen sie dazu über, ihre Praxis an die Erwartungen der kooperierenden Schulen oder dahinterstehenden Organisationen (bspw. der Stadt) anzupassen. Dadurch geben die Einrichtungen die Möglichkeit preis, sich überzeugend zu positionieren.

Die KJH soll dementsprechend die Aufgabe übernehmen, schulische Lücken zu kompensieren. Der Ausdruck *Lücken* bezieht sich dabei auf ein fehlendes Betreuungsangebot sowie auf fehlende informelle und soziale Bildungsmöglichkeiten (vgl. Deinet/Icking 2013, S. 390). Daneben erhalten v. a. Kinder und Jugendliche Aufmerksamkeit, die als benachteiligt gelten (vgl. Ziperle 2016, S. 157f.). Die Einrichtungen der OKJA begegnen einer vorausgesetzten Benachteiligung der Adressat_innen. Denn sie nehmen sich der Aufgabe an, die Kinder und Jugendlichen dazu zu befähigen, den Unterrichtsstoff im vorgesehenen Schultempo aufzunehmen. Dadurch sollen Benachteiligungen durch Bildung ausgeglichen werden. Die OKJA übernimmt hier die Funktionen Qualifikation und Integration, die Fend (2012) als zwei der drei originären Funktionen von Schule kennzeichnet (vgl. Emanuel/Weinhardt 2021, S. 1467). Damit wird der Spielraum, wo OKJA ansetzen soll, auf schulische und meritokratische Ideale verengt, anstatt Hausaufgaben als Lebenswelt der Adressat_innen anzuerkennen (vgl. Zipperle 2021, S. 1032) und nach ihren Maßgaben zu bearbeiten. Es entsteht hier eine Ambivalenz, die die Professionellen auf unterschiedlichen Ebenen auf unterschiedliche Art und Weise wahrnehmen und meist bedauern. „Dabei ist es bedeutsam, dass die OKJA nicht als bloßer verlängerter Arm von Schule und Nachhilfe erscheint, aber auch nicht aus einer überzogen kritischen Perspektive auf unangebrachte Distanz geht und so möglicherweise schulbezogene Unterstützungswünsche von Mädchen und Jungen aus dem Blick verliert." (Emanuel/Weinhardt 2021, S. 1466) Allerdings wird diese Herausforderung meist weder mit den Adressat_innen selbst thematisiert, noch in dem Team explizit als Konflikt formuliert, mit dem sie umgehen können.

In den Einrichtungen der OKJA liegt für die Kinder und Jugendlichen der Fokus auf der Bearbeitung von Hausaufgaben und schulischen Angelegenheiten:

Im IMT ist das bereits eine Tradition der Einrichtung. Dahinter steckt die Selbstverständlichkeit, dass sich das Hilfeangebot auf das Erledigen von Hausaufgaben oder Lernen beschränkt. Zudem ist der größte und zentrale Raum des Treffs auf Lernen und Hausaufgaben ausgerichtet. Das JuZe, die zweite Einrichtung der OKJA, hat innerhalb kurzer Zeit zudem eine weitere Veränderung erfahren: Die Kooperation mit der gegenüberliegenden Grundschule umfasst die Betreuung von über 100 Kindern nach Schulschluss und beinhaltet Mittagessen, Hausaufgaben sowie Freizeitangebote. Die Mitarbeiter_innen scheinen eher überrumpelt zu sein von den Anforderungen, die die Schule und die Stadt an sie stellen. Sie hinterfragen sie jeweils situativ, aber weniger im Gesamten.

In der Einrichtung der OKJA, die explizit *internationale* Mädchen adressiert und die historisch bereits seit vielen Jahren auf die Benachteiligung dieser Adressatinnengruppe reagiert, geht die Leitung von einer familiären sowie gesellschaftlichen Benachteiligung der Mädchen aus. Dahinter steht die Idee, die Mädchen mithilfe formaler Bildungserfolge zu empowern und auf diese Weise ihre Handlungsmöglichkeiten und Erfolgschancen vor dem Hintergrund eines neoliberalen Systems zu erweitern. Das versteht v. a. die Leitung, die sehr dominant die Kultur und damit Selbstverständlichkeiten der Einrichtung prägt, als Modell der Integration: Sie legt die Messlatte eines weißen, bürgerlichen, männlichen, geableden Bildungsideals an die Mädchen und jungen Frauen an, das dem des deutschen Schulsystems entspricht. Die Leiterin hat ihren Erzählungen zufolge selbst eine ähnliche Adressierung erfahren, mit der sie als Tochter von aus der Türkei migrierten Eltern umgehen musste. Sozialpädagogisch in ihrem Beruf wie auch parteipolitisch engagiert sie sich für Integration migrantisch markierter Mädchen und Frauen. Gleichzeitig verengen ihre Erfahrungen als Bildungsaufsteigerin die Art und Weise, wie sie Adressatinnen sieht: als *defizitär* und als *nicht fertig*. Hier verschiebt sich eine Zuständigkeit: Das SGB VIII § 11 adressiert alle Kinder und Jugendlichen. Die Kooperation mit der Schule verschiebt die Zuständigkeit in Richtung „Kinder, Jugendliche und Familien in belasteten Lebenslagen mit fachlich anerkanntem Unterstützungsbedarf" (Zipperle 2016, S. 157 f.). Verhaltensweisen der Mädchen und jungen Frauen, die einer idealen Integration nicht entsprechen, werden als defizitär angesehen. So wird bspw. ein Mädchen mit Kopftuch als ausschließlich unterdrückt konstruiert, ohne die Sicht des Mädchens und ihre Gründe ein Kopftuch zu tragen zu thematisieren: Die Leitung vertritt eine gesellschaftlich dominante Interpretation, obwohl davon auszugehen ist, dass sie selbst Erfahrungen mit antimuslimischem Rassismus im Zusammenhang mit Sexismus gemacht hat. Sie legitimiert ihr Handeln anhand des vermeintlich eigenen, dominanzkulturellen Blicks.

Dass mit Schule kooperiert wird und gleichzeitig die Akteur_innen der Schule und der Einrichtungen der KJH nicht miteinander sprechen, führt zu einer Homogenisierung der Adressat_innen (auch) aufseiten der KJH statt: Ausschlaggebend wird der Blick der Institution Schule auf die Adressat_innen dafür, wie

Adressat_innen bewertet werden. Die KJH passt demnach auch ihre Angebote an den (Kompensations-)Bedarf von Schule an – weitere Angebote werden hintangestellt: Erst wenn die Hausaufgaben erledigt sind, dürfen die Kinder und Jugendlichen andere Angebote wahrnehmen.

In der Zusammenarbeit mit bzw. Orientierung an Schule scheinen die BVB im Rahmen der JBH sowie die beiden Einrichtungen der OKJA den Bedürfnissen des Schulsystems entsprechen zu wollen. Oder sie sind dazu gezwungen diesen zu entsprechen. So organisiert die BVB ihren Tagesablauf entsprechend der Taktung von Schule. Das geht so weit, dass sie ihn nicht flexibel handhaben kann, wenn es inhaltlich etwa für die Zusammenarbeit in Form eines Workshops sinnvoll wäre, den Ablauf zu ändern. Der IMT richtet sein ganzes Angebot sowohl inhaltlich als auch räumlich ausschließlich nach dem Erledigen von Hausaufgaben aus. Andere Angebote, die einem Freizeitformat entsprechen, finden eher am Rande und in den Schulferien statt. In beiden Einrichtungen der OKJA scheint es selbstverständlich zu sein, Honorarkräfte für die Bewältigung der zusätzlichen Aufgaben (Hausaufgabenbetreuung, Lernen, Freizeitgestaltung der Schulkinder) einzustellen, die keine sozialpädagogischen Professionellen sind. Es werden keine finanziellen Mittel für die Anstellung zusätzlicher sozialpädagogischer Professioneller bereitgestellt. Damit tragen die Einrichtungen und Träger zur eigenen Entprofessionalisierung bei. Sie scheinen es nicht zu wagen, ihr Bedürfnis nach zusätzlicher Finanzierung zu artikulieren, die es ermöglichen würde, die zusätzliche Arbeit und den Mehraufwand besser zu bewältigen, die die Aufgaben von Schule bedeuten. Sie versuchen den Anforderungen von Schule gerecht zu werden, ohne selbst etwas einzufordern. Dadurch verengt sich ihr eigener Handlungsspielraum als Einrichtung der OKJA. Zudem müssen die Professionellen viel Arbeitszeit dafür aufwenden, Honorarkräfte und Ehrenamtliche zu koordinieren.

In ethnografischen Gesprächen mit den Professionellen bekomme ich Einblicke in die Reflexionsprozesse hinter den Kooperationen. Einerseits reagieren die Einrichtungen auf die gesellschaftliche Marginalisierung von Sozialer Arbeit und insbesondere der KJH. Durch die Kooperation mit Schule streben sie an, ihren eigenen Stellenwert und die eigene Wirkmächtigkeit bei den Adressat_innen zu erhöhen. Dabei spielen folgende Punkte eine Rolle: eine unsichere Finanzierungslage der Einrichtungen, Rückgang der Besucher_innenzahlen in den Einrichtungen der OKJA, eine dominante gesellschaftliche Sicht auf die KJH sowie auf Schule und das darauf entstehende Machtverhältnis. Die Hoffnung des JuZe besteht darin, dass Kinder und Jugendliche die Einrichtung über die Kooperation mit der Schule kennenlernen und sie als ihren Raum anerkennen, annehmen und nutzen. Der IMT und seine Finanzierung werden von der Stadt v. a. aufgrund der (historischen) Orientierung an schulischen Anforderungen und der Kooperation mit Schule akzeptiert, wie auch sein Ziel der Integration der Mädchen im als Brennpunkt markierten Stadtteil.

Doch die Art, wie die Kooperationen gestaltet werden, führen dazu, dass die Dominanz von Schule gegenüber der KJH, was v. a. an der Praxis des Nicht-Sprechens festgemacht werden kann. Es gibt keine Absprachen, die bewirken könnten, Perspektiven der jeweils anderen Herangehensweisen, Prinzipien, Interessen, Ziele, Sicht auf Adressat_innen kennenzulernen und auszutauschen, wie sie bspw. Christine Riegel in Bezug auf Kooperationen hervorhebt (vgl. Riegel 2016, S. 299 ff.). Nach Thomas Glaw können „Kooperationen [für die OKJA nur] dann funktionieren, wenn Klarheit sowie ein Selbstverständnis über die eigene Qualität bestehen und diese anerkannt werden" (ders. 2021, S. 1670). Die Analyse meines Materials vermittelt allerdings den Eindruck, dass die Einrichtungen zwar widerständig sind, aber die Anforderungen von Schule vorauseilend umzusetzen suchen: Sie achten auf den Bedarf und den Möglichkeitsrahmen, die die kooperierende Schule ihnen mitteilt. Oder sie halten sich an dominanzkulturell hergestellte Selbstverständlichkeiten. Die OKJA übernimmt und „erfährt [...] die Rolle einer Lückenbüßerin für Bildungsprozesse, für die sich entweder Schule bzw. Lehrer*innen nicht verantwortlich fühlen oder für die sie keine Ressourcen haben" (Falkenreck / Reutlinger 2021, S. 1662). So finden in der Kooperation zwischen JuZe und Grundschule keine Absprachen zum Thema *Erstklässler_innen in ihrer ersten Schulwoche von der Schule abholen* statt. Die Schule teilt dem JuZe lediglich mit, dass die Erstklässler_innen von der Lehrerin auf den Schulhof begleitet werden und von dort abgeholt werden müssen. Wie die Aufsichtspflicht und das Prozedere mit den drei Klassen organisiert wird, liegt in der Verantwortung des JuZe. Probleme wie, dass die Mitarbeiter_innen der Einrichtungen und die Kinder einander noch nicht kennen – was bedeutet, dass die Erstklässler_innen von ihnen fremden Erwachsenen abgeholt werden –, verhandeln die Professionellen der Einrichtung der OKJA unter sich. Der Handlungsdruck ist aufgrund des Nicht-Sprechens innerhalb der Kooperation groß.

Die Praxis des Nicht-(Miteinander)-Sprechens festigt zudem das asymmetrische Verhältnis zwischen Schule und KJH. So ärgert sich die Sozialpädagogin des IMTs zwar sehr über die Entscheidung einer Lehrerin, das gemeinsame Angebot *Koch-AG* abzusagen, ohne Rücksprache mit ihr zu halten. Sie fordert daraufhin allerdings weder ein Gespräch noch bspw. einen eigenständigen Zugang zur Küche der Schule ein, um die *Koch-AG* unabhängig von der Lehrerin zu veranstalten. Diese Option liegt außerhalb des selbstverständlich Forderbaren – ein reflexiver Zugang ist der Professionellen aufgrund der Übernahme dominanzkultureller Sichtweisen auf KJH in dieser Situation versperrt. Sie trägt dadurch zu machterhaltenden Praktiken bei. Die Handlungsmacht der KJH bleibt innerhalb der Kooperation eingeschränkt. Das ungleiche Verhältnis wird nicht nur innerhalb der Kooperation aufrechterhalten. Es führt auch sozialpolitisch dazu, dass die Stimme der KJH nicht gehört wird.

Die Professionellen sind sich dieser Widersprüchlichkeit bewusst und handhaben sie auf unterschiedliche Weise. Jedoch haben sie bis auf die geschlechterberücksichtigende Einrichtung der JBH keinen zufriedenstellenden wie auch keinen professionell erscheinenden Umgang damit gefunden. Widersprüchlichkeit und Handlungszwang bedeuten für die Einrichtung Unzufriedenheit und eine erschwerte Zusammenarbeit im Team. Sie führen dazu, dass Professionelle kündigen.

Die Ausrichtung der JBH orientiert sich stärker an den Idealen und Normvorstellungen eines neoliberalen und aktivierenden Sozialstaats und bedient damit eher die normativen Vorstellungen von Schule. Trotzdem scheint sich die geschlechterbezogene Einrichtung der JBH im Vergleich zu den anderen drei Einrichtungen stärker von den schulischen Anforderungen – sowohl auf diskursiver Ebene als auch auf der Ebene der Praktiken – distanziert sowie emanzipiert zu haben. In der Kontrastierung werden die Orientierung an der Schullogik der anderen drei Einrichtungen und ihre Folgen noch deutlicher.

Die Einrichtung *Die Figurine* führt eine alternative Lesart und Bewertungsstruktur zur dominanzkulturellen und zum schulischen System ein und erhält sie aufrecht. Bewertungen, die die jungen Frauen von außerhalb der Einrichtung – auch von der Schule – mitbringen, versucht v. a. die Leitung der Einrichtung umzuwenden, indem sie eine andere Lesart vorschlägt. Schule wird als dominante Instanz verstanden, die im Leben der Auszubildenden zwar relevant ist, deren Positionierung die Einrichtung mit den Adressat_innen zu transformieren versucht. So kommt es in der Einrichtung immer wieder zu Brüchen mit sonst dominanten und wirksamen Zuschreibungen und damit verbundenen Deprivilegierungen. Die Art der Thematisierung findet meist auf einer metaphorischen und weniger auf einer Ebene statt, auf der Machtungleichheiten explizit benannt werden. Negative Bewertungen, die die jungen Frauen von *außen* erfahren, wie auch deren Sicht darauf versucht sie umzuwenden. Das stellt sich als Brüche in einer performativen Praxis der Reproduktion von Dominanzkultur dar. Allerdings muss auch das zwangsläufig widersprüchlich bleiben: Denn die Professionellen beziehen sich immer wieder auf dominante Machtverhältnisse – auch mit der Intention diese umzudeuten. Auch die strenge Trennung des *Innen* und *Außen* ist nicht unproblematisch.

Durch diese Kontrastierung wird deutlich, inwiefern die hegemoniale Orientierung an Schule die Arbeit in der KJH begrenzt, wenn sie als stärkste Instanz der Bewertung herangezogen wird und die komplette Struktur des sozialpädagogischen Arbeitens vereinnahmt. Das zeigt sich auch in einer Zusammenarbeit mit Schule, die davon geprägt ist, dass Bedarfe angesprochen werden, und innerhalb derer der Dominanz von Schule widersprochen oder standgehalten werden muss und kann. Die leitende Sozialpädagogin der Einrichtung der JBH tritt Schule gegenüber mit einer sozialpädagogischen Selbstverständlichkeit auf. Dadurch kann sie erstens gleichberechtigt zur Schule ihre Anforderungen formulieren. Das bedeutet die Möglichkeit einer Reibung, die in Form eines Konflikts bearbeitet werden kann. Zweitens erweitert die Schule dadurch ihren Blick auf die Berufsschülerinnen. Drittens fühlen sich die Adressat_innen selbst umfassend wahrgenommen – so weist eine Auszubildende den verengenden Blick einer neuen Mitarbeiterin im Gespräch gleich zurück. Die Einrichtung erlangt auf diese Weise eine andere Art von Sichtbarkeit, über die Kooperation mit Schule hinaus. Diese Sichtbarkeit kann sie politisch für sich und sozialpädagogische Belange nutzen.

Eine Kooperation mit Schule vor dem Hintergrund einer alleinigen Orientierung an einer schulischen Logik begrenzt die KJH in ihren Möglichkeiten stärker, wenn sie mit der Praxis eines Nicht-(Miteinander)-Sprechens einhergeht. Der Handlungsspielraum wird eingeschränkt. Ungleiche Verhältnisse und Diskurse, die ohnehin dominanzkulturell gesichert sind, werden durch diese Praxis sowie Organisationsform aufrechterhalten. Wie sozialpädagogische Angebote, Handlungen und Positionierungen von Adressat_innen bewertet werden, fügt sich dabei immer einer schullogischen Perspektive. Das begrenzt die Möglichkeiten sowohl aufseiten der KJH als auch aufseiten der Adressat_innen. Für die Sozialpädagogik folgt daraus Entpolitisierung sowie Deprofessionalisierung. Insbesondere die OKJA, deren Legitimationszwang größer zu sein scheint als der der JBH, erlegt sich damit enge Grenzen auf.

8.2 Erweiterte Responsibilisierung – das Übertragen der Verantwortung für gesellschaftliche Transformationsprozesse

Einrichtungen der Sozialen Arbeit gestalten ihre Angebote häufig gruppenbezogen. Es „kommen (jeweils bestimmte) Personen in den Blick, werden zu Adressat_innen" (Bitzan 2018, S. 31). Bei der Gestaltung von Gruppenangeboten werden Gruppen homogenisiert. Ihnen werden bestimmte Eigenschaften und Positionierungen zugeschrieben, um ein Angebot gestalten zu können. Die Frage, welche Angebote es braucht, ist eng mit gesellschaftlichen Bewertungen verknüpft (vgl. ebd.). Akteur_innen aus der Sozialen Arbeit gehen auf bestimmte Lebenslagen und Erfahrungen in Bezug auf Privilegierung und Deprivilegierung ein. Dabei wenden sie „in gesellschaftliche Machtverhältnisse eingebundene Sehpraktiken" (Gottuck/Grünheid/Mecheril/Wolter 2019, S. 11) an. Ziel der Sozialen Arbeit sollte es sein, Handlungsmöglichkeiten in einer reflektierten Auseinandersetzung zu erweitern (vgl. ebd.; Bitzan 2018, S. 31). Historisch ist dabei auf Feministische Mädchen*arbeit hinzuweisen. Seit ihrer Gründung jongliert sie mit der Gleichzeitigkeit von Zuschreibung und Homogenisierung[61] einerseits

---

61 Hinzu kommt ein weiterer Widerspruch. Denn gerade Bewegungen um Feministische Mädchen*arbeit arbeiten auch strategisch, also bewusst, mit identitätspolitischen Essentialisierungen, um auf bestimmte Ungleichheiten und Machtverhältnisse hinzuweisen und Forderungen stellen zu können. Diese Praxis macht Bewegungen wie die Feministische Mädchen*arbeit erst

und mit dem Bemühen andererseits, die Handlungsfähigkeit der Akteur_innen zu erweitern, damit Adressat_innen mehr Möglichkeiten erhalten. Einrichtungen der feministischen Mädchen*arbeit befinden sich in ständiger Entwicklung (vgl. Busche/Maikowski/Pohlkamp/Wesemüller 2010; Graff 2013; Kauffenstein/Vollmer-Schubert 2014; LAG „Mädchen und junge Frauen in Sachsen" e. V. 2015).

Die Herausforderung, die mit der Gruppenadressierung einhergeht, besteht darin, damit umzugehen, dass die Aufträge weniger den verfestigten Bildern als vielmehr „dem konkreten Alltag der Nutzer_innen" (Bitzan 2018, S. 32) der Sozialen Arbeit entsprechen. In der performativen Praxis innerhalb der Einrichtungen bedeutet die Gruppenadressierung neben der Homogenisierung nach meiner Beobachtung aber auch, dass Adressat_innen die Verantwortung übertragen wird, gesellschaftlich dominante Bilder von sich zu transformieren. Die Schwierigkeit sehe ich darin, dass das aus einer bisher deprivilegierten Position heraus geschehen soll, die innerhalb der Dominanzgesellschaft wenig gehört wird. Diese Art der Verantwortungsübertragung verstehe ich als eine Erweiterung des Konzepts von Responsibilisierung (vgl. dazu Kessl 2013; Schone/Mohr/Ziegler 2014; Nadai 2017). In diesem Kapitel erörtere ich die Adressierung und die daraus hervorgehende Übertragung von Verantwortung.

Adressierung findet in dem Sample dieser Arbeit sowohl explizit, bspw. durch den Namen einer Einrichtung oder einzelner Angebote, als auch implizit statt, in der Gestaltung eines Angebots, das bestimmte Personengruppen anspricht und andere nicht. Ob diese Adressierungen intendiert oder unbeabsichtigt erfolgen, kann ich mit der von mir entwickelten Forschungsperspektive nicht beantworten. Im Vordergrund stehen Folgen von Handlung und diese sind im Voraus wenig absehbar. Daher will ich kontrastierend genau auf die Abläufe und Folgen eingehen, wofür ich empirisches Material einbeziehe.

Eine explizite und gleichzeitig diffuse Adressierung findet sich in dem Namen „Internationaler Mädchentreff". Der Name einer Einrichtung regt die Frage an, welche Personengruppe sich von diesem angesprochen fühlt und wie sich die Personen selbst positionieren (müssen). Noch wichtiger für die Fragestellung dieser Arbeit sind folgende Fragen: Wie wird dadurch eine bestimmte Gruppe performativ angerufen? Wie wird ein Bild von ihr aufrechterhalten? Wie werden Subjekte *als* Mädchen und *als* international konstruiert? Um dem auf den Grund zu gehen, ist es wichtig, auf die Praktiken hinzuweisen, die sich durch die sehr sichtbare Thematisierung „international" ergeben. Diese scheint mit vielfältig zu deutenden Dethematisierungen einherzugehen.

Die Einrichtung befragt Adressatinnen direkt bei ihrem ersten Besuch eindringlich nach ihrer *Herkunft*. Dabei suchen auch die *weiß* positionierten Fachkräfte sehr engagiert nach *etwas Anderem* als „Deutschland". Es scheint mehr dar-

---

handlungsfähig. Somit begibt sich die Feministische Mädchen*arbeit ganz bewusst in diese Widersprüche.

um zu gehen, ob sie eine andere Herkunft haben, und weniger darum, welche das ist. Die Angabe der Besucherinnen wird in einem Aufnahmebogen notiert, der abgeheftet wird. Dadurch bekommt sie, für die Adressatinnen der Einrichtung, sichtbar eine gewisse Relevanz zugewiesen, sie wird festgeschrieben. Diese Praxis stellt in der Einrichtung Normalität dar und her.

Im Folgenden setze ich die Adressierung durch den Namen mit der Adressierung durch das Aufnahmeritual ins Verhältnis. In den Aufnahmesituationen finden Otheringprozesse statt, in denen es keine Option zu sein scheint, dass „international" *zugehörig* bedeuten kann. „International" ist in diesem Fall lediglich ein Label, das nicht auf juristische Nationalitäten verweist, sondern eine Zuschreibung von Andersheit verdeutlicht: Zuschreibungen wie Ethnizität, Kultur sowie Nationalität werden gleichgesetzt, wie es häufig bei Ansätzen der Fall ist, „bei denen es um die Konfrontation mit ‚fremden Kulturen' geht" (Şirin/Heidbreder 2015, S. 79). Es handelt sich um eine „Affirmation der geschichtlichen Konstruktion von national-ethnischen Unterscheidungen", in der die „binäre Unterscheidung zwischen ‚Wir' und die ‚Anderen'" (Şirin/Heidbreder 2015, S. 79) reproduziert wird. Das „Inter" in „International" führt an dieser Stelle weniger zu einem Austausch als vielmehr zu einer Abgrenzung. Sie besteht zwischen Mädchen, die als „international" gelesen und als *Andere* adressiert werden und den Mädchen, die als zugehörig zum *Wir* gelesen werden. Hier wird deutlich, dass nach wie vor „Weiße [sic!] deutsche feministische Diskurse [...] als Referenzpunkt" (Arapi/Lück 2005, S. 43) hinzugezogen werden. Diesen scheint sich die Leitung der Einrichtung angepasst zu haben: Der *weiße* feministische Diskurs ist in dieser Hinsicht so dominant (vgl. Rommelspacher 1998, S. 29), dass die Leitung, die selbst als *Andere* positioniert ist, diesen in ihre Arbeit inkorporiert hat.

Die Adressierung „international" beinhaltet demnach mehr Differenzkonstruktionen als die explizit erwähnte. Sie werden allerdings dethematisiert. Die Gruppe der Besucherinnen_ der Einrichtung wird homogenisiert, indem den Adressatinnen_ das Label „internationale Mädchen" zugeschrieben wird. Die Mädchen_, die kommen, diejenigen, die nicht kommen, wie auch die Mitarbeiterinnen_, scheinen über einen dominant geführten Diskurs bezüglich der Verwendung des Titels informiert zu sein. Die Fachkräfte halten diesen dadurch aufrecht, dass sie die Aufnahmeprozedur der Offenen Einrichtung durchführen und ihre Listen nach dieser Kategorisierung weiterführen. „International" kann aus einer Perspektive von Responsibilisierung als Euphemismus gelesen werden: „Die Überwindung der ‚Defizitperspektive' wird zum geflügelten Wort. Strukturelle Ungleichheiten werden zu Heterogenitätskontexten umdefiniert" (Schone/Mohr/Ziegler 2014, o. S.). Entgegen der Erwartung bedeutet „international" weniger zu versuchen, mit Vielfalt als von Macht durchzogen umzugehen. Das wird suggeriert, aber nicht eingehalten. Vielmehr wird eine Homogenisierung innerhalb einer binären Logik vorgenommen. Vielleicht ist das Ziel Integration.

Vor dem Hintergrund habe ich die Ziele des IMT herausgearbeitet. Die adressierten Mädchen sollen sich *bemühen*, den schulischen Anforderungen zu entsprechen und sich dabei stets an den Idealen und Normen eines meritokratischen Systems orientieren. Sie sollen sich weiterhin *bemühen*, sich im Hinblick auf die zugeschriebene Kultur ihrer Eltern weniger traditionell zu positionieren. Dabei wird der Gegensatz der fortschrittlichen deutschen Kultur und einer traditionell-konservativen Kultur der *Anderen* konstruiert. Sie sollen sich im Hinblick auf Bildungsaspiration einen bestimmten Habitus aneignen. Dieses Bestreben beruht auf der Illusion einer Bildungsgleichheit. Sie suggeriert, alle hätten dieselben Bildungschancen und so auch jede Möglichkeit jede Machtposition einzunehmen, wenn sie nur intelligent und bereit sind, Leistung zu erbringen (vgl. El-Mafaalani 2020, S. 57).

Hier zeigt sich ein weiterer Widerspruch: In einem meritokratischen System ist eine Kompensation oder Unterstützung nicht vorgesehen, da Erfolg allein an Leistungsbereitschaft gemessen wird (vgl. Miethe/Wagner-Diehl/Kleber 2021, S. 87). Es ist bekannt, dass das Bildungssystem der Funktion und Aufgabe, Bildung zu vermitteln, indem es lediglich Leistungsbereitschaft fördert, nicht nachkommen kann. Zudem ist der Zugang zu Bildung von sozialen Positionen abhängig (vgl. Bourdieu 1972; Teltermann 2019, S. 103 ff.; El-Mafaalani 2020, S. 65 ff.). Das lässt mit der Perspektive von Maisha Auma betrachten. Subjekte würden dann nicht mehr in ihrem „Gewordensein" (dies. 2012, S. 241) anerkannt, sondern nur noch aus der Perspektive eines dominanten Wissens adressiert. „Auch die Deutungen der Professionellen [...] erzeugen Bilder von den Adressat_innen durch ihre eigenen Definitionssysteme (z. B. Deutungen von Unwilligkeiten oder Unfähigkeiten oder von Hilflosigkeiten) und machen sich blind gegenüber anderen Elementen der Subjektivität der Adressat_innen." (Bitzan 2016, S. 107) Erfolgt eine Adressierung allein auf der Grundlage dominanten Wissens, anstatt an der Lebenswelt und den Erfahrungen der Adressat_innen orientiert, fehlt eine sozialpädagogische Reflexion.

Ähnlich verhält es sich bei der Gruppenkonstruktion im JuZe und der sogenannten „Teenygruppe". Hierbei werden jugendliche Jungen adressiert, die die gruppenleitende Sozialpädagogin als „jünger" beschreibt. Es steckt hinter dieser Adressierung eine exakte Vorstellung der Sozialpädagogin in Bezug auf das Alter, auf die nationale Herkunft sowie auf die Beziehung der Jungen untereinander und zu Jungen, die nicht Teil der Gruppe sind. In einer Vorstellungsrunde betonen sowohl die Adressaten als auch die Sozialpädagogin Nationalität. Bereits vor dem Treffen mit der Teenygruppe ordnet die Sozialpädagogin sie für mich ein, wobei sie deren Zusammensetzung erläutert. Allerdings stimmen die Angaben, die die Jungen nennen, nicht mit jenen überein, die die Sozialpädagogin mir gegenüber äußert. Beispielsweise zählt die Sozialpädagogin mir gegenüber weniger Nationalitäten auf, als die Jungen angeben. Daraus lässt sich schließen, dass das Gruppenangebot mehr an Zuschreibungen insbesondere dem Anderssein ausgerichtet ist und weniger an konkreten Beobachtungen. Die Gestaltung des Angebots beruht auf dominanzkulturellen Zuschreibungen sowie Bedarfen, die mit Zuschreibungen einhergehen.

Aus der intersektionalen Perspektive wird deutlich, dass die Einrichtungen die migrantisierten Jungen und Mädchen u. a. vor dem Hintergrund geschlechterbezogener Diskurse sehen. Einflüsse sind jeweils neoliberale sowie meritokratische Logiken, denen sich die Einrichtungen zumindest zu einem Teil unterwerfen. Es handelt sich dabei um „die Zuweisung einer zukunftsgewandten Aufgabenverantwortung" (Schone/Mohr/Ziegler 2014, o. S.), die sich binär auf Geschlecht bezogen ausformt. Die Jungen in der „Teenygruppe" des JuZes sollen bspw. *lernen*, sich zurückzunehmen, weniger einzufordern, sich mehr an der Herstellung von Ordnung zu beteiligen etc. Diesen Auftrag, den die Sozialpädagogin für sich definiert, scheint sie allerdings an „populäre Sichtweisen von und auf (junge) Männer mit Mitgrationshintergrund" (Huxel 2014, S. 13) zu knüpfen. „Erklärt werden diese Positionierungen unter Verweis auf die ethnische Zugehörigkeit der Jungen, die häufig vermutet wird. Ihr Geschlecht wird dementsprechend als durch ihren ethnisch-kulturellen Hintergrund determiniert dargestellt (vgl. Huxel 2008b)." (Huxel 2014, S. 11) Die Positionierungen werden der Komplexität nicht gerecht, vielmehr sind sie stark homogenisierend. Das bedeutet „eine Reduktion multipler, miteinander verwobener Differenzen, vor der Nira Yuval-Davis ausdrücklich warnt, wenn sie feststellt ‚[w]hile all social divisions share some features and are concretely constructed by/intermeshed with each other, it is important also to note, that they are not reducible to each other'" (Yuval-Davis 2006, S. 200 zit. nach Huxel 2014, S. 13). Raum für Ambivalenzen scheint hier verloren gegangen zu sein.

Im Folgenden kontrastiere ich Verwobenheiten von Machtstrukturen aus intersektionaler Perspektive, die sich auf der Ebene der Interaktion äußern. Zudem stelle ich einen Zusammenhang zwischen Adressierung und dem Übertragen von Verantwortung für die Transformation dominanter Bewertungen her. Wird den Mädchen im IMT u. a. Raum geboten, in dem sie sicher sind, und ein Raum, in dem es um formale Bildung geht, spielt in der „Teenygruppe" v. a. Disziplinierung eine Rolle. Sicherheit und Bildung einerseits und Disziplinierung/Zähmung von rassifizierten Kindern und Jugendlichen andererseits verstehe ich als binär geschlechterspezifische Ziele, die bei den Jungen in einem Defizit-Diskurs und bei den Mädchen in einem Opfer-Diskurs zu verorten sind. Beides sind geschlechterspezifische Spielarten der Integration. Das Geschlecht der Adressat_innen und dessen Adressierung im jeweiligen Angebot trägt demnach zur Homogenisierung der jeweiligen Gruppe bei: einmal als Schutzbedürftige/Bildungsaspirierende und einmal als Undisziplinierte/Unzivilisierte. Die Gruppeneinteilungen und die Gestaltung der Angebote folgen damit einer „(kultur-)rassistischen und sexistischen Logik" (Altenberger 2020, S. 58). Zudem spielt in beiden Angeboten Alter eine Rolle, was an den Formulierungen „Teeny"/„jünger" und „Mädchen" deutlich wird. Daneben fällt eine klassenspezifische Gestaltung der Angebote ins Gewicht: Das Angebot für die Mädchen beinhaltet die Unterstützung bei formaler Bildung. Es definiert dadurch ein Defizit in Bezug auf Bildungsmöglichkeiten der Gruppe, rückt allerdings den Fokus auf das Potenzial der Mädchen. Das Angebot, das die Jungen adressiert, beinhaltet gemeinsames kostenloses Essen und definiert dabei u. a. ein spezifisches Defizit in Bezug auf Essverhalten und Ernährung[62] – hier steht u. a. Zügellosigkeit im Vordergrund. Das zeigt, dass die diskursiven Zuschreibungen, die sich in der Praxis verdichten, auf der Wechselwirkung einzelner Machtkonstruktionen beruhen. Beide geschlechterbezogenen Strategien veranschaulichen allerdings klar, dass den Kindern und Jugendlichen zum einen die Verantwortung für ihre eigene *Aktivierung* und zum anderen die Verantwortung über die Veränderung des Bilds über sich selbst in der Gesellschaft übertragen wird.

Konkrete Adressierungen finden in allen Einrichtungen statt. Allerdings unterscheidet sich die Herangehensweise der Einrichtung *Die Figurine* von den anderen Einrichtungen in Bezug auf Repräsentationen. In gemeinsamen Brainstormings erarbeitet das Team aus festangestellten Fachkräften interdisziplinäre Konzepte zur Außendarstellung und legt entsprechende Ziele fest. Zusammen mit den Auszubildenden setzen sie Projekte wie die Gestaltung eines Kochbuches, Modenschauen etc. um. Bei der Planung der Produkte oder Ergebnisse wird die Öffentlichkeit/Außenwirkung immer mitgedacht: Vermutlich sieht die Einrichtung einen expliziten Auftrag darin, den Blick *auf* die Auszubildenden entsprechend einem dominanten Diskurs zu transformieren. Dabei werden die Auszubildenden involviert. Sie erhalten eine Plattform, um sich darzustellen: wie sie sich sehen und wie sie in der Einrichtung gesehen werden – im institutionellen Rahmen der Einrichtung, der u. a. abhängig ist von Finanzierungen, vom Blick der Festangestellten sowie von aufgegriffenen Diskursen.

Das spielt sich im Spannungsverhältnis des „doppelten Modus der Repräsentation" (Spivak 2008, S. 38 nach Altenberger 2020, S. 53 f.) ab, der zwischen den Polen von „Sprechen für" und „für sich selbst sprechen" (Altenberger 2020, S. 53 f.) liegt. Dabei stellt sich die Frage, inwiefern und ob es einen Raum gibt, in dem „die eigene Handlungsmacht subalterner Subjekte geltend" (Altenberger 2020, S. 54) gemacht werden kann. Dass sich die Auszubildenden nach außen über Moden-

---

62 Ernährung und die Idee von gesunder Ernährung spielt in allen von mir besuchten Einrichtungen eine Rolle. So gibt es bspw. eine Kooperation mit einer Stiftung, die Äpfel bereitstellt. Erklärt wird die Bereitstellung von Äpfeln mit: „dass die auch mal was richtiges essen." (JuZe) Es gibt das Projekt „Soulfoods". In Kooperation mit einer Stiftung wird gemeinsam gekocht, es gibt Kochgruppen, die einkaufen gehen und für die gesamte Gruppe kochen etc. Die Intention dahinter ist es, den Kindern und Jugendlichen gesundes Essen beizubringen. Damit geht eine klare Grenzziehung einher, die die Fachkräfte als diejenigen positioniert, die sich gesund ernähren und das entsprechende Wissen haben, das den Adressat_innen inklusive ihrer Familien neben den Ressourcen für gesunde Ernährung fehlt.

schauen präsentieren können, lässt sich als *strategischer Essentialismus* beschreiben. Er ist für sich ambivalent angelegt, also zugleich „Darstellung" und „Vertretung" (Spivak 2008, S. 37). Moderiert werden die Modenschauen durch die Fachkräfte der Einrichtung der JBH. Einerseits geht es um die Thematisierung von Deprivilegierung, die von Rassismus, Klassismus und Sexismus ausgeht. Gleichzeitig sollen die Subjekte sichtbar werden, ohne ausschließlich deprivilegierende Aspekte hervorzuheben. Andererseits werden in Situationen der Präsentation Macht- und Ungleichheitsverhältnisse betont. Das birgt das Risiko, dass Subjekte wiederum ausschließlich in diesem Kontext wahrgenommen werden. Homogenisierung und Essentialisierung können die Folge sein.

Die Einrichtung *Die Figurine* bewegt sich in einem Spannungsfeld. Die Fachkräfte haben innerhalb der Einrichtung ein Bewusstsein für Homogenisierungen entwickelt und wollen damit transformativ umgehen. Homogenisierungen, die auf natio-ethno-kulturellen Zugehörigkeiten beruhen, wurden laut der Sozialpädagogin aufgegriffen und dekonstruiert, um die Zusammenarbeit und das Zusammenleben in der Einrichtung zu verbessern. Sozialstrukturelle oder dominante diskursive Grenzziehungsprozesse wurden aufgegeben, um die Grenze dahin zu verschieben, die *Zugehörigkeit zur Einrichtung* als Inklusionskategorie und solidarischen Raum zu verstehen. Ferner stellen sie sich der Anforderung, das auch nach außen zu transportieren, was jedoch mit Repräsentation als Vertretung, also dem *Sprechen für*, verbunden ist.

Sowohl in den beiden Einrichtungen der OKJA als auch in der Einrichtung der JBH wird es den Adressat_innen überlassen, sich transformativ zur dominanten Sichtweise darzustellen. Dabei habe ich zwei Strategien herausgearbeitet, wie den Adressat_innen die Aufgabe übertragen wird, Diskurse und Machtkonstellationen zu verändern: zum einen die Verantwortungsübertragung über gesellschaftliche Transformationen in Form der Responsibilisierung, zum anderen die *gemeinsame* Darstellung nach außen, die als strategischer Essentialismus (vgl. Spivak 2008) beschrieben werden kann. Ich führe sie im Folgenden aus.

Beide Strategien haben eine Adressierungspraxis gemeinsam. Diese orientiert sich daran, welche Handlungen und welches Verhalten von der jeweiligen Gruppe aufgrund klassistischer, gender-, alters- und natio-ethno-kulturell-bezogener Zuschreibungen erwartet werden und knüpft somit an Defizitzuschreibungen und gleichzeitig an Transformationsaufträge an die gesamte Gruppe an. Durch die Positionierung der Gruppenzugehörigen wird ein bestimmtes Lernfeld mit Verhaltensrepertoire bereitgestellt.

Die erste Strategie ist die der erweiterten Responsibilisierung. Die Pädagog_innen in den Einrichtungen gelangen ausgehend von ihren Deutungen zu Anforderungen oder Zielsetzungen, wie der Bildungserfolg der Adressat_innen (z. B. Defiziti-Diskurs – Opfer-Diskurs). Die Verantwortung darüber, ein dominantes homogenisierendes Bild der Gesellschaft aufzulösen, legen sie in die Hände der adressierten Subjekte selbst. Dieses Übertragen von Verantwortung geht über Aktivierung und Individualisierung hinaus, es kennzeichnet zudem die Idee von Integration. Es geht nicht nur darum, des eigenen Glückes Schmied_in zu sein, sondern zusätzlich darum, dominante Diskurse und somit gesellschaftliche Selbstverständlichkeiten zu transformieren. Es bedeutet eine umfassendere Responsibilisierung in der Sozialen Arbeit.

In diesem Konzept wird auf Individualisierung und Eigenverantwortung gesetzt. Obwohl sie im Kontext des Sozialstaats dominante Denkweisen reflektieren, liegt in diesen „neo-sozial[en]" (Kessl 2014, S. 9) Konzepten der Fokus auf Eigenverantwortung (vgl. ebd.). Erweitert bezieht sich die Verantwortungsübernahme allerdings nicht nur auf Eigenverantwortung, sondern auch darauf, die gesellschaftliche Verantwortung für das Bewerten von sozialer Ungleichheit zu verändern. Das erzeugt eine paradoxe Situation: In den Einrichtungen wird zumindest implizit das Ziel verfolgt, Adressat_innen dabei zu unterstützen, dem dominanten deprivilegierten Bild einer homogenisierten Gruppe *nicht* zu entsprechen. Auf diese Weise soll ihnen der „Zugang zu Lebenschancen" (El-Mafaalani 2020, S. 65) erleichtert werden. Dabei nehmen die Fachkräfte in ihrer Adressierung und Ausgestaltung der Angebote Bezug auf dominanzkulturell geprägte Bilder (s. auch Bücken/Streicher/Velho/Mecheril 2020, S. 13). Ziel dieser Praxis, die ich beobachtet habe, scheint es, das Verhalten der Personen selbst zu ändern, um nicht dem dominanten Bild zu entsprechen. Das bedeutet auch, dass die adressierten deprivilegierten Personen, die im dominanten Diskurs wenig gehört werden, aus einer als *schweigend* anerkannten Positionierung heraus sprechen und performen *sollen*. Aus einer grenzanalytischen Perspektive bedeutet das Folgendes: Subjekte, deren Grenzen aufgrund der Adressierung einer sozialpädagogischen Einrichtung sichtbar werden, werden durch dieselbe Adressierung dazu aufgerufen, sich grenzverändernd zu verhalten. Dadurch sollen sie ein dominantes Bild transformieren, das die Gesellschaft von ihnen hat. Aus einer dekonstruktivistisch informierten Perspektive hieße das, ein Verhalten zu erwarten, das außerhalb der Anrufung liegt. Gleichzeitig bekommen die Subjekte eine gesellschaftliche Verantwortung zugeschrieben, wonach es ihre Aufgabe ist, neben der *eigenen* Positionierung innerhalb der Gesellschaft auch den wertenden und (de)privilegierenden Blick auf diese Positionierung zu verändern. Die pädagogischen Fachkräfte und Einrichtungen setzen hier nun selbst einer Illusion auf und reproduzieren diese. Folge davon sind Enttäuschungen und Frustration.

Deutlich wird diese Praxis in der Kontrastierung mit der Einrichtung *Die Figurine*. Sie hat die Tendenz, diese Verantwortung der Transformation an die Adressat_innen weiterzugeben und trägt darüber hinaus dazu bei, die Adressatinnen_ dabei zu *unterstützen*, gesehen und gehört zu werden und die beschriebene Verantwortung nicht allein den Frauen_ zuzuschieben. Das wäre die zweite Strategie: die Darstellung nach außen. Mittels der vielseitigen Materialien unterstützt die Einrichtung aktiv, gesellschaftliche Grenzziehungsprozesse, die sie selbst in ihrer Adressierung homogenisierend aufgreift, subversiv auszudeuten. Jedoch verbleibt die subversive Ausdeutung innerhalb vergeschlechtlichter, rassialisierender, geableder und altersdiskriminierender Grenzen. Zudem kann die Darstellung nach außen immer auch als Präsentieren „doppelt verantwortungsbewusster Subjekte" (Lessenich 2010, S. 565 nach Nadai 2017, S. 111) verstanden werden. Es dient der Dominanzgesellschaft ferner als Beweis, dass die jungen Frauen durch die Sicherung ihrer eigenen Existenz einen Beitrag zur Gesellschaft leisten. Hier wird die Notwendigkeit der Unterwerfung der Einrichtung unter bestimmte Strukturen und Anrufungen deutlich – auch um anschlussfähig zu sein und keinen Bruch zu verursachen, der die Kommunikation stören könnte. Das Vorgehen kann aber auch als „flexible Angebote, die neben der Unterstützung immer auch Erfahrungen des sozialen Verortetseins (von Zugehörigkeit, von Kollektivität)" (Bitzan 2018, S. 32) sind, gedeutet werden. Die Strategie des nach außen Darstellens will ich als *strategischen Essentialismus* beschreiben, um die Widersprüchlichkeit abzubilden. Sie wird auch dazu eingesetzt, ein dominantes gesellschaftliches Bild über die homogenisierte Gruppe zu transformieren.

8.3 Dethematisierung von Deprivilegierungen und Macht – fehlende Konfliktorientierung im Umgang mit Adressat_innen

Eine der konkreten Fragen dieser Arbeit ist die Frage danach, *wie* Ungleichheiten und Macht in Einrichtungen der KJH thematisiert werden. Aufgrund dominanzkultureller Rahmungen und der sich daraus ergebenden Anforderungen der KJH ist zunächst davon auszugehen, dass gesellschaftliche Machtverhältnisse in den direkten Interaktionen nicht immer reflexiv zugänglich sind. Daher werden machtvolle Diskurse und Ungleichheitsverhältnisse dethematisiert. „Bestimmte Bedürftigkeiten und damit zusammenhängende Tätigkeiten sowie daraus folgende Erfahrungen, Bedürfnisse und Regelungsbedarfe werden aus der gesellschaftlichen Relevanz ausgeschlossen durch Nicht-Regelung, Nicht-Anerkennung, Privatisierung – d. h. auch durch Leugnung." (Bitzan 2008, S. 238) Durch Homogenisierungen von Adressat_innen finden Thematisierung und Dethematisierung gleichzeitig statt: Bestimmte Attribute werden betont, während andere in den Hintergrund treten oder gar nicht erst gesehen und angesprochen werden. Komplexer wird es, wenn sich ferner die Frage stellt, *wie* bestimmte Verhältnisse, Diskurse und Subjektkonstitutionen thematisiert und auch dethematisiert werden. Denn „Fachkräfte [nehmen] ihre Adressat_innen selektiv wahr[]. Sie konzentrieren sich auf bestimmte Merkmale und verengen ihren Blick auf einen bestimmten Ausschnitt der Situation der Hilfeempfänger_innen. Andere Aspekte, die diese mitbedingen, finden wiederum kaum Berücksichtigung." (Schmidt/Schulz 2014, S. 212) Barbara Schäuble stellt diese Selektivität anhand konflikttheoretischer Perspektiven als vereinfachend heraus (vgl. Schäuble 2020, S. 63); v. a. dahingehend, dass Machtverhältnisse und ihre Folgen nicht einbezogen und Konflikte auf individueller Ebene ausgelegt werden. Die Selektivität der Wahrnehmung ist neben z. B. biografischen und positionierungsbezogenen Erfahrungen in dominanzkulturellen Übereinkünften begründet. Konflikte, die Teil sozialpädagogischer Situationen sind, werden ausgeblendet und nicht oder individualisiert bearbeitet. Thematisierung und Dethematisierung hängen mit Anerkennung und Konfliktbearbeitung sowie deren Folgen für die KJH und die Adressat_innen zusammen.

Die Leiterin der Einrichtung des IMT sucht häufiger das Gespräch zu mir und inszeniert das als einen fachlichen Austausch. Einerseits scheint sie dabei meine Perspektive wertzuschätzen, andererseits nehme ich dadurch – wie es in der Ethnografie vorgesehen ist – häufig die Position der Lernenden ein. Gleichzeitig scheine ich in diesem Setting als Vertreterin der sogenannten Mehrheitsgesellschaft verstanden zu werden. Als die Sozialpädagogin mich zu dem Mädchen anspricht, das einen Hijab trägt, konstruiert sie ein Problem, das sie für zumindest thematisierenswert hält. Das Kopftuch sorgt sowohl in der Dominanzgesellschaft als auch unter Feministinnen_ für Diskussionen (vgl. Rommelspacher 2009). Sie werden meist emotional, sehr wertend geführt und werden häufig auch persönlich. Die als (feministisch) dominanzkulturell zu verstehende Perspektive scheint sich daran zu orientieren, die *andere Frau* zu befreien (vgl. Rommelspacher 2009, S. 398). In dem dargestellten Fall dethematisiert die Sozialpädagogin, die sich selbst als Muslimin bezeichnet, unterschiedliche Motive, warum das Mädchen das Kopftuch tragen könnte: Die einzige Lesart, die sie in der Thematisierung des Kopftuchtragens ausbuchstabiert, ist die von „konservativ", „Kein ‚ich'", „nur ein ‚wir'" und „verängstigt" (Beobachtungsprotokoll). Die Grenze zwischen dem Hijab-Tragen als Defizit und Einschränkung und dem Nicht-Hijab-Tragen als Ziel erweiterter Handlungsmacht wird hier statisch. Sie entwickelt eine feministisch dominanzkulturell erscheinende vereinseitigende Lesart der Adressatin – und schreibt sie so als vergeschlechtlichtes sowie rassifiziertes Subjekt fest. Dabei schreibt sie dem Mädchen Probleme zu, die – anders als es Barbara Schäuble für eine Konfliktperspektive in der Sozialen Arbeit herausarbeitet –, nicht „wesentlich gesellschaftlich verortet werden" (Schäuble 2020, S. 64). Diese individualisierte Sichtweise wirkt sich auf die Einschätzung von Handlungsmacht aus: „Die Adressat_innen werden von den Fachkräften als Personen mit einem spezifischen Handlungsvermögen erfasst." (Schmidt/Schulz 2014, S. 212) Die Folge dieser Praxis der Anerkennung scheint zu sein, dass dem Mädchen ein eingeschränkter Handlungsraum attestiert wird, für den und dessen Erweiterung es selbst verantwortlich ist.

In ihren „Blicken [auf das Mädchen] aktualisiert und konstituiert" (Schmidt/Schulz 2014, S. 212) die Sozialpädagogin einen bestimmten Diskurs. Sie greift dabei auf ein bestimmtes Wissen zurück (vgl. ebd.) und verschließt sich gesellschaftlich kontextualisiertem Wissen⁶³. Es bleibt ihr verborgen, dass „im Kontext Sozialer Arbeit leider häufig weiße Mittelschichtsnormen für ein gesellschaftlich konformes Verhalten zu Grunde gelegt" (Çetin/Prasad 2015, S. 109) werden. Das Verhalten und die Positionierung von Personen, die dieser weißen Mittelschichtsnorm nicht entsprechen, werden kulturalisiert (vgl. ebd.). Diese Praktiken, die über die Norm hinausgehen, werden ferner intersektional verbesondert: Das zeigt, dass bei der Problemfeststellung mindestens Geschlecht, Alter sowie (Dis)Ability eine Rolle spielen. Kontextualisiertes und historisiertes Wissen in Bezug auf normative Vorstellungen und deren Entwicklung in der Sozialen Arbeit, auf Soziale Arbeit in ihrer Verwobenheit mit Machtverhältnissen, Adressierungsprozesse, Professionalisierungsprozesse, pädagogisches Handeln und Haltung könnten dazu führen, auch (eigene) Ambivalenzen zuzulassen.

Der IMT ist in seiner Geschichte auch ein Projekt der Integration – und nicht ein Raum, in dem „mit einer Kultur der Fehlerfreundlichkeit darüber nachgedacht werden kann, welche Funktionen Vereinfachungen für uns haben" (Busche/ Stuve 2010, S. 283 f.). Solche Vereinfachungen zeigen sich bspw. in homogenisierenden Adressierungen, also der Thematisierung von einzelnen und eventuell addierten Formen der Ungleichheit. Diese Vereinfachung hat insofern Folgen für die Einzelnen, da hier bestimmte Bilder reproduziert werden. Mit der Perspektive von Butler gesprochen, macht es „aus singulären Menschen einen Typus [...], eine Figur mit spezifischen prägnanten Konturen" (Dederich 2019, S. 229). Das wiederum geht mit der Dethematisierung von Kontext, von eigenen Verstrickungen, von Geschichtswissen, sowie von Macht- und Ungleichheitsverhältnissen einher. Die Integration einer bestimmten Personengruppe und somit konfliktnegierende Adressierung findet unabhängig davon statt, ob die pädagogisch Arbeitenden ein Bewusstsein für ambivalente Machwirkungen haben. Aufgrund dieser Dethematisierung gibt es ferner weniger Anerkennungsmöglichkeiten, durch die auch Verletzbarkeiten anerkannt anstatt verleugnet und (re)produziert werden könnten (vgl. Fritzsche 2018, S. 68 in Bezug auf Butler). Die Anerkennung der Verletzbarkeiten ermöglicht Akteur_innen der Sozialen Arbeit den Zugang zu einem Umgang mit Verletzbarkeiten als Subjekte. Laut Butler ist die

---

63 Die Positioniertheit der Sozialpädagogin, die gläubige Muslimin ist, bspw. in Bezug auf das Tragen eines Hijabs hat für sie Folgen und bringt bestimmte Privilegien mit sich. Sie übernimmt die Perspektive eines westlichen Feminismus oder eines „kolonialen Feminismus" (Ahmed 1992 zit. nach Rommelspacher 2009, S. 399), der einem „Befreiungsmotiv [...] in Bezug auf die muslimischen Frauen" (Rommelspacher 2009, S. 399) anhängt. Die Privilegien scheinen Voraussetzung für ihre Stellung als Einrichtungsleitung und führende Lokalpolitikerin sowie für ihren Einfluss zu sein. Sie nutzt die damit verbundenen Möglichkeiten, um sich für die Rechte der migrantisierten und rassifizierten Mädchen einzusetzen. Damit steckt sie selbst in einer hochambivalenten Situation, die von vielen Spannungsfeldern geprägt ist. Jedoch macht sie die Spannungen nicht sichtbar, sondern beschränkt sich meist auf ihre eigenen Lösungen. Diese Fixierung scheint ein Grund für ihre Erfolgsgeschichte zu sein.

Zuschreibung von Verletzbarkeit abhängig „von den existierenden Normen der Anerkennung" (Butler 2003, S. 61). Gleichzeitig besteht aus Butlers Perspektive eine Notwendigkeit, dass Verletzbarkeiten „wahrgenommen und anerkannt werden"(Dederich 2019, S. 225), um Subjekte überhaupt als menschlich zu erkennen. In der Anerkennung der Verletzbarkeiten rückt die KJH und die Soziale Arbeit in einen Raum von nicht auflösbaren Ambivalenzen, einerseits enormes Risiko und andererseits mehr Möglichkeiten; Festschreibung als Verletzbare einerseits und Handlungsfähigkeit als Verletzbare andererseits.

In den Einrichtungen scheint wenig Raum für Irritationen zu sein, indem sie z. B. Spannungsfelder zulassen. Das würde eine gewisse Fehlerfreundlichkeit sowie die Anerkennung dessen bedeuten, dass Adressat_innen verletzbar sind und pädagogisch Arbeitende dafür sensibel sein sollten (vgl. Butler 2010, S. 10 nach Dederich 2019, S. 236). Das würde das Bewusstsein stärken, dass auch pädagogisch Arbeitende verletzbar sind (vgl. Fritzsche 2012, S. 193). Die Mitarbeiter_innen sind so starr an Strukturen ihrer Einrichtungen und an dominanzkulturelle Bilder gebunden, dass selten Raum ist, Veränderungen zu wagen und somit Selbstverständlichkeiten als kontingent wahrzunehmen. Jutta Hartmann implementiert Heteronormativität nach Butler in den pädagogischen Kontext. Sie führt aus, inwiefern Reflexion mit einer pädagogischen Haltung zusammenhängt, „die daran orientiert ist, vorherrschende Identitätsannahmen und Normalitätsvorstellungen produktiv zu irritieren" (Hartmann 2012, S. 169). Irritationen gehen unweigerlich mit Konflikten einher. Die Analyse des Datenmaterials zeigt allerdings, dass Konflikte in ihrer Ambivalenz nicht in den Blick genommen werden. Stattdessen steht immer wieder im Vordergrund Eindeutigkeit herzustellen. Gegenläufige Praxen finden in den Einrichtungen parallel statt, werden allerdings nicht miteinander verknüpft – höchstens auf einer individualisierten Ebene: So gibt die Sozialpädagogin der BVB Eva in ihrem Projekt zum Thema Machtreflexion den Adressat_innen immer wieder den Impuls, Machtverhältnisse und Selbstverständlichkeiten zu hinterfragen, während ihr Kollege sich selbst als klar und handlungsmächtig positioniert und keine fragende Haltung in Bezug auf Machtverhältnisse und deren Folgen erkennen lässt. Anhand meiner Analyse wird deutlich, dass eine fragende Haltung auch zu Unsicherheiten und Unklarheiten bei den Professionellen führt, aber weder auf der Handlungsebene noch auf der strukturellen Ebene der BVB vorgesehen ist. Die vereinfachende Klarheit des Sozialpädagogen deutet stattdessen auf eine Dethematisierung von Konflikten in Bezug auf Machtverhältnisse und verweist die Adressat_innen auf gesellschaftlich für sie vorgesehene Plätze – bspw. als Auszubildende, die im Ausbildungsbetrieb ihre Rechte nicht einfordern sollten oder unabhängig von Umständen immer pünktlich sein müssen. „Bestimmte Menschen werden als eingeschränkt menschlich erkannt, und diese Form der eingeschränkten Anerkennung führt nicht zu einem bewältigbaren Leben." (Butler 2009, S. 10 f.) In diesem Fall würde „menschlich" bedeuten, dass Adressat_innen mit ihrer

Perspektive Anerkennung finden, sich erklären können, dabei gehört werden, ihre Beweggründe darlegen und ein bestimmtes Verhalten einfordern können. Die Möglichkeit dazu fällt weg, wenn sie aufgefordert werden, nicht zu sprechen. Deutlich wird an dieser Stelle auch, inwiefern die Adressat_innen dazu angehalten werden, den dominanzkulturellen Blick des Sozialpädagogen zu übernehmen, in dem Machtverhältnisse unreflektiert bleiben: Daran können sie mit den Erfahrungen ihrer Lebenswelt anknüpfen. Die Adressat_innen verinnerlichen das (Nicht-)Gesehenwerden und die damit einhergehende gesellschaftliche Positionierung, damit zusammenhängend auch die Verletzbarkeit. Da kein Raum für Irritation vorgesehen ist, scheint es für sie schwer zu sein, ihre Irritationen zur Sprache zu bringen. Konflikte sind schnell zu lösen oder ganz zu vermeiden. Der Sozialpädagoge scheint die Adressat_innen lediglich auf eine Art anzuerkennen, die auf einer dominanzkulturellen Positionierungspraktik beruht.

Die Dethematisierung gesellschaftlicher und sozialpädagogisch-interner Spannungsverhältnisse – das zeigt die Szene, in der die Sozialpädagogin Eva in der BVB eine unangemeldete Frau ans Arbeitsamt verweist (vgl. auch Baßler/Bock 2018) – führt dazu, dass Konflikte als *zu bearbeitende* Konflikte nicht anerkannt werden. Eva verteidigt eine Logik des aktivierenden Sozialstaats, obwohl sie grundlegend eine kritische Haltung gegenüber Macht und neoliberalen Strukturen einnimmt. Den Konflikt zwischen ihr und der Frau nimmt sie als „situative Spannung[...]" (Schäuble 2020, S. 59) wahr. Sie individualisiert die Situation. Dabei nimmt sie die machtvolle Position der Dethematisierung von Machtverhältnissen ein: Den institutionalisierten Weg, den junge Erwachsene gehen müssen, stellt sie als alternativlos dar. Dabei geht sie nicht auf ihre eigene ambivalente Position ein – stattdessen erscheint ihr ihre eigene Kritik in dieser Situation selbst nicht zugänglich zu sein. Dominantes Wissen schlägt sich in ihrer Handlung nieder. Sie trägt zur Dethematisierung der Kritik am aktivierenden Sozialstaat und der damit einhergehenden Individualisierung und Responsibilisierung bei. Die Dethematisierung von Spannungsverhältnissen in der sozialpädagogischen institutionalisierten Praxis, die damit in Wechselwirkung stehenden Machtverhältnisse und ihre Festigung bedeuten, dass die Frau in ihrer Subjekthaftigkeit nicht anerkannt wird. Vielmehr weist Eva ihr ein Label zu, das ihr den Eintritt in die Einrichtung verwehrt.

Wie verwoben Machtaspekte sind, zeigt sich am Einfluss der Fachkräfte in den Einrichtungen. Sie haben angesichts der Institutionalisierung der Einrichtung die Macht, weitreichende Entscheidungen zu treffen, Differenzordnungen und Konflikte zu thematisieren und zu dethematisieren – auch wenn sie selbst „mit relativ schwacher Macht ausgestattet" (Effinger 2015, S. 23 f.) sind. So erklärt die Leitung von *Die Figurine*, dass sie sich an der Kunst des Streitens übt, wobei sie als Ziel darstellt, dass es um die Versöhnung geht. Funktion dieser Vorgehensweise scheint zu sein, über den Konflikt hinwegzugehen, anstatt den Konflikt *als* Konflikt stehen zu lassen und zu bearbeiten. Hier scheint übersehen zu werden, dass es Konflikte gibt, die in einer Einrichtung der Sozialen Arbeit nicht gelöst werden *können*. Deren Lösung muss vielmehr an anderer Stelle stattfinden, was allerdings auch bedeutet, dass die Akteur_innen in der Einrichtung damit umgehen *müssen*. In solchen Punkten (wo bspw. Versöhnung eingefordert wird oder in der Einrichtung IMT, in der es strenge Anmelderituale gibt, in denen sich die Adressat_innen natio-ethno-kulturell als Deprivilegierte zeigen müssen) verlangen die pädagogisch Arbeitenden aus einer mit Macht ausgestatteten Positionieren auch von den Adressat_innen, damit zusammenhängende Machtkonstellationen und -konflikte außer Acht zu lassen. Das ermöglicht den Adressat_innen nur sehr eingeschränkte Positionierungen und verunmöglicht andere.

Im Anschluss an die Frage, *wie* Macht und Ungleichheit thematisiert werden, kann aufgrund der empirischen Datenlage die Aussage getroffen werden, dass Macht und Ungleichheit immer Thema sind. Allerdings geht diese Thematisierung mit vielen Dethematisierungen einher. Die Frage ist, *was inwiefern* und *wie* dethematisiert wird. In der Analyse liegt mein Augenmerk v. a. darauf, was die Kultur im Umgang mit Differenz und Ungleichheit ist, d. h. den Blick darauf zu richten, welche Deutungen sowie Handlungen den Mitarbeiter_innen als selbstverständlich scheinen, welche Logiken den Praktiken inhärent sind. Vor diesem Hintergrund konnte ich beobachten, dass Konfliktthemen häufig ausgeklammert werden, während es unausgesprochenes Ziel zu sein scheint, Klarheit und Eindeutigkeit herzustellen. Konflikte werden aus einer dominanten Bewertung heraus nicht als solche wahrgenommen. Das Ziel, Eindeutigkeit herzustellen, scheint sowohl für Adressat_innen der Einrichtungen als auch für deren Mitarbeiter_innen zu gelten. Uneindeutigkeiten, Spannungsfeldern, Fragen und Ambivalenzen wird dabei wenig Raum zugestanden. Das hat zur Folge, dass die Thematisierung von Machtverhältnissen in ihrer Konflikthaftigkeit, eine Schwierigkeit darstellen: Sie werden weder interaktiv in ihrer intersektionalen Ausrichtung anerkannt noch thematisiert.

Für die KJH bedeutet die Dethematisierung u. a., dass Möglichkeitsräume für Transformationen in ihren Widersprüchen nicht offengehalten oder geschaffen werden. Risse und Löcher in Bezug auf Positionierungspraktiken können die Kinder und Jugendlichen nicht bearbeiten. Denn es wird ihnen nicht zugesprochen. Daher können sie diese auch innerhalb der Einrichtungen nur schwer besetzen. Ähnliches gilt für die sozialpädagogisch Arbeitenden: Für sie scheinen vorgefertigte Positionen zu existieren, in denen Ambivalenzen und Irritationen nicht vorgesehen sind. Aus ihrer Perspektive ist es herausfordernd, diese Spannungen auszuhalten und damit umzugehen. Ein Umgang damit würde auch bedeuten, Adressat_innen behutsam durch wiederum ihren Umgang mit und durch die Reflexion von Spannungen und Konflikten, Widersprüchen und Ambivalenzen zu begleiten – rühren doch genau daher die Verletzbarkeiten. Die Adressat_innen zeigen auch Widerstand gegen die für sie vorgesehenen Positionierungen; bspw. verlässt die anfragende Frau die Räume der BVB und kündigt an, sich nicht vom „Arbeitsamt schicken zu lassen". Eine Konfliktthematisierung verfolgt die Sozialpädagogin hier nicht, stattdessen stellt sie Eindeutigkeiten her. Folge davon ist allerdings, dass Adressat_innen aus dem Tätigkeitsfeld der Einrichtung verschwinden.

8.4 Das Jenseits der Grenze bearbeiten – Positionierungspraktiken

Im vorangegangenen Kapitel wurde der Modus der Gleichzeitigkeit von Thematisierung und Dethematisierung genannt: Die Thematisierung bestimmter Differenzkonstruktionen bringt Dethematisierungen v. a. von Konflikthaftem mit sich. In diesem Kapitel erörtere ich, inwiefern (De-)Thematisierung mit Positionierung einhergeht. Aus einer grenzanalytischen Perspektive lege ich den Fokus auf die Frage, ob eine Subjektivierung der Adressat_innen in diesem Modus des (De-)Thematisierens vorrangig *jenseits der Grenze* stattfindet. Das knüpft stark an die Idee an, dass Risse und Löcher eher abgedichtet werden, anstatt sie offen zu halten, zu öffnen oder zu verarbeiten. Der entsprechende Grenzziehungsprozess lässt nur zu, Subjekte jenseits der Grenze zu positionieren, ohne dass sie diese Grenze passieren oder transformieren können. Positionierung kann hier als performative Praxis verstanden werden, was darauf hindeutet, dass auch Positionierungen selbst als Positionierungspraktik verstanden werden. Das wiederum lässt auf deren Wiederholung schließen. Positionierungen machen ferner „bestimmte Subjektpositionen zugänglich" (Machold 2015, S. 97), Positionierungspraktiken stehen in Wechselbeziehung mit Grenzziehungsprozessen.

Als diskursive Praktiken beinhalten sie Widersprüche, die mit den Wechselbeziehungen der unterschiedlichen gesellschaftlichen Ebenen von Struktur, Diskurs sowie Handlung zusammenhängen. Zudem sind „Individuen in eine Vielzahl von auch widersprüchlichen diskursiven Praktiken involviert" (Machold 2015, S. 97), was für mich heißt, dass eine intersektionale Sichtweise unabdingbar ist. Nach Machold eröffnen genau diese Widersprüchlichkeiten Raum für die Erweiterung von Handlungsfähigkeit (vgl. ebd.). Im Zusammenhang mit der Perspektive der Grenzbearbeitung konnte ich herausarbeiten, dass Positionierungen in den Einrichtungen tendenziell für jenseits der Grenze vorgesehen sind, wenn Widersprüchlichkeit unterbunden wird.

Grenzziehungsprozesse, die anzeigen, was in der Sozialen Arbeit als bearbeitungswürdig gilt, können bereits als Positionierungspraktiken bezeichnet werden. Das ist im vorliegenden Sampling insofern spannend, da, jenseits der Orientierung an Alter (Kinder und Jugendliche als Adressat_innen) und weiteren gesetzlichen Vorgaben (SGB VIII, 11, 13; SGB II & III), die Einrichtungen im jeweiligen Rahmen entweder *alle* adressieren oder eine bestimmte Gruppe als Adressat_innen definieren. In zwei Einrichtungen sind Grenzziehungsprozesse explizit: Sie werden durch den Titel und die Zielgruppendefinition thematisiert. In den beiden anderen Einrichtungen, in denen *alle* Kinder und Jugendlichen adressiert werden, vollziehen sich Grenzziehungsprozesse weniger intendiert institutionalisiert und beschränken sich demnach auf Handlungen und Positionierungspraktiken in den Einrichtungen, die durchaus bspw. durch die Gestaltung der Räume, den Ort der Einrichtung oder die Fachkraft des Angebots materialisiert sein können.

In ihren Adressierungen thematisieren die pädagogischen Fachkräfte Diskriminierungsformen, die sie annehmen und mit denen sie umgehen wollen. In diesem Zuge besteht die Gefahr, dass Deprivilegierungen der Adressat_innen individualisiert in den Vordergrund rücken. Das zeigt die Szene im JuZe. Die Leitung stellt während des Mittagessens der Grundschulkinder einen Zusammenhang zwischen dem Bedarf warmes, also gesundes Essen zu erhalten, und der Klassenzugehörigkeit her. Sie gibt an, „dass es ihr besonders bei Rosa wichtig sei, dass diese etwas Warmes esse" (Beobachtungsprotokoll). Sie geht zunächst davon aus, dass das Angebot von warmem Essen abhängig von finanziellen Ressourcen sowie der sozialen Positionierung ist. Sie wolle dafür sorgen, dass alle Zugang zu einem warmen Mittagessen haben und positioniert Rosa im Anschluss daran scheinbar beispielhaft als besonders förderungswürdig oder bedürftig. Das Mädchen wird vor den Augen ihrer Peers und der erwachsenen Beobachterin als diejenige markiert, die ein Defizit in Bezug auf „anständiges Essen" hat. Diese Positionierung bedeutet eine klassistische Zuschreibung. Hier kreiert die Sozialpädagogin ein „Problem [...] der *Lebensführung* [...] und [das] fällt damit interventionslogisch in den Bereich pädagogischer Maßnahmen" (Heite 2013, S. 248). Die Pädagogin betont sprachlich eine Individualisierung, indem sie vor der Gruppe über ein einzelnes Kind Aussagen trifft. Damit zeigt sie dem jungen Mädchen eine Grenze auf, die auf der gesellschaftlichen Schicht bzw. Klasse beruht. Dieser Grenzziehungsprozess, den ich als *Prozess der Positionierung jenseits der Grenze* bezeichne, bewirkt, dass sie *jenseits der Grenze* anerkannt wird. Rosa weist diesen Grenzziehungsprozess zurück: Sie leistet Widerstand, indem sie das Essen verweigert. Damit distanziert sie sich davon, in einer Klassenzugehörigkeit festgeschrieben zu werden.

Eine andere Form der Anrufung jenseits der Grenze lässt sich durchweg in der Einrichtung *Die Figurine* beobachten – die Widersprüchlichkeit der Anrufung zeigt sich hier am deutlichsten. Alle Ansprachen, alle Projekte, alle Darstellungen nach außen, alle Bemühungen der pädagogisch dort Arbeitenden, zielen ganz konkret auf den Umgang mit der natio-ethno-kulturellen Andersheit der Adressatinnen der Einrichtung ab – kein Projekt kommt ohne diesen Bezug aus. Sehr eindrücklich ist die Beobachtungssequenz des Granatapfelschälens. Im Beobachtungsprotokoll steht: „Die Atmosphäre ähnelt einer Zeremonie." Dass die Leitung der Einrichtung die Andersheit einer Auszubildenden in den Vordergrund stellt, bedeutet eine Exotisierung der jungen Frau, deren kulturelles Wissen den Anderen vorgeführt werden soll. Da die junge Frau ihre Demonstration nicht um Erklärungen ergänzt und damit den Erwartungen der Sozialpädagogin nicht entspricht, greift diese ein und stellt den Granatapfel als ganz besondere Frucht heraus. Sie begleitet den Prozess der Positionierung jenseits der Grenze sprachlich, was sehr stark an natio-ethno-kulturelle Zuschreibungen gebunden ist. Die Auszubildende bekommt hier nicht die Möglichkeit, sich anders zu positionieren. Sie bewegt sich in den Grenzen der Zuschreibungen, die die Sozialpädagogin vorgibt.

Auch wenn es subtil ist, lassen sich in dieser Sequenz „Integrationserwartungen der Mehrheitsgesellschaft" (Haschemi/Meyer/Rotter 2020, S. 289) lesen: Die Veranderte soll ihre Positionierung jenseits der Grenze zeigen, die positiv – d. h. als nicht bedrohlich, sondern als bereichernd – eingeschätzt wird. Vor diesem Hintergrund kann die Sequenz auch als eine stark vergeschlechtlichte (nicht bedrohlich) und klassische (aus dem eigenen Garten, also im ländlichen Bereich verortet) angesehen werden. Doch es regt sich Widerspruch in der Protagonistin: „Brigitte bittet sie, eine [Geschichte] zu erzählen, Saida lacht und sagt, sie könne das nicht auf Deutsch." (Beobachtungsprotokoll) Sie verweigert sich demnach teilweise als Expertin für *das Fremde* positioniert zu werden, indem sie ihre Andersheit in Form von Fremdsprache dramatisiert, schält den Granatapfel aber dennoch.

Nach May Anh Boger ist genau dieses Streben nach (Fremd-)Anerkennung des Anderen, das dem Versuch der Integration gegenübersteht, ein nicht aufzulösendes Spannungsverhältnis (Boger 2020, S. 198). Sie arbeitet die schmerzhaften Seiten aus Texten von Fanon heraus und stellt folgende die Fragen: Was wäre aus den Adressatinnen geworden, wenn sie nicht in dieser Einrichtung *gelandet* wären? Wo hätten sie eine bessere Förderung im Sinne einer Integration in bestehende gesellschaftliche Strukturen erhalten, die nach wie vor notwendig sind, um (über)leben zu können (vgl. ebd.)? Boger macht hier die Widersprüchlichkeit von Integrationsbemühungen in der Sozialen Arbeit sichtbar. Schmerzliche Folgen für Adressat_innen scheinen Homogenisierungen zu sein, die bspw. im Fall von „bildungserfolgreichen Menschen of Color" keinen Raum für „einen Hauch anstößiger Andersheit" (ebd.) zulassen.

Hier werden widersprüchliche und einander gleichzeitig ergänzende Aufgaben und Zielsetzungen von Sozialer Arbeit deutlich. Klar ist, dass sich die Einrichtung in ihrer Praxis nicht von „wiederholten Integrationserwartungen der Mehrheitsgesellschaft und ihrer Bildungs- und Erziehungsinstanzen" (Haschemi/Meyer/Rotter 2020, S. 289) befreien kann. Gleichzeitig stellt *Die Figurine* den Auszubildenden mit ihrem Atelier und der darin hergestellten Atmosphäre einen Safer Space zur Verfügung. Die jungen Frauen können „losgelöst von den energieraubenden Erwartungshaltungen der Dominanzgesellschaft [...] diese Räume als Gegenentwurf zum Alltag" verstehen. Die Einrichtung wird dann zum „ein Hotspot der Erholung, Entspannung, Ruhe und langfristigen Stärkung"

(Haschemi/Meyer/Rotter 2020, S. 294) trotz der Tatsache, dass die Adressatinnen dort eine Ausbildung zur Maßschneiderin absolvieren und gerade diese Art von Institution von aktivierenden Mechanismen geprägt ist (vgl. Walther 2013). Solche Räume sind als othernde Räume (nach außen) zu verorten. Gleichzeitig bergen sie das Potenzial, Othering kontextualisiert zu verstehen (nach innen).

In Kontrast zu den anderen Einrichtungen gelingt es ihr, Räume der Thematisierung, Räume von Zuspätkommen, Räume unterschiedlicher Sprachen und der Auseinandersetzung damit und damit Freiräume zu schaffen. Dominanzkulturell häufig abgelehnte Positionierungen oder Praktiken, also solche jenseits der Grenze, werden *nicht* abgelehnt, sondern stellen den Ausgangspunkt von Aktionen und Projekten dar. Sie werden aufgrund von Dramatisierung Teil von Grenzziehungsprozessen. Berücksichtigt werden dabei miteinander verwobene Lebensrealitäten wie bspw. Mutterschaft, Tragen eines Hijabs, Erfahrungen von Unterdrückung in der Familie, Wohnungssuche auf einem schwierigen Wohnungsmarkt, Antragstellung von Ersatzleistungen, Deutsch als Zweitsprache etc. Gleichzeitig rückt der Fokus immer wieder auf natio-ethno-kulturelle Zuschreibungen und diese werden als vordergründig bearbeitet. Geschlecht spielt *immer* eine Rolle, wird aber nicht eigens thematisiert, sondern als selbstverständlich angerufen. Allein die Tatsache, dass es sich um eine Damenmaßschneiderei handelt, lässt wenig Spielraum außerhalb einer heteronormativen Matrix – wodurch eine weitere Grenze performativ aufrechterhalten und immer wieder hergestellt wird.

Eine andere Art der Positionierung jenseits der Grenze geschieht in der zweiten Einrichtung der JBH. Dort kommt es zu der Situation, in der der Leiter der Maßnahme *alle* anwesenden TN zurechtweist, wie man sich in Bezug auf Pünktlichkeit in einer Ausbildung zu verhalten hat. Der Bildungsbegleiter ist in dieser Situation sehr emotional und adressiert *alle* jungen Erwachsenen gleichermaßen. Nach dem Gespräch stellt sich heraus, dass die Person, die der Anlass der Ansprache war, sich wegen eines Termins bei der Sozialpädagogin abgemeldet hatte, diese aber vergessen hatte, die Information weiterzugeben. Der Bildungsbegleiter entschuldigt sich nicht, sondern verteidigt seine Auffassung, dass es gut gewesen sei, dass die TN die Ansprache zu Pünktlichkeit mal gehört hätten. Er zeigt sich hier ganz im Sinne der JBH, deren Auftrag es ist, Jugendliche in die Berufswelt zu integrieren, sie also normalisierend an die kapitalistisch organisierten Spielregeln anzupassen, ihnen gleichzeitig dadurch aber auch Möglichkeiten zu eröffnen. Er positioniert sie der Norm entsprechend, indem er Zuspätkommen delegitimiert, jenseits der Grenze und hält sozusagen die Intelligibilität aufrecht (vgl. dazu Machold 2015, S. 65). Hier werden Handlungsmöglichkeiten aufgrund eines Machtverhältnisses und der Homogenisierung der Gruppe deutlich eingeschränkt. Der Bildungsbegleiter positioniert die TN als *eine* einheitliche defizitäre Gruppe von Personen, die die Spielregeln einer Ausbildung oder eines regulären Arbeitsplatzes nicht kennen, der Norm also nicht entsprechen.

Durch die Analyse des Umgangs mit Differenz vor dem Hintergrund von Macht und Ungleichheit wurde deutlich, dass die Professionellen in der Sozialen Arbeit, statt Grenzen zu bearbeiten – wie die Denkfigur von Grenzbearbeitung nahelegt –, das Jenseits der Grenze bearbeiten und somit eine binäre dominanzkulturelle Sichtweise bestätigen. Sichtbar werden die Grenzen durch den Umstand, „dass bestimmte Möglichkeiten, bestimmten Personen(gruppen) vorbehalten sind" (Heite/Pomey/Spellenberg 2013, S. 251). Dadurch, dass das Jenseits der Grenze als durch die Soziale Arbeit bearbeitungswürdig definiert wird, wird ihm Handlungsmacht abgesprochen, es wird verandert: Das Diesseits stellt eine normative Positionierung dar. Das gilt auch für die Position, aus der heraus die Professionellen denken, handeln und argumentieren. Auch die Verwendung von Sprache lässt sich dazuzählen. Dabei bestehen einige Markierungen, wie die sozialpädagogisch Tätigen sich positionieren, als weiß, als studiert, als älter, als körperlich bestimmten (Schönheits-)Idealen entsprechend (Stichwort „gesundes Essen"), mit denen sie sich von den Adressat_innen abgrenzen und diese Grenzziehung manifestieren. Gleichzeitig finden auch Transformationen von Grenzziehungsprozessen statt. Das ist z. B. der Fall, wenn bei *Die Figurine* Zugehörigkeit so definiert wird, dass Zugehörigkeit zur Einrichtung dominant gelesen wird.

Interessenskonflikte wie der zwischen einzelnen Kindern, Jugendlichen oder jungen Erwachsenen und der Sozialpädagogin, wie der zwischen der Leitung des sozialpädagogischen Ausbildungsbetriebs und der Auszubildenden oder auch wie der zwischen dem Sozialpädagogen in der JBH und den TN sind dabei „im Kontext von grundlegender Ungleichheit zu verstehen" (Schäuble 2020, S. 62). Aus einer konfliktorientierten Perspektive wie Barbara Schäuble und Ulrike Eichinger sie vorschlagen (vgl. dies. 2019; Schäuble 2020), kann der Zusammenhang hergestellt werden, „dass hinter Interessensgruppen- und Wertekonflikten oft sozialstrukturelle Differenzen stehen" (a. a. O., S. 63). Somit können die Grenzen, auf die sich die sozialpädagogisch Arbeitenden einlassen, auch als Grenzen gesehen werden, die sie selbst in ihrer Handlungsmöglichkeit auf ein bestimmtes Repertoire beschränken: „Neoliberale und repressive Politiken und Diskurse begrenzen die Verfasstheit sozialer Einrichtungen und damit auch das Handeln der Einzelnen." (Schäuble 2020, S. 59) Die sozialpädagogisch Arbeitenden handeln in Wechselwirkung mit dominanzkulturellen Sichtweisen und Selbstverständlichkeiten sowie institutionellen und gesetzlichen Vorgaben, einem in sich widersprüchlichen sozialpädagogischen Mandat, die wiederum miteinander verstrickt sind – sozialpädagogisches Handeln bleibt somit ambivalent. Boger macht genau diese Ambivalenz deutlich: Soziale Arbeit sei einerseits affirmativ, andererseits empowernd (vgl. 2020, S. 198) – beides steht parallel nebeneinander[64]. Das Macht-

---

64 Hierauf verweisen auch Kessl und Maurer, indem in ihrem Konzept von Sozialer Arbeit als Grenzbearbeitung die „Aufmerksamkeit für Grenz-Praktiken [...] sich also nicht nur auf die Kri-

verhältnis bleibt: Die sozialpädagogisch Arbeitenden in ihrer institutionellen Einbettung verfügen über die Definitionsmacht darüber, was als gut gilt – und treffen in diesem Zusammenhang Aussagen über Körper, Bildung, Gesundheit, Wertschätzung, natio-ethno-kulturelle Zugehörigkeit, Klassenzugehörigkeit: Sie haben die Macht, die Adressat_innen und zudem deren Familien jenseits der Grenze zu positionieren und tun das auch.

8.5 Fehlende Aushandlungsprozesse – die Dethematisierung von Konflikten in Bezug auf Professionalität

Nach meiner Beobachtung beziehen sich Gespräche in den Einrichtungen meist auf Absprachen zu organisatorischen Fragen oder sind zwischenmenschliche Interaktionen. Die pädagogisch Tätigen verwenden wenig Zeit darauf, sich über ihre eigene professionelle Haltung sowie über ihr Selbstverständnis in der Einrichtung oder der Einrichtung an sich auszutauschen. Das entspricht der Einschätzung, dass es kaum theoretische Zugänge zur professionellen Haltung im (sozial)pädagogischen Kontext gibt. „Es mangelt Fachkräften häufig auch an der Überzeugung, diese [Konzepte zur beruflichen Haltung] wirklich in den individuellen beruflichen Habitus zu übernehmen" (von Spiegel 2018, S. 83). Statt mich lediglich auf die Überzeugung – die aus dem Zitat von Spiegel hervorgeht – zu verlassen, habe ich den Zusammenhang mit institutionalisierten dominanzkulturellen Selbstverständlichkeiten herausgearbeitet. Das war insofern möglich, da sich in Haltungen Werte abbilden, die in Handlungen sichtbar werden (vgl. a. a. O., S. 80 ff.). Werte stehen in einem Verhältnis zu Normen, Diskursen und Machtverhältnissen. Handlungen zu beobachten, zu beschreiben und zu deuten, ist Forschungsgegenstand der Ethnografie.

Das nicht vorhandene explizite Besprechen von Haltungen interpretiere ich als konfliktvermeidende Strategie und somit als eine Dethematisierung von Konflikten auf einer professionsbezogenen Ebene. Haltung kann als die Habitualisierung beruflicher Wertestandards bezeichnet werden (vgl. a. a. O., S. 91). Ein Teil davon ist auch die *Auseinandersetzung* mit Haltungen, bspw. in Form von Gesprächen. Eine fehlende Auseinandersetzung verstehe ich deshalb als konfliktvermeidend, weil Haltungen und dahinterliegende Werte innerhalb einer Einrichtung nicht per se geteilt werden (müssen). Zudem scheint es für die Soziale Arbeit keinen ausgearbeiteten Kanon an Werten und Normen zu geben, der von allen geteilt wird und an dem sich Professionelle in ihrer Haltung orientieren könnten

---

tik, Infragestellung und Öffnung von Grenzen, sondern auch auf deren Nützlichkeit" (Kessl/Maurer 2009, S. 99) bezieht. *Grenze* verstehen sie in diesem Zusammenhang als Konflikt und entwerfen Soziale Arbeit – neben sozialen Bewegungen – als „Thematisierungsmacht" (a. a. O., S. 97 f.).

(vgl. Weber 2014, S. 8). Das beruht möglicherweise auf dem Verständnis, dass ein Thematisieren konflikthaft sein könnte.

Das Nicht-Thematisieren von Konflikten ist insofern trotzdem irritierend, da „Soziale Arbeit [...] immer auf Konflikte bezogen [ist]: gesellschaftliche, soziale, persönliche Ebenen spielen ineinander. Die Arbeit an Konflikten ist somit auch zentraler Bestandteil der Tätigkeit von Fachkräften in der Sozialen Arbeit und stellt diese vor anspruchsvolle fachliche, aber auch persönliche Herausforderungen" (Bitzan/Herrmann 2018, S. 43). Im Folgenden zeige ich, welche Strategien die Professionellen verfolgen, um die Thematisierung von Konflikten über Haltung und professionelles Selbstverständnis zu vermeiden und worin die Herausforderung liegt, eine gemeinsame Haltung sprachlich zu entwickeln. Damit nehme ich Bezug auf das Ziel des fallübergreifenden Kapitels, das darin besteht herauszuarbeiten, wie legitim über das Verhältnis von Privilegierung und Deprivilegierung gesprochen wird und werden kann. Dass die explizite Diskursivierung einer gemeinsamen Haltung fehlt, bleibt nicht ohne Folgen. Auf sie wie auch auf die Dethematisierung von Konflikten vor dem Hintergrund von Macht- und Ungleichheitsverhältnissen gehe ich ein.

In den beiden Einrichtungen der OKJA bedauern meine beiden Gatekeeperinnen, die Sozialpädagogin Lisa im JuZe und die Leitung Zeynep aus dem IMT, dass ein gemeinsames Selbstverständnis in ihren jeweiligen Einrichtungen fehle. Sie geben mir zu verstehen, dass dieses in Gesprächen hergestellt werden müsse und dass sie es bedauern, nicht so professionell so zusammenarbeiten zu können, wie sie es für richtig halten. Sie argumentieren aus unterschiedlichen institutionellen Positionen: als Leitung des IMT und als Sozialpädagogin im JuZe. Ihre Umgangsweisen mit ihrer Unzufriedenheit können als zwei Modi beschrieben werden. Die Leiterin des IMT bleibt auf der Ebene des Bedauerns: Sie sieht keine Handlungsmöglichkeiten für sich, macht die Struktur der Zusammenarbeit mit und unter vielen Ehrenamtlichen verantwortlich und bespricht sich dahingehend auch nicht mit ihrer festangestellten Kollegin. Die Sozialpädagogin Lisa arbeitet im JuZe zu einer Zeit des Umbruchs. Sie organisiert „Visionstage" mit professioneller Begleitung für sich und ihre Kolleg_innen – teilweise gegen den Widerstand der Kolleg_innen. Die beiden Modi im Umgang mit der Unzufriedenheit über ein fehlendes Selbstverständnis bewegen sich zwischen Verantwortung abgeben und sich selbst rausnehmen einerseits und Verantwortung übernehmen und (individuell) aktiv werden andererseits. Deutlich wird allerdings in beiden Fällen, dass Räume nicht selbstverständlich geschaffen werden, in denen Haltung und professionelles Selbstverständnis Thematisierung finden. Dass die Leitung Zeynep nichts in dieser Richtung plant und Lisa zum Teil auf Widerstand bei ihren Kolleg_innen stößt, stützt diese Interpretation. Im Fall des JuZes stellt sich Lisa diesem Konfliktpotenzial und im Fall des IMTs meidet Zeynep diesen Konflikt oder verlagert und bearbeitet ihn auf eine andere Ebene ihrer Lebenswelt, der der Lokalpolitikerin.

Auch in den beiden Einrichtungen der JBH wird eher vermieden, Konflikte zu thematisieren und mit ihnen umzugehen. Das zeigt sich deutlich beim Thema eine gemeinsame Haltung zu entwickeln. Dort spricht das jedoch niemand – zumindest mir gegenüber nicht – an. In der Einrichtung, die die BVB anbietet, stellen die Mitarbeiter_innen Gemeinsamkeit über ein zwischenmenschlich sehr gutes Zusammenarbeiten her. Allerdings wird dort wenig Raum für das Besprechen eines sozialpädagogischen Selbstverständnisses in Form einer Haltung eingeräumt. Das wird deutlich, wenn Tür- und Angel- oder Schreibtischgespräche zwischen Kolleg_innen zwar inhaltlich und normativ von unterschiedlichen Selbstverständlichkeiten ausgehen und auf dieser Ebene nicht konsensuell verlaufen, jedoch auf der sozio-emotionalen Ebene von Loyalitätsbekundungen und Zuspruch geprägt sind. Inhaltliche sowie normative Diskrepanzen werden im Zuge dessen nicht weiterverfolgt, sondern eher ignoriert. So scheinen diese Gespräche zunächst eine Art von Absprache und gemeinsamen Ausgangspunkten und Methoden zu beinhalten. Die Mitarbeiter_innen vermeiden es aber tendenziell zugunsten einer zwischenmenschlich guten (Arbeits-)Atmosphäre auf Konflikte einzugehen.

In *Die Figurine*, werden Grenzziehungsprozesse (vgl. Kessl/Maurer 2009, S. 94) immer wieder thematisiert. Diese zu bearbeiten, ist Teil der Kultur der Einrichtung. Zumindest sieht es die Leitung so: Sie versteht „Probleme [als] verkleidete Möglichkeiten" und weist damit darauf hin, dass Veränderungspotenzial im Sinne einer Verbesserung aufgrund eines Perspektivenwechsels besteht. Das kann als Haltung verstanden werden, die sie für die Einrichtung formuliert. Durch ihre Präsenz und Dominanz gibt sie diese Sichtweise an ihre Mitarbeiterinnen weiter – ein Diskurs findet nicht statt. Dabei handelt es sich nicht um Konfliktorientierung, sondern um Lösungsorientierung, die einerseits Entlastung für die Adressat_innen bedeutet, andererseits Räume der Thematisierung von Konflikten an den Rand verschiebt. So konstatiert sie weiter, dass sie sich von einer „Streitkultur" zu einer „Versöhnungskultur" bewegt haben, und beschreibt das als „höhere Kür", also als eine Steigerung ihrer Professionalität. Die Mitarbeiterinnen nehmen die Haltung an und bearbeiten sie weiter – ohne dass die Herangehensweise *explizit* Thema wird. Diskussionen erfolgen lediglich projektbezogen, nicht allgemein, wobei häufig Metaphern eine große Rolle spielen. So brainstormen die Mitarbeiterinnen bspw. zu einem Projekt, in dem es um Interkultur gehen soll, die sie durch unterschiedliche Stoffe abbilden wollen. Dazu diskutieren sie die Metapher „Welten verknüpfen" (Beobachtungsprotokoll). Das Verdecken von Diskrepanzen u. a. durch die Verwendung von Metaphern führt dazu, dass Konflikte in Bezug auf Haltung nicht zugänglich sind und nicht thematisiert werden. Eine metaphorische Ebene öffnet den Raum für eine individuelle Auslegung unter dem Deckmantel scheinbarer Übereinstimmung. Durch den Eindruck eines geteilten Verständnisses, entziehen sich Konfliktpunkte der

Thematisierung. In diesem Fall sind die verwendeten Metaphern zudem von der Leitung der Einrichtung vordefiniert.

Es können nun folgende Strategien der Konfliktvermeidung zusammengefasst werden: Die fehlende Auseinandersetzung zum Thema Selbstverständnis wird auf die institutionelle Ebene verlagert, gegen die Thematisierung von Konflikten bezüglich eines Selbstverständnisses wird offen Widerstand geleistet. Eine gute Zusammenarbeit in Form zwischenmenschlicher Interaktionen wird überbetont und Konfliktpunkte werden umschifft. Es wird lösungs- statt konfliktorientiert gearbeitet, wobei Metaphern verhindern, dass Konflikte zugänglich sind. Deutlich wird durch diese unterschiedlichen Umgangsweisen in Bezug auf das sozialpädagogische Handeln, dass in den Einrichtungen situationsbezogen und individualisiert an Herausforderungen gearbeitet wird. In diesen situativen Aushandlungsprozessen kann kein reflexiv zugänglicher, gemeinsamer Horizont des fachlichen Austauschs aller pädagogisch Handelnden benannt werden. Denn es fehlt die Thematisierung von Konflikten.

Die Bearbeitung von Herausforderungen erfolgt, insofern gehandelt werden muss, also lösungs- statt konfliktorientiert. Heinz Messmer hat mithilfe einer Konversationsanalyse herausgearbeitet, dass die „Konfliktmeidung [in der Sozialen Arbeit] insofern Reflex auf eine zum Teil durch widersprüchliche Kontext- und Rollenanforderungen geprägte fachliche Identität [ist], die ihre institutionellen Problemlagen lediglich bearbeiten, aber nicht grundlegend auflösen kann" (Messmer 2015, S. 89). Wo sich die Leiterin des IMT von ihren Mitarbeiter_innen distanziert, aber diese Distanzierung nicht *mit ihnen im Gespräch* thematisiert, leisten die Kolleg_innen der Sozialpädagogin Lisa Widerstand, als sie initiiert, auf konzeptioneller Ebene über ein gemeinsames Selbstverständnis zu sprechen. Im IMT kann das Nicht-Sprechen der Leiterin mit den Mitarbeiter_innen damit in Verbindung gebracht werden, dass bis auf ihre festangestellte Kollegin ausschließlich Ehrenamtliche in der Einrichtung eingestellt sind. Die Leiterin scheint sowohl bei diesen als auch bei ihrer festangestellten Kollegin weder die für sie nötige Professionalität noch die nötige Identifikation mit der Einrichtung zu sehen. Der Bewertungshorizont könnte in diesem Fall an ihrer eigenen starken Identifikation als Mitgründerin der Einrichtung 20 Jahre zuvor, die Einschätzung ihrer eigenen Fachlichkeit sowie die positive Bewertung ihrer langjährigen sozialpädagogischen Berufserfahrung sein. Im JuZe stellen die von Lisa organisierten Visionstage ein Infragestellen der bisherigen Zusammenarbeit und fachlichen Orientierung dar. Die Arbeit als Team infrage zu stellen, verweigern v. a. langjährige Kolleg_innen. In der JBH stellen die Mitarbeiter_innen der BVB eine gemeinsame Ebene über sozial-emotionale Zusammenhänge her und überlagern damit inhaltliche Konfliktpotenziale. Im sozialpädagogischen Ausbildungsbetrieb führen die Dominanz der Leitung sowie das Verbleiben auf einer metaphorischen Ebene zur *Annahme* einer gemeinsamen Basis, die aufgrund der Fokussierung einer Lösung allerdings Konflikte tendenziell unsichtbar werden lässt. Daraus lässt sich schließen, dass eine gemeinsame Basis eine große Relevanz hat, die die beiden Einrichtungen über unterschiedliche Strategien aufrechterhalten: durch die Herstellung von Gemeinsamkeit über emotionale Nähe oder durch die Herstellung von Gemeinsamkeit über die Dominanz der Leitung. Es hat den Anschein, dass aufgrund einer starken Orientierung am aktivierenden Sozialstaat der JBH die Einrichtungen innerhalb geschlossen handeln müssen, um handlungsfähig zu sein.

Nun erörtere ich fallübergreifend die Herausforderungen, mit denen das Sprechen über eine gemeinsame Haltung verbunden ist, wie auch die Folgen der Dethematisierung einer gemeinsamen Haltung und Konflikte. Dass Ziele und Begründungen sozialpädagogischen Handelns konfliktvermeidend formuliert werden, könnte u. a. daran liegen, dass als Handlungsanlass eine als selbstverständlich geltende Norm hinzugezogen wird. „Es ist also ein normativer Horizont, eine Rechtfertigungsordnung, was hier wirksam wird, was intersubjektive Übereinstimmung wahrscheinlich macht, indem es über Normativität an plausible und verbindliche Gründe bindet." (Heite/Pomey/Spellenberg 2013, S. 250) Die Übereinstimmung legt eine Illusion nahe, die ein Besprechen von Haltung und potenziellen Konfliktthemen als unnötig erscheinen lässt. Dieses Handeln kann als „Plausibilisierungsstrategie[...]" (a. a. O., S. 249) beschrieben werden. Durch diese Strategie finden dann auch „soziale Regeln, Normen und Institutionen" (Forst/Günter 2011, S. 11 nach ebd.) ihre Rechtfertigung – und müssen nicht weiter thematisiert werden. Johannes Stehr und Roland Anhorn sprechen mit Bezugnahme auf Helga Cremer-Schäfer dabei über „Nicht-Situationen" (dies. 2018, S. 6). Situationen werden somit dekontextualisiert und individualisiert wahrgenommen und bearbeitet. Die beiden führen das auf eine „Politik des Verhaltens" (a. a. O., S. 8) zurück, was auf neoliberale Entwicklungen im Sozialstaat zurückzuführen ist und die sie mit einer „Politik der Verhältnisse" kontrastieren (vgl. ebd.).

Die intersubjektive Übereinstimmung, die sich an Normen orientiert und stark konfliktvermeidend ist, macht es schier unmöglich, Zugang zu diesen Konflikten zu erhalten oder diese überhaupt als Konflikte wahrzunehmen – so haben die jeweiligen pädagogisch Handelnden Strategien entwickelt, diesen Konsens beizubehalten. Eine Folge davon ist, dass gesellschaftliche Widersprüche, mit denen die Soziale Arbeit auf einer lebensweltlichen Ebene umgehen muss, in ihrer Verwobenheit verdeckt werden. „Konflikte in der Lebenswelt haben häufig mit gesellschaftlichen Grundwidersprüchen zu tun. Wird der strukturelle Zusammenhang nicht mitgedacht, kommen auf der Handlungsebene oft verkürzende Interpretationen und damit auch verkürzende, manchmal sogar die Widersprüche verschärfende Lösungsstrategien zustande." (Bitzan/Herrmann 2018, S. 52) Durch die dominanzkulturelle Orientierung wird auf Grenzen rekurriert, die durch *implizite* Anrufungen aufrechterhalten werden. Hierbei werden Adressat_innen der Sozialen Arbeit immer wieder auf ihren Platz verwiesen, der erstens sozialpädagogisches Handeln notwendig macht und zweitens Subjekte immer wieder jenseits der Grenze. Encarnación Gutiérrez Rodriguez zeigt mit Chandra Talpade Mohanty auf, dass das homogenisierte, entkontextualisierte sowie enthistorisierte Sprechen über Subjekte ihre „konkreten, heterogenen und komplexen Lebenslagen" (Gutiérrez Rodriguez 2010, S. 279) unzugänglich macht. In Bezug auf Nancy Fraser (1994) erklären Maria Bitzan und Franz Herrmann (vgl. 2018, S. 51), dass Bedürfnisse in ihrer Formulierung vor dem Hintergrund „hegemonialer Deutungen" (vgl. ebd.) umgedeutet und damit eingeebnet werden. Im Zusammenhang mit den Aufgaben der KJH erweist sich das schnell als Problem.

Soziale Arbeit erfüllt für die Subjekte die Aufgabe, deren Möglichkeiten zu erweitern, dabei muss sie als Profession an den Lebenslagen der Adressat_innen anknüpfen. Möglichkeiten zu erweitern ist aus poststrukturalistischer Sicht nur dann möglich, wenn Widersprüche in Positionierungspraktiken aufgegriffen werden (vgl. Machold 2015, S. 99). Gleichzeitig wird nicht auf die Ressource der Widersprüche zurückgegriffen, die Anknüpfungspunkt für Veränderungen sowie für die Erweiterung von Möglichkeiten bietet. Erst durch Positionierungspraktiken können neue Positionen ausgehandelt werden (vgl. a. a. O., S. 98). Sind weder die diskursiven Widersprüche in einem geschützten und sensibilisierten Rahmen noch die Thematisierung der Lebenslagen zugänglich oder in einer hegemonialen Übersetzung verloren gegangen, scheint sich auch der Arbeitsauftrag der Sozialen Arbeit nicht zu erfüllen. Sozialpädagog_innen haben dabei die Macht, über den Zugang der Adressat_innen zu bestimmten Diskursen und damit verbundenen Subjektpositionen zu entscheiden (vgl. a. a. O., S. 99). Letztere sind an ihre Position gebunden und entsprechend dem „sense of one's place" (Bourdieu 1987, S. 734), der erfahrungsbezogene Sinn für objektive Grenzen, von dort aus zu handeln.

Im Anschluss an habitualisierte Grenzziehungsprozesse in Bezug auf die Positionierung von Adressat_innen und die damit verbundene Beschränkung von Handlungsmöglichkeiten nehme ich nun die Perspektive von Dominanzkultur ein. Rommelspacher versteht darunter eine selbstverständliche Ordnung, die nicht besprochen werden muss. Es scheint ein stilles Einverständnis über Ein- und Ausschlussmechanismen, Privilegierung und Deprivilegierung zu geben, das diese weder kontextualisiert noch historisiert. Vor allem dadurch, dass sie unsichtbar gemacht werden, werden Machtverhältnisse nicht infrage gestellt (Rommelspacher 1998, S. 24 ff.). In meiner Analyse lässt sich das z. B. an der selbstverständlichen Einteilung von Gruppen nach einer heteronormativen Geschlechterordnung, die Einführung von Gruppen in Bezug auf Alter oder auf schulische Leistung. Der Bedarf, z. B. der des IMTs, ist stark an Diskurse zum Stadtteil geknüpft. Über eine Aufrechterhaltung dieser Selbstverständlichkeiten und so auch Privilegierungen und Deprivilegierungen durch Adressierungen hinaus wird der Anteil von privilegierten Subjekten an der Deprivilegierung konstruierter Gruppierungen negiert (vgl. Rommelspacher 1995, S. 161 f.). Auch das ist für eine reflexive Auseinandersetzung mit Sozialer Arbeit relevant: Indem Konflikte vermieden und dominanzkulturelle Selbstverständlichkeiten aufgegriffen werden, erscheint eine Reflexion der eigenen Rolle *innerhalb* der Machtverhältnisse vernachlässigbar.

Ein weiterer Hintergrund für konfliktvermeidendes Verhalten könnte mit Messmer sein, dass die Herausforderungen in der Sozialen Arbeit insofern ungleich sind, als dort gesellschaftliche Widersprüche und Problemlagen nicht gelöst, sondern lediglich bearbeitet werden können (vgl. Messmer 2015, S. 89). Das kann zu Resignation führen, weshalb Konflikte, die mit gesellschaftlichen Machtverhältnissen zusammenhängen, erst gar nicht benannt werden. Hinzu kommt, dass Soziale Arbeit „als Anwältin schwacher Interessen [gilt], die aber selbst nur mit relativ schwacher Macht ausgestattet ist und über sehr begrenzte Mittel verfügt, um die für sie relevanten Problemlagen und Konflikte nachhaltig zu bearbeiten (vgl. Rieger, 2013, S. 67; Effinger in diesem Band)" (Stövesand 2015, S. 33). Dominante gesellschaftliche Verhältnisse können damit reproduziert werden.

Aufgrund meiner Beobachtungen komme ich zu der Vermutung, dass „geschützte Orte" (Polutta 2018, S. 251) fehlen. Diese würden die Möglichkeit bieten, „die eigenen Unsicherheiten, Fremdheitserfahrungen, (Ohn-)Machtstrukturen und Ängste im Umgang mit Flucht und Migration zu bearbeiten"[65] (Polutta 2018, S. 251). In einer Einrichtung, die die Zahl der Kinder genau erfassen, Aktionen zählen, Kinder nach Herkunft kategorisieren, Probleme weiterleiten muss usw., entsteht keine offene Atmosphäre. Träger und/oder Einrichtungen können diese Orte nicht offen gestalten. Vielmehr ist die Atmosphäre geprägt durch Kontrolle und Wettbewerb: Eine solche beruht auf der Logik des aktivierenden Sozialstaats und lässt gerade Unsicherheiten, Destabilisierungen, Transformationen von Grenzziehungsprozessen, das Ansprechen von Ohnmachtserfahrungen und Verletzbarkeiten etc. nicht zu. Somit ist auch das Herausarbeiten eines gemeinsamen sozialpädagogischen Selbstverständnisses gegen diesen Widerstand selbst erschwert (vgl. Stehr/Anhorn 2018, S. 10 ff.). Das *„Leugnen von Ungleichheit"* (Rommelspacher 1998, S. 30) gehört nach Rommelspacher zum westlichen Selbstverständnis. Das scheint ein Grund dafür sein, dass es sozialpädagogischen Teams schwer fällt, Konflikte zu thematisieren. Die Praxis des nicht Sprechens über eine Haltung hat zur Folge, dass die sozialpädagogische Arbeit sowohl individualisiert als auch entpolitisiert wird.

---

65 Andreas Polutta bezieht sich hier auf „Flucht und Migration" – aus meiner intersektionalen Perspektive kann diese Aussage allerdings auf den Umgang mit weiteren Macht- und Ungleichheitsverhältnissen ausgeweitet werden.

Dass die professionelle Haltung[66] nicht ausgehandelt wird, hat einige Folgen. „Aushandeln" bedeutet dabei, dass etwas aus einem Austausch und Diskurs heraus entsteht (vgl. Zierer/Weckend/Schatz 2019, S. 23), für das das Dialogische wesentlich ist (vgl. Mührel 2019, S. 11 f.). Interaktionen in Form von Aushandlungen gehen mit Konflikten und ihrer Thematisierung einher. Das Nicht-Aushandeln ist mit der Orientierung an Normen verbunden – um einen scheinbar gemeinsamen Handlungshorizont herzustellen. Nach Karakaşoğlu (2021) und Helsper (2019) impliziert eine professionelle pädagogische Haltung, sich mit gesellschaftlichen Widersprüchen und Zusammenhängen auseinanderzusetzen, sich dieser bewusst zu werden und deren Einflüsse auf (sozial)pädagogisches Handeln sowie (sozial)pädagogische Institutionen zu reflektieren (vgl. Karakaşoğlu 2021, S. 1 f.; Helsper 2019, S. 136). Die Vereinzelung der Perspektiven durch das Nicht-Aushandeln einer gemeinsamen Haltung führt dazu, dass die politische Aussagekräftigkeit der Einrichtungen leidet und die Professionellen gegenüber strukturell getroffenen und politisch geforderten Entscheidungen nicht selbstbewusst auftreten und nicht dagegen argumentieren können.

„Obwohl die neoliberal (re-)formierte Gesellschaft des flexibilisierten postwohlfahrtsstaatlichen Kapitalismus von strukturell bedingten Widersprüchen und Konflikten geradezu ‚durchtränkt' ist, werden diese auf bemerkenswert erfolgreiche Weise – nicht zuletzt in der Sozialen Arbeit und durch die Soziale Arbeit – in den gesellschaftlich bedeutsamen Diskursen weitgehend ausgeblendet, verborgen und verdrängt und damit einer politisch wie wissenschaftlich relevanten Thematisierung entzogen." (Stehr und Anhorn 2018, S. 8) Machtverhältnisse und Erfahrungen von Deprivilegierungen sowohl der Adressat_innen als auch der Fachkräfte werden nicht thematisiert, weil es keine „geschützte[n] Orte" (Polutta 2018, S. 251) dafür gibt. Maurer macht hier eine interessante Gegenüberstellung: das Neutralisieren von „Spannungen, Widersprüchen und fragmentarischen, prekären Zuständen" versus der Professionalisierungsprozess, in dem „lebendige, auch unbequeme und mühselige Prozesse der Reflexion, des Erinnerns und der (Selbst-)Kritik kultiviert werden" (Maurer 2011, S. 143). Sie geht auf die Dynamik des „Verdeckungszusammenhangs" (vgl. Bitzan 1996; 2002; Bitzan/Funk 1995 nach Maurer 2011, S. 125) ein, wonach Dinge nicht thematisiert werden, weil sie „zu konfliktträchtig" scheinen und das Potenzial haben, „zu einer radikaleren

---

66 Der Begriff der Haltung wird nicht eindeutig verwendet. Klar ist aber, dass er sich immer wieder auf (sozial)pädagogische Professionalität bezogen wird. In der Lehrer_innenbildung wird er bspw. von Werner Helsper (2021) oder Carolin Rotter, Christoph Bressler und Carsten Schülke (2019) aufgegriffen wie auch in Veröffentlichungen im elementarpädagogischen Bereich (vgl. Strätz 2020). Aus einer migrationsgesellschaftlichen Perspektive benutzt ihn Yasemin Karakaşoğlu (2021) und im sozialpädagogischen Diskurs Spiegel (2018). Einen originär sozialpädagogischen Zugang erarbeitet Eric Mührel (1965). Er bezieht sich auf Hans-Georg Gadamer, Emmanuel Lévinas sowie Jacques Derrida und stellt dabei den Austausch und die Interaktion als Merkmale von Haltung in den Vordergrund (a. a. O., S. 11 ff.).

Neuorientierung" (ebd.) zu führen. Das Dethematisieren von Konflikten (auch in Bezug auf das Entwickeln einer eigenen professionellen Haltung) führt gleichzeitig dazu, dass die Soziale Arbeit weniger Selbstbewusstsein hat und an Stärke verliert (vgl. a. a. O., S. 143). Die Professionellen und die Einrichtungen bringen sich somit selbst in Positionen, wo sie sprachlos werden. Das kann bedeuten, dass sie Macht abgeben, für ihre Adressat_innen keine Partei ergreifen und deren Handlungsmacht nicht erweitern können.

9 Fazit

„[D]ie entnennung einer privilegierten norm [...] schafft diese und reproduziert sie machtvoll, re_produziert sie also [...]. die entnennung kann dies sehr viel machtvoller tun als eine benennung es könnte. benennungen sind benennbar, diskutier- und verhandelbar, angreif- und veränderbar. entnennungen tragen massiv zu entkonzeptualisierungen bei, zu grundsätzlichen entwahrnehmungen" (Hornscheidt 2012, S. 42).

Um Konflikten und Widersprüchen gerecht werden zu können, muss ein Raum geschaffen werden, in dem Thematisierung möglich ist. Soziale Arbeit kann ein solcher Ort sein (vgl. Kessl/Maurer 2009, S. 97 f.). Auf diese Art und Weise kann Thematisierung der Entnennung und somit dem Unsichtbarmachen von Machtverhältnissen entgegenwirken. Wie aus dem Eingangszitat von Iann Hornscheidt hervorgeht, sind „entnennungen" stark mit Macht verbunden. Sie führen zu einer „entwahrnehmung" und entziehen „privilegierte[n] norm[en]" der Bearbeitung und Transformation in Bezug auf Macht. Nimmt Soziale Arbeit, die ihren Auftrag in der Erweiterung von Möglichkeiten sieht, diesen Auftrag ernst, muss sie sich in Bezug auf den Umgang mit Konflikten und Widersprüchen sowohl handlungsfähig als auch (re)politisiert zeigen.

Im Folgenden reflektiere ich zunächst die methodologische Herangehensweise der Arbeit, um im Anschluss einen Ausblick für die sozialpädagogische Praxis zu formulieren. Dabei nehme ich insbesondere darauf Bezug, inwiefern Widersprüche, Spannungsverhältnisse sowie Differenzen (ganz bewusst in der Doppeldeutigkeit dieses Begriffs) dethematisiert und daher nicht bearbeitet werden. Daraus leite ich meine Forderung ab, Widersprüchlichkeiten, Konflikte sowie method(olog)ische Erweiterungen sozialpädagogischer Forschung mehr in den Mittelpunkt der sozialpädagogischen Arbeit zu stellen. Dabei ist es wichtig, Vereindeutigungsmechanismen durch das Aufzeigen von Brüchen zu entlarven.

9.1 Methodologische Schlussreflexion und Forschungsperspektiven

Um die Forschungsfrage nach dem Umgang *mit* und der (De-)Thematisierung *von* Differenzkonstruktionen in der KJH zu bearbeiten, habe ich Praktiken von pädagogisch Tätigen mithilfe eines ethnografischen Zugangs in vier Einrichtungen der KJH erforscht. Dazu habe ich kontrastierend gesampelt. Ich habe zwei Einrichtungen der OKJA und zwei Einrichtungen der JBH untersucht, von denen jeweils eine *offen für alle* ist und eine sowohl nach Geschlecht als auch nach vermeintlicher Herkunft adressiert. Darüber hinaus habe ich methodologisch sowohl eine Forschungsperspektive eingenommen, die Intersektionalität, das Konzept diskursiver Praktiken und die grenzanalytische Perspektive miteinander kombiniert. Daneben habe ich eine Analyseheuristik entwickelt, die sich auf Positionierungen, Kontext sowie Historisierung richtet. Machtverhältnisse, die über die gesellschaftlichen Ebenen von Struktur, Diskurs und Interaktion / Subjekte miteinander verbunden sind, nehme ich unter der Voraussetzung in den Blick, Praktiken als diskursive zu verstehen (vgl. Reckwitz 2008a, S. 202 ff.). In Praktiken werden Bedeutungen sichtbar, die über die Situation hinaus Geltung haben. Durch den ethnografischen Zugang wurde ich Teil dieser Praktiken, in denen gesellschaftliche Selbstverständlichkeiten und Kultur sichtbar werden. Ich orientiere mich beim Begriff der Kultur an Clifford Geertz, der Kultur als „Bedeutungsgewebe" (ders. 1994, S. 9) erklärt, in das Menschen „verstrickt" (ebd.) sind. Davon ausgehend ist es mit gelungen, Zusammenhänge zwischen Praktiken, Diskursen und Strukturen klar herauszuarbeiten und die KJH mit ihren Bedeutungen zu situieren. Meine Aufgabe habe ich darin gesehen, dieses Bedeutungsgewebe mit seinen Normen zu thematisieren.

Die Verknüpfung einer rekonstruktiven mit einer dekonstruktivistischen Herangehensweise ermöglichte außerdem einen Zugang zu Routinen, deren Transformationen als auch dazu sie zu hinterfragen. Dabei war die Übersetzungsleistung nötig, Heuristiken festzulegen, nach denen ich vorgehen konnte. So habe ich die Analyse von Positionierungen, die Analyse von Kontext und die Analyse von Historisierung eingeführt. Neben Heuristiken konnte ich mir eine machtkritische, Privilegien reflektierende Perspektive auf das Material erarbeiten. Die Forschungsperspektiven und -heuristiken, die ich ausgewählt habe, erläutere ich nun.

Um ethnografisch auf die Konstruktion von Differenzen und ihre Bedeutungen sowie auf die Verwobenheiten von Situationen mit Strukturen und Diskursen eingehen zu können, habe ich die Perspektive der Intersektionalität einbezogen. Dadurch rücken Wechselwirkungen von Differenzkonstruktionen und Machtverhältnissen einerseits und von gesellschaftlichen Ebenen andererseits in den Fokus. Es ergibt sich daraus die Möglichkeit, für ungleichheitsrelevante Zusammenhänge zu sensibilisieren und diese wahrzunehmen. Intersektionalität als urspünglich feministisches sowie rassismuskritisches Projekt verfolgt u. a. das Ziel, unter Einbeziehung von Macht, die Folgen unterschiedlicher Unterdrückungsverhältnisse in ihrer Verwobenheit sichtbar zu machen. Daher werden poststrukturalistische Grundlagen herangezogen (vgl. Davis 2008, S. 74). Dadurch können die Bedeutungen der Praktiken innerhalb der Institutionen und ihre machtvollen Folgen herausgearbeitet werden, um in poststruktureller Manier Kategorien zu dekonstruieren, Homogenisierungen zu entselbstverständlichen und das Dynamische sowie Widersprüchliche an Macht zu erkennen (vgl. ebd.). Gleichzeitig berücksichtigt der Ansatz, dass auch identitätspolitische Strategien und somit der Bezug auf Differenzen als starre Kategorien in vielen sozialen Bewegungen ihre Berechtigung hatten und haben (vgl. a. a. O., S. 73). Besonders sichtbar wurde das bei der Analyse der Einrichtung *Die Figurine*, die sich stark auf die Bezeichnung von Kategorien bezieht, dabei Machtverhältnisse reproduziert und damit *gleichzeitig* die Handlungsmöglichkeiten der Adressat_innen erweitert und Machtverhältnisse transformiert. Das Konzept von Intersektionalität erlaubt es, „Repräsentationen in ihrer Uneindeutigkeit zu erfassen" (Tuider 2015, S. 185). Die Analyse hat Widersprüche sichtbar gemacht, ohne dass sie aufgelöst wurden.

Die Kritik, dass Intersektionalität zu offen und daher wenig präzise sei, spricht implizit ihre Stärke an: Das Konzept kann gegenstands- und forschungsfragebezogen angepasst werden. Gleichzeitig gewährt es die Offenheit, Neues und Unerwartetes zu entdecken und den Blick schweifen zu lassen. Das zeigt sich bspw. daran, dass ich die Kooperation der Einrichtungen der KJH mit der Institution Schule und damit verwobene Machtverhältnisse herausarbeiten konnte, obwohl das nicht Teil meiner Fragestellung war. Trotzdem erscheint die Kooperation folgenreich in Bezug auf De-/Privilegierung sowie Ein- und Ausschluss von Adressat_innen der Einrichtung zu sein. Gleichzeitig hält Intersektionalität für das Forschen viele Herausforderungen bereit. Als Forscherin befinde ich mich ständig in einer Spirale des Neu-Denkens, des Reflektierens, der (Selbst-)Kritik und der Sorge darüber, etwas übersehen zu haben, die Dinge noch einmal neu anzuordnen, neue Stränge zu erkennen usw. Im Umgang damit habe ich Forschungsheuristiken mit der Perspektive von Sozialer Arbeit als Grenzbearbeitung ergänzt, die ebenfalls einen Zugang zu Macht- und Herrschaftsverhältnissen in der Sozialen Arbeit ermöglichen will.

Die Denkfigur der Grenzbearbeitung stellt v. a. konkreten Bezug zu Sozialer Arbeit her. Denn angewendet auf Soziale Arbeit (vgl. Kessl/Maurer 2010; Maurer 2018) zeigt sie deutlich auf, dass schon das Forschungsfeld der Sozialen Arbeit in Widersprüche verstrickt ist. Vor diesem Hintergrund können vermeintliche Eindeutigkeiten in den Forschungsbeschreibungen vermieden werden. Denn es geht insbesondere darum, „,Brechungen' der Ordnung" (Kessl/Maurer 2012, S. 50) zu finden. *Grenze* wird in dieser Perspektive als Praktik verstanden, die immer wieder bestätigt werden muss. Um die Frage nach dem Umgang mit und der (De-)Thematisierung von Differenzkonstruktionen beantworten zu können, ist es naheliegend, Grenzziehungsprozesse zu beschreiben und wie Menschen unter diesen leiden (vgl. Maurer 2018, S. 28). Denn Grenzen regeln letztendlich Ein- sowie Ausschluss. Im Zusammenhang mit Sozialer Arbeit kann der Einschluss einen Ausschluss markieren. Das veranschaulichen die Beispiele, wo Adressat_innen gegenüber deprivilegierenden Positionierungspraktiken durch die Professionellen in der Sozialen Arbeit Widerstand leisteten. Es kann bewirken, dass sie sich der

Adressierung entziehen, der Zuwendung der Professionellen im Speziellen und der Erreichbarkeit der Sozialen Arbeit im Allgemeinen.

Mit den Forschungsheuristiken habe ich eine Brücke zwischen Methodologie und Methode geschlagen. Zu den Forschungsheuristiken gehören die Analyse von Positionierungen, die Analyse von Kontext und die Analyse des historischen Rahmens. Es war zentral, eine forschende Haltung einzunehmen und die Heuristiken wiederum in Fragen an das Material anzuwenden. Fragen haben dann bspw. dazu geführt, weiteres Material hinzuziehen, im Feld nachzufragen oder bei der weiteren Beobachtung den Fokus zu erweitern, zu verschieben, zu schärfen. Deutlich wurde in diesem Prozess, dass auch diese drei Heuristiken verwoben sind und aufeinander verweisen. Ergänzend dazu wäre es sicher sinnvoll gewesen, den ethnografischen Zugang um einen biografischen zu ergänzen. Dieser kann eine erweiterte Sicht auf Dethematisierungen bieten. Positionierungen und historische Entwicklungen zur Person, aber auch die Bedeutung der Institution für die Lebensgeschichte können anhand biografischer Interviews herausgearbeitet werden. Von Interesse wäre es dann, die Aspekte herauszuarbeiten, die in der Beobachtung und der Analyse der Protokolle nicht sichtbar wurden. Diese könnten dem ethnografischen Material einerseits als Kontext und andererseits als Kontrastierung der Materialsorten dienen. Damit bestünde eine weitere Möglichkeit, Dethematisierungen sichtbar zu machen.

Resümierend begreife ich Forschen als zirkulären Prozess, wie es die Grounded Theory nahelegt. Das bedeutet auch, gelegentlich die Orientierung zu verlieren und daher Vieles neu zu justieren. Dabei habe ich mich häufig gefragt, ob es nicht sinnvoller wäre, diesen Verlust der Orientierung besser zu dokumentieren, anstatt ihn als Fehler zu begreifen, was bedeutet, sich darum zu bemühen, ihn zu beheben und schnellstmöglich die Orientierung wiederzufinden. Wann genau habe ich die Orientierung verloren? Was fiel mir schwer? Diese Fragen noch weiter reflexiv zu bearbeiten, birgt einen gewissen Reiz. Dabei gehe ich davon aus, dass diese schwierigen Situationen Schlüsse auf Forschungsgegenstand sowie -frage zugelassen hätten, „denn gerade aus ‚Störungen', aus Irritationen des Erwarteten, Zufällen und Umwegen, Improvisationen [...][67] erlangt die Ethnografie tiefgründige Intersubjektivität und damit schließlich Analysematerial" (Dellwing / Prus 2012, S. 142).

Um Irritationen zu eruieren, habe ich in Forschungswerkstätten analysiert. Hierzu ging ich von situiertem Wissen nach Donna Haraway aus. Dadurch wird deutlich, dass eine objektive oder neutrale Forschung „wahrhaft phantastisch, verzerrt und deshalb irrational" (Haraway 1995, S. 87) ist. Im Prozess des Erhebens und des Analysierens habe ich intensiv die Möglichkeit der Reflexion und des Austauschs in Forschungs- und Analysewerkstätten sowie des Kolloquiums

---

67 Im Zitat habe ich einen Begriff ausgelassen, der antisemitischen Ursprungs ist.

genutzt, die als „Arbeitsbündnis" (TIFFS 1998; Resch 1998; Resch 2014 nach Stehr 2015, S. 196) bezeichnet werden können. Gerade in der Erforschung von Macht- und Herrschaftsverhältnissen lassen sich anhand dessen Widersprüche und Konflikte beleuchten und herausarbeiten (vgl. Stehr 2015, S. 196). Die Erweiterung der Perspektiven hat mir dabei geholfen, das eigene Forschen umsichtiger zu reflektieren. Hier konnte ich einen Zugang zum Material wählen, der über meine eigene Positionierung sowie meine eigenen Selbstverständlichkeiten hinausgeht, was im Hinblick auf die Forschungsfrage nach (De-)Thematisierung von Differenzkonstruktionen notwendig ist. Denn die Fragestellung nach Praktiken im Zusammenhang mit Differenzkonstruktionen bringt mich immer auch in die Nähe zu hegemonialen Deutungsweisen, denen ich mich nicht entziehen kann. Durch meine eigene Positionierung und den dadurch geprägten Blick sowohl auf die Praxis als auch auf das Material habe ich Dinge übersehen. Daher habe ich insbesondere Aussagen, Gespräche und längere Statements von Subjekten aus dem Feld so präzise wie möglich transkribiert, um den Text, wie es Jan Kruse formuliert, „so lange wie möglich *für sich sprechen*' zu lassen" (ders. 2014, S. 491). Mithilfe der rekonstruktiven Analyse nach Kruse als mikrosprachliches Verfahren (vgl. ebd.) konnte ich den Sinn aus dem Feld (Fremdverstehen) herausarbeiten. Außerdem sah ich stets die Gefahr, Verhalten von pädagogisch Professionellen zu individualisieren, bedingt durch die Immersion ins Feld. Arbeitsbündnisse sowie sensitivity readings von anders positionierten Personen unterstützten mich dabei, mit der „Herausforderung [umzugehen], [meine] eigenen Anteile an der Verdeckung und Enteignung von Konflikten zu reflektieren" (Stehr 2015, S. 190). Sie trugen zu meiner „*Selbstreflexivität und Befremdung*" (Kruse 2014, S. 492) bei. Nichtsdestotrotz hatte ich vonseiten der Personen im Feld, aber auch durch meine eigene Perspektive beim Schreiben nicht überall Zugang. So gab es bspw. Situationen, in denen das Gespräch abbrach, als ich dazu kam oder mein Blick sorgte dafür, dass ich bestimmte Dinge nicht sehen konnte, weil sie sich meiner Wahrnehmung entzogen. Ferner habe ich mit schriftlichem Datenmaterial wie HPs, Berichten aus Zeitungen, Produkten aus den Einrichtungen etc. gearbeitet und in die Analyse aufgenommen.

Die Anlage des Forschungsprojektes mit den hier genannten Veränderungsvorschlägen kann methodologisch auf ähnliche Fragestellungen in einem anderen Setting übertragen werden. In Bezug auf die Reichweite der Ergebnisse sollte allerdings klar sein, dass eine fallbezogene rekonstruktiv angelegte Studie keine verallgemeinerbaren Ergebnisse liefert. Jedoch kann sie die Diskussion in bestimmte Richtungen anstoßen. Nach dem Sample und ersten Beobachtungsphasen wurde mir klar, dass die ausgewählten Einrichtungen Diversität in Bezug auf Geschlecht als eher binär und in Bezug auf Herkunft als *international* bzw. nicht international verstanden. Das deutet darauf hin, dass Einrichtungen, die sich nach außen diskriminierungskritisch darstellen, Differenzordnungen trotzdem reproduzieren können. Das lässt sich nicht vereinheitlichen. Innerhalb der Einrichtungen sind Brüche zu beobachten, wenn z. B. ein machtkritisches Engagement von Professionellen auf einen anderen Lebensbereich trifft oder Positionierungen strategisch genutzt werden, um deprivilegierte Lebensrealitäten sichtbar zu machen. Dementsprechend habe ich mein Vorgehen beim Sampling hinterfragt. Hier sehe ich einen konkreten Anknüpfungspunkt weiterer Studien: das Sample um explizit inklusive, queere oder rassismuskritische Einrichtungen zu erweitern.

Um weitere Perspektiven berücksichtigen zu können – z. B. hat Dis-/Ability oder Queerness in meiner Arbeit wenig Raum erhalten –, wäre ein methodisch fundiertes Anknüpfen an nicht Beobachtetes und nicht Gesagtes sinnvoll. Bereits 2012 kritisierte Heike Raab in Intersektionalitätsansätzen, dass „die Triade Behinderung, Heteronormativität und Geschlecht" (dies., S. 4) vernachlässigt werde. In keiner der von mir beobachteten Einrichtungen wurde Dis-/Ability von Adressat_innen explizit thematisiert, so fand ich auch keinen Zugang dazu, inwiefern und wie sie dethematisiert wurde. Vor diesem Hintergrund wäre es für künftige Forschungsvorhaben mit einer intersektionalen Analyseperspektive spannend, den Fokus – auch über den Aspekt der Dis-/Ability hinaus – mehr auf „Thematisierungsgrenzen" (Kruse 2014, S. 558) zu legen. Das möchte ich als methodische Perspektive stark machen. Eine Möglichkeit wäre es, aus „entnennungen" Schlüsse in Bezug auf „entwahrnehmungen" (Hornscheidt 2012, S. 42) zu ziehen.

9.2 Ausblicke für die sozialpädagogische Praxis

Anstoß für die vorliegende Untersuchung waren die Auseinandersetzung mit dem Widerspruch, in dem sich Soziale Arbeit befindet, und die Frage, wie sozialpädagogisch Tätige in Einrichtungen der KJH differenzreflektierend und differenzsensibel vor dem Hintergrund von Macht- und Ungleichheitsverhältnissen agieren können. Damit ist ferner die Frage verbunden, was sie dafür benötigen. Im Ergebnis zeigt sich, dass die Bearbeitung von Konflikten einerseits und die Auseinandersetzung mit der sozialpädagogischen Haltung in Form von Thematisierungen andererseits für eine macht- und differenzreflektierende Handlungsgrundlage relevant sind. Daher erscheint es notwendig zu sein, sich mit der Frage auseinanderzusetzen, wie genau es ermöglicht werden kann, Konflikte zu bearbeiten, Haltung zu thematisieren, ein Selbstverständnis zu kommunizieren und zu transformieren.

Den Umgang mit Widersprüchen normalisieren
Die Einrichtungen der KJH befinden sich ständig in sehr unterschiedlich gelagerten Widersprüchen, wenn es um die (De-)Thematisierung von Differenzkonstruktionen vor dem Hintergrund von Macht und Ungleichheit geht. Das ist ein wesentliches Ergebnis dieser Studie. Widersprüche lassen sich auf unter-

schiedlichen Ebenen entdecken, fluktuieren zwischen diesen Ebenen, spielen sich zwischen unterschiedlichen Einrichtungen und deren Logiken ab, lassen sich zwischen den pädagogisch Tätigen, zwischen den Adressat_innen oder zwischen diesen beiden Gruppen finden. Widersprüche machen sich an Macht- und Ungleichheitsverhältnissen fest. Beispielsweise weitete die Einrichtung die Kooperation mit der benachbarten Grundschule aus, um mehr Kinder und Jugendliche zu erreichen. Gleichzeitig musste sie die komplette Verantwortung dafür übernehmen, dass die Kooperation funktioniert, was die zur Verfügung stehende Zeit für bisherige Zielgruppen einschränkte. Ein Widerspruch zeichnet sich auch dann ab, wenn eine Sozialpädagogin in der BVB Handlungsmöglichkeiten verwehrt, anstatt sie zu erweitern, weil ihr einziger Fixpunkt die Logik des aktivierenden Sozialstaats ist. Deutlich wird an diesen Beispielen, dass die Einrichtungen anstreben, mit Widersprüchen auf eine Weise umzugehen, dass sie zu Eindeutigkeiten werden. Widersprüche werden somit weder als Normalität noch als selbstverständlich betrachtet. Vielmehr gilt es sie aufzulösen. So setzen sich die Einrichtungen sowohl strukturell als auch auf der subjektiven sowie diskursiven Ebene einem enormen Druck aus.

Um diesen zu umgehen, halte ich es für notwendig, den Umgang mit Widersprüchen zu normalisieren. Die Normen, auf die sich die KJH bezieht, mit denen sie umgeht und die sie prägt, sind mit Butler ambivalent: „So ergibt sich einfach aus der doppelten Wahrheit, dass wir zwar Normen brauchen, um leben zu können, und gut leben zu können, und um zu wissen, in welche Richtung wir unsere soziale Welt verändern wollen, dass wir aber auch von den Normen in Weisen gezwungen werden, die uns manchmal Gewalt antun, sodass wir sie aus Gründen sozialer Gerechtigkeit bekämpfen müssen." (Butler 2009, S. 327f.) Aus einer sozialwissenschaftlichen Perspektive lässt sich diese These um den Hinweis ergänzen, dass Widersprüche zwischen unterschiedliche Ebenen gespannt sind (vgl. Walgenbach 2010, S. 253). Für die sozialpädagogische Praxis könnten dann Konzepte wie das „Cooling Out" von Andreas Walther (2014, S. 24) sinnvoll zu sein. Es liefert Begriffe für bestimmte Mechanismen des Unsichtbarmachens von Widersprüchen. Damit können Normen thematisiert werden, die eine bestimmte Denk- und Handlungsweise nahelegen, allerdings in Settings von Sozialer Arbeit auch Gewalt bedeuten können. Neoliberale Versprechen wie Chancengleichheit suggerieren den Kindern und Jugendlichen Teilhabemöglichkeiten. Ein Teilhabeanspruch der Kinder und Jugendlichen, der sich aus diesen Versprechen ergibt, wird dann *abgekühlt*, indem er in der Manier des „kapitalistischen Wettbewerbs umgangen wird" (Walther 2014, S. 24). Von solchen Widersprüchen zu wissen, erlaubt es Einrichtungen der KJH, auch konzeptionell darauf einzugehen, sodass die sozialpädagogisch Arbeitenden nicht in jeder Situation, Widersprüche zugunsten einer Seite auflösen müssen. Zudem ist zu beachten, dass der Widerspruch nicht per se aufgelöst wird: Die Kinder und Jugendlichen verbleiben in den häufig unbehaglichen Widersprüchen und verlieren durch eine Dethematisierung einen Raum, in dem sie dieses Unbehagen hätten artikulieren können.

Normen und der Umgang mit diesen geben vereinfachende Positionierungen jenseits der Grenze vor. Positionierungen sind für die Adressat_innen der KJH folgenreich. Hier erscheint eine Reflexion von Konzepten wie Familie notwendig zu sein, die häufig von einer westlichen, heteronormativen dominanzkulturellen Vorstellung geprägt sind. Denn Konzepte wie diese ermöglichen erst Positionierungen von Adressat_innen jenseits der Grenze: Entsprechen die Familienkonstellationen der Kinder- und Jugendlichen nicht dieser normativen Vorstellung einer Kernfamilie, können Abwertungen, Beschämungen sowie Verletzungen die Folge sein. So können normative Konzepte, die einerseits Sicherheit bieten, andererseits auch Unsicherheit und Deprivilegierung, im institutionellen Rahmen einer Reflexion unterzogen werden. Zudem können auch hier Widersprüche als selbstverständlich angenommen und auch mit den Adressat_innen zusammen thematisiert anstatt vereindeutigt werden.

Widersprüche in der KJH auflösen zu wollen, scheint mit einem Druck zusammenzuhängen, der damit zusammenhängen könnte, dass es keine Kultur im Umgang mit Widersprüchen gibt. Eindeutigkeit suggeriert eine professionelle Handlungsfähigkeit. Deutlich wird auch, dass die Strategie der Auflösung v. a. die Abwertung der Lebenswelten der Adressat_innen beinhaltet. Sie sind aufgrund ihrer Deprivilegierung unter einer bestimmten Perspektive auf Positionen verwiesen, die weniger Macht beinhalten. Gleichzeitig hat auch die Soziale Arbeit weniger Macht als andere gesellschaftliche Bereiche (vgl. Effinger 2015, S. 23 f.). Auch mit diesem Widerspruch ist die KJH konfrontiert: einerseits Anwältin zu sein, andererseits kaum Macht zu haben. Gibt es Hinweise auf Macht, wird es relevant, den Fokus auf die Analyse von Widersprüchen zu legen. Widersprüchen dieser Art ist auf individueller Ebene fast nicht zu begegnen, dazu braucht es Bündnisse. Neben Netzwerken sollten diese sich über die Soziale Arbeit hinaus erstrecken (vgl. Stövesand 2015, S. 38). Denn Widersprüche, mit denen die Soziale Arbeit bzw. die KJH umgeht, sind wesentlicher Teil gesellschaftlicher Konfliktfelder. Mit Bezug auf Maja Heiner erklärt Sabine Stövesand, dass gerade Bündnisse mit „politischen Parteien, [...] Ausschüssen, [...] lokalen Medien, [...] Vertreter_innen von wohltätigen Organisationen wie auch [mit] der Wirtschaft" (ebd.) die Sichtbarkeit erhöhen und somit auch die Machtposition stärken. In dieser Aufzählung würde ich gerne noch Wissenschaft ergänzen. Spannungen versteht Heiner als konstitutives Moment der Zusammenarbeit (vgl. a. a. O., S. 41). Widersprüche dürften nicht vereinfacht werden, sondern müssten in ihrer Komplexität Beachtung finden. Ansonsten besteht die Gefahr, dass sie „nicht mehr politisierbar" (Bitzan 2000, S. 340) sind.

Hier stellt sich die Frage, „wie Kritik aus den eigenen Reihen gehandhabt wird und inwiefern es gelingen kann, die Interessen der Beteiligten kollektiv zu organisieren und auch längerfristig kollektive Handlungsfähigkeit zu entfalten, ohne dabei den eigenen ‚Binnenraum' zu vereindeutigen und hermetisch zu schließen" (Maurer 2020, S. 191). Maurer stellt Solidarität in den Mittelpunkt ihrer Ausführungen. Erst wenn die Thematisierung von Widersprüchen „gefahrlos(er) möglich ist" (a. a. O., S. 192), kann Komplexität entfaltet werden. Aus meiner Perspektive kann die Soziale Arbeit auch nur auf diese Weise dem Anspruch nachkommen, Handlungsfähigkeit zu erweitern. Denn erst „kritische Rückfragen und Sprechversuche", die in Wechselbeziehung zu „Irritation, Infragestellung und Beunruhigung" (ebd.) stehen, führen zu Veränderung. Das heißt auch, dass sich Solidarität und Dissens nicht ausschließen müssen (vgl. ebd.) und Bündnisse genau der Ort sein können, wo Widersprüche thematisiert und bearbeitet werden.

Widersprüche zu normalisieren wie auch den Umgang damit, beides als selbstverständlich zu betrachten, könnte in der Lesart von Elisabeth Tuider bedeuten, bei der „Umdeutung und Verschiebung" (Tuider 2015, S. 187) anzusetzen. Widersprüche benötigen demnach eine Plattform der Thematisierung, sodass damit zusammenhängende Machtverhältnisse überhaupt erst in den Blick der Institutionen und der sozialpädagogisch Tätigen geraten können. Einen Ansatzpunkt dafür bietet das Konzept der Haltung.

Haltung thematisieren in einer machtkritischen Kinder- und Jugendhilfe
Der Begriff der Haltung scheint pädagogisch (vgl. Karakaşoğlu 2021, S. 1) und sozialpädagogisch wenig diskutiert zu werden. In den Einrichtungen der KJH finden Absprachen und Austausch zum institutionellen Selbstverständnis oder zur professionellen Haltung nicht statt oder es steht kein institutionalisierter Raum zur Verfügung. Einige der sozialpädagogisch Tätigen bedauern das, andere schweigen dazu. Hier sehe ich zwei Herausforderungen: Die Auseinandersetzung mit Haltung sollte geführt, der Austausch und das Herausarbeiten einer Haltung sollten als Teil von Professionalität ernst genommen werden.

Die Analyse hat gezeigt, dass häufig dominanzkulturell geprägte Diskurse angerufen werden. Eine entsprechende Sichtweise, die alternative Konzepte verstellt, Irritationen nicht zulässt sowie eine homogenisierte Sicht prägt, kann nur dekonstruiert werden, wenn Haltung thematisiert wird – und zwar vor dem Hintergrund der Machtreflexion und der Reflexion von Positionierungen im Kontext Sozialer Arbeit und ihrer Widersprüche. Nach Katja Kinder und Peggy Piesche werde in der Bildungsarbeit die „Dreiheit von Wahrnehmung – Haltung – Handlung [...] häufig auf den Kopf gestellt" (Kinder/Piesche 2021, S. 3). Dadurch rückten sowohl Wahrnehmung als auch Haltung in den Hintergrund. Fehlende Aushandlungsprozesse, in denen Wahrnehmungen und Haltungen innerhalb der Institutionen thematisiert werden können, führen zu sehr eingeschränkten Handlungsmöglichkeiten, zu Handlungs- und Zeitdruck sowie zu Unzufriedenheit innerhalb von Teams. Ich will diese Dreiheit erweitern, damit die sozialpädagogisch Tätigen nicht allein die Verantwortung tragen, sondern auch Verhältnisse und Diskurse berücksichtigt werden. Alternativ zu „Wahrnehmung

– Haltung – Handlung" hat Riegel die Dreiheit „*Reflexion, Kritik und Veränderung*" (Riegel 2016, S. 311) unter intersektionaler Analyseperspektive insbesondere sowohl für die pädagogische Praxis als auch die Forschungspraxis aufgestellt (vgl. ebd.). Eine ähnliche Herangehensweise verfolgen Kessl und Maurer mit dem Konzept der Grenzbearbeitung. Der Begriff umfasst in ihrer Darstellung „Grenzanalytische Rekonstruktionen" (dies. 2009, S. 94), (Selbst)Kritik und die „Grenzverschiebung oder auch -delegitimationen" als konkrete Handlung (vgl. a. a. O., S. 94 f.). Deutlich wird, dass es sich jeweils um drei theoretische Aspekte handelt, während in der Praxis allerdings Handlung im Vordergrund steht.

In der intersektionalen Analyse stehen die unterschiedlichen Ebenen in Wechselwirkung. Wenn bspw. Besucherinnen_ der Einrichtung für Mädchen eindringlich zu ihrer Herkunft oder der ihrer Eltern befragt werden, steht das im Zusammenhang mit institutionellen Vorgaben, dominanzkulturellen Selbstverständlichkeiten im Diskurs um *interkulturell – international – Integration* sowie mit dem Namen der Einrichtung. In der Entwicklung von Sichtweisen von multikultureller Gesellschaft hin zur Migrationsgesellschaft hätten sich diese institutionalisierten Selbstverständlichkeiten verändern können. Dazu braucht es allerdings Kritik in Form von Dekonstruktion, die das Verlernen von Vorannahmen erst möglich macht (vgl. Riegel 2016, S. 313). Riegel verweist hier zum einen auf Butler und ihr Verständnis von Dekonstruktion (1990; 2006) sowie auf das Verlernen nach Frigga Haug (2003).

Die Analyse zeigt, dass die Auseinandersetzung und Thematisierung der Haltungen für eine solche Art von Kritik unerlässlich sind. Die Thematisierung eines institutionellen Selbstverständnisses in Form einer Haltung geht über eine *„persönlich-selbstreflexive Dimension"* (Bitzan/Herrmann 2018, S. 47 f.) hinaus. Durch ein gemeinsames Sprechen über „sowohl orientierende als auch verunsichernde Fragen" (Menhard 2020, S. 80) finden Irritationen einen Weg in eine kollektive Wahrnehmung und können sich zu einer sowohl subjektiven als auch institutionellen Haltung in Bezug auf Differenz- und Machverhältnisse verdichten. Um (eigene) Widersprüche in ihrer Komplexität und auch Widersprüche der einzelnen Perspektiven gemeinsam thematisieren zu können, scheint „die Erfahrung, dass Dissens-Artikulation gefahrlos(-er) möglich ist" (Maurer 2020, S. 192), Voraussetzung zu sein. Diese Erfahrung konnte weder die Sozialpädagogin Lisa, die gemeinsame „Visionstage" organisiert, noch die Sozialpädagogin Eva machen, die sich mit ihrem Kollegen austauschen wollte. Die Bereitschaft miteinander zu sprechen könnte als Solidarität verstanden werden, die für eine (Re-)Politisierung von Sozialer Arbeit grundlegend wäre. Erst durch sie ist Handeln über die subjektive Ebene hinaus möglich und gleichzeitig notwendig. Aus einer Perspektive von Grenzbearbeitung kann Soziale Arbeit auch an diese Grenzen von Dissens anknüpfen, da sie zum „Ort der Begegnung" (Kessl/Maurer 2009, S. 94) werden können. Erst Dissens, der als Widerspruch und Konflikt verstanden werden kann, führt zu Irritation und regt zur Reflexion der hegemonialen und selbstverständlichen Vorstellungen an.

Haltung auf diese Weise zu thematisieren würde bedeuten, Homogenisierungen, die die Einrichtungen vornehmen, um handlungsfähig zu sein, in ihrer Widersprüchlichkeit anzunehmen und Konflikte in ihrer gesellschaftlichen Verwobenheit zu verorten. Das konfliktorientierte Sprechen über Haltungen würde einen Raum eröffnen, um Kinder und Jugendliche in ihrer Unangepasstheit und ihrer Subjektivität anzuerkennen: Sie hätten die Möglichkeit sich außerhalb starrer Zuschreibungen darzustellen und Räume für Bildungsprozesse im Sinne der Transformationen stünden offen.

Für die KJH würde eine Thematisierung von Haltung in Form einer Konfliktorientierung institutionenübergreifend bedeuten, Handlungsfähigkeit zu erweitern. In der Kooperation mit der Schule wurden in einigen Situationen meines Materials Konflikte sichtbar. An einigen Stellen betraf die Kooperation auch weitere Einrichtungen der KJH. „Bündnisse und Netzwerke" als „kollektives Empowerment Sozialer Arbeit" (Stövesand 2015, S. 43) bergen die Chance, an Machtverhältnissen im institutionalisierten pädagogischen Raum zu rütteln und die Konflikte zum Anlass einer Transformation (Handlung) zu machen. „Konfliktorientierte Ansätze in der Sozialen Arbeit arbeiten die Bedeutung gesellschaftlicher Verhältnisse heraus und stellen Bewusstwerdungs-, Bündnis- und Organisierungsprozesse in den Fokus." (Schäuble 2020, S. 64) Dazu braucht es neben Räumen dafür Ansätze von Intersektionalität, die zwar nicht „selbständig Unsichtbares sichtbar machen" (Walgenbach 2010 nach Rentdorff 2013, S. 447), aber im Zusammenhang mit Konzepten wie Konfliktorientierung (vgl. Schäuble 2020) sowie Grenzbearbeitung (vgl. 2009) als Analysefolie dienen können.

Um auch hier für eine Entlastung der Akteur_innen in der KJH zu sorgen, sollte Haltung auch im disziplinären Kontext stärker in den Fokus genommen werden. Nach Spiegel gibt es „kaum ausgearbeitete Konzepte über berufliche Haltungen" (Spiegel 2018, S. 83). Trotzdem wird der Begriff der Haltung häufig aufgegriffen, was auf seine Relevanz hindeutet. Bei der Professionalisierung von Sozialer Arbeit handelt es sich auch um die Reflexion der eigenen Positioniertheit und damit zusammenhängenden gesellschaftlichen Werten, Normen und Bewertungen (vgl. Riemann 2004, S. 190; Spiegel 2018, S. 83). Riemann wird hier sehr konkret, indem er die Einübung einer ethnografischen Haltung im Sinne einer „Befremdung" der eigenen Praxis einfordert (vgl. Riemann 2004, S. 190 ff.). Widersprüche zu normalisieren und konfliktorientiert in der Sozialen Arbeit vorzugehen – das konnte die vorliegende Studie zeigen –, steht im Zusammenhang mit der Thematisierung eines Selbstverständnisses und somit einer professionellen Haltung (der Befremdung) in der Sozialen Arbeit.

Die Perspektive von Konfliktorientierung in der Kinder- und Jugendhilfe
Für Spannungen und Konflikte war in den Einrichtungen der KJH weder auf institutioneller noch auf der interaktionellen Ebene Raum. Auch wenn die Leitung von *Die Figurine* zu Beginn des ersten Gespräches sagt, Probleme seien verkleidete Möglichkeiten, werden auch in dieser Einrichtung Konflikte nicht in jedem Fall in ihrer Ambivalenz wahrgenommen und besprochen. Die Fokussierung auf Lösungen birgt die Gefahr, Konflikte nicht umfassend zu reflektieren, wobei die gesellschaftlichen Ebenen als miteinander verwoben verstanden werden. Es wirkt wie die von Silvia Staub-Bernasconi geäußerte Kritik an dem Verständnis von Empowerment als Ansatz von Befähigung. Das verbleibe auf einer individualisierten Ebene und lasse damit verwobene Machtverhältnisse unberücksichtigt (vgl. Staub-Bernasconi 2018, S. 432 nach Enggruber 2020, S. 45). Widersprüche sollten mit Konflikten ins Verhältnis gesetzt werden. „Das Aufsuchen von Widersprüchen in den Erfahrungen der Subjekte und in den Anforderungen an sie ist mit entscheidend [...] für Ansatzpunkte, um Konfliktverhältnisse und Konfliktquellen auf die Spur zu kommen, sie zu öffnen, zugänglich, bearbeitbar zu machen." (Bitzan/Herrmann 2018, S. 47) Ausgehend von den Ergebnissen meiner Arbeit möchte ich ein Nachdenken über Umgangsweisen mit Differenzkonstruktionen vor dem Hintergrund von Macht und Ungleichheit aus einer konfliktorientierten Perspektive anregen.

Konflikte verändern die Wahrnehmungsfähigkeit (vgl. Glasl 2004, S. 25). Als Folge unbearbeiteter und nicht thematisierter Konflikte zählt Friedrich Glasl „Vereinfachungen [...] sowie Verallgemeinerungen und Pauschalisierungen" (vgl. a. a. O., S. 26) auf. Die Einrichtungen in der KJH waren allesamt in vielfältige Konfliktlagen verstrickt. Durch Homogenisierungen und die Responsibilisierung der Adressat_innen (vgl. Kap. 8.2), durch das Dethematisieren von Differenzkonstruktionen (vgl. Kap. 8.3) sowie durch Positionierungspraktiken jenseits der Grenze (vgl. Kap. 8.4) wurden gesellschaftliche Konflikte auf eine individuelle Ebene übertragen – und wirkten so auf der strukturellen sowie diskursiven Ebene weiter. Das steht in Wechselwirkung damit, dass die Erfahrungen der Adressat_innen individualisiert wurden und Konflikte eher dazu führten, dominanzkulturelle Sichtweisen auf die Adressat_innen zu reproduzieren. Darin gesellschaftlich verwobene Konflikte zu erkennen, kann eine Ressource dafür sein, die „Wahrnehmungspraxis" (Schmidt 2012, S. 289) zu reflektieren. In Institutionen der Sozialen Arbeit kann genau dort angesetzt werden, wo Konflikte „Irritationen und Störungen des Handlungsflusses" (ebd.) auslösen und zu einem „Verlernen bisherigen Sehens" (Gottuck/Grünheid/Mecheril/Wolter 2019, S. 11) beitragen können.

Eine mögliche Herangehensweise an Konflikte ist eine sozialpädagogisch genuine Praxis, die Fallarbeit. Eine reflexive und standardisierte Form zu wählen, wäre hier sinnvoll. Nach einem bestimmten Schema wird der Konflikt als Fall in den Fokus gerückt und aus unterschiedlichen Perspektiven beleuchtet. Ganz grundlegend sind hier sicherlich Ansätze der Rekonstruktiven Sozialpädagogik (vgl. Völter 2015). Dadurch wird „das eigene Relevanzsystem als nicht selbstverständlich" (Kruse 2015, S. 87) angesehen. Stattdessen steht Fremdverstehen im Vordergrund. Die „Abgewandelte Kollegiale Fallbearbeitung" (Debus/Stuve o. J.) verknüpft explizit Machtverhältnisse miteinander, indem sie von einem konkreten Konflikt ausgeht. Auch intersektionale Fragedimensionen nach Riegel (2016, S. 141) oder nach Busche und Stuve (2010, S. 185), grenzreflektierende Fragen nach Maurer und Kessl (2009, S. 94), anerkennungstheoretische Fragen nach Fritzsche (2018, S. 69 f.), Fragen im Kontext der Solidarität und Mündigkeit nach Ioanna Menhard (2020, S. 80) oder Fragen im Kontext von Empowerment und Powersharing nach Natascha Anahita Nassir-Shahnian (2020) können hier hinzugezogen werden. Denn die Fragen bieten (sozial)pädagogisch Arbeitenden Orientierung und verunsichern sie gleichzeitig konstruktiv (vgl. Menhard 2020, S. 80). Nach Messmer ist Konfliktvermeidung ein Reflex auf widersprüchliche Anforderungen in der Sozialen Arbeit (vgl. ebd.). Diese Einschätzung entspricht auch meinen Ergebnissen. Eine Fallbearbeitung oder Fragestellungen, die gerade diese Widersprüche und Verunsicherungen in den Blick nehmen, nehmen es den in der Sozialen Arbeit Tätigen ab, sie individuell auflösen zu müssen. Sie können sich als fallbearbeitende Gruppe als Bündnis erleben, sich im Sinne des Dreischritts von „Reflexion, Kritik und Veränderung" (Riegel 2016, S. 311) als handlungsmächtig gewahr werden und eine machtvollere Position einnehmen.

Als *Die Figurine* in die Situation kommt, durch die Kooperation mit prestigereichen Firmen mehrere tausend Euro zu erhalten, ergibt sich ein Konflikt. Denn die finanziellen Mittel anzunehmen, bedeutet mehrere Auflagen des Schweigens zu akzeptieren. Die konfliktreiche Konstellation wird jedoch nicht weiter besprochen. Vielmehr wird mit einem Augenverdrehen den Anweisungen der Leitung Folge geleistet. Der Konflikt aber hätte in seiner Irritation zu Bildungs- als Transformationsprozessen beitragen können[68].

Konfliktorientierung bedeutet „Auseinandersetzungen um gesellschaftliche Positionierungen und Partizipation" (Stehr/Anhorn 2018, S. 4). Durch die Kooperation mit renommierten Kooperationspartnerinnen erfahren die jungen Frauen eine Anerkennung, die alternativ zu der von ihnen als dominant erfahrenen Positionierung existiert, hier werden Brüche hervorgerufen. Diese Möglichkeit nicht zu nutzen, ist nicht handlungserweiternd. So steht die Einrichtung vor der Herausforderung mit dem Widerspruch von Ermöglichung einerseits und Schweigen andererseits. Genau diese Herausforderung mit den Auszubildenden zu thematisieren und zu reflektieren, worin der Konflikt für Einrichtung besteht, könnte Bildungsprozesse in Form von Kritik und Dekonstruktion anregen, aber auch insti-

---

68 Ich will mich moralisch oder professionell nicht über die sozialpädagogisch Arbeitenden in der Einrichtung stellen. Diese Analyse war mir möglich, weil ich nicht unter Handlungsdruck stand und über einen langen Zeitraum hinweg Perspektiven erarbeiten konnte.

tutionelle Umgangsweisen. Die Konflikthaftigkeit liegt in der Sichtbarkeit, finanziellen Bedürftigkeit, in neoliberalen Denkweisen und Anforderungen, Verletzbarkeit und im Verschweigen von Gewalterfahrung, in der deprivilegierten Stellung von Sozialer Arbeit u. a. Konfliktorientierung bedeutet in diesem Fall nicht, unmittelbar auf den auftretenden Konflikt zu re-agieren, sondern institutionelle Veränderungen anzustreben (vgl. Schäuble 2020, S. 62). So könnte eine Option sein, mit anderen sozialpädagogischen Kooperationspartnerinnen ins Gespräch zu gehen und das Schweigegebot zu thematisieren und Bündnisse einzugehen. Damit würden sie ihre Position stärken und könnten mit den Kooperationspartnerinnen aus der Wirtschaft neu in Verhandlung treten, also handlungsfähig auftreten. In einer anderen Konstellation könnte unter Träger_innen die Abhängigkeit von Wirtschaftsunternehmen in Bezug auf finanzielle Sicherheit diskutiert werden. Eine Konfliktorientierung in der Sozialen Arbeit bringt somit eine Erweiterung der Handlungsfähigkeit mit sich – nicht nur der Adressat_innen, sondern der Sozialen Arbeit selbst. Eine Konfliktorientierung setzt auf länger angelegte Bildungsprozesse und bezieht alle gesellschaftlichen Ebenen ein.

„Soziale Arbeit entzündet sich – historisch wie systematisch – an konflikthaften gesellschaftlichen Phänomenen und Prozessen." (Kessl/Maurer 2009, S. 97) Dementsprechend ist Soziale Arbeit ambivalent, einerseits hat sie „Thematisierungsmacht" und andererseits ist sie „ordnungspolitische Instanz" (a. a. O., S. 98). Soziale Arbeit hat also die Ressourcen, Differenzen, Macht und Ungleichheit zu thematisieren und sich an Konflikten dahingehend abzuarbeiten. Gleichzeitig steckt sie selbst in dem Widerspruch von Dekonstruktion und Normalisierung. Die Aufgaben der Sozialen Arbeit als Konfliktorientierung (vgl. Stehr/Anhorn 2018, S. 7) umfassen, sich bspw. mit Konzepten wie Integration und ihren Bedeutungen für Soziale Arbeit in ihrer Ambivalenz und ihrem Konfliktpotenzial auseinanderzusetzen. Dazu wäre es sinnvoll, z. B. Migrant_innenselbstorganisationen oder machtreflektierende aktivistische Gruppen zu befragen. Es wird deutlich, dass Konfliktorientierung wie sie Stövesand ausarbeitet, bspw. in Form von „Netzwerkbeziehungen und Bündnissen" (dies. 2015, S. 38) dazu beiträgt, dass Soziale Arbeit vor dem Hintergrund ungleicher Machtverhältnisse politisch(er) werden und an Handlungsfähigkeit gewinnen muss. Das würde mithilfe Benennungen erfolgen, die diskutierbar und veränderbar sind.

Die Konzepte der Sozialen Arbeit als Grenzbearbeitung und der Intersektionalität, in denen ich diskursive Praktiken zu (De-)Thematisierung von Differenzkonstruktionen herausgearbeitet habe, erweisen sich als dazu geeignet, einerseits sozialpädagogische Praxis zu erforschen und andererseits sozialpädagogisch zu forschen: Soziale Arbeit hat das Potenzial, Deprivilegierung zu erkennen und diese zu bearbeiten. Jedoch halten dominanzkulturelle Sichtweisen sie immer wieder davon ab oder bringen sie dazu, sich selbst zurückzunehmen. Durch die Ergänzung durch das Konzept der Sozialen Arbeit als Konfliktorientierung konnte ich die Perspektive entwickeln, Widersprüchen in der Sozialen Arbeit –

auch in Bezug auf Differenzkonstruktionen und den Umgang damit – durch ihre konkrete Thematisierung Bedeutung zu verleihen. Eine Bearbeitung von Konflikten dient der Professionalisierung, weil dadurch das Verständnis gestärkt wird, dass gesellschaftliche Ebenen eng miteinander verwoben sind. Verstrickungen um Macht werden benannt und Soziale Arbeit kann dem Auftrag nachkommen, Handlungsmöglichkeiten zu erweitern. Das bedeutet eine Veränderung auf der Ebene der konkreten pädagogischen Praxis, aber auch auf politischer Ebene.

Literatur

Ahmed, Sarina/Höblich, Davina (Hrsg.) (2010): Theoriereflexionen zur Kooperation von Jugendhilfe und Schule. Brücken und Grenzgänge. Baltmannsweiler: Schneider-Verlag Hohengehren.

Ahmed, Sarina/Müller, Sylvia/Schwanenflügel, Larissa von (2013): Sozialisationstheoretische Erkenntnispotenziale in der biografieorientierten Analyse von Bildungsprozessen. In: Zeitschrift für Soziologie der Erziehung und Sozialisation 33, H. 2, S. 134–149.

Ahmed, Sarina/Pohl, Axel/Schwanenflügel, Larissa von/Stauber, Barbara (Hrsg.) (2013): Bildung und Bewältigung im Zeichen von sozialer Ungleichheit. Theoretische und empirische Beiträge zur qualitativen Bildungs- und Übergangsforschung. Weinheim, Basel, Basel: Beltz Juventa.

Akbaba, Yalız (2014): (Un-)Doing Ethnicity im Unterricht – Wie Schüler/innen Differenzen markieren und dekonstruieren. In: Tervooren, Anja/Engel, Nikolas/Göhlich, Michael/Miethe, Ingrid/Reh, Sabine (Hrsg.): Ethnographie und Differenz in pädagogischen Feldern. Internationale Entwicklungen erziehungswissenschaftlicher Forschung. Bielefeld: transcript Verlag, S. 275–290.

Akbaba, Yalız (2017): Lehrer*innen und der Migrationshintergrund. Widerstand und Dispositiv. Weinheim, Basel: Beltz Juventa.

Albrecht, Günter/Gronemeyer, Axel (Hrsg.) (2012): Handbuch soziale Probleme. Wiesbaden: Springer.

Amirpur, Donja (2016): Migrationsbedingt behindert? Bielefeld: transcript Verlag.

Anhorn, Roland (2008): Zur Einleitung. Warum sozialer Ausschluss für Theorie und Praxis Sozialer Arbeit zum Thema werden muss. In: Anhorn, Roland/Bettinger, Frank/Stehr, Johannes (Hrsg.): Sozialer Ausschluss und Soziale Arbeit. Wiesbaden: Springer, S. 13–48.

Anhorn, Roland/Bettinger, Frank/Stehr, Johannes (Hrsg.) (2007): Foucaults Machtanalytik und Soziale Arbeit. Eine kritische Einführung und Bestandsaufnahme. Wiesbaden: Springer.

Anhorn, Roland/Bettinger, Frank/Stehr, Johannes (Hrsg.) (2008): Sozialer Ausschluss und Soziale Arbeit. Wiesbaden: Springer.

Anhorn, Roland/Stehr, Johannes (Hrsg.) (2021): Handbuch Soziale Ausschließung und Soziale Arbeit. Wiesbaden: Springer.

Anti-Bias-Netz (Hrsg.) (2021): Vorurteilsbewusste Veränderungen mit dem Anti-Bias-Ansatz. Freiburg: Lambertus-Verlag.

Attia, Iman/Köbsell, Swantje/Prasad, Nivedita (Hrsg.) (2015): Dominanzkultur reloaded. Neue Texte zu gesellschaftlichen Machtverhältnissen und ihren Wechselwirkungen. Bielefeld: transcript Verlag.

Autorengruppe Bildungsberichterstattung (2016a): Bildung in Deutschland. Ein indikatorengestützter Bericht mit einer Analyse zu Bildung und Migration. www.bildungsbericht.de/de/bildungsberichte-seit-2006/bildungsbericht-2016/pdf-bildungsbericht-2016/bildungsbericht-2016 (Abfrage: 29.06.2023).

Autorengruppe Bildungsberichterstattung (2016b): Bildung in Deutschland. Ein indikatorengestützter Bericht mit einer Analyse zu Bildung und Migration. Wichtige Ergebnisse im Überblick. www.bildungsbericht.de/de/bildungsberichte-seit-2006/bildungsbericht-2016/pdf-bildungsbericht-2016/wichtige_ergebnisse_Presse_2016.pdf (Abfrage: 29.06.2023).

Autorengruppe Bildungsberichterstattung (2020): Bildung in Deutschland 2020. Ein indikatorengestützter Bericht mit einer Analyse zu Bildung in einer digitalisierten Welt. www.bildungsbericht.de/de/bildungsberichte-seit-2006/bildungsbericht-2020/pdf-dateien-2020/bildungsbericht-2020-barrierefrei.pdf (Abfrage: 29.06.2023).

Ayim, May (2002): Grenzenlos und unverschämt. Frankfurt am Main: Fischer.

Barskanmaz, Cengiz (2009): Das Kopftuch als das Andere. Eine notwendige postkoloniale Kritik des deutschen Rechtsdiskurses. In: Berghahn, Sabine/Rostock, Petra (Hrsg.): Der Stoff, aus dem Konflikte sind. Debatten um das Kopftuch in Deutschland, Österreich und der Schweiz. Bielefeld: transcript Verlag, S. 361–392.

Baßler, Bianca (2016): Differenzen (be)schreiben? Vom Umgang mit Differenzen in sozialpädagogischer Praxis und ethnographischer Forschung. In: Graff, Ulrike/Kolodzig, Katja/Johann, Nikolas (Hrsg.): Ethnographie – Pädagogik – Geschlecht. Projekte und Perspektiven aus der Kindheits- und Jugendforschung. Wiesbaden: Springer, S. 77–95.

Baßler, Bianca/Bock, Paula (2018): Methodologische Überlegungen zur Denkfigur *Soziale Arbeit als Grenzbearbeitung*. Eine intersektional informierte Grenzbearbeitung als Reflexions- und Analyseinstrument im Kontext von Jugendberufshilfe. In: Bütow, Birgit/Patry, Jean-Luc/Astleitner, Hermann (Hrsg.): Grenzanalysen. Erziehungswissenschaftliche Perspektiven zu einer aktuellen Denkfigur. Weinheim, Basel: Beltz Juventa, S. 95–116.

Bauer, Gero/Kechaja, Maria/Engelmann, Sebastian/Haug, Lean (Hrsg.) (2021): Diskriminierung und Antidiskriminierung. Bielefeld: transcript Verlag.

Bauer, Ullrich/Bittlingmayer, Uwe/Scherr, Albert (Hrsg.) (2012): Handbuch Bildungs- und Erziehungssoziologie. Wiesbaden: Springer.

Baumgärtner, Esther (2009): Lokalität und kulturelle Heterogenität. Bielefeld: transcript Verlag.

Beck, Iris/Plößer, Melanie (2021): Intersektionalität und Inklusion als Perspektiven auf die Adressat*innen der Offenen Kinder- und Jugendarbeit. In: Deinet, Ulrich/Sturzenhecker, Benedikt/Schwanenflügel, Larissa von/Schwerthelm, Moritz (Hrsg.): Handbuch Offene Kinder- und Jugendarbeit. Wiesbaden: Springer, S. 279–293.

Beck, Ulrich (2016): Risikogesellschaft. Auf dem Weg in eine andere Moderne. Frankfurt am Main: Suhrkamp.

Behrens, Melanie/Bukow, Wolf-Dietrich/Cudak, Karin/Strünck, Christoph (Hrsg.) (2016): Inclusive City. Überlegungen zum gegenwärtigen Verhältnis von Mobilität und Diversität in der Stadtgesellschaft. Wiesbaden: Springer.

Benbrahim, Karima (Hrsg.) (2012): Diversität bewusst wahrnehmen und mitdenken, aber wie? www.idaev.de/publikationen/produkt-details/karima-benbrahim-hg-diversitaet-bewusst-wahrnehmen-und-mitdenken-aber-wie/(Abfrage: 29.06.2023).

Bitzan, Maria (1996): Geschlechterhierarchie als kollektiver Realitätsverlust – zum Verhältnis von Alltagstheorie und Feminismus. In: Grunwald, K. (Hrsg.): Alltag, Nichtalltägliches und die Lebenswelt. Beiträge zur lebensweltorientierten Sozialpädagogik. München, Weinheim: Juventa.

Bitzan, Maria (2000): Konflikt und Eigensinn. In: Neue Praxis. 30. Jg., Heft 4, S. 335–346

Bitzan, Maria (2002): Sozialpolitische Ver- und Entdeckungen. Geschlechterkonflikte und Soziale Arbeit. In: Widersprüche, 22. Jg., Heft 84: 27–43.

Bitzan, Maria (2008): Geschlecht und sozialer Ausschluss. Vom Ausschluss durch Einschließen. In: Anhorn, Roland/Bettinger, Frank/Stehr, Johannes (Hrsg.): Sozialer Ausschluss und Soziale Arbeit. Wiesbaden: Springer, S. 237–256.

Bitzan, Maria (2018): An die Adressat_innen denken! in: sozial extra. Zeitschrift für Soziale Arbeit 42, H. 4, S. 30–33.

Bitzan, Maria/Funk, Heide (1995): Geschlechterdifferenzierung als Qualifizierung der Jugendhilfeplanung. Grundlagen eines feministischen Planungsverständnisses. In: Bolay, Eberhard/Herrmann, Franz (Hrsg.): Jugendhilfeplanung als politischer Prozess. Neuwied: Luchterhand, S. 71–124.

Bitzan, Maria/Herrmann, Franz (2018): Konfliktorientierung und Konfliktbearbeitung in der Sozialen Arbeit. Mit einer kasuistischen Erörterung. In: Stehr, Johannes/Anhorn, Roland/Rathgeb, Kerstin (Hrsg.): Konflikt als Verhältnis – Konflikt als Verhalten – Konflikt als Widerstand. Widersprüche der Gestaltung Sozialer Arbeit zwischen Alltag und Institution. Wiesbaden: Springer, S. 43–54.

Blank, Beate/Gögercin, Süleyman/Sauer, Karin E./Schramkowski, Barbara (Hrsg.) (2018): Soziale Arbeit in der Migrationsgesellschaft. Wiesbaden: Springer.

Blumer, Herbert (1975): Race Prejudice as a Sense of Group Position. In: Masuoka, Jitsuichi/Preston, Valien (Hrsg./2004): Race Relations. Problems and Theory. New York: Books for Libraries Press, S. 217–227.

Böhnisch, Lothar (2015): Abweichendes Verhalten. In: Otto, Hans-Uwe/Thiersch, Hans/Grunwald, Klaus/Böllert, Karin/Flösser, Gaby/Füssenhäuser, Cornelia (Hrsg.): Handbuch Soziale Arbeit. München: Ernst Reinhardt Verlag, S. 25–33.

Bolay, Eberhard (2010): Anerkennungstheoretische Überlegungen im Kontext Schule und Jugendhilfe. In: Ahmed, Sarina/Höblich, Davina (Hrsg.): Theoriereflexionen zur Kooperation von Jugendhilfe und Schule. Brücken und Grenzgänge. Baltmannsweiler: Schneider-Verlag Hohengehren, S. 30–48.

Bourdieu, Pierre (1987): Die feinen Unterschiede. Kritik der gesellschaftlichen Urteilskraft. Frankfurt am Main: Suhrkamp.

Bourdieu, Pierre (1992): Rede und Antwort. Frankfurt am Main: Suhrkamp.

Bourdieu, Pierre/Passeron, Jean-Claude (1971): Die Illusion der Chancengleichheit. Untersuchungen zur Soziologie des Bildungswesens am Beispiel Frankreichs. Stuttgart: Klett.

Breidenstein, Georg (2006): Teilnahme am Unterricht. Ethnographische Studien zum Schülerjob. Wiesbaden: Springer.

Bretländer, Bettina/Köttig, Michaela/Kunz, Thomas (2015): Zu diesem Buch. In: Bretländer, Bettina/Köttig, Michael/Kunz, Thomas (Hrsg.): Vielfalt und Differenz in der Sozialen Arbeit. Perspektiven auf Inklusion. Stuttgart: Kohlhammer (Grundwissen Soziale Arbeit, 15), S. 7–9.

Bretländer, Bettina/Köttig, Michaela/Kunz, Thomas (Hrsg.) (2015): Vielfalt und Differenz in der Sozialen Arbeit. Perspektiven auf Inklusion. Stuttgart: Kohlhammer.

Breuer, Franz (2009): Reflexive Grounded-Theory. Eine Einführung für die Forschungspraxis. Wiesbaden: Springer.

Broden, Anne/Mecheril, Paul (Hrsg.) (2014): Solidarität in der Migrationsgesellschaft. Interdisziplinäre Befragungen einer normativen Grundlage. Bielefeld: transcript Verlag.

Bronner, Kerstin (2014): Professionelle Unterstützung jugendlicher Normalitätsaushandlungen. In: Langsdorff, Nicole von (Hrsg.): Jugendhilfe und Intersektionalität. Opladen: Verlag Barbara Budrich, S. 156–169.

Bublitz, Hannelore (2002): Judith Butler zur Einführung. Hamburg: Junius.

Busche, Mart/Maikowski Laura/Pohlkamp Ines/Wesemüller Ellen (Hrsg.) (2010): Feministische Mädchenarbeit weiterdenken. Zur Aktualität einer bildungspolitischen Praxis. Bielefeld: transcript Verlag.

Busche, Mart/Stuve, Olaf (2010): Bildungs- und Sozialarbeit intersektional erweitern. In: Riegel, Christine/Scherr, Albert/Stauber, Barbara (Hrsg.): Transdisziplinäre Jugendforschung. Methodologische Perspektiven. Wiesbaden: Springer, S. 271–287.

Butler, Judith (1991): Das Unbehagen der Geschlechter. Frankfurt am Main: Suhrkamp.

Butler, Judith (1997): Körper von Gewicht. Die diskursiven Grenzen des Geschlechts. Frankfurt am Main: Suhrkamp.

Butler, Judith (2001): Die Psyche der Macht. Das Subjekt der Unterwerfung. Frankfurt am Main: Suhrkamp.

Butler, Judith (2004): Undoing Gender. London, New York: Routledge.

Butler, Judith (2009): Die Macht der Geschlechternormen und die Grenzen des Menschlichen. Frankfurt am Main: Suhrkamp.

Butler, Judith/Ansén, Reiner (2003): Kritik der ethischen Gewalt. Frankfurt am Main: Suhrkamp.

Bütow, Birgit/Gries, Eva-Maria (2013): Zur Bearbeitung von professionellen Grenzen in der Jugendhilfe – eine empirische Analyse von Gruppendiskussionen. In: Soziale Passagen 5, S. 229–244.

Bütow, Birgit/Munsch, Chantal (2012): Soziale Arbeit und Geschlecht. Herausforderungen jenseits von Universalisierung und Essentialisierung – Einleitung. In: Bütow, Birgit/Munsch, Chantal

(Hrsg.): Soziale Arbeit und Geschlecht. Herausforderungen jenseits von Universalisierung und Essentialisierung. Münster: Westfälisches Dampfboot, S. 7–19.

Bütow, Birgit/Munsch, Chantal (Hrsg.) (2012): Soziale Arbeit und Geschlecht. Herausforderungen jenseits von Universalisierung und Essentialisierung. Münster: Westfälisches Dampfboot.

Bütow, Birgit/Patry, Jean-Luc/Astleitner, Hermann (Hrsg.) (2018): Grenzanalysen. Erziehungswissenschaftliche Perspektiven zu einer aktuellen Denkfigur. Weinheim, Basel: Beltz Juventa.

Castro Varela, María do Mar (2010): Un-Sinn. Postkoloniale Theorie und Diversity. In: Kessl, Fabian/Plößer Melanie (Hrsg.): Differenzierung, Normalisierung, Andersheit. Soziale Arbeit als Arbeit mit den Anderen. Wiesbaden: Springer, S. 249–262.

Castro Varela, María do Mar/Dhawan, Nikita (2005): Postkoloniale Theorien. Eine kritische Einführung. Bielefeld: transcript Verlag.

Castro Varela, María do Mar/Dhawan, Nikita (2016): Die Migrantin retten!? In: Österreichische Zeitschrift für Soziologie 41, H. 3, S. 13–28.

Çetin, Zülfukar/Prasad, Nivedita (2015): Leerstellen im Diskurs um Frauenrechte ohne Rassismus und Klassismus. Zülfukar Çetin im Gespräch mit Nivedita Prasad. In: Çetin, Zülfukar/Taş, Savaş (Hrsg.): Gespräche über Rassismus. Perspektiven & Widerstände. Berlin: Verlag Yılmaz-Günay, S. 107–116.

Charmaz, Kathy (2006): Constructing grounded theory. A practical guide through qualitative analysis. London, Thousand Oaks, Calif: Sage Publications.

Charmaz, Kathy (2010): Grounded Theory. Objectivist and Constructivist Methods. In: Wendy Luttrell (Hrsg.): Qualitative educational research. Readings in reflexive methodology and transformative practice. New York: Routledge, S. 183–207.Charmaz, Kathy/Mitchell, Richard G. (2001): Grounded Theory in Ethnography. In: Atkinson, Paul (Hrsg.): Handbook of ethnography. London, Thousand Oaks, Calif: Sage Publications, S. 160–174.

Clarke, Adele E. (2011a): „Für mich ist die Darstellung der Komplexität der entscheidende Punkt." Zur Begründung der Situationsanalyse. Adele E. Clarke im Gespräch mit Reiner Keller. In: Mey, Günter/Mruck, Katja (Hrsg.): Grounded Theory Reader. Wiesbaden: Springer, S. 109–131.

Clarke, Adele E. (2011b): Von der Grounded-Theory-Methodologie zur Situationsanalyse. In: Mey, Günter/Mruck, Katja (Hrsg.): Grounded Theory Reader. Wiesbaden: Springer, S. 207–229.

Clarke, Adele E. (2012): Situationsanalyse. Grounded theory nach dem Postmodern Turn. Wiesbaden: Springer.

Cloos, Peter (2013): Was tun PädagogInnen? Muster pädagogischen Handelns im Alltag. In: Deinet, Ulrich/Sturzenhecker, Benedikt (Hrsg.): Handbuch Offene Kinder- und Jugendarbeit. Wiesbaden: Springer, S. 61–70.

Collins, Patricia Hill (2000): Moving beyond Gender. Intersectionality and Scientific Knowledge. In: Ferree, Myra Marx/Lorber, Judith/Hess, Beth B. (Hrsg.): Revisioning gender. Walnut Creek: AltaMira Press, S. 261–284.

Collins, Patricia Hill (2007): Fighting words. Black women and the search for justice. Minneapolis: University of Minnesota Press.

Coster, Claudia de/Wolter, Salih/Yılmaz-Günay, Koray (2014): Intersektionalität in der Bildungsarbeit. In: Hawel, Marcus/Kalmring, Stefan (Hrsg.): Bildung mit links! Gesellschaftskritik und emanzipierte Lernprozesse im flexibilisierten Kapitalismus. Hamburg: VSA Verlag, S. 118–135.

Crenshaw, Kimberlé (1998): Demarginalizing the intersection of race and sex. A black feminist critique of antidiscrimination doctrine, feminist theory, antiracist politics. In: Phillips, Anne (Hrsg.): Feminism and politics. Oxford: Oxford University Press, S. 314–343.

Crenshaw, Kimberlé (2016): Die Notwendigkeit der Intersektionalität. www.ted.com/talks/kimberle_crenshaw_the_urgency_of_intersectionality? (Abfrage: 13.04.2017).

Dankwa, Serena Owosua/Filep, Sarah-Mee/Klingovsky, Ulla/Pfründer, Georges (Hrsg.) (2021): Bildung.Macht.Diversität. Critical Diversity Literacy im Hochschulraum. Bielefeld: transcript Verlag.

Davis, Kathy (2008): Intersectionality as buzzword. A sociology of science perspective on what makes a feminist theory successful. In: Feminist Theory 9, H. 1, S. 67–85.

Debus, Katharina/Laumann, Vivien (Hrsg.) (2018): Pädagogik geschlechtlicher, amouröser und sexueller Vielfalt. Zwischen Sensibilisierung und Empowerment. Berlin: Dissens – Institut für Bildung und Forschung e. V. interventionen.dissens.de/materialien/handreichung (Abfrage: 29.06.2023).

Debus, Katharina/Stuve, Olaf (o. J.): Abgewandelte Kollegiale Fallberatung. Funktionen von Einstellungen/Verhaltensweisen und pädagogische Konsequenzen. Dissens. vms.dissens.de/fileadmin/VMS/redakteure/Kollegiale_Fallberatung_-_Anforderungen_und_Funktionen.pdf (Abfrage: 29.06.2023).

Dederich, Markus (2019): Körper, Subjektivierung und Verletzbarkeit. Judith Butlers fragiles Subjekt. In: Stöhr, Robert/Lohwasser, Diana/Noack Napoles, Juliane/Burghardt, Daniel/Dederich, Markus/Dziabel, Nadine (Hrsg.): Schlüsselwerke der Vulnerabilitätsforschung. Wiesbaden: Springer, S. 221–237.

Degele Nina/Winker, Gabriele (2007): Intersektionalität als Mehrebenenanalyse. www.soziologie.uni-freiburg.de/personen/degele/dokumente-publikationen/intersektionalitaet-mehrebenen.pdf (Abfrage: 29.06.2023).

Deinet, Ulrich/Icking, Maria (2013): Offene Jugendarbeit und Ganztagsschule. In: Deinet, Ulrich/Sturzenhecker, Benedikt (Hrsg.): Handbuch Offene Kinder- und Jugendarbeit. Wiesbaden: Springer, S. 389–400.

Deinet, Ulrich/Sturzenhecker, Benedikt (Hrsg.) (2013): Handbuch Offene Kinder- und Jugendarbeit. Wiesbaden: Springer.

Deinet, Ulrich/Sturzenhecker, Benedikt/Schwanenflügel, Larissa von/Schwerthelm, Moritz (Hrsg.) (2021): Handbuch Offene Kinder- und Jugendarbeit. Wiesbaden: Springer.

Dellwing, Michael/Prus Robert (2012): Einführung in die interaktionistische Ethnografie. Soziologie im Außendienst. Wiesbaden: Springer.

Derrida, Jacques (1974): Grammatologie. Frankfurt am Main: Suhrkamp.

Dick, Oliver (2015): Sozialpädagogik im „Übergangssystem". Implizite Wissens- und Handlungsstrukturen von sozialpädagogischen Fachkräften in einem arbeitsmarktpolitisch dominierten Arbeitsfeld. Weinheim, Basel: Beltz Juventa.

Diehm, Isabell (2008): Ethnizität und Geschlecht. Grundlagen einer (sozialpädagogischen) Differenzkonstruktion in der Jugendarbeit. In: Otto, Hans-Uwe (Hrsg.): Die andere Seite der Bildung. Zum Verhältnis von formellen und informellen Bildungsprozessen. Wiesbaden: Springer, S. 195–205.

Dietze, Gabriele/Haschemi Yekani, Elahe/Michaelis, Beatrice (2007): „Checks and Balances". Zum Verhältnis von Intersektionalität und Queer Theory. In: Walgenbach, Katharina/Dietze, Gabriele/Hornscheidt, Antje/Palm, Kerstin (Hrsg.): Gender als interdependente Kategorie. Neue Perspektiven auf Intersektionalität, Diversität und Heterogenität. Opladen: Verlag Barbara Budrich, S. 107–139.

Dirim, Inci/Khakpour, Natascha (2018): Migrationsgesellschaftliche Mehrsprachigkeit in der Schule. In: Dirim, İnci/Mecheril, Paul (Hrsg.): Heterogenität, Sprache(n), Bildung. Eine differenz- und diskriminierungstheoretische Einführung. Bad Heilbrunn: Verlag Julius Klinkhardt, S. 201–225.

Dirim, Inci/Knappik, Magdalena (2018): Deutsch in allen Fächern. In: Dirim, İnci/Mecheril, Paul (Hrsg.): Heterogenität, Sprache(n), Bildung. Eine differenz- und diskriminierungstheoretische Einführung. Bad Heilbrunn: Verlag Julius Klinkhardt, S. 227–245.

Dirim, İnci/Knappik, Magdalena/Thoma, Nadja (2018): Sprache als Mittel der Reproduktion von Differenzordnungen. In: Dirim, İnci/Mecheril, Paul (Hrsg.): Heterogenität, Sprache(n), Bildung. Eine differenz- und diskriminierungstheoretische Einführung. Bad Heilbrunn: Verlag Julius Klinkhardt, S. 51–62.

Dirim, İnci/Mecheril, Paul (Hrsg.) (2018): Heterogenität, Sprache(n), Bildung. Eine differenz- und diskriminierungstheoretische Einführung. Bad Heilbrunn: Verlag Julius Klinkhardt.

Dischereit, Esther (2012): Dr. Nivedita Prasad – Porträt einer Feministin of Color. „Ich wollte auf der anderen Seite stehen". https://www.boell.de/de/2012/02/20/dr-nivedita-prasad-portraet-einer-feministin-color-ich-wollte-auf-der-anderen-seite (Abfrage: 29.06.2023).

Dissens/Peace Institute/Eurocircle/Share-it/Men's Counseling Center (2011): Handbuch Intersektionale Gewaltprävention – Leitlinien zur Umsetzung einer Intersektionalen Gewaltprävention (IGIV). portal-intersektionalitaet.de/uploads/media/igiv-handbuch_intersektionalitaet.pdf (Abfrage: 29.06.2023).

Düker, Jan (2013): Moral und Entfremdung im Übergang. Die Regulation von Lebensführung in Kompetenzagenturen. In: Ahmed, Sarina/Pohl, Axel/Schwanenflügel, Larissa von/Stauber, Barbara (Hrsg.): Bildung und Bewältigung im Zeichen von sozialer Ungleichheit. Theoretische und empirische Beiträge zur qualitativen Bildungs- und Übergangsforschung. Weinheim, Basel: Beltz Juventa, S. 140–162.

Düker, Jan/Ley, Thomas/Löhr, Christian (2013): Von institutioneller Bearbeitung zu realistischen Erwerbsperspektiven? Verwirklichungschancen Jugendlicher zwischen Schule und Beruf. In: Walther, Andreas/Weinhardt, Marc (Hrsg.): Beratung im Übergang. Zur sozialpädagogischen Herstellung von biographischer Reflexivität. Weinheim, Basel: Juventa, S. 171–190.

Düring, Diana/Krause, Hans-Ullrich/Peters, Friedhelm/Rätz, Regina/Rosenbauer, Nicole/Vollhase, Matthias (Hrsg.) (2014): Kritisches Glossar Hilfen zur Erziehung. igfh.de/publikationen/fachbuecher/kritisches-glossar-hilfen-zur-erziehung (Abfrage: 29.06.2023).

Eberhard, Verena (2012): Der Übergang von der Schule in die Berufsausbildung. Ein ressourcentheoretisches Modell der Übergangschancen von Ausbildungsstellenbewerbern. Bielefeld: W. Bertelsmann Verlag.

Effinger, Herbert (2015): Aus Konflikten Probleme machen – theoretische und praktische Herausforderungen für die Soziale Arbeit. In: Stövesand, Sabine/Röh, Dieter (Hrsg.): Konflikte – theoretische und praktische Herausforderungen für die soziale Arbeit. Opladen: Verlag Barbara Budrich, S. 18–31.

Eggers, Maisha Maureen (2007): Kritische Überschreitungen. Die Kollektivierung von (interdependentem) Eigen-Sinn als identitätspolitische Herausforderung. In: Nghi Ha, Kein/al-Samarai, Nicole Lauré/Mysorekar, Sheila (Hrsg.): re/visionen. Postkoloniale Perspektiven von People of Color auf Rassismus, Kulturpolitik und Widerstand in Deutschland. Münster: Unrast, S. 243–257.

Eggers, Maisha Maureen (2012): Diversity Matters. Thematisierungen von Gleichheit und Differenz in der rassismuskritischen Bildungs- und Soziale Arbeit. Dokumentation Fachtagung Rassismuskritische Bildungs- und Soziale Arbeit. München: Direktorium, Antidiskriminierungsstelle für Menschen mit Migrationshintergrund, Amigra München.

Eggers, Maisha Maureen (2012a): Diversität als neues Möglichkeitsfeld. Diversität als Motor einer Neustrukturierung im Verhältnis der (feministischen) Mädchenarbeit zur (kritischen) Jungenarbeit. In: Bütow, Birgit/Munsch, Chantal (Hrsg.): Soziale Arbeit und Geschlecht. Herausforderungen jenseits von Universalisierung und Essentialisierung. Münster: Westfälisches Dampfboot, S. 229–245.

Eggers, Maisha Maureen (2013): Diversität und intersektionelle Queer Theory aus einer Critical Race Theory. Vortrag bei der AG Queer Studies 23.01.2013. agqueerstudies.de/vortragseinladung-2013-01-23-maureen-maisha-eggers/(Abfrage: 29.06.2023).

Eggers, Maisha Maureen (2013a): Interview mit Prof. Dr. Maisha Maureen Eggers über Kinderbücher und Empowerment. Welche Rolle spielt vorurteilsbewusste Literatur in der Bildungspraxis? heimatkunde.boell.de/2014/02/24/interview-mit-maisha-eggers (Abfrage: 29.06.2023).

Eggers, Maisha Maureen (2014): Audre Lorde's Germany. blog.feministische-studien.de/2014/12/audre-lordes-germany/(Abfrage: 29.06.2023).

Eggers, Maisha Maureen (2015): Diskriminierungskritische Perspektiven auf Kindheit. Vortrag zur Eröffnung der Fachstelle „KiDs – Kinder vor Diskriminierung schützen!". https://docplayer.org/34957211-Diskriminierungskritische-perspektiven-auf-kindheit.html (Abfrage: 29.06.2023).

Eggers, Maureen Maisha (2012b): Diversität und Intersektionalität – Thematisierung von Gleichheit und Differenz in der rassismuskritischen Jugend- und Bildungsarbeit. In: Benbrahim, Karima (Hrsg.): Diversität bewusst wahrnehmen und mitdenken, aber wie? Düsseldorf: IDA e. V., S. 30–38.

Eghtessadi, Shirin (2020): Mädchen* und Flucht. Impulse für eine diskriminierungskritische Arbeit. www.lag-maedchenpolitik-bw.de/lag/lag-maedchenpolitik/Publikationen/Maedchen_und_Flucht_Broschuere_final.pdf (Abfrage: 29.06.2023).

Emanuel, Markus/Weinhardt, Marc (2021): Schule bewältigen: Mädchen und Jungen als Schülerinnen und Schüler. Funktionslogiken und Adressierungen in den Systemen Kinder- und Jugendhilfe und Schule. In: Deinet, Ulrich/Sturzenhecker, Benedikt/Schwanenflügel, Larissa von/Schwerthelm, Moritz (Hrsg.): Handbuch Offene Kinder- und Jugendarbeit. Wiesbaden: Springer, S. 1465–1471.

Emmerich, Marcus (2013): Teilungsverhältnisse und Herrschaftsverhältnisse. Intersektionalität als Heuristik einer *Kritischen Differenzierungstheorie der Gesellschaft* (?) In: Erwägen. Wissen. Ethik 24, H. 3, S. 374–376.

Engel, Antke/Schuster, Nina (2007): Die Denaturalisierung von Geschlecht und Sexualität. Queer/feministische Auseinandersetzungen mit Foucault. In: Anhorn, R./Bettinger, F./Stehr, J. (Hrsg.): Foucaults Machtanalytik und Soziale Arbeit. Eine kritische Einführung und Bestandsaufnahme. Wiesbaden: VS Verlag für Sozialwissenschaften, S. 135–153.

Engelfried, Constance/Lormes, Nicole/Schweimler, Birgit (2012): Von der Idee zum Projekt – Ablauf und Entwicklungen. In: Engelfried, Constance/Lormes, Nicole/Schweimler, Birgit (Hrsg.): Mädchen und junge Frauen im Umgang mit Widersprüchen. Lebenslagen, Spannungsfelder und Bewältigungsszenarien in einem Stadtteil mit besonderem Entwicklungsbedarf. Neu-Ulm: Arbeitsgemeinschaft sozialpolitischer Arbeitskreise Bücher, S. 11–16.

Engelfried, Constance/Lormes, Nicole/Schweimler, Birgit (Hrsg.) (2012): Mädchen und junge Frauen im Umgang mit Widersprüchen. Lebenslagen, Spannungsfelder und Bewältigungsszenarien in einem Stadtteil mit besonderem Entwicklungsbedarf. Hochschule München. Neu-Ulm: Arbeitsgemeinschaft sozialpolitischer Arbeitskreise Bücher (Münchener Hochschulschriften für Angewandte Sozialwissenschaften. Fakultät für angewandte Sozialwissenschaften an der Hochschule München).

Engelfried, Constance/Voigt-Kehlenbeck, Corinna (Hrsg.) (2010): Gendered Profession. Soziale Arbeit vor neuen Herausforderungen in der zweiten Moderne. Wiesbaden: Springer.

Enggruber, Ruth (2020): Empowerment, ein Konzept für Soziale Arbeit im transformierten Sozialstaat. In: Jagusch, Birgit/Chehata, Yasmine (Hrsg.): Empowerment und Powersharing. Ankerpunkte – Positionierungen – Arenen. Weinheim, Basel: Beltz Juventa.

Falkenreck, Mandy/Reutlinger, Christian (2021): Kooperation im Sozialraum – Sozialräume durch Kooperation. In: Deinet, Ulrich, Sturzenhecker, Benedikt, Schwanenflügel, Larissa von/Schwerthelm, Moritz (Hrsg.): Handbuch Offene Kinder- und Jugendarbeit. Wiesbaden: Springer, S. 1655–1667.

FeMigra (1994): Wir, die Seiltänzerinnen. Politische Strategien von Migrantinnen gegen Ethnisierung und Assimilation. www.nadir.org/nadir/archiv/Feminismus/GenderKiller/gender_5.html (Abfrage: 29.06.2023).

Fenstermaker, Sarah/West, Candace (2002): „Doing Difference" Revisited. Problems, Prospects, and the Dialogue in Feminist Theory. In: dies. (Hrsg.): Doing Gender, Doing Difference. Inequality, Power, and institutional change. New York und London: Routledge, S. 205–216.

Fenstermaker, Sarah/West, Candace (Hrsg.) (2002): Doing Gender, Doing Difference. Inequality, Power, and institutional change. New York und London: Routledge.

Fimpler, Tobias / Hannen, Philipp (2016): Kernaufgaben der Offenen Jugendarbeit. Auseinandersetzung mit Selbstverständnis und eigenständiger Legitimation. Wiesbaden: Springer.

Foucault, Michel (1972/2002): Schriften in vier Bänden. Dits et Ecrits. Band II. 1970–1975. Frankfurt am Main: Suhrkamp.

Foucault, Michel (1972/2002): Seine eigene Kultur in die Falle locken. In: ders.: Schriften in vier Bänden. Dits et Ecrits. Band II. 1970–1975. Frankfurt am Main: Suhrkamp, S. 476–477.

Foucault, Michel (1975/2009): Überwachen und Strafen. Die Geburt des Gefängnisses. Frankfurt am Main: Suhrkamp.

Foucault, Michel (1978/1992): Was ist Kritik. Berlin: Merve Verlag.

Fritzsche, Bettina (2018): Inklusion als Anerkennung einer primären Verletzbarkeit. Zum Ertrag von Judith Butlers Anerkennungskonzept für die Analyse von inkludierenden und exkludierenden Effekten pädagogischer Praktiken. In: Sturm, Tanja / Wagner-Willi, Monika (Hrsg.): Handbuch schulische Inklusion. Opladen: Verlag Barbara Budrich, S. 61–76.

Frühauf, Marie (2014): Intersektionalität für alle? Zur Verortung intersektionaler Perspektiven in der neuen Rede von Differenz und Ungleichheit. In: Langsdorff, Nicole von (Hrsg.): Jugendhilfe und Intersektionalität. Opladen: Verlag Barbara Budrich, S. 15–37.

Frühauf, Marie / Schulze, Kathrin (2012): Soziale Arbeit und ihr empirischer Blick auf die *Gekreuzten*. Anmerkungen zur Ausgabe „Gekreuzt?!". In: Widersprüche. Zeitschrift für sozialistische Politik im Bildungs-, Gesundheits- und Sozialbereich 32, H. 126, S. 101–112.

Garfinkel, Harold / Sacks, Harvey (2004): Über formale Strukturen praktischer Handlungen. In: Strübing, Jörg / Schnettler, Bernt (Hrsg.): Methodologie interpretativer Sozialforschung. Klassische Grundlagentexte. Konstanz: UVK Verlagsgesellschaft, S. 389–426.

Geertz, Clifford (1994): Dichte Beschreibung. Beiträge zum Verstehen kultureller Systeme. Frankfurt am Main: Suhrkamp.

Gennep, Arnold van (1909/2005): Übergangsriten. Frankfurt am Main und New York: Campus Verlag.

Gerhard, Ute / Pommerenke, Petra / Wischermann, Ulla (2009): Klassikerinnen feministischer Theorie. Grundlagentexte. Königstein im Taunus: Helmer Verlag.

Glasl, Friedrich (2004): Selbsthilfe in Konflikten. Bern: Haupt Verlag.

Glaw, Thomas (2021): Kooperation entlang der Themen und Interessen der Adressat*innen. In: Deinet, Ulrich / Sturzenhecker, Benedikt / Schwanenflügel, Larissa von / Schwerthelm, Moritz (Hrsg.): Handbuch Offene Kinder- und Jugendarbeit. Wiesbaden: Springer, S. 1669–1682.

Goffman, Erving (1971): Verhalten in sozialen Situationen. Strukturen und Regeln der Interaktion im öffentlichen Raum. Gütersloh: Bertelsmann-Fachverlag.

Götsch, Monika / Klinger, Sabine / Thiesen, Andreas (2009): „Fragend schreiten wir voran" – eine Replik auf die Altvordern der qualitativen Sozialforschung. www.qualitative-research.net/index.php/fqs/article/download/1383/2881 (Abfrage: 29.06.2023).

Gottuck, Susanne / Grünheid, Irina / Mecheril, Paul / Wolter, Jan (2019): Sehen (ver)lernen. Einführende Anmerkungen. In: dies. (Hrsg.): Sehen lernen und verlernen. Perspektiven pädagogischer Professionalisierung. Wiesbaden: Springer, S. 1–21

Gottuck, Susanne / Grünheid, Irina / Mecheril, Paul / Wolter, Jan (Hrsg.) (2019): Sehen lernen und verlernen. Perspektiven pädagogischer Professionalisierung. Wiesbaden: Springer.

Graff, Ulrike (2011): Genderperspektiven in der Offenen Kinder- und Jugendarbeit. Erkenntnisse aus der Forschung für die Praxis und die normativen Vorgaben der Disziplin. In: Schmidt, Holger (Hrsg.): Empirie der Offenen Kinder- und Jugendarbeit. Wiesbaden: Springer, S. 179–188.

Groß, Melanie (2014): Intersektionalität. Reflexionen über konzeptionelle und theoretische Perspektiven für die Jugendarbeit. In: Langsdorff, Nicole von (Hrsg.): Jugendhilfe und Intersektionalität. Opladen: Verlag Barbara Budrich, S. 170–183.

Groß, Melanie (2021): Intersektionale Mädchenarbeit und Intersektionale Soziale Arbeit. In: Betrifft Mädchen 34, H. 3, S. 121–126.

Groß, Melanie (o. J.): Jugendarbeit verqueeren! Über die Notwendigkeit und Chancen einer heteronormativitätskritischen Jugendarbeit. gerne-anders.de/media/Jugendarbeit-verqueeren-

%C3%9Cber-Notwendigkeiten-und-Chancen-einer-heteronormativit%C3%A4tskritischen-Jugendarbeit.pdf (Abfrage: 29.06.2023).

Grunwald, Klaus/Thiersch, Hans (2015): Lebensweltorientierung. In: Otto, Hans-Uwe/Thiersch, Hans/Grunwald, Klaus/Böllert, Karin/Flösser, Gaby/Füssenhäuser, Cornelia (Hrsg.): Handbuch Soziale Arbeit. München und Basel: Ernst Reinhardt Verlag, S. 934–943.

Gummich, Judy (2015): Verflechtungen von Rassismus und Ableismus. Anmerkungen zu einem vernachlässigten Diskurs. In: Attia, Iman/Köbsell, Swantje/Prasad, Nivedita (Hrsg.): Dominanzkultur reloaded. Neue Texte zu gesellschaftlichen Machtverhältnissen und ihren Wechselwirkungen. Bielefeld: transcript Verlag, S. 143–154.

Güntner, Hannelore/Wieninger, Sabine (2010): Mädchenarbeit – die kleine Schwester der Frauenbewegung. In: Engelfried, Constance (Hrsg.): Gendered Profession. Soziale Arbeit vor neuen Herausforderungen in der zweiten Moderne. Wiesbaden: Springer, S. 121–140.

Gutiérrez Rodriguez, Encarnación (2010): Postkolonialismus. Subjektivität, Rassismus und Geschlecht. In: Becker, Ruth/Kortendiek, Beate (Hrsg.): Handbuch Frauen- und Geschlechterforschung. Theorie, Methoden, Empirie. Wiesbaden: Springer, S. 274–282.

Gutiérrez Rodriguez, Encarnación (2012): Repräsentation, Subalternität und postkoloniale Kritik. In: Hito, Steyerl/Gutiérrez Rodriguez, Encarnación (Hrsg.): Spricht die Subalterne deutsch? Migration und postkoloniale Kritik. Münster: Unrast Verlag, S. 17–37.

Gutiérrez Rodriguez, Encarnación (2015): „Doppelte Bestimmung" im Privathaushalt. Zum Zusammenkommen von Feminisierung und Kolonialität in der bezahlten Hausarbeit. In: Attia, Iman/Köbsell, Swantje/Nivedita Prasad (Hrsg.): Dominanzkultur reloaded. Neue Texte zu gesellschaftlichen Machtverhältnissen und ihren Wechselwirkungen. Bielefeld: transcript Verlag, S. 185–198.

Guzy, Lidia J. (2003): Ethnologie – Die Wissenschaft der Akzeptierten Differenz des/der „Anderen". In: Kleve, Heiko/Koch, Gerd/Müller, Matthias (Hrsg.): Differenz und soziale Arbeit. Sensibilität im Umgang mit dem Unterschiedlichen. Berlin: Schibri-Verlag, S. 130–138.

Hafeneger, Benno/Schröder, Achim (2005): Jugendarbeit. In: Otto, Hans-Uwe/Thiersch, Hans/Böllert, Karin (Hrsg.): Handbuch Sozialarbeit und Sozialpädagogik. Grundlagen der Sozialarbeit und Sozialpädagogik. München und Basel: Ernst Reinhardt Verlag, S. 840–850.

Hälker, Kathrin (2018): Doing Gender in der Kita – Annahmen pädagogischer Fachkräfte über Gender und ihre Praktiken im Kita-Alltag. B. A. Thesis. Freiburg: Pädagogische Hochschule.

Hall, Stuart (2004): Das Spektakel des *Anderen*. In: Stuart Hall (Hrsg.): Ideologie, Identität, Repräsentation. Ausgewählte Schriften 4, Hamburg: Argument Verlag, S. 108–166.

Hamburger, Franz (1982): Erziehung in der Einwanderungsgesellschaft. In: ders. (Hrsg.) (1994): Pädagogik der Einwanderungsgesellschaft. Frankfurt am Main: Cooperative-Verlag, S. 7–22.

Hamburger, Franz (2001): Praxis des Antirassismus. Erfahrungen aus der Arbeit mit Sinti und Analysen zum Antiziganismus. Mainz: Logophon Verlag und Bildungsreisen GmbH.

Hamburger, Franz (2008): Einführung in die Sozialpädagogik. Stuttgart: Kohlhammer.

Hamburger, Franz (Hrsg.) (1994): Pädagogik der Einwanderungsgesellschaft. Frankfurt am Main: Cooperative-Verlag.

Hamburger, Franz/Heußner, Enderle, Inge (1985): Ausländische Jugendliche: Pädagogische Arbeit mit Ausgegrenzten. In: Franz Hamburger (Hrsg.) (1994): Pädagogik der Einwanderungsgesellschaft. Frankfurt am Main: Cooperative-Verlag, S. 23–32.

Hamburger, Franz/Heußner, Enderle, Inge (1985): treff international. Ein Modell der Jugendarbeit mit ausländischen Jugendlichen. Ein Projektbericht von Franz Hamburger und Inge Heußner-Enderle. Stuttgart: edition aej.

Hamburger, Franz/Karsten, Maria-Eleonora/Otto, Hans-Uwe/Richter, Helmut (1983): Sozialarbeit und Ausländerpolitik – Argumente für einen sozialpädagogischen Beitrag zum Entwurf einer multikulturellen Gesellschaft. In: neue praxis, Sonderheft 7, S. 3–20.

Hanses, Andreas (Hrsg.) (2004): Biographie und Soziale Arbeit. Institutionelle und biographische Konstruktionen von Wirklichkeit. Hohengehren: Schneider Verlag Hohengehren GmbH.

Haraway, Donna Jeanne (1995): Situiertes Wissen. Die Wissensfrage im Feminismus und das Privileg einer patrialen Perspektive. In: Haraway, Donna Jeanne/Hammer, Carmen/Stiess, Immanuel (Hrsg.): Die Neuerfindung der Natur. Primaten, Cyborgs und Frauen. Frankfurt am Main und New York: Campus Verlag, S. 73–97.

Haraway, Donna Jeanne/Hammer, Carmen/Stiess, Immanuel (Hrsg.) (1995): Die Neuerfindung der Natur. Primaten, Cyborgs und Frauen. Frankfurt am Main und New York: Campus Verlag.

Haritaworn, Jinthana (2005): Am Anfang war Audre Lorde. Weißsein und Machtvermeidung in der queeren Ursprungsgeschichte*. In: Femina Politica 1, S. 23–35.

Hartmann, Jutta (2007): Intervenieren und Perpetuieren – Konstruktionen kritischer Pädagogik in den Feldern von Geschlecht, Sexualität und Lebensform. In: Hartmann, Jutta/Klesse, Christian/Wagenknecht, Peter/Fritzsche, Bettina/Hackmann, Kristina (Hrsg.): Heteronormativität. Empirische Studien zu Geschlecht, Sexualität und Macht. Wiesbaden: Springer, S. 95–114.

Hartmann, Jutta (2012): Institutionen, die unsere Existenz bestimmen. Heteronormativität und Schule. www.bpb.de/apuz/150624/heteronormativitaet-und-schule (Abfrage:29.06.2023).

Hartmann, Jutta (Hrsg.) (2004): Grenzverwischungen. Vielfältige Lebensweisen im Gender-, Sexualitäts- und Generationendiskurs. Innsbruck: Studia Universitätsverlag.

Hartmann, Jutta/Klesse, Christian (2007): Heteronormativität. Empirische Studien zu Geschlecht, Sexualität und Macht – eine Einführung. In: Hartmann, Jutta/Klesse, Christian/Wagenknecht, Peter/Fritzsche, Bettina/Hackmann Kristina (Hrsg.): Heteronormativität. Empirische Studien zu Geschlecht, Sexualität und Macht. Wiesbaden: Springer, S. 9–15.

Hartmann, Jutta/Klesse, Christian/Wagenknecht, Peter/Fritzsche, Bettina/Hackmann, Kristina (Hrsg.) (2007): Heteronormativität. Empirische Studien zu Geschlecht, Sexualität und Macht. Wiesbaden: Springer.

Hawel, Marcus/Kalmring, Stefan (Hrsg.) (2014): Bildung mit links! Gesellschaftskritik und emanzipierte Lernprozesse im flexibilisierten Kapitalismus Hamburg: VSA Verlag.

Hecker, Kristin Anette (2015): Kompetenzkonzepte des Bildungspersonals im Übergangssystem. Eine explorative Studie an verschiedenen Lernorten. Wiesbaden: Springer.

Heite, Catrin (2010): Anerkennung von Differenz in der Sozialen Arbeit. Zur professionellen Konstruktion der Anderen. In: Kessl, Fabian/Plößer, Melanie (Hrsg.): Differenzierung, Normalisierung, Andersheit. Soziale Arbeit als Arbeit mit den Anderen. Wiesbaden: Springer, S. 187–217.

Heite, Catrin (2015): Gender, Gendertheorien. In: Thole, Werner/Höblich, Davina/Ahmed, Sarina (Hrsg.): Taschenwörterbuch Soziale Arbeit. Bad Heilbrunn: Verlag Julius Klinkhardt, S. 102–104.

Heite, Catrin/Pomey, Marion/Spellenberg, Charlotte (2013): Ein- und Ausschließungspraktiken als Konstituierung von Grenzen. In: Soziale Passagen 5, H. 2, S. 245–257.

Helsper, Werner (2021): Professionalität und Professionalisierung pädagogischen Handelns. eine Einführung. Opladen: Verlag Barbara Budrich.

Hering, Sabine (2010): „Frühe" Frauenforschung. Die Anfänge der Untersuchungen von Frauen über Frauen. In: Becker, Ruth/Kortendiek, Beate (Hrsg.): Handbuch Frauen- und Geschlechterforschung. Theorie, Methoden, Empirie. Wiesbaden: Springer, S. 331–339.

Heuer, Sven (2012a): Jugendberufshilfe heute – aktivierende Hilfe zum Wettbewerb? In: Sozialmagazin. Zeitschrift für Sozialarbeit und Sozialpädagogik 2, S. 10–16.

Heuer, Sven (2012b): Jugendberufshilfe im Exklusionsmodus. In: Sozialmagazin. Zeitschrift für Sozialarbeit und Sozialpädagogik 2, S. 17–23.

Hirschfeld, Heidi/Walter, Sibylle (2013): Bildungspotentiale pädagogischer Beziehungen im Kontext von Benachteiligung. In: Ahmed, Sarina/Pohl, Axel/Schwanenflügel, Larissa von/Stauber, Barbara (Hrsg.): Bildung und Bewältigung im Zeichen von sozialer Ungleichheit. Theoretische und empirische Beiträge zur qualitativen Bildungs- und Übergangsforschung. Weinheim, Basel: Beltz Juventa, S. 163–186.

Hobuß, Steffi (2013): „Alles, was sich kreuzt"? Der Intersektionalitätsbegriff und die Diskussion um Kategorien. In: Erwägen. Wissen. Ethik 24, H. 3, S. 395–398.

Hof, Christiane/Meuth, Miriam/Walther, Andreas (Hrsg.) (2014): Pädagogik der Übergänge. Übergänge in Lebenslauf und Biografie als Anlässe und Bezugspunkte von Erziehung, Bildung und Hilfe. Weinheim, Basel: Beltz Juventa.

Honneth, Axel (1992): Kampf um Anerkennung. Zur moralischen Grammatik sozialer Konflikte. Frankfurt am Main: Suhrkamp.

Hooks, Bell (2000): Where we stand. Class matters. New York und London: Routledge.

Hormel, Ulrike (2012): Intersektionalität als forschungsleitende Beobachtungsperspektive. In: Bauer, Ullrich/Bittlingmayer, Uwe H./Scherr, Albert (Hrsg.): Handbuch Bildungs- und Erziehungssoziologie. Wiesbaden: Springer.

Hormel, Ulrike (2013): Intersektionalität als Antwort – was war die Frage? In: Erwägen. Wissen. Ethik 24, H. 3, S. 398–400.

Hornscheidt, Lann (2012): Feministische W_orte. Ein Lern-, Denk- und Handlungsbuch zu Sprache und Diskriminierung, Gender Studies und feministischer Linguistik. Frankfurt am Main: Brandes & Apsel.

Hornscheidt, Lann (2012): Postkoloniale Gender-Forschung. Ansätze feministischer postkolonialer Studien. In: Reuter, Julia/Karentzos, Alexandra (Hrsg.): Schlüsselwerke der Postcolonial Studies. Wiesbaden: Springer, S. 215–228.

Hutson, Christiane (2010): mehrdimensional verletzbar. Eine Schwarze Perspektive auf Verwobenheiten zwischen Ableismus und Sexismus. In: Jacob, Jutta/Köbsell, Swantje/Wollrad, Eske (Hrsg.): Gendering Disability. Intersektionale Aspekte von Behinderung und Geschlecht. Bielefeld: transcript Verlag, S. 61–72.

Icking, Maria/Deinet, Ulrich (2021): Empirisches Wissen zu Offener Kinder- und Jugendarbeit und Schule. In: Deinet, Ulrich/Sturzenhecker, Benedikt/Schwanenflügel, Larissa von/Schwerthelm, Moritz (Hrsg.): Handbuch Offene Kinder- und Jugendarbeit. Wiesbaden: Springer, S. 1019–1027.

Icking, Maria/Sturzenhecker, Benedikt (2021): Prävention und Offene Kinder- und Jugendarbeit – eine Diskussion. In: Deinet, Ulrich/Sturzenhecker, Benedikt/Schwanenflügel, Larissa von/Schwerthelm, Moritz (Hrsg.): Handbuch Offene Kinder- und Jugendarbeit. Wiesbaden: Springer, S. 827–839.

Iglesias, Mercedes Pascual (2013): Vom Weggehen zum Ankommen – Kinder mit Fluchterfahrungen in der Kita. Von den Hürden auf dem Weg ins Bildungssystem. In: Wagner, Petra (Hrsg.): Handbuch Inklusion. Grundlagen vorurteilsbewusster Bildung und Erziehung. Freiburg im Breisgau: Herder Verlag, S. 139–158.

Ihrsinn e. V. (1990): Ihrsinn – eine radikalfeministische Lesbenzeitschrift. Bochum: Ulrike Helmer Verlag.

Jacob, Jutta/Köbsell, Swantje/Wollrad, Eske (Hrsg.) (2010): Gendering Disability. Intersektionale Aspekte von Behinderung und Geschlecht. Bielefeld: transcript Verlag.

Jaeckel, Monika (1981): Wer – wenn nicht wir. Zur Spaltung von Frauen in der Sozialarbeit – eine Streitschrift für Mütter. München: Frauenoffensive.

Kagerbauer, Linda/Lormes, Nicole (2014): Relevanz intersektionaler, feministischer konfliktorientierter Mädchenarbeit und Mädchenpolitik. Spannungsfelder, Anschlussstellen und Verdeckung intersektionaler Differenzkategorien im Kontext neoliberaler Diskursstrategien. In: Langsdorff, Nicole von (Hrsg.): Jugendhilfe und Intersektionalität. Opladen: Verlag Barbara Budrich, S. 184–210.

Kalpaka, Annita (2006): Stolpersteine und Edelsteine in der interkulturellen und antirassistischen Bildungsarbeit. In: Stender, Wolfram/Rohde, Georg/Weber, Thomas (Hrsg.): Interkulturelle und antirassistische Bildungsarbeit. Projekterfahrungen und theoretische Beiträge. Frankfurt am Main: Brandes & Apsel Verlag, S. 56–79.

Karakaşoğlu, Yasemin (2021): Auf die Haltung kommt es an! Ein Essay zur Relevanz einer professionellen Haltung für die Umordnung von Bildungsprozessen im Kontext von Migration und

Transnationalität. www.pedocs.de/volltexte/2021/21604/pdf/Karakasoglu_2021_Auf_die_Haltung.pdf (Abfrage: 29.06.2023).

Karakaşoğlu, Yasemin/Doğmuş, Aysun (2015): Lebenswelten von Kindern und Jugendlichen mit Migrationshintergrund als Gegenstand empirischer Forschung. Kontinuitäten und Perspektivenwechsel wissenschaftlicher Diskurse. In: Leiprecht, Rudolf/Steinbach, Anja (Hrsg.): Schule in der Migrationsgesellschaft. Ein Handbuch. Grundlagen – Diversität – Fachdidaktiken. Schwalbach: Debus Pädagogik, S. 166–192.

Kessl, Fabian (2006): Soziale Arbeit als Regierung – eine machtanalytische Perspektive. In: Weber, Susanne/Maurer, Susanne (Hrsg.): Gouvernementalität und Erziehungswissenschaft. Wissen – Macht – Transformation. Wiesbaden: Springer, S. 63–75.

Kessl, Fabian (2013): Soziale Arbeit in der Transformation des Sozialen. Wiesbaden: Springer.

Kessl, Fabian (2018): Macht- und diskursanalytische Perspektiven. In: May, Michael/Schäfer, Arne (Hrsg.): Theorien für die Soziale Arbeit. Baden-Baden: Nomos Verlag, S. 107–125.

Kessl, Fabian/Maurer, Susanne (2005): Soziale Arbeit. In: Kessl, Fabian/Reutlinger, Christian/Maurer, Susanne/Frey, Oliver (Hrsg.): Handbuch Sozialraum. Wiesbaden: Springer, S. 111–128.

Kessl, Fabian/Maurer, Susanne (2009): Die *Sicherheit* der Oppositionsposition aufgeben. Kritische Soziale Arbeit als *Grenzbearbeitung*. In: Kurswechsel 3, S. 91–100.

Kessl, Fabian/Maurer, Susanne (2010): Praktiken der Differenzierung als Praktiken der Grenzbearbeitung. Überlegungen zur Bestimmung Sozialer Arbeit als Grenzbearbeiterin. In: Kessl, Fabian/Plößer, Melanie (Hrsg.): Differenzierung, Normalisierung, Andersheit. Soziale Arbeit als Arbeit mit den Anderen. Wiesbaden: Springer, S. 154–169.

Kessl, Fabian/Maurer, Susanne (2012): Radikale Reflexivität als zentrale Dimension eines kritischen Wissenschaftsverständnisses Sozialer Arbeit. In: Schimpf, Elke/Stehr, Johannes (Hrsg.): Kritisches Forschen in der Sozialen Arbeit. Gegenstandsbereiche – Kontextbedingungen – Positionierungen – Perspektiven. Wiesbaden: Springer, S. 43–55.

Kessl, Fabian/Otto, Hans-Uwe (2012): Soziale Arbeit. In: Albrecht, Günter/Gronemeyer, Axel (Hrsg.): Handbuch soziale Probleme. Wiesbaden: Springer, S. 1306–1331.

Kessl, Fabian/Plößer Melanie (Hrsg.) (2010): Differenzierung, Normalisierung, Andersheit. Soziale Arbeit als Arbeit mit den Anderen. Wiesbaden: Springer.

Kinder, Katja/Piesche, Peggy (2020): Wahrnehmung – Haltung – Handlung. Diskriminierungskritische Bildungsarbeit. Eine prozessorientierte Intervention. raa-berlin.de/wp-content/uploads/2021/02/RAA-BERLIN-DO-WAHRNEHMUNG.pdf (Abfrage: 29.06.2023).

Klesse, Christian (2004): Macht, Differenz und Intersubjektivität im Forschungsprozess. Poststrukturalistische Theorien als Herausforderung an empirische Praxisforschung. In: Hartmann, Jutta (Hrsg.): Grenzverwischungen. Vielfältige Lebensweisen im Gender-, Sexualitäts- und Generationendiskurs. Innsbruck: Studia Universitätsverlag, S. 135–150.

Klinger, Cornelia/Knapp, Gudrun-Axeli (Hrsg.) (2008): ÜberKreuzungen. Fremdheit, Ungleichheit, Differenz. Münster: Westfälisches Dampfboot.

Knapp, Gudrun-Axeli (2005): „Intersectionality" – ein neues Paradigma feministischer Theorie? Zur transatlantischen Reise von „Race, Class, Gender". In: Feministische Studien 23, H. 1, S. 68–81.

Knapp, Gudrun-Axeli (2013): Zur Bestimmung und Abgrenzung von „Intersektionalität". Überlegungen zu Interferenzen von „Geschlecht", „Klasse" und anderen Kategorien sozialer Teilung. In: Erwägen. Wissen. Ethik 24, H. 3, S. 341–354.

Knapp, Gudrun-Axeli/Klinger, Cornelia (2008): Einleitung. In: Klinger, Cornelia/Knapp, Gudrun-Axeli (Hrsg.): ÜberKreuzungen. Fremdheit, Ungleichheit, Differenz. Münster: Westfälisches Dampfboot, S. 7–18.

Köbsell, Swantje (2010): Gendering Disability. Behinderung, Geschlecht und Körper. In: Jacob, Jutta/Köbsell, Swantje/Wollrad, Eske (Hrsg.): Gendering Disability. Intersektionale Aspekte von Behinderung und Geschlecht. Bielefeld: transcript Verlag, S. 17–34.

Kocaman, Iva/Latorre Pallares, Patricia/Zitzelsberger, Olga (2010): Selbstorganisationen von Migrantinnen. Potentiale einer emanzipatorischen Erwachsenenbildung in der Einwanderungsgesellschaft. erwachsenenbildung.at/magazin/10-10/meb10-10_06_kocaman_latorre_pallares_zitzelsberger.pdf (Abfrage: 29.06.2023).

Kozicki, Norbert (2013): Kommunalpolitik und Offene Kinder- und Jugendarbeit. In: Deinet, Ulrich/Sturzenhecker, Benedikt (Hrsg.): Handbuch Offene Kinder- und Jugendarbeit. Wiesbaden: Springer, S. 715–723.

Krämer, Judith (2015): Lernen über Geschlecht. Genderkompetenz zwischen (Queer-)Feminismus, Intersektionalität und Retraditionalisierung. Bielefeld: transcript Verlag.

Krisch, Richard/Oehme, Andreas (2013): Die Bewältigung von Übergängen in Arbeit als sozialpädagogische Herausforderung. Ein Blick auf Jugend- und Jugendsozialarbeit. In: Spatscheck, Christian/Wagenblass, Sabine (Hrsg.): Bildung, Teilhabe und Gerechtigkeit. Gesellschaftliche Herausforderungen und Zugänge sozialer Arbeit. Weinheim: Beltz Juventa, S. 109–138.

Krüger-Potratz, Marianne/Lutz, Helma (2002): Sitting at a crossroads – rekonstruktive und systematische Überlegungen zum wissenschaftlichen Umgang mit Differenzen. In: Tertium comparationis 8, H. 2, S. 81–92.

Kruse, Jan (2014): Qualitative Interviewforschung. Ein integrativer Ansatz. Weinheim, Basel: Beltz Juventa.

Kruse, Jan (2015): Fremdverstehen. In: Rätz, Regina/Völter, Bettina (Hrsg.): Wörterbuch rekonstruktive soziale Arbeit. Opladen: Verlag Barbara Budrich, S. 87–89.

Kühnlein, Gertrud (2008): Das berufliche Übergangssystem. Neues kommunales Handlungsfeld im Dreieck von Arbeitsmarkt-, Bildungs- und Jugendpolitik. In: Berufsbildung in Wissenschaft und Praxis 1, S. 51–55.

Kunkel, Peter-Christian (2005): Was bleibt von § 13 SGB VIII neben SGB II und III? www.sgbviii.de/files/SGB%20VIII/PDF/S156.pdf (Abfrage: 29.06.2023).

Kurz-Adam, Maria (2012): Vorwort. Lebenslagen, Spannungsfelder und Bewältigungsszenarien in einem Stadtteil mit besonderem Entwicklungsbedarf. In: Engelfried, Constance/Lormes, Nicole/Schweimler, Birgit (Hrsg.): Mädchen und junge Frauen im Umgang mit Widersprüchen. Lebenslagen, Spannungsfelder und Bewältigungsszenarien in einem Stadtteil mit besonderem Entwicklungsbedarf. Neu-Ulm: Arbeitsgemeinschaft sozialpolitischer Arbeitskreise Bücher, S. 9–10.

LAG „Mädchen und junge Frauen in Sachsen" e. V. (2015): Intersektionalität und Queer. Neue Diskurse finden Einzug in die Mädchen*arbeit?! Dresden.

LAG Mädchen*arbeit in NRW e. V. (Hrsg.) (2013a): Betrifft Mädchen. All inclusive!? Konflikte inbegriffen. Mehr Perspektiven auf Inklusion. 4/2013. Weinheim, Basel: Beltz Juventa.

LAG Mädchen*arbeit in NRW e. V. (Hrsg.) (2013b): Betrifft Mädchen. ...mit Flügeln und Wurzeln! Mädchen und junge Frauen in der Migrationsgesellschaft. 2/2013. Weinheim, Basel: Beltz Juventa.

LAG Mädchen*arbeit in NRW e. V. (Hrsg.) (2016a): Betrifft Mädchen. Work it! Berufs- und Lebensplanung von Mädchen. 4/2016. Weinheim, Basel: Beltz Juventa.

LAG Mädchen*arbeit in NRW e. V. (Hrsg.) (2016b): Betrifft Mädchen. Flucht. Punkte. Mädchen, junge Frauen und Flucht. 3/2016. Weinheim, Basel: Beltz Juventa.

LAG Mädchen*arbeit in NRW e. V. (Hrsg.) (2016c): Betrifft Mädchen. Bewegt! Mädchen und Sport. 2/2016. Weinheim, Basel: Beltz Juventa.

LAG Mädchen*arbeit in NRW e. V. (Hrsg.) (2017a): Betrifft Mädchen. Kollektiver Widerspruch – Positionen des ju*fem_netzes. 3/2017. Weinheim, Basel: Beltz Juventa.

LAG Mädchen*arbeit in NRW e. V. (Hrsg.) (2017b): Betrifft Mädchen. Siehst Du mich? Mädchen und Anerkennung. 1/2017. Weinheim, Basel: Beltz Juventa.

LAG Mädchen*arbeit in NRW e. V. (Hrsg.) (2019a): Betrifft Mädchen. Perspektiven. Mädchen und junge Frauen nach der Flucht. 3/2019. Weinheim, Basel: Beltz Juventa.

LAG Mädchen*arbeit in NRW e. V. (Hrsg.) (2019b): Betrifft Mädchen. Fat Studies und Fat Shaming. 2/2019. Weinheim, Basel: Beltz Juventa.

LAG Mädchen*arbeit in NRW e. V. (Hrsg.) (2021a): Betrifft Mädchen. Rassismenkritik in der Mädchen*arbeit. Intersektional weitergedacht. 4/2021. Weinheim, Basel: Beltz Juventa.

LAG Mädchen*arbeit in NRW e. V. (Hrsg.) (2021b): Betrifft Mädchen. Intersektionale Mädchen*arbeit. Haltungen, Methoden, Konzepte aus kritisch-weißer Perspektive. 3/2021. Weinheim, Basel: Beltz Juventa.

Langsdorff, Nicole von (Hrsg.) (2014): Jugendhilfe und Intersektionalität. Opladen: Verlag Barbara Budrich.

Leiprecht, Rudolf (2008): Eine diversitätsbewusste und subjektorientierte Sozialpädagogik. Begriffe und Konzepte einer sich wandelnden Disziplin. In: neue praxis 38, H. 4, S. 427–439.

Leiprecht, Rudolf (2011b): Auf dem langen Weg zu einer diversitätsbewussten Sozialpädagogik. In: Leiprecht, Rudolf (Hrsg.): Diversitätsbewusste Soziale Arbeit. Schwalbach: Wochenschau-Verlag, S. 15–44.

Leiprecht, Rudolf (2018): Diversitätsbewusste Perspektiven für eine Soziale Arbeit in der Migrationsgesellschaft. In: Blank, Beate/Gögercin, Süleyman/Sauer, Karin E./Schramkowski, Barbara (Hrsg.): Soziale Arbeit in der Migrationsgesellschaft. Wiesbaden: Springer, S. 209–220.

Leiprecht, Rudolf (Hrsg.) (2011a): Diversitätsbewusste Soziale Arbeit. Schwalbach: Wochenschau-Verlag.

Leiprecht, Rudolf/Bibouche, Seddik (Hrsg.) (2011): „Nichts ist praktischer als eine gute Theorie". Theorie, Forschung und Praxis im Kontext von politischer Kultur, Bildungsarbeit und Partizipation in der Migrationsgesellschaft. nbn-resolving.de/urn:nbn:de:gbv:715-oops-12640 (Abfrage: 29.06.2023).

Leiprecht, Rudolf/Steinbach, Anja (Hrsg.) (2015a): Schule in der Migrationsgesellschaft. Ein Handbuch. Band 1. Grundlagen – Diversität – Fachdidaktiken. Schwalbach: Debus Pädagogik.

Leiprecht, Rudolf/Steinbach, Anja (Hrsg.) (2015b): Schule in der Migrationsgesellschaft. Ein Handbuch. Band 2. Sprache – Rassismus – Professionalität. Schwalbach: Debus Pädagogik.

Leonity, Halyna/Schulz, Miklas (Hrsg.) (2020): Ethnographie und Diversität. Wissensproduktion an den Grenzen und die Grenzen der Wissensproduktion. Wiesbaden: Springer.

Lichtwardt, Nina Theresa (2016): Übergänge von der Schule in Ausbildung und Beruf. Junge Frauen mit Migrationshintergrund zwischen Anpassung und Distanzierung. Wiesbaden: Springer.

Lindner, Werner (2011): Jugendarbeit. In: Otto, Hans-Uwe und Thiersch, Hans (Hrsg.): Handbuch Soziale Arbeit. München und Basel: Ernst Reinhardt Verlag, S. 669–675.

Lindner, Werner (Hrsg.) (2009): Kinder- und Jugendarbeit wirkt. Aktuelle und ausgewählte Evaluationsergebnisse der Kinder- und Jugendarbeit. Wiesbaden: Springer.

Lohner, Eva Maria/Stauber, Barbara (2016): Mädchenarbeit und die Herausforderungen der neueren gendertheoretischen Debatten. In: Zipperle, Mirjana/Bauer, Petra/Stauber, Barbara/Treptow, Rainer (Hrsg.): Vermitteln. Eine Aufgabe von Theorie und Praxis Sozialer Arbeit. Wiesbaden: Springer, S. 55–66.

Lorde, Audre (1986/1994): Our dead behind us. Poems. New York: W. W. Norton.

Lorde, Audre (2007): Sister outsider. Essays and speeches. Berkeley: Crossing Press.

Lorenzen, Jule-Marie/Schmidt, Lisa-Marian/Zifonun, Dariuš (2014): Einleitung. Grenzen und Lebenslauf. In: Lorenzen, Jule-Marie/Schmidt, Lisa-Marian/Zifonun, Dariuš (Hrsg.): Grenzen und Lebenslauf. Beratung als Form des Managements biographischer Übergänge. Weinheim, Basel: Beltz Juventa, S. 9–22.

Lorenzen, Jule-Marie/Schmidt, Lisa-Marian/Zifonun, Dariuš (Hrsg.) (2014): Grenzen und Lebenslauf. Beratung als Form des Managements biographischer Übergänge. Weinheim, Basel: Beltz Juventa.

Lormes, Nicole (2012): Mädchenarbeit in einem Stadtteil mit besonderem Entwicklungsbedarf. Spannungsfelder, Widersprüche und Bewältigungsleistungen von Mädchen und jungen Frauen. In: Engelfried, Constance/Lormes, Nicole/Schweimler, Birgit (Hrsg.): Mädchen und junge Frauen im Umgang mit Widersprüchen. Lebenslagen, Spannungsfelder und Bewältigungsszenarien in einem Stadtteil mit besonderem Entwicklungsbedarf. Neu-Ulm: Arbeitsgemeinschaft sozialpolitischer Arbeitskreise Bücher, S. 212–238.

Luttrell, Wendy (2010): Reflexive Writing Exercises. In: Luttrell, Wendy (Hrsg.): Qualitative educational research. Readings in reflexive methodology and transformative practice. New York: Routledge, S. 469–480.

Luttrell, Wendy (Hrsg.) (2010): Qualitative educational research. Readings in reflexive methodology and transformative practice. New York: Routledge.

Lutz, Helma (2001): Differenz als Rechenaufgabe. über die Relevanz der Kategorien Race, Class und Gender. In: Lutz, Helma / Wenning, Norbert (Hrsg.): Unterschiedlich verschieden. Differenz in der Erziehungswissenschaft. Opladen: Verlag Barbara Budrich, S. 215–230.

Lutz, Helma (2013): „Intersectionality invisibility" – Über das Auftauchen und Verschwinden von Kategorien sozialer Ungleichheit in der deutschen Intersektionalitätsdebatte. In: Erwägen. Wissen. Ethik 24, H. 3, S. 421–423.

Lutz, Helma (2014): Intersectionality's (brilliant) career – how to understand the attraction of the concept? Working Paper Series „Gender, Diversity and Migration". www.fb03.uni-frankfurt.de/51634119/Lutz_WP.pdf (Abfrage: 29.06.2023).

Lutz, Helma / Herrera Vivar, María Teresa / Supik, Linda (Hrsg.) (2013): Fokus Intersektionalität. Bewegungen und Verortungen eines vielschichtigen Konzeptes. Wiesbaden: Springer.

Lutz, Helma / Wenning, Norbert (Hrsg.) (2001): Unterschiedlich verschieden. Differenz in der Erziehungswissenschaft. Opladen: Verlag Barbara Budrich.

Lutz, Ronald (2020a): *Doppeltes Mandat*. www.socialnet.de/lexikon/Doppeltes-Mandat (Abfrage: 29.06.2023).

Lutz, Ronald, (2020b). *Tripelmandat*. www.socialnet.de/lexikon/Tripelmandat (Abfrage: 29.06.203).

Machold, Claudia (2015a): Kinder und Differenz. Wiesbaden: Springer.

Machold, Claudia (2015b): Wie Individuen zu *ethnisch anderen* Kindern werden. Ethnizitätsrelevante Unterscheidungspraktiken in Kindertagesstätten und ihr Beitrag zur (Re-)Produktion von Ungleichheit. In: Soziale Passagen. Journal für Empirie und Theorie Sozialer Arbeit 7, H. 1, S. 35–50.

Machold, Claudia / Wienand, Carmen (2018): Ethnizitätsrelevante Unterscheidungspraktiken in Bildungseinrichtungen. Re-Konstruktion der Genese von Ungleichheit in der Migrationsgesellschaft als Anspruch einer längsschnittlichen Ethnografie. In: ZQF 19, H. 1–2, S. 131–146.

Magiros, Angelika (2007): Armutsbekämpfung als Selbsttechnologie. Konturen einer Analytik der Regierung von Armut. In: Anhorn, R. / Bettinger, F. / Stehr, J. (Hrsg.): Foucaults Machtanalytik und Soziale Arbeit. Eine kritische Einführung und Bestandsaufnahme. Wiesbaden: VS Verlag für Sozialwissenschaften, S. 109–118.

Mairhofer, Andreas (2017): Angebote und Strukturen der Jugendberufshilfe. Eine Forschungsübersicht. München. digital.bibliothek.uni-halle.de/pe/urn/urn:nbn:de:gbv:3:2-138379 (Abfrage: 29.06.2023).

Mannheim, Karl (1922–1925/1980): Strukturen des Denkens. Frankfurt am Main: Suhrkamp.

Marchart, Oliver (2008): Cultural Studies. Konstanz: UVK Verlagsgesellschaft.

Markowetz, Reinhard / Schwab, Jürgen E. (Hrsg.) (2012): Die Zusammenarbeit von Jugendhilfe und Schule. Inklusion und Chancengerechtigkeit zwischen Anspruch und Wirklichkeit. Bad Heilbrunn: Klinkhardt.

Matsuda, Mari (1991): Beside My Sister, Facing the enemy. Legal Theory out of Coalition. In: Stanford Law Review 6, H. 46, S. 1183–1192.

Mauer, Heike / Leinius, Johanna (Hrsg.) (2021): Intersektionalität und Postkolonialität. Kritische feministische Perspektiven auf Politik und Macht. Opladen: Verlag Barbara Budrich.

Maurer, Susanne (2001): Das Soziale und die Differenz. Zur (De-)Thematisierung von Differenz in der Sozialpädagogik. In: Lutz, Helma / Wenning, Norbert (Hrsg.): Unterschiedlich verschieden. Differenz in der Erziehungswissenschaft. Opladen: Leske + Budrich, S. 125–142.

Maurer, Susanne (2006): Kritik als Bewegung und Horizont – oder: Was kann das Projekt einer Kritischen Sozialen Arbeit vom Feminismus „lernen"? In: Widersprüche. Zeitschrift für sozialistische Politik im Bildungs-, Gesundheits- und Sozialbereich 26, H. 2, S. 195–201.

Maurer, Susanne (2018): Grenzbearbeitung. Zum analytischen, methodologischen und kritischen Potenzial einer Denkfigur. In: Bütow, Birgit/Patry, Jean-Luc/Astleitner, Hermann (Hrsg.): Grenzanalysen. Erziehungswissenschaftliche Perspektiven zu einer aktuellen Denkfigur. Weinheim, Basel: Beltz Juventa, S. 20–33.

Maurer, Susanne/Kessl, Fabian (2014): Radikale Reflexivität – eine realistische Perspektive für (sozial)pädagogische Forschung? In: Mührel, Eric/Birgmeier, Bernd (Hrsg.): Perspektiven sozialpädagogischer Forschung. Methodologien – Arbeitsfeldbezüge – Forschungspraxen. Wiesbaden: Springer, S. 141–153.

Maurer, Susanne/Weber, Susanne Maria (2006): Die Kunst, nicht dermaßen regiert zu werden. Gouvernementalität als Perspektive für die Erziehungswissenschaft. In: Weber, Susanne/Maurer, Susanne (Hrsg.): Gouvernementalität und Erziehungswissenschaft. Wissen – Macht – Transformation. Wiesbaden: Springer, S. 9–36.

May, Michael/Schäfer, Arne (Hrsg.) (2018): Theorien für die Soziale Arbeit. Baden-Baden: Nomos.

McCall, Leslie (2005): The Complexity of Intersectionality. In: Signs – Journal of Women in Culture and Society 3, S. 1771–1800.

Mecheril, Paul (2003): Prekäre Verhältnisse. Über natio-ethno-kulturelle (Mehrfach-)Zugehörigkeit. Münster: Waxmann.

Mecheril, Paul (2004): Einführung in die Migrationspädagogik. Weinheim, Basel: Beltz.

Mecheril, Paul (Hrsg.) (2016): Handbuch Migrationspädagogik. Weinheim, Basel: Beltz.

Mecheril, Paul/Melter, Claus (2009): Rassismustheorie und -forschung in Deutschland. Kontur eines wissenschaftlichen Feldes. In: Melter, Claus/Mecheril, Paul (Hrsg.): Rassismuskritik. Rassismustheorie und -forschung. Schwalbach: Wochenschau-Verlag, S. 13–24.

Mecheril, Paul/Melter, Claus (2010): Differenz und Soziale Arbeit. Historische Schlaglichter und systematische Zusammenhänge. In: Kessl, Fabian/Plößer, Melanie (Hrsg.): Differenzierung, Normalisierung, Andersheit. Soziale Arbeit als Arbeit mit den Anderen. Wiesbaden: Springer, S. 117–131.

Mecheril, Paul/Plößer, Melanie (2009): Differenz. In: Andresen, Sabine/Casale, Rita/Gabriel, Thomas/Horlacher, Rebekka/Larcher Klee, Sabine/Oelkers, Jürgen (Hrsg.): Handwörterbuch Erziehungswissenschaft. Weinheim, Basel: Beltz, S. 194–208.

Meekosha, Helen (2003): Body Battles. Bodies, Gender, and Disability. In: Shakespeare, Tom (Hrsg.): The Disability Reader. Social science Perspectives. London und New York: Continuum, S. 163–179.

Melter, Claus/Mecheril, Paul (Hrsg.) (2009): Rassismuskritik. Rassismustheorie und -forschung. Schwalbach: Wochenschau-Verlag.

Menhard, Ioanna (2020): Solidarität und Mündigkeit selbst-kritisch zusammengedacht. Pädagogische Überlegungen mit Interesse an Empowerment und Powersharing. In: Jagusch, Birgit/Chehata, Yasmine (Hrsg.): Empowerment und Powersharing. Ankerpunkte – Positionierungen – Arenen. Weinheim, Basel: Beltz Juventa, S. 72–83.

Messerschmidt, Astrid (2013): Analysen von Diskriminierungen, Entfaltungen von Diversitäten und das Verschwinden von Kritik. In: Erwägen. Wissen. Ethik 24, H. 3, S. 429–431.

Messerschmidt, Astrid (2014): Kritik und Engagement in den Uneindeutigkeiten von Befreiung, Unterdrückung und Vereinnahmung. In: Broden, Anne/Mecheril, Paul (Hrsg.): Solidarität in der Migrationsgesellschaft. Interdisziplinäre Befragungen einer normativen Grundlage. Bielefeld: transcript Verlag, S. 37–52.

Messerschmidt, Astrid (2016): Politische Bildung. In: Paul Mecheril (Hrsg.): Handbuch Migrationspädagogik. Weinheim, Basel: Beltz, S. 418–432.

Messmer, Heinz (2015): Soziale Arbeit als konfliktscheue Profession. Konversationsanalytische Beobachtungen aus dem Feld der Kinder- und Jugendhilfe. In: Stövesand, Sabine/Röh, Dieter

(Hrsg.): Konflikte – theoretische und praktische Herausforderungen für die Soziale Arbeit. Opladen: Verlag Barbara Budrich, S. 80–90.

Meuth, Miriam / Hof, Christiane / Walther, Andreas (2014): Warum eine Pädagogik der Übergänge? Einleitung und Überblick. In: Hof, Christiane / Meuth, Miriam / Walther, Andreas (Hrsg.): Pädagogik der Übergänge. Übergänge in Lebenslauf und Biografie als Anlässe und Bezugspunkte von Erziehung, Bildung und Hilfe. Weinheim, Basel: Beltz Juventa, S. 7–13.

Micus-Loos, Christiane / Plößer, Melanie (2018): Diversity und Soziale Arbeit. In: Otto, Hans-Uwe / Thiersch, Hans / Treptow, Rainer / Ziegler, Holger (Hrsg.): Handbuch Soziale Arbeit. Grundlagen der Sozialarbeit und Sozialpädagogik. München und Basel: Ernst Reinhardt Verlag, S. 183–196.

Moloney, Molly / Fenstermaker, Sarah (2002): Performance and Accomplishment. Reconciling Feminist Conceptions of gender. In: dies. (Hrsg.): Doing Gender, Doing Difference. Inequality, Power, and institutional change. London: Routledge, S. 189–204.

Mörgen, Rebecca (2014): verKörperte Ungleichheiten und Soziale Arbeit. In: Langsdorff, Nicole von (Hrsg.): Jugendhilfe und Intersektionalität. Opladen: Verlag Barbara Budrich, S. 74–93.

Mouffe, Chantal (2007): Über das Politische. Wider die kosmopolitische Illusion. Frankfurt am Main: Suhrkamp.

Muche, Claudia / Oehme, Andreas / Truschkat, Inga (2016): Übergang, Inclusiveness, Region. Eine empirische Untersuchung regionaler Übergangsstrukturen. Weinheim, Basel: Beltz Juventa.

Mührel, Eric (2019): Verstehen und Achten. Professionelle Haltung als Grundlegung Sozialer Arbeit. Weinheim, Basel: Beltz Juventa.

Müller, Carl Wolfgang (2006): Wie Helfen zum Beruf wurde. Eine Methodengeschichte der Sozialen Arbeit. Weinheim, Basel: Beltz Juventa.

Müller, Falko / Witek, Kathrin (2015): Affektive Sensibilität. Über Forschungsbeziehungen und das Interpretieren als soziale Praxis. In: Soziale Passagen 7, H. 1, S. 67–83.

Münder, Johannes / Hofmann, Albert (2017): Jugendberufshilfe zwischen SGB III, SGB II und SGB VIII. hdl.handle.net/10419/155306 (Abfrage: 29.06.2023).

Munsch, Chantal (2013): Intersektionalität. Ein Plädoyer für Bescheidenheit und die Wertschätzung begrenzter Perspektiven. In: Erwägen. Wissen. Ethik 24, H. 3, S. 437–439.

Münst, Agnes Senganata (2010): Lesbenbewegung. Feministische Räume positiver Selbstverortung und gesellschaftlicher Kritik. In: Becker, Ruth / Kortendiek, Beate (Hrsg.): Handbuch Frauen- und Geschlechterforschung. Theorie, Methoden, Empirie. Wiesbaden: Springer, S. 904–909.

Nassir-Shahnian, Natascha Anahita (2020): Powersharing. Es gibt nichts Gutes, außer wir tun es! Vom bewussten Umgang mit Privilegien und der Verantwortlichkeit für soziale (Un-)Gerechtigkeit. In: Jagusch, Birgit / Chehata, Yasmine (Hrsg.): Empowerment und Powersharing. Ankerpunkte – Positionierungen – Arenen. Weinheim, Basel: Beltz Juventa.

Naundorf, Gabriele / Savier, Monika (1978): Wie eine vernachlässigte Gruppe im Jugendhaus Alternativen finden kann. Was macht Mädchen so stark? In: Sozialmagazin. Zeitschrift für Sozialarbeit und Sozialpädagogik 3, S. 33–38.

Oehme, Andreas (2016): Jede Zielgruppe ihre Maßnahme? Zum Zusammenhang von Bedarf, Bedürfnissen und flexibler Hilfe. www.ueberaus.de/wws/jeder_zielgruppe_ihre_massnahme.php?sid=55668021781276257051937753776070 (Abfrage: 29.06.2023).

Oguntoye, Katharina / Ayim, May / Schultz, Dagmar (Hrsg.) (1992): Farbe bekennen. Afro-deutsche Frauen auf den Spuren ihrer Geschichte. Frankfurt am Main: Fischer.

Oguntoye, Katharina / Kinder, Katja / Eggers, Maisha Maureen / Piesche, Peggy (2012): Rückblende und Vorschauen. 20 Jahre Schwarze Frauenbewegung. Die Schwarze Frauenbewegung in Deutschland als komplexes Zusammenspiel un/gleichzeitiger aktivistischer Interventionen. In: Piesche, Peggy (Hrsg.): „Euer Schweigen schützt Euch nicht". Audre Lorde und die Schwarze Frauenbewegung in Deutschland. Berlin: Orlanda, S. 17–40.

Otto, Hans-Uwe (Hrsg.) (2008): Die andere Seite der Bildung. Zum Verhältnis von formellen und informellen Bildungsprozessen. Wiesbaden: Springer.

Otto, Hans-Uwe/Thiersch, Hans (Hrsg.) (2011): Handbuch Soziale Arbeit. München und Basel: Ernst Reinhardt Verlag.
Otto, Hans-Uwe/Thiersch, Hans/Grunwald, Klaus/Böllert, Karin/Flösser, Gaby/Füssenhäuser, Cornelia (Hrsg.) (2015): Handbuch Soziale Arbeit. München: Ernst Reinhardt Verlag.
Otto, Hans-Uwe/Thiersch, Hans/Treptow, Rainer/Ziegler, Holger (Hrsg.) (2018): Handbuch Soziale Arbeit. Grundlagen der Sozialarbeit und Sozialpädagogik. München und Basel: Ernst Reinhardt Verlag.
Piesche, Peggy (Hrsg.) (2012): „Euer Schweigen schützt Euch nicht". Audre Lorde und die Schwarze Frauenbewegung in Deutschland. Berlin: Orlanda.
Pingel, Andrea (2010): Jugendsozialarbeit §13 SGB VIII als Aufgabe der Jugendhilfe?! Informationen zur aktuellen Datenlage, bundesweite Entwicklungen und fachlichem Hintergrund der Diskussion um die Umsetzung der Jugendsozialarbeit durch die (kommunale) Jugendhilfe. www.jugendsozialarbeit.de/media/raw/JSA_als_kommunale_Aufgabe_Jugendhilfe.pdf (Abfrage: 29.06.2023).
Plößer, Melanie (2005): Dekonstruktion, Feminismus, Pädagogik. Vermittlungsansätze zwischen Theorie und Praxis. Königstein im Taunus: Ulrike Helmer.
Plößer, Melanie (2010): Differenz performativ gedacht. Dekonstruktive Perspektiven auf und für den Umgang mit Differenz. In: Kessl, Fabian/Plößer, Melanie (Hrsg.): Differenzierung, Normalisierung, Andersheit. Soziale Arbeit als Arbeit mit den Anderen. Wiesbaden: Springer, S. 218–248.
Pohl, Axel (2013): Bildungspotentiale in ethnisierten Übergangssystemen. In: Ahmed, Sarina/Pohl, Axel/Schwanenflügel, Larissa von/Stauber, Barbara (Hrsg.): Bildung und Bewältigung im Zeichen von sozialer Ungleichheit. Theoretische und empirische Beiträge zur qualitativen Bildungs- und Übergangsforschung. Weinheim, Basel: Beltz Juventa, S. 69–85.
Pohl, Axel (2015): Konstruktion von Ethnizität und Benachteiligung. Eine international vergleichende Untersuchung von Unterstützungssystemen im Übergang Schule – Beruf. Weinheim, Basel: Beltz Juventa.
Pohl, Axel/Stauber, Barbara (2007): „Auf einmal ist Dir das nicht mehr egal ...". Motivation und Partizipation in zwei Projekten der Jugendsozialarbeit. In: Stauber, Barbara/Pohl, Axel/Walther, Andreas (Hrsg.): Subjektorientierte Übergangsforschung. Rekonstruktion und Unterstützung biografischer Übergänge junger Erwachsener. Weinheim, Basel: Beltz Juventa, S. 201–225.
Pohl, Axel/Stauber, Barbara/Walther, Andreas (2007): Sozialpädagogik des Übergangs und integrierte Übergangspolitik. In: Stauber, Barbara/Pohl, Axel/Walther, Andreas (Hrsg.): Subjektorientierte Übergangsforschung. Rekonstruktion und Unterstützung biografischer Übergänge junger Erwachsener. Weinheim, Basel: Beltz Juventa, S. 227–251.
Pohlkamp, Ines (2015): Queer-dekonstruktive Perspektiven auf Sexualität und Geschlecht. In: Schmidt, Friederike/Schondelmayer, Anne-Christin/Schröder, Ute B. (Hrsg.): Selbstbestimmung und Anerkennung sexueller und geschlechtlicher Vielfalt. Lebenswirklichkeiten, Forschungsergebnisse und Bildungsbausteine. Wiesbaden: Springer, S. 75–87.
Polutta, Andreas (2018): Sozialpädagogische Fachlichkeit und Professionalität Sozialer Arbeit in der Migrationsgesellschaft. In: Blank, Beate/Gögercin, Süleyman/Sauer, Karin E./Schramkowski, Barbara (Hrsg.): Soziale Arbeit in der Migrationsgesellschaft. Wiesbaden: Springer, S. 243–253.
Prengel, Annedore (2006): Pädagogik der Vielfalt. Wiesbaden: Springer.
PricewaterhouseCoopers AG Wirtschaftsprüfungsgesellschaft pwc (2012): Corporate Citizenship – Was tun deutsche Großunternehmen? www.pwc.de/de/nachhaltigkeit/assets/pwc_corporate_citizenship.pdf (Abfrage: 29.06.2023).
Raab, Heike (2007): Intersektionalität in den Disability Studies. Zur Interdependenz von Behinderung, Heteronormativität und Geschlecht. In: Waldschmidt, Anne/Schneider, Werner (Hrsg.): Disability Studies, Kultursoziologie und Soziologie der Behinderung. Erkundungen in einem neuen Forschungsfeld. Bielefeld: transcript Verlag, S. 127–150.
Raab, Heike (2012a): Intersektionalität und Behinderung – Perspektiven der Disability Studies. www.portal-intersektionalitaet.de (Abfrage: 29.06.2023).

Raab, Heike (2012b): Doing Feminism. Zum Bedeutungshorizont von Geschlecht und Heteronormativität in den Disability Studies. In: Rathgeb, Kerstin (Hrsg.): Disability Studies. Wiesbaden: Springer, S. 69–89.

Raab, Heike (2013): Intersektionalität als Gesellschaftskritik – Perspektiven und Entwicklungen. In: Erwägen. Wissen. Ethik 24, H. 3, S. 443–445.

Raab, Heike (2015): Cripping und Queering Soziale Arbeit. Aspekte der Disability Studies. In: Attia, Iman / Köbsell, Swantje / Prasad, Nivedita (Hrsg.): Dominanzkultur reloaded. Neue Texte zu gesellschaftlichen Machtverhältnissen und ihren Wechselwirkungen. Bielefeld: transcript Verlag, S. 229–254.

Raab, Heike (o. J.): Intersektionalität. Disability Studies Austria / Forschung zu Behinderung, Österreich. dista.uniability.org/glossar/intersektionalitat/(Abfrage: 29.06.2023).

Radvan, Heike (2010): Pädagogisches Handeln und Antisemitismus. Eine empirische Studie zu Beobachtungs- und Interventionsformen in der offenen Jugendarbeit. Bad Heilbrunn: Klinkhardt.

Rätz, Regina / Völter, Bettina (Hrsg.) (2015): Wörterbuch rekonstruktive soziale Arbeit. Opladen: Verlag Barbara Budrich.

Rauschenbach, Thomas (2009): Bildung – eine ambivalente Herausforderung für die Soziale Arbeit? In: Soziale Passagen 1, H. 2, S. 209–225.

Reckwitz, Andreas (2008): Praktiken und Diskurse. Eine sozialtheoretische und methodologische Relation. In: Kalthoff, Herbert (Hrsg.): Theoretische Empirie. Zur Relevanz qualitativer Forschung. Frankfurt am Main: Suhrkamp, S. 188–209.

Rein, Angela / Riegel, Christine (2016): Heterogenität, Diversität, Intersektionalität: Probleme der Vermittlung und Perspektiven der Kritik. In: Zipperle, Mirjana / Bauer, Petra / Stauber, Barbara / Treptow, Rainer (Hrsg.): Vermitteln. Eine Aufgabe von Theorie und Praxis Sozialer Arbeit. Wiesbaden: Springer, S. 67–84.

Rendtorff, Barbara (2013): Ein Wächterbegriff – mehr nicht. In: Erwägen. Wissen. Ethik 24, H. 3, S. 445–447.

Riegel, Christine (2004): Im Kampf um Zugehörigkeit und Anerkennung. Orientierungen und Handlungsformen von jungen Migrantinnen. Eine sozio-biografische Untersuchung. Berlin: IKO – Verlag für Interkulturelle Kommunikation.

Riegel, Christine (2011): Intersektionalität – auch ein Ansatz für die Praxis? In: Leiprecht, Rudolf / Bibouche, Seddik (Hrsg.): „Nichts ist praktischer als eine gute Theorie". Theorie, Forschung und Praxis im Kontext von politischer Kultur, Bildungsarbeit und Partizipation in der Migrationsgesellschaft. Oldenburg: BIS-Verlag der Carl-von-Ossietzky-Universität, S. 169–195.

Riegel, Christine (2012a): Intersektionalität und Jugendforschung. portal-intersektionalitaet.de/uploads/media/Riegel_01.pdf (Abfrage: 29.06.2023).

Riegel, Christine (2012b): Intersektionalität und Othering. Zur Konstruktion von Anderen im Bildungskontext: Theoretische, methodologische und empirische Perspektiven auf pädagogische Praxen der Reproduktion und Prozesse der Veränderung. Unveröffentliche kumulative Habilitationsschrift. [unveröffentlichtes Manuskript]

Riegel, Christine (2013): Intersektionalität als Analyseperspektive für die Übergangsforschung. In: Schröer, Wolfgang / Stauber, Barbara / Walther, Andreas / Böhnisch, Lothar / Lenz, Karl (Hrsg.): Handbuch Übergänge. Weinheim, Basel: Beltz Juventa, S. 1072–1090.

Riegel, Christine (2016): Bildung – Intersektionalität – Othering. Pädagogisches Handeln in widersprüchlichen Verhältnissen. Bielefeld: transcript Verlag.

Riegel, Christine (2018): Intersektionalität. In: Blank, Beate / Gögercin, Süleyman / Sauer, Karin E. / Schramkowski, Barbara (Hrsg.): Soziale Arbeit in der Migrationsgesellschaft. Wiesbaden: Springer, S. 221–232.

Riegel, Christine / Scherr, Albert / Stauber, Barbara (Hrsg.) (2010): Transdisziplinäre Jugendforschung. Methodologische Perspektiven. Wiesbaden: Springer.

Riegraf, Birgit (2013): Zu den Traditionen, Brüchen und Weiterentwicklungen in der Intersektionalitätsforschung. Versuch einer kritischen Bestandsaufnahme. In: Erwägen. Wissen. Ethik 24, H. 3, S. 447–450.

Riemann Gerhard (2004): Befremdung der eigenen Praxis. In: Hanses, Andreas (Hrsg.): Biographie und Soziale Arbeit. Institutionelle und biographische Konstruktionen von Wirklichkeit. Hohengehren: Schneider Verlag Hohengehren GmbH, S. 190–209.

Rietzke, Tim (2006): Jugendberufshilfe und Hartz. Anmerkungen zu den Auswirkungen aktivierender Arbeitsmarktpolitik auf die Praxis der Jugendberufshilfe. In: Schweppe, Cornelia/Sting, Stephan (Hrsg.): Sozialpädagogik im Übergang. Neue Herausforderungen für Disziplin, Profession und Ausbildung. Weinheim, Basel und München: Juventa, S. 193–203.

Ritz, Manuela (2008): Adultismus – (un)bekanntes Phänomen. „Ist die Welt nur für Erwachsene gemacht?". In: Wagner, Petra (Hrsg.): Handbuch Kinderwelten. Vielfalt als Chance – Grundlagen einer vorurteilsbewussten Bildung und Erziehung. Freiburg im Breisgau: Herder Verlag, S. 128–136.

Roig, Emilia (2021): Why we matter. Das Ende der Unterdrückung. Berlin: Aufbau Verlag.

Rommelspacher, Birgit (1994): Frauen in der Dominanzkultur. In: Uremović, Olga/Oerter, Gundula (Hrsg.): Frauen zwischen Grenzen. Rassismus und Nationalismus in der feministischen Diskussion. Frankfurt am Main und New York: Campus Verlag, S. 18–32.

Rommelspacher, Birgit (1995): Dominanzkultur. Texte zu Fremdheit und Macht. Berlin: Orlanda.

Rommelspacher, Birgit (1998): Dominanzkultur. Texte zu Fremdheit und Macht. Berlin: Orlanda.

Rommelspacher, Birgit (1999): Behindertenfeindlichkeit. Göttingen. Ausgrenzungen und Vereinnahmungen. Göttingen: Lamuv.

Rommelspacher, Birgit (2006): Interdependenzen – Geschlecht, Klasse und Ethnizität. Beitrag zum virtuellen Seminar Mai 2006. https://www.graz.at/cms/dokumente/10194973_7753526/d63f324d/intedependenzen%5B1%5D_.pdf (Abfrage: 29.06.2023).

Rommelspacher, Birgit (2009): Intersektionalität. Über die Wechselwirkung von Machtverhältnissen. In: Kurz-Scherf, Ingrid/Lepperhoff, Julia/Scheele, Alexandra (Hrsg.): Feminismus. Kritik und Intervention. Münster: Westfälisches Dampfboot, S. 81–86.

Rotter, Carolin/Bressler, Christoph/Schülke, Carsten (Hrsg.) (2019): Lehrerhandeln – eine Frage der Haltung? Weinheim, Basel: Beltz Juventa.

Santen, Eric van/Prein, Gerald (2013): Effekte der Angebotsdichte sozialstaatlicher Leistungen auf die soziale Selektivität der Inanspruchnahme – Empirische Hinweise an den Beispielen Kinderbetreuung und Jugendzentren. In: Zeitschrift für Sozialreform 1, S. 85–110.

Scambor, Elli (2008): Intersectional Map/Graz08. Geschlecht, Ethnie, Milieu und Alter als Achsen der Ungleichheit einer Stadt. intersectional-map.mur.at/intro.html (Abfrage: 29.06.2023).

Scambor, Elli (2012): Workshop „Die intersektionale Stadt und ihre Konsequenzen für die Offene Jugendarbeit". www.boja.at/fileadmin/_migrated/content_uploads/elli_scambor_intersektionelle_stadt.pdf (Abfrage: 09.03.2020, nicht mehr abrufbar).

Scambor, Elli (2016): Die intersektionelle Stadt. Geschlecht, Migration und Milieu als Achsen der Ungleichheit einer Stadt. In: Behrens, Melanie/Bukow, Wolf-Dietrich/Cudak, Karin/Strünck, Christoph (Hrsg.): Inclusive City. Überlegungen zum gegenwärtigen Verhältnis von Mobilität und Diversität in der Stadtgesellschaft. Wiesbaden: Springer, S. 79–95.

Scharathow, Wiebke (2014): Risiken des Widerstandes. Jugendliche und ihre Rassismuserfahrungen. Bielefeld: transcript Verlag.

Scherr, Albert (1997): Subjektorientierte Jugendarbeit. Eine Einführung in die Grundlagen emanzipatorischer Jugendpädagogik. Weinheim, Basel: Beltz Juventa.

Scherr, Albert (2008): Diskriminierung – eine eigenständige Kategorie für die soziologische Analyse der (Re-)Produktion sozialer Ungleichheiten in der Einwanderungsgesellschaft? In: Rehberg, Karl-Siegbert (Hrsg.): Die Natur der Gesellschaft. Verhandlungen des 33. Kongresses der Deutschen Gesellschaft für Soziologie in Kassel 2006. Frankfurt, Main: Campus Verl. S. 2007–2017.

Scherr, Albert/Sturzenhecker, Benedikt (2013): Selbstbestimmte Lebensführung und Demokratiebildung. Oder: Warum es immer noch wichtig ist, Jugendarbeit als Ort emanzipatorischer Bildungsprozesse zu gestalten. In: Spatscheck, Christian/Wagenblass Sabine (Hrsg.): Bildung, Teilhabe und Gerechtigkeit. Gesellschaftliche Herausforderungen und Zugänge sozialer Arbeit. Weinheim, Basel: Beltz Juventa, S. 54–76.

Schimpf, Elke/Stehr, Johannes (Hrsg.) (2012): Kritisches Forschen in der Sozialen Arbeit. Gegenstandsbereiche – Kontextbedingungen – Positionierungen – Perspektiven. Wiesbaden: Springer.

Schmidt, Bettina (2015): Der Anti-Bias-Ansatz – Bildungsarbeit zwischen Rassismuskritik und Diversity. In: Leiprecht, Rudolf/Steinbach, Anja (Hrsg.): Schule in der Migrationsgesellschaft. Ein Handbuch. Sprache – Rassismus – Professionalität. Schwalbach: Debus Pädagogik, S. 207–247.

Schmidt, Friederike/Schulz, Marc (2014): Die Konstituierung des Blickes der Sozialen Arbeit. Über Handlungslogiken und die Strukturierung sozialpädagogischer Wahrnehmung. In: Köttig, Michaela/Bornmann, Stefan/Effinger, Herbert/Gahleitner, Silke Brigitta/Kraus, Björn/Stövesand, Sabine (Hrsg.): Soziale Wirklichkeiten in der Sozialen Arbeit. Wahrnehmen, analysieren, intervenieren. Opladen: Verlag Barbara Budrich.

Schmidt, Friederike/Schulz, Marc/Graßhoff, Gunther (Hrsg.) (2016): Pädagogische Blicke. Weinheim, Basel: Beltz Juventa.

Schmidt, Holger (Hrsg.) (2011): Empirie der Offenen Kinder- und Jugendarbeit. Wiesbaden: Springer.

Schondelmayer, Anne-Christin/Riegel, Christine/Fitz-Klausner, Sebastian (Hrsg.) (2021): Familie und Normalität. Diskurse, Praxen und Aushandlungsprozesse. Opladen: Verlag Barbara Budrich.

Schone, Eva/Mohr, Simon/Ziegler, Holger (2014): Responsibilisierung. In: Düring, Diana/Krause, Hans-Ullrich/Peters, Friedhelm/Rätz, Regina/Rosenbauer, Nicole/Vollhase, Matthias (Hrsg.): Kritisches Glossar Hilfen zur Erziehung. Frankfurt am Main: Internationale Gesellschaft für Erzieherische Hilfen. igfh.de/publikationen/kritisches-glossar/responsibilisierung (Abfrage: 29.06.2023).

Schrader, Kathrin (2014): Gender und Intersektionalität im Theoriediskurs der Sozialen Arbeit. In: Langsdorff, Nicole von (Hrsg.): Jugendhilfe und Intersektionalität. Opladen: Verlag Barbara Budrich, S. 57–73.

Schramkowski, Barbara (2007): Integration unter Vorbehalt. Perspektiven junger Erwachsener mit Migrationshintergrund. Berlin: IKO-Verlag.

Schreiner, Anna/Krell, Bela [Miri] (2017): „Also_Herzlich Willkommen an alle Mädchen_!". Ein Bericht über den Öffnungsprozess von Tritta e. V. In: Betrifft Mädchen 30, H. 3, S. 128–132.

Schröer, Wolfgang/Stauber, Barbara/Walther, Andreas/Böhnisch, Lothar/Lenz, Karl (Hrsg.) (2013): Handbuch Übergänge. Weinheim, Basel: Beltz Juventa.

Schütz, Alfred (2004): Common-Sense und wissenschaftliche Interpretation menschlichen Handelns. In: Jörg Strübing und Bernt Schnettler (Hrsg.): Methodologie interpretativer Sozialforschung. Klassische Grundlagentexte. 1. Aufl. Stuttgart: UTB GmbH (UTB Sozialwissenschaften, 2513), S. 155–200.

Schwab, Jürgen E. (2012): Die Zusammenarbeit von Jugendarbeit und Schule – Bedarfe, Herausforderungen und konzeptionelle Entwicklungen. In: Markowetz, Reinhard/Schwab, Jürgen E. (Hrsg.): Die Zusammenarbeit von Jugendhilfe und Schule. Inklusion und Chancengerechtigkeit zwischen Anspruch und Wirklichkeit. Bad Heilbrunn: Verlag Julius Klinkhardt, S. 28–56.

Schwenken, Helen (2010): Migrantinnenorganisationen. Zur Selbstorganisation von Migrantinnen. In: Becker, Ruth/Kortendiek Beate (Hrsg.): Handbuch Frauen- und Geschlechterforschung. Theorie, Methoden, Empirie. Wiesbaden: Springer, S. 910–915.

Schweppe, Cornelia/Sting, Stephan (Hrsg.) (2006): Sozialpädagogik im Übergang. Neue Herausforderungen für Disziplin, Profession und Ausbildung. Weinheim, Basel: Beltz Juventa.

Seckinger, Mike / Pluto, Liane / Peucker, Christian / Santen, Eric van / Gadow, Tina (2016): Einrichtungen der offenen Kinder- und Jugendarbeit. Eine empirische Bestandsaufnahme. Weinheim, Basel: Beltz Juventa.

Seelmeyer, Udo / Kutscher, Nadia (2015): Normalität und Normalisierung. In: Otto, Hans-Uwe / Thiersch, Hans / Grunwald, Klaus / Böllert, Karin / Flösser, Gaby / Füssenhäuser, Cornelia (Hrsg.): Handbuch Soziale Arbeit. München und Basel: Ernst Reinhardt Verlag.

Shakespeare, Tom (Hrsg.) (2003): The Disability Reader. Social science Perspectives. London und New York: Continuum.

Skrobanek, Jan (2009): Anforderungen an eine neue Jugendsozialpolitik. www.dji.de/cgi-bin/projekte/output.php?projekt=945&Jump1=LINKS&Jump2=15 (Abfrage: 20.02.2018, nicht mehr abrufbar).

Smykalla, Sandra (2013): What you see is what you get? Gesellschaftstheoretische Lesart von Intersektionalität unter dekonstruktiver Lupe. In: Erwägen. Wissen. Ethik 24, H. 3, S. 452–455.

Soiland, Tove (2008): Die Verhältnisse gingen und die Kategorien kamen. Intersectionality oder Vom Unbehagen an der amerikanischen Theorie. https://www.querelles-net.de/index.php/qn/article/view/694/702 (Abfrage: 29.06.2023).

Solga, Heike / Dombrowski, Rosine (2009): Soziale Ungleichheiten in schulischer und außerschulischer Bildung. Stand der Forschung und Forschungsbedarf. www.boeckler.de/pdf/p_arbp_171.pdf (Abfrage: 29.06.2023).

Spatscheck, Christian / Wagenblass, Sabine (Hrsg.) (2013): Bildung, Teilhabe und Gerechtigkeit. Gesellschaftliche Herausforderungen und Zugänge sozialer Arbeit. Weinheim, Basel: Beltz Juventa.

Spiegel, Hiltrud von (2018): Methodisches Handeln in der Sozialen Arbeit. Grundlagen und Arbeitshilfen für die Praxis. München und Basel: Ernst Reinhardt Verlag.

Spies, Tina (2017): Subjektpositionen und Positionierungen im Diskurs. Methodologische Überlegungen zu Subjekt, Macht und Agency im Anschluss an Stuart Hall. In: Spies, Tina / Tuider, Elisabeth (Hrsg.): Biographie und Diskurs. Methodisches Vorgehen und methodologische Verbindungen. Wiesbaden: Springer, S. 69–90.

Spies, Tina / Tuider, Elisabeth (Hrsg.) (2017): Biographie und Diskurs. Methodisches Vorgehen und methodologische Verbindungen. Wiesbaden: Springer.

Spivak, Gayatri Chakravorty (1988/2008): Can the Subaltern speak? Postkolonialität und subalterne Artikulation. Wien: Turia + Kant.

Spivak, Gayatri Chakravorty (1990): Poststructuralism, Marginality, Postcoloniality and Value. In: Collier, Peter / Geyer-Ryan, Helga (Hrsg.): Literary Theory Today. Cambridge: Polity Press, S. 219–244.

Spivak, Gayatri Chakravorty (1999): A Critique of Postcolonial Reason. Towards a History of the Vanishing Present. Calcutta und New Delhi: Seagull.

Spivak, Gayatri Chakravorty (2003): Can the Subaltern Speak? In: Die Philosophin. Forum für feministische Theorie und Philosophie 27, S. 42–58.

Staub-Bernasconi, Silvia (2018): Soziale Arbeit als Handlungswissenschaft. Soziale Arbeit auf dem Weg zu kritischer Professionalität. Opladen: Verlag Barbara Budrich.

Stauber, Barbara (2020): Doing difference by doing transitions. Differenz(ierungs)theoretische Grundüberlegungen für die reflexive Übergangsforschung. In: Walther, Andreas / Stauber, Barbara / Rieger-Ladich, Markus / Wanka, Anna (Hrsg.): Reflexive Übergangsforschung. Theoretische Grundlagen und methodologische Herausforderungen. Opladen: Verlag Barbara Budrich, S. 231–254.

Stauber, Barbara / Pohl, Axel / Walther, Andreas (Hrsg.) (2007): Subjektorientierte Übergangsforschung. Rekonstruktion und Unterstützung biografischer Übergänge junger Erwachsener. Weinheim, Basel: Juventa Verlag.

Stauber, Barbara / Truschkat, Inga (2013): Beratung im Übergang: organisations- und subjektorientierte Perspektiven. In: Walther, Andreas / Weinhardt, Marc (Hrsg.): Beratung im Übergang. Zur sozialpädagogischen Herstellung von biographischer Reflexivität. Weinheim, Basel: Juventa, S. 220–235.

Stauber, Barbara/Walther, Andreas (2015): Übergänge in den Beruf. In: Otto, Hans-Uwe/Thiersch, Hans/Grunwald, Klaus/Böllert, Karin/Flösser, Gaby/Füssenhäuser, Cornelia (Hrsg.): Handbuch Soziale Arbeit. München und Basel: Ernst Reinhardt Verlag, S. 1812–1824.

Stecklina, Gerd (2012): Zum Verhältnis von Theorien der Sozialen Arbeit und Geschlechterdimensionen. Das Beispiel: Lebensweltorientierte Soziale Arbeit. In: Bütow, Birgit/Munsch, Chantal (Hrsg.): Soziale Arbeit und Geschlecht. Herausforderungen jenseits von Universalisierung und Essentialisierung. Münster: Westfälisches Dampfboot, S. 108–127.

Stehr, Johannes (2007): Normierungs- und Normalisierungsschübe – Zur Aktualität des Foucaultschen Disziplinenbegriff. In: Anhorn, Roland/Bettinger, Frank/Stehr, Johannes (Hrsg.): Foucaults Machtanalytik und Soziale Arbeit. Eine kritische Einführung und Bestandsaufnahme. Wiesbaden: Springer, S. 29–40.

Stehr, Johannes (2015): Herausforderungen und Praktiken eines konfliktorientierten Forschens. In: Stövesand, Sabine/Röh, Dieter (Hrsg.): Konflikte – theoretische und praktische Herausforderungen für die soziale Arbeit. Opladen: Verlag Barbara Budrich, S. 190–199.

Stehr, Johannes (2021): Konfliktorientierung in der Forschung zur sozialen Ausschließung. In: Anhorn, Roland/Stehr, Johannes (Hrsg.): Handbuch Soziale Ausschließung und Soziale Arbeit. Wiesbaden: Springer, S. 191–214.

Stehr, Johannes/Anhorn, Roland (2018): Konflikt als Verhältnis – Konflikt als Verhalten – Konflikt als Widerstand. Widersprüche in der Gestaltung Sozialer Arbeit zwischen Alltag und Institution. Einleitende Anmerkung zum Bundeskongress Soziale Arbeit 2015. In: Stehr, Johannes/Anhorn, Roland/Rathgeb, Kerstin (Hrsg.): Konflikt als Verhältnis – Konflikt als Verhalten – Konflikt als Widerstand. Widersprüche der Gestaltung Sozialer Arbeit zwischen Alltag und Institution. Wiesbaden: Springer, S. 1–42.

Stehr, Johannes/Anhorn, Roland/Rathgeb, Kerstin (Hrsg.) (2018): Konflikt als Verhältnis – Konflikt als Verhalten – Konflikt als Widerstand. Widersprüche der Gestaltung Sozialer Arbeit zwischen Alltag und Institution. Wiesbaden: Springer.

Steyerl, Hito/Gutiérrez Rodriguez, Encarnación (2012): Einleitung. In: Steyerl, Hito/Gutiérrez Rodriguez, Encarnación (Hrsg.): Spricht die Subalterne deutsch? Migration und postkoloniale Kritik. Münster: Unrast.

Steyerl, Hito/Gutiérrez Rodriguez, Encarnación (Hrsg.) (2012): Spricht die Subalterne deutsch? Migration und postkoloniale Kritik. Münster: Unrast.

Sting, Stephan/Sturzenhecker, Benedikt (2013): Bildung und Offene Kinder- und Jugendarbeit. In: Deinet, Ulrich/Sturzenhecker, Benedikt (Hrsg.): Handbuch Offene Kinder- und Jugendarbeit. Wiesbaden: Springer, S. 375–388.

Sting, Stephan/Sturzenhecker, Benedikt (2021): Bildung und Offene Kinder- und Jugendarbeit. In: Deinet, Ulrich/Sturzenhecker, Benedikt/Schwanenflügel, Larissa von/Schwerthelm, Moritz (Hrsg.): Handbuch Offene Kinder- und Jugendarbeit. Wiesbaden: Springer, S. 675–691.

Stöhr, Robert/Lohwasser, Diana/Noack Napoles, Juliane/Burghardt, Daniel/Dederich, Markus/Dziabel, Nadine (Hrsg.) (2019): Schlüsselwerke der Vulnerabilitätsforschung. Wiesbaden: Springer.

Stövesand, Sabine (2015): Konflikt – Macht – Politik. In: Stövesand, Sabine/Röh, Dieter (Hrsg.): Konflikte – theoretische und praktische Herausforderungen für die soziale Arbeit. Opladen: Verlag Barbara Budrich, S. 32–46.

Stövesand, Sabine/Röh, Dieter (2015): Konflikte – theoretische und praktische Herausforderungen für die Soziale Arbeit. Einleitung und Überblick. In: Stövesand, Sabine/Röh, Dieter (Hrsg.): Konflikte – theoretische und praktische Herausforderungen für die soziale Arbeit. Opladen: Verlag Barbara Budrich, S. 10–17.

Stövesand, Sabine/Röh, Dieter (Hrsg.) (2015): Konflikte – theoretische und praktische Herausforderungen für die soziale Arbeit. Opladen: Verlag Barbara Budrich.

Strätz, Rainer (2020): Auf die Haltung kommt es an! Wie kann eine professionelle pädagogische Haltung beschrieben und begründet werden? In: Welt des Kindes 6, H. 98, S. 10–13.

Strauss, Anselm F. (1987/2004): Methodologische Grundlagen der Grounded Theory. In: Strübing, Jörg/Schnettler, Bernt (Hrsg.): Methodologie interpretativer Sozialforschung. Klassische Grundlagentexte. Konstanz: UVK Verlagsgesellschaft, S. 427–452.

Strauss, Anselm L./Corbin, Juliet M. (1996): Grounded theory. Grundlagen qualitativer Sozialforschung. Weinheim, Basel: Beltz Juventa.

Strübing, Jörg/Schnettler, Bernt (Hrsg.) (2004): Methodologie interpretativer Sozialforschung. Klassische Grundlagentexte. Stuttgart: UTB.

Sturm, Tanja/Wagner-Willi, Monika (Hrsg.) (2018): Handbuch schulische Inklusion. Opladen: Verlag Barbara Budrich.

Sturzenhecker, Benedikt (2008): Zum Bildungsanspruch von Jugendarbeit. In: Otto, Hans-Uwe (Hrsg.): Die andere Seite der Bildung. Zum Verhältnis von formellen und informellen Bildungsprozessen. Wiesbaden: Springer, S. 147–164.

Sturzenhecker, Benedikt/Richter, Elisabeth (2013): Offene Kinder- und Jugendarbeit und staatliche Aktivierungsstrategien. In: Deinet, Ulrich/Sturzenhecker, Benedikt (Hrsg.): Handbuch Offene Kinder- und Jugendarbeit. Wiesbaden: Springer, S. 695–703.

Stuve, Olaf/Scambor, Elli/Fischer, Marion/Hrženjak, Majda/Humer, Živa/Wittamer, Marie/Künstler, Sophie/Busche, Mart/Scambor, Christian/Kurzmann, Michael M./Frenzel, Janna/Wojnicka, Katarzyna/Cosso, Anna Rita (2011): Handbuch Intersektionale Gewaltprävention. Grundtvig Multilateral Projects 2010–2011. portal-intersektionalitaet.de/uploads/media/igiv-handbuch_intersektionalitaet.pdf (Abfrage: 29.06.2023).

Terkessidis, Mark (2004): Die Banalität des Rassismus. Migranten zweiter Generation entwickeln eine neue Perspektive. Bielefeld: transcript Verlag.

Thieme, Nina (2013a): „Wir beschäftigen uns eigentlich nur mit nicht-idealen Adressaten …". Eine sozialwissenschaftlich-hermeneutische Perspektive auf Konstruktionen von Kindern als Adressat/-innen der Kinder- und Jugendhilfe. In: Diskurs Kindheits- und Jugendforschung 2, H. 8, S. 191–204.

Thieme, Nina (2013b): Kategorisierung in der Kinder- und Jugendhilfe. Zur theoretischen und empirischen Erklärung eines Schlüsselbegriffs professionellen Handelns. Weinheim, Basel: Beltz Juventa.

Thiersch, Hans (1979/2015): Lernen in der Jugendhilfe. In: Thiersch, Hans (Hrsg.): Konzepte und Kontexte. Weinheim, Basel: Beltz Juventa, S. 367–375.

Thole, Werner (2009): Verkannt und unterschätzt – aber dringend gebraucht. Zur Perspektive der Kinder- und Jugendarbeit als pädagogischem Handlungsfeld. In: Lindner, Werner (Hrsg.): Kinder- und Jugendarbeit wirkt. Aktuelle und ausgewählte Evaluationsergebnisse der Kinder- und Jugendarbeit. Wiesbaden: Springer, S. 323–339.

Thole, Werner/Höblich, Davina/Ahmed, Sarina (Hrsg.) (2015): Taschenwörterbuch Soziale Arbeit. Bad Heilbrunn: Verlag Julius Klinkhardt.

Tippelt, Rudolf/Schmidt-Hertha, Bernhard (Hrsg.) (2018): Handbuch Bildungsforschung. Wiesbaden: Springer.

Tuider, Elisabeth (2004): Identitätskonstruktionen durchkreuzen. Queer – Hybridität – Differenz in der Sexualpädagogik. In: Hartmann, Jutta (Hrsg.): Grenzverwischungen. Vielfältige Lebensweisen im Gender-, Sexualitäts- und Generationendiskurs. Innsbruck: Studia Universitätsverlag, S. 179–192.

Tuider, Elisabeth (2013): Geschlecht und/oder Diversität? Das Paradox der Intersektionalitätsdebatten. In: Kleinau, Elke/Rendtorff, Barbara (Hrsg.): Differenz, Diversität und Heterogenität in erziehungswissenschaftlichen Diskursen. Opladen: Verlag Barbara Budrich, S. 79–102.

Uremović, Olga/Oerter, Gundula (Hrsg.) (1994): Frauen zwischen Grenzen. Rassismus und Nationalismus in der feministischen Diskussion. Frankfurt am Main und New York: Campus Verlag.

Villa, Paula-Irene (2013): Intersektionalität ist immer mehr. Intersektionalität, Subjektivierung und der Körper. In: Lutz, Helma/Herrera Vivar, María Teresa/Supik, Linda (Hrsg.): Fokus Intersektionalität. Bewegungen und Verortungen eines vielschichtigen Konzeptes. Wiesbaden: Springer, S. 223–242.

Villa, Paula-Irene (2013b): Subjekt und ihre Körper. Kultursoziologische Überlegungen. In: Graf, Julia/Ideler, Kristin/Klinger, Sabine (Hrsg.): Geschlecht zwischen Struktur und Subjekt. Theorie, Praxis, Perspektiven. Opladen: Verlag Barbara Budrich, S. 59–78.

Völter, Bettina (2015): Rekonstruktive Soziale Arbeit – ein Konzept zur Entwicklung von Forschung, beruflicher Praxis und professioneller Selbstreflexion. In: Rätz, Regina/Völter, Bettina (Hrsg.): Wörterbuch rekonstruktive Soziale Arbeit. Opladen: Verlag Barbara Budrich, S. 253–258.

Wagenknecht, Peter (2007): Was ist Heteronormativität? Zu Geschichte und Gehalt des Begriffs. In: Hartmann, Jutta/Klesse, Christian/Wagenknecht, Peter/Fritzsche, Bettina/Hackmann, Kristina (Hrsg.): Heteronormativität. Empirische Studien zu Geschlecht, Sexualität und Macht. Wiesbaden: Springer, S. 17–34.

Wagner, Jessica (2019): Mädchen* begegnen. Intersektionale Perspektiven und antidiskriminierende Sichtweisen auf Mädchen*arbeit heute – digital und analog. www.lag-maedchenpolitik-bw.de/lag/lag-maedchenpolitik/Publikationen/Handreichung2018_final.pdf (Abfrage: 29.06.2023).

Wagner, Jessica (2021): Mädchen*Arbeit. Fachliche Einordnung & aktuelle Diskurse. www.lag-maedchenpolitik-bw.de/lag/lag-maedchenpolitik/Publikationen/Kompaktwissen-Maedchen_arbeit_klein.pdf (Abfrage: 08.10.2021).

Wagner, Marie/Schulze, Julia (2017): Heteronormativitätskritische Mädchen*arbeit? – Ein Widerspruch? In: Betrifft Mädchen 30, H. 3, S. 120–122.

Wagner, Petra (Hrsg.) (2008): Handbuch Kinderwelten. Vielfalt als Chance – Grundlagen einer vorurteilsbewussten Bildung und Erziehung. Freiburg im Breisgau: Herder Verlag.

Wagner, Petra (Hrsg.) (2013): Handbuch Inklusion. Grundlagen vorurteilsbewusster Bildung und Erziehung. Freiburg im Breisgau: Herder Verlag.

Walgenbach, Katharina (2010): Postscriptum. Intersektionalität – Offenheit, interne Kontroversen und Komplexität als Ressourcen eines gemeinsamen Orientierungsrahmens. In: Lutz, Helma/Herrera Vivar, Maria Teresa/Supik, Linda (Hrsg.): Fokus Intersektionalität. Bewegungen und Verortungen eines vielschichtigen Konzeptes. Wiesbaden: Springer, S. 245–256.

Walgenbach, Katharina (2013): Gesellschaftstheorie und Intersektionalität. In: Erwägen. Wissen. Ethik 24, H. 3, S. 457–460.Walgenbach, Katharina/Dietze, Gabriele/Hornscheidt, Antje/Palm, Kerstin (Hrsg.) (2007): Gender als interdependente Kategorie. Neue Perspektiven auf Intersektionalität, Diversität und Heterogenität. Opladen: Verlag Barbara Budrich.

Walther, Andreas (2013): Beratung im Spiegel von subjektorientierter Übergangsforschung und Sozialpädagogik des Übergangs. In: Walther, Andreas/Weinhardt, Marc (Hrsg.): Beratung im Übergang. Zur sozialpädagogischen Herstellung von biographischer Reflexivität. Weinheim, Basel: Beltz Juventa, S. 16–33.

Walther, Andreas/Stauber, Barbara (2013): Übergänge im Lebenslauf. In: Schröer, Wolfgang/Stauber, Barbara/Walther, Andreas/Böhnisch, Lothar/Lenz, Karl (Hrsg.): Handbuch Übergänge. Weinheim, Basel: Beltz Juventa, S. 23–43.

Walther, Andreas/Stauber, Barbara (2018): Bildung und Übergänge. In: Tippelt, Rudolf/Schmidt-Hertha, Bernhard (Hrsg.): Handbuch Bildungsforschung. Wiesbaden: Springer, S. 906–922.

Walther, Andreas/Stauber, Barbara/Rieger-Ladich, Markus/Wanka, Anna (Hrsg.) (2020): Reflexive Übergangsforschung. Theoretische Grundlagen und methodische Herausforderungen. Opladen: Verlag Barbara Budrich.

Walther, Andreas/Weinhardt, Marc (2013): Einleitung. In: Walther, Andreas/Weinhardt, Marc (Hrsg.): Beratung im Übergang. Zur sozialpädagogischen Herstellung von biographischer Reflexivität. Weinheim, Basel: Beltz Juventa.

Walther, Andreas / Weinhardt, Marc (Hrsg.) (2013): Beratung im Übergang. Zur sozialpädagogischen Herstellung von biographischer Reflexivität. Weinheim, Basel: Beltz Juventa.

Warrach, Nora (Hrsg.) (2021): Sexualitäten und Geschlechtsidentitäten in der Migrationsgesellschaft. Reader für Multiplikator:innen in der Jugend- und Bildungsarbeit. www.idaev.de/fileadmin/user_upload/pdf/publikationen/Reader/2021_Reader_SuGiM_Screenversion.pdf (Abfrage: 29.06.2023).

Weber, Joachim (2014): Soziale Arbeit aus Überzeugung. Ethische Perspektiven auf sozialpädagogische Praxis. Opladen: Verlag Barbara Budrich.

Weber, Susanne / Maurer, Susanne (Hrsg.) (2006): Gouvernementalität und Erziehungswissenschaft. Wissen – Macht – Transformation. Wiesbaden: Springer.

Weiss, Alexandra (2013): Intersektionalität – Rückkehr und Neudefinition sozialer Ungleichheit. In: Erwägen. Wissen. Ethik 24, H. 3, S. 462–464.

Weitkämper, Florian (2019): Lehrkräfte und soziale Ungleichheit. Eine ethnographische Studie zum un/doing authority in Grundschulen. Wiesbaden: Springer.

Wiese, Kirsten (2009): Kopftuchtragen im Widerspruch zum Erziehungsziel *Gleichberechtigung*? In: Berghahn, Sabine / Rostock, Petra (Hrsg.): Der Stoff, aus dem Konflikte sind. Debatten um das Kopftuch in Deutschland, Österreich und der Schweiz. Bielefeld: transcript Verlag, S. 225–248.

Willis, Paul E. (2013): Learning to labour. Spaß am Widerstand. Hamburg: Argument Verlag.

Winker, Gabriele / Degele Nina (2009): Intersektionalität. Zur Analyse sozialer Ungleichheit. Bielefeld: transcript Verlag.

Wrana, Daniel (2012): Diesseits von Diskursen und Praktiken. Methodologische Bemerkungen zu einem Verhältnis. In: Friebertshäuser, Barbara / Kelle, Helga / Boller, Heike / Bollig, Sabine / Huf, Christina / Langer, Antje / Ott, Marion / Richter, Sophia (Hg.): Feld und Theorie. Herausforderungen erziehungswissenschaftlicher Ethnographie. Leverkusen: Budrich, S. 185–200.

Wrana, Daniel (2015): Zur Analyse von Positionierungen in diskursiven Praktiken. Methodologische Reflexionen anhand von zwei Studien. In: Fegter, Susanne / Kessl, Fabian / Langer, Antje / Ott, Marion / Rothe, Daniela / Wrana, Daniel (Hrsg.): Erziehungswissenschaftliche Diskursforschung. Empirische Analysen zu Bildungs- und Erziehungsverhältnissen. Wiesbaden: Springer, S. 123–141.

Zeller, Maren / Köngeter Stefan (2013): Übergänge in der Kinder- und Jugendhilfe. In: Schröer, Wolfgang / Stauber, Barbara / Walther, Andreas / Böhnisch, Lothar / Lenz, Karl (Hrsg.): Handbuch Übergänge. Weinheim, Basel: Beltz Juventa.

Zierer, Klaus / Weckend, Denise / Schatz, Christina (2019): Haltungsbildung ins Zentrum rücken. Theoretische Grundlagen und erste empirische Ergebnisse aus der Lehrerbildung. In: Rotter, Carolin / Bressler Christoph / Schülke, Carsten (Hrsg.): Lehrerhandeln – eine Frage der Haltung? Weinheim, Basel: Beltz Juventa, S. 14–29.

Zipperle, Mirjana (2021): Offene Kinder- und Jugendarbeit und (Ganztags-)Schule. In: Deinet, Ulrich / Sturzenhecker, Benedikt / Schwanenflügel, Larissa von / Schwerthelm, Moritz (Hrsg.): Handbuch Offene Kinder- und Jugendarbeit. Wiesbaden: Springer, S. 1029–1042.

Zipperle, Mirjana / Bauer, Petra / Stauber, Barbara / Treptow, Rainer (Hrsg.) (2016): Vermitteln. Eine Aufgabe von Theorie und Praxis Sozialer Arbeit. Wiesbaden: Springer.

Transkriptionszeichen

[	Dieses Zeichen markiert den Beginn einer Überlappung
[ ]	Vollständige Überlappung der Rede
?	hochsteigend; deutliche Frageintonation
,	schwach steigende Intonation
.	tief fallend
GROß	Wort, das deutlich hervorgehoben wird
(.)	kurze Pausen, ca. 0,5 sec – 1,0 sec.
(4)	Angabe der Pausenlänge in Sekunden
@	Lachen, ca. 0,5 sec – 1,0 sec.
@2@	Angabe der Länge des Lachens
@hallo@	Lachend etwas gesagt
°leise°	leise gesprochen

Dank

Ein Buch wie das vorliegende schreibt man nicht allein. Das ist nur möglich mit der Hilfe vieler Personen, die eine begleiten. Deswegen möchte ich an dieser Stelle Danke sagen.

Ich danke zuallererst den Einrichtungen, die mir eine Teilnahme und die Beobachtung gestattet haben. Ohne diese Zusagen hätte es diese Arbeit nicht gegeben. Außerdem danke ich allen Personen, die Teil der Einrichtungen sind und waren: Ich wurde überall so freundlich und herzlich aufgenommen, dass ich mich in jeder einzelnen Einrichtung wohl gefühlt habe und mir der Abschied jedes Mal sehr schwerfiel. Ich hätte im Voraus nie gedacht, dass es mir so leicht gemacht werden würde, Teil der Einrichtung zu werden.

In diesem Zusammenhang bedanke ich mich auch bei Lizzy, bei Fussl und bei Flo für Wohngelegenheiten sowie Freizeitgestaltung in anderen Städten über mehrere Wochen hinweg.

Meinen allergrößten Dank möchte Prof. Dr. Christine Riegel aussprechen, die meine Arbeit und auch mich zugewandt, interessiert, aufmunternd, aufbauend, immer unterstützend, motivierend und geduldig begleitet hat. Sie sparte weder mit Support in jeglicher Hinsicht, mit inspirierenden Gedanken noch mit Herzlichkeit. Zudem gilt mein Dank Prof. Dr. Barbara Stauber, von der ich mich aus der Ferne gut betreut gefühlt habe.

Inhaltlich beteiligt an meinem Prozess waren auch die vielen Wegbegleiter_innen, mit denen ich mich über mein Datenmaterial ausgetauscht, mit denen ich Texte gewälzt habe, mit denen ich Diskussionen geführt und Veranstaltungen organisiert sowie besucht habe: Dabei möchte ich insbesondere der *IW1*, der *IW2* und der *IW Kritik* danken, dort insbesondere Lucy und Flo. Ich möchte meinem Kolloquium für die spannenden Diskussionen und inspirierenden Texte danken. Im Vordergrund stehen hier Isabelle, Kerstin, Jenny, Paula und Miriam. Ich danke meiner Abteilung und anderen Kolleg_innen an der PH Freiburg wie der Gruppe um „Kritik – Forschung – Politik" für den Gedankenaustausch, Textdiskussionen, Diskussionen beim Essen oder Kaffee. Außerdem möchte ich meinen Freundinnen Kathrin und Lisali danken, dass sie – neben allem anderen – inhaltlich immer dabei waren. Ohne Eure Gedanken wären meine nicht so, wie sie jetzt sind.

Am Ende einer Arbeit stehen müßige Arbeiten an wie das Korrigieren von Textabschnitten. Auch das habe ich nicht allein geschafft. Ich danke Lisali, die so viele Seiten Korrektur gelesen hat, Kathrin, die fast genauso viele Seiten immer und immer wieder gelesen hat, Karin, die inhaltlich mitgefiebert hat, Rike, die für viel Ordnung gesorgt hat, und Jochen, der viel, viel aufgefangen hat. Außerdem danke ich Ioanna für ihre Zeit und die spannenden Anmerkungen. Und ich danke Jenny für das Akribische.

Noch bin ich nicht am Ende meines Dankes. Denn, was genau so wichtig ist, wie all das bisher Beschriebene, ist das Drumherum. Das Leben besteht auch während der Promotionsphase aus sehr viel Anderem. Hier bedanke ich mich bei Anna und Jochen für das sehr unaufgeregte Begleiten, bei Kathrin und Lisali für das sehr aufgeregte Begleiten. Ihr seid immer da, wenn ich es meisten brauche. Ich bedanke mich bei Karin, bei David und Anna für das gemeinsame Reisen. Ich bedanke mich bei Lean und Juri für das Luftschnappen. Ich bedanke mich bei Jenny, bei Lisa, bei Lizzy, bei Lalida, bei Lena, bei Birte und bei Rike und den eben genannten für das Leben, das wir haben. Ich kann Euch allen gar nicht genug danken.

Stephan Maykus | Heinz Müller |
Eva Christina Stuckstätte
Hilfen zur Erziehung und Schule
2023, 330 Seiten, broschiert
ISBN: 978-3-7799-7084-2
Auch als E-BOOK erhältlich

Warum sind Erziehungshilfen ein verbreiteter Teil der Schulorganisation? Was unterscheidet, verbindet aber auch die schulische und außerschulische Erziehungshilfe? Und wie könnte eine bedarfsgerechte, die individuelle Förderung der jungen Menschen unterstützende, Familien stärkende und die sozialräumliche Vernetzung voranbringende Kooperation zwischen Schulen und Erziehungshilfe aussehen?
Diesen Fragen widmet sich dieses Buch ausgehend von lebensweltlichen Perspektiven junger Menschen in einer sehr grundlegenden Weise. Dabei werden nicht nur die Anlässe, Erscheinungsformen und Bedingungen der Arbeitsbündnisse von Schule und Erziehungshilfe erörtert, sondern auch ein neu gewichtetes und innovative Gestaltungsmöglichkeiten eröffnendes Verständnis von Schule und Erziehungshilfe.

www.beltz.de
Beltz Juventa · Werderstraße 10 · 69469 Weinheim

Silke Birgitta Gahleitner
Soziale Arbeit als Beziehungsprofession
Bindung, Beziehung und Einbettung
professionell ermöglichen
2017, 388 Seiten, broschiert
ISBN: 978-3-7799-3477-6
Auch als E-BOOK erhältlich

In der Sozialen Arbeit wird zwar nicht bezweifelt, dass die Qualität der jeweiligen Hilfe unmittelbar an das Gelingen einer professionellen Beziehung gekoppelt ist. Wie man sie professionell ermöglicht, darüber bestehen jedoch nach wie vor viele Unklarheiten. Drei Studien der Autorin zeigen überzeugend auf, dass das Gelingen von Hilfe eine authentische, emotional tragfähige, von Nähe geprägte und dennoch reflexiv und fachlich durchdrungene Diagnostik und Beziehungsführung erfordert. Es zeigt sich darüber hinaus, dass Hilfe besonders dann gelingt, wenn beziehungserschütterte KlientInnen die Möglichkeit zu persönlichen Beziehungsdimensionen und -momenten erhalten, die als Alternativerfahrungen zu früheren Beziehungserschütterungen den Weg zurück in soziale Zusammenhänge bahnen. Die Ergebnisse werden in einem Entwurf verknüpft, der die Entwicklung von der ‚schützenden Inselerfahrung' zum ‚persönlich geprägten Netzwerk' prozessorientiert veranschaulicht.